Internet Governance

Joachim Betz · Hans-Dieter Kübler

Internet Governance

Wer regiert wie das Internet?

Springer VS

Joachim Betz
GIGA Institut für Asien-Studien
Hamburg, Deutschland

Hans-Dieter Kübler
Hochschule für Angewandte
Wissenschaften
Hamburg, Deutschland

ISBN 978-3-531-19240-6   ISBN 978-3-531-19241-3 (eBook)
DOI 10.1007/978-3-531-19241-3

Die Deutsche Nationalbibliothek verzeichnet diese Publikation in der Deutschen Nationalbibliografie; detaillierte bibliografische Daten sind im Internet über http://dnb.d-nb.de abrufbar.

Springer VS
© Springer Fachmedien Wiesbaden 2013
Das Werk einschließlich aller seiner Teile ist urheberrechtlich geschützt. Jede Verwertung, die nicht ausdrücklich vom Urheberrechtsgesetz zugelassen ist, bedarf der vorherigen Zustimmung des Verlags. Das gilt insbesondere für Vervielfältigungen, Bearbeitungen, Übersetzungen, Mikroverfilmungen und die Einspeicherung und Verarbeitung in elektronischen Systemen.

Die Wiedergabe von Gebrauchsnamen, Handelsnamen, Warenbezeichnungen usw. in diesem Werk berechtigt auch ohne besondere Kennzeichnung nicht zu der Annahme, dass solche Namen im Sinne der Warenzeichen- und Markenschutz-Gesetzgebung als frei zu betrachten wären und daher von jedermann benutzt werden dürften.

Gedruckt auf säurefreiem und chlorfrei gebleichtem Papier

Springer VS ist eine Marke von Springer DE. Springer DE ist Teil der Fachverlagsgruppe Springer Science+Business Media
www.springer-vs.de

Inhaltsverzeichnis

1	Einleitung	1
2	Medien und Governance......................................	7
	2.1 Governance – ein interdisziplinäres, komplexes Untersuchungsfeld	7
	2.2 Governance – als politikwissenschaftliche Kategorie	11
	2.3 Global Governance.......................................	15
3	Medienpolitik – Medienregulierung – Media Governance...........	21
	3.1 Medien- und Kommunikationspolitik	21
	3.2 Medienregulierung.......................................	29
	3.3 Media Governance.......................................	33
4	Netzpolitik und Internet Governance	39
	4.1 Das Netz der Netze: Dimensionen seiner Steuerung............	39
	4.2 Zur Geschichte von Internet Governance....................	42
	4.2.1 Initialphase und „technisches Regime"..............	43
	4.2.2 Institutionalisierung von Internet Governance (1995–2003)...	47
	4.2.3 Intergouvernementale Organisationskonzepte: der anhaltende Kampf ums Internet (2003–2005)	49
	4.2.4 Nationale und wirtschaftliche Einflüsse wachsen (2005–2012).....................................	51
	4.2.5 Ein strukturelles Fazit aus der Retrospektive..........	55
	4.3 Inoffizielle Internet Governance durch Internet-Konzerne......	58
5	Akteure von Internet Governance	65
	5.1 Analytische Zugänge zu Akteuren..........................	65

5.2		Internetakteure im Einzelnen..................................	70
	5.2.1	Internet Association for Assigned Numbers and Names (ICANN)...............................	74
	5.2.2	Die Weltinformationsgipfel........................	76
	5.2.3	Das Internet Governance Forum (IGF).............	79
	5.2.4	Die UNESCO	80
	5.2.5	Die World Intellectual Property Organization (WIPO)...	82
	5.2.6	Die International Telecommunication Union (ITU)...	84
	5.2.7	Die Organization for Economic Cooperation and Development (OECD)........................	86
	5.2.8	Die Europäische Union (EU).......................	87
	5.2.9	Die Zivilgesellschaft und das Internet................	90
6	**Handlungsfelder von Internet Governance**......................		**97**
6.1	Internet Governance als Handeln...........................		97
6.2	Konzepte und Maßnahmen für Netzneutralität...............		100
	6.2.1	Netzneutralität als technische Herausforderung.......	101
	6.2.2	Netzneutralität unter normativ-publizistischen Prämissen.....................................	106
6.3	Domain Names...		115
	6.3.1	Entwicklungen und Ziele.........................	115
	6.3.2	Technische Probleme............................	117
	6.3.3	Risiken und Missbrauch..........................	117
	6.3.4	Kapazitätsprobleme und der neue Standard..........	119
	6.3.5	Künftige Entwicklungen von Domain Governance....	120
6.4	Staatliche Kontrolle und Überwachung......................		123
	6.4.1	Big Brother is watching you.......................	123
	6.4.2	Überwachte Lebenswelten........................	123
	6.4.3	Zur Theorie der sozialen Kontrolle.................	125
	6.4.4	Praktiken staatlicher Überwachung.................	126
6.5	Zensur und Informationsbehinderung.......................		130
	6.5.1	Zensur als Informationskontrolle...................	130
	6.5.2	Zur Geschichte der Zensur........................	131
	6.5.3	Zensur im Internet...............................	135
	6.5.4	Informelle Zensurmaßnahmen.....................	141
	6.5.5	Zur Wirkung von Zensurmaßnahmen...............	143
6.6	Urheberrecht und Copyright		144
	6.6.1	Zur Entstehung und Verbreitung von Urheberrechten und Copyright.................................	144

	6.6.2	Kontroversen um Urheberrecht und Copyright	147
	6.6.3	Urheberechte und Copyright im digitalen Zeitalter	148
	6.6.4	Relevanz der Kultur- und Kreativwirtschaft für die gesamte Wirtschaftsleistung	151
	6.6.5	Verschärfung der Urheberrechte	152
	6.6.6	Technische Schutzmechanismen	154
	6.6.7	Sanktionen gegen Verstöße und Rechtsverletzer	155
	6.6.8	Internationale Initiativen und Regelungen	156
	6.6.9	Neuere Entwicklungen und Ausblick	157
6.7	Datenschutz und Persönlichkeitsrechte		161
	6.7.1	Zu Aufgaben und Herausforderungen des Datenschutzes	161
	6.7.2	Anforderungen an den Datenschutz	163
	6.7.3	Datenschutz in der Bundesrepublik Deutschland	164
	6.7.4	Datenschutz in Europa und der OECD	165
	6.7.5	Unterschiedlicher Datenschutz in den USA und in Europa	167
	6.7.6	Jüngste Entwicklungen des Datenschutzes in Europa	169
	6.7.7	Anhaltende Probleme und Desiderate des Datenschutzes	172
6.8	E-Commerce und Online-Shopping		174
	6.8.1	Begriffliche Einordnungen	174
	6.8.2	Umfang und Probleme des E-Commerce	174
	6.8.3	Ansätze zur Regulierung	179
	6.8.4	Modelle der Selbstregulierung	181
	6.8.5	Was bleibt zu tun?	182
6.9	Inter- oder Cyber-Kriminalität		185
	6.9.1	Kriminalität im nationalen und internationalen Kontext	185
	6.9.2	Cyber-Kriminalität – traditionelle und neue Aktivitäten	186
	6.9.3	Internetspezifische Vergehen	188
	6.9.4	Empirische Ausmaße von Internet-Kriminalität	190
	6.9.5	Bekämpfung der Internet-Kriminalität	191
6.10	Cyberwar und Internetkrieg		194
	6.10.1	Neue Formen von Krieg	194
	6.10.2	Digitaler Krieg: Cyberwar	196
	6.10.3	Initiativen gegen Cyberwar	201

6.11	Digital Divide (Digitale Spaltung)		203
	6.11.1	Ungleiche Diffusion	203
	6.11.2	Wissensklüfte und Medienwirkungsforschung	206
	6.11.3	Digitale Spaltungen	210
	6.11.4	Global Digital Divide	213
	6.11.5	Zu potentiellen Wirkungen von ‚Digital Divide'	216
	6.11.6	Governance für ‚Digital Divide'	217
6.12	Jugendmedienschutz		218
	6.12.1	Geschichte und Grundlagen des deutschen Jugendmedienschutzes	218
	6.12.2	Jugendmedienschutz in anderen europäischen Ländern – eine kursorische Übersicht	227
	6.12.3	Kindersicherungen für den PC als mechanischer Jugendmedienschutz	230
	6.12.4	Jugendmedienschutz der Europäischen Union	231

7 Künftige Tendenzen von Internet und Internet Governance 235
7.1 Generelle Trends und grundlegende Perspektiven 235
7.2 Disziplinäre Perspektiven 240
7.3 Einige konkrete Entwicklungen 245
7.4 Einige Maßnahmen künftiger Internet Governance 250

Literatur 253

Einleitung

Kaum ein Tag vergeht, an dem nicht in der Öffentlichkeit und in den Medien das Internet thematisiert wird: Meist sind es missbräuchliche Nutzungen und Verwendungen persönlicher Daten, der Urheberrechte oder Machenschaften der mächtigen Internet-Konzerne wie Facebook, Google, Amazon und andere; mal sind es Initiativen und Vorhaben von Staaten, inter- und supranationalen Institutionen, zivilgesellschaftlichen Gruppierungen oder auch Unternehmen, um das eine oder andere Problem, das sich bei Netzkapazitäten, Verteilungsgerechtigkeit, Interessenkollisionen etc. auftut, auf gesetzlichem oder vertraglichem Weg zu lösen. Mal sind es Konzepte und Visionen, wie sich diese grandiose, vielseitig nutzbare und nützliche Infrastruktur weiter entwickeln soll, welche Potentiale und Chancen sie für die wirtschaftliche, kulturelle, soziale Entwicklung birgt, welche neuen Technologien und Anwendungen sich für sie abzeichnen, aber auch welche Gefährdungen und Risiken mit ihnen verbunden sind, etwa wie abhängig, beeinflusst und auch vereinsamt die Menschen durch sie geworden sind oder werden und wie sie sich neben dieser mächtigen und riesigen virtuellen Welt noch die reale, heimische und authentische bewahren sollen. Über die zuletzt genannten Fragen wird besonders gern im deutschsprachigen Raum räsoniert, natürlich mit Texten, die am PC oder Laptop geschrieben und per Internet an die Verlage geschickt werden.

Denn offensichtlich und unumkehrbar ist auch, dass nahezu fast alle Menschen in den hochentwickelten Staaten und auch zunehmend in den Schwellen- und Entwicklungsländern das Internet, seine Anwendungen (und seine künftigen Versionen) immer häufiger und in größerer Breite nutzen und dabei immer versiertere Nutzungskompetenzen entwickeln. Dies ist auch das implizite, quasi einprogrammierte Ziel der modernen, immer eleganter, variantenreicher und flexibler werdenden Geräte: Dass sich kein User darum kümmert und kümmern muss, was sich hinter dem schicken Display und den handlichen Tastaturen verbringt, mit welchen Strukturen und Mechanismen ihm/ihr Informationen und Daten darauf gezaubert werden, welche Interessen, Geschäftsmodelle und Profite mit ihnen verknüpft sind, wer welche virtuellen Terrains mit ihnen behauptet oder behaupten will. Allenfalls in Science Fiction-Szenarien (meist im ehrwürdigen Medium Kino) tauchen – dort faszinierend und packend gestaltet – Vergehen, Konflikte und auch Kriege in und um Cyberräume auf, die sich mit dem schmucken, vertrauten Handy kaum in Verbindung bringen lassen.

Über solche Zusammenhänge reflektieren hingegen noch sehr wenige. In den Qualitätsmedien sind es meist die Feuilletons, die auch dabei ihren traditionellen Aufgaben der Kultur- und Medienkritik frönen, nicht aber die approbierten Ressorts von Politik und Wirtschaft. Forschungen und Studien werden vergleichsweise noch wenige betrieben, gemessen etwa am sonstigen Output der Kommunikations- und Medienwissenschaften und der Politikwissenschaft (im Teilbereich Internationale Beziehungen). Daher wissen auch Studierende – allesamt habituelle und versierte Internet-User – relativ wenig darüber; ein Begriff wie Internet Governance können nur wenige erklären und einordnen. Deshalb soll mit dieser Einführung, die auch Lehrbuchcharakter hat, der Versuch unternommen werden, möglichst übergreifendes, systematisches Strukturwissen über die wichtigsten Dimensionen und Aspekte zur Regulierung des Internets, deren Problematik und Grenzen zu vermitteln. Dies kann bei einem globalen und zugleich unendlich vielschichtigen Phänomen wie dem Internet selbstverständlich nicht vollständig gelingen; und da ständig ‚alles im Fluss' ist, liegt es auch nahe, dass alle Informationen dem zeitlichen Wandel unterworfen sind, auch wenn man sich um möglichst strukturell angelegte Analysen bemüht, die längere Halbwertzeiten aufweisen sollten. Diese Intention lässt sich noch etwas vertiefen, wenn man die einschlägigen Entwicklungen in breitere und länger anhaltende historische Zusammenhänge einbettet. Man kann dadurch zeigen, dass erstens nicht alles, was mit dem Internet verbunden ist, wirklich so neu ist, wie oft behauptet wird, viele der angeblich internetspezifischen Probleme auch mit älteren, traditionellen Medien verbunden waren und sind. Viele überkommene Themen werden (nur) neu disponiert und strukturiert. Außerdem muss man sich vergegenwärtigen, dass die so genannten realen und analogen Welten durchaus noch neben (oder auch über) dem Internet existieren und sich durchaus noch wechselseitig beeinflussen. Aber auch die umgekehrte Erkenntnis wird noch zu wenig beherzigt: Dass es kaum mehr Untersuchungsfelder und Themen gibt, die nicht eine Internet-Dimension besitzen, zumal wenn man aus wissenssoziologischer Sicht die jeweilige Erkenntnisgewinnung und Forschungsplanung bedenkt; allerdings

1 Einleitung

ist diese nicht die einzige, sondern mit anderen wechselseitig verbunden. Da das Manuskript im ersten Quartal von 2013 abgeschlossen wurde, sind die Zeitachsen und Entwicklungen im Wesentlichen bis Ende 2012 gezogen.

Universalität und vielfältige Funktionalität des Internets verlangen ohne Frage einen inter- oder sogar transdisziplinären analytischen Zugang (womöglich ist dies ein wichtiger Grund, weshalb mehr disziplinäre Fallstudien denn solide Übersichten vorliegen). Neben Informations- und Kommunikationswissenschaften, aber nicht nur mit ingenieurwissenschaftlicher, technischer oder gar Informatikperspektive, sind vor allem die Rechtswissenschaft, die Politikwissenschaft, die Soziologie, die Psychologie und die Volks- und Betriebswirtschaft berührt, wenn die wichtigsten Themen und Aufgaben des Internets analytisch bearbeitet werden sollen. Damit wären zahlreiche Fachvertreter an einer solchen Übersicht zu beteiligen; und sicherlich ist sie von zwei, einem Politikwissenschaftler mit dem Schwerpunkt Internationale Beziehungen und einem Kommunikations- und Medienwissenschaftler, nicht gänzlich und bis ins letzte Detail zu bestreiten.[1] Diese Einschränkung, die besonders für die mitunter recht komplexe Materie des nationalen, europäischen und internationalen Internet-Rechts und seiner Verträge gilt, sei vorab gemacht.

Da sich diese Einführung auch an Leserinnen und Leser richtet, die sich noch kaum oder nur wenig mit den strukturellen Fragen des Internets befasst haben, werden die genannten strukturellen Grundlagen im Duktus eines seriösen Sachbuchs vermittelt. Methodisch bieten sich dafür mindestens drei Wege an: ein systematischer, ein akteurs- und ein themenbezogener Ansatz. Wir glauben bei der Präsentation und inhaltlichen Füllung aller drei Ansätze der besagten Universalität und vielschichtigen Funktionalität des Internets am genauesten und gründlichsten gerecht zu werden. Dem ersten Ansatz folgen die nächsten drei Kapitel, die sich mit der Erklärung von Begrifflichkeiten und besonders mit den von ihnen bezeichneten Sachverhalten befassen, wobei eine Fluchtlinie von eher abstrakten zu konkreten Begriffen und Themen gezogen wurde. Im folgenden 2. Kapitel werden daher der zentrale Begriff Governance und die ihn nutzenden bzw. explizierenden Forschungen vorgestellt: Ohne Frage bleibt die Kategorie der Governance oder auch der Global Governance breit, schwankend zwischen analytischem und normativem Verständnis und damit auch etwas willkürlich; dies könnte aber auch eine Chance darstellen, um neue Phänomene

---

[1] Verantwortlich sind: beide Autoren für
- Kap. 1 und 7
- Joachim Betz für Abschn. 2.2, 2.3, 5.2, 6.3, 6.6, 6.7, 6.8
- Hans-Dieter Kübler für Abschn. 2.1, Kap. 3 und 4, Abschn. 5.1, 6.1, 6.2, 6.3, 6.5, 6.9, 6.10, 6.11, 6.12.

wie die erodierende Regulierungsfähigkeit der klassischen Nationalstaaten, das Aufkommen und die wachsenden Einflusspotentiale der so genannten Zivilgesellschaft und transnationaler Akteure (darunter auch internationaler Organisationen, transnationaler Konzerne), die vielfach diskutierte Medialisierung der Lebenswelten und endlich die Ausbreitung des Internets als neue virtuelle Infrastruktur zu ermessen. Im dritten Kapitel werden überkommene Gestaltungs- und Regulierungskonzepte für die Medien wie Medienpolitik und Medienregulierung dargestellt und ihre Unterschiede zum neuen Konzept der Media Governance herausgearbeitet.

Schließlich fokussiert das vierte. Kapitel Strukturen und Mechanismen der Regelung für das Internet unter der Prämisse von Internet Governance. Dabei wird erstmalig die Entwicklung von Internet Governance seit den Anfängen des Netzes seit dem Ende der 1950er Jahre bis 2012 rekonstruiert; sie wird in den üblichen historischen Darlegungen der Internetentwicklung, die vornehmlich technisch orientiert sind, meist unterschlagen oder nur am Rande behandelt. Es lassen sich folgende Phasen typisieren: Anfangs, unter Forschungsgesichtspunkten, dominiert – grob gesprochen – die Maxime der freien, wenn nicht anarchischen Nutzung und Entwicklung des Netzes, später – mit der Expansion des Netzes und damit seiner wachsenden wirtschaftlichen und politischen Bedeutung – meldeten die Nationalstaaten, auch die in ihnen ansässigen Unternehmen, ihre spezifischen Interessen an der Regulierung spezifischer Internetprobleme und der Organisation des gesamten Netzes an und drängten zivilgesellschaftliche Kräfte zurück.

Die Analysen und Rekonstruktionen illustrieren, dass sich inzwischen sehr viele Akteure für das Netz interessieren und an seiner Verwendung wie Regelung beteiligt sein wollen. Der Begriff Akteur firmiert auch nur als vager Sammelbegriff für Staaten, supra- und internationale Institutionen und Organisationen, Unternehmen, zivilgesellschaftliche Gruppierungen etc. Wie bei Governance erweist es sich, dass man mit solch offenen Kategorien arbeiten muss, um die Vielzahl und Vielfalt von Beteiligten bzw. Beteiligt-Sein-Wollenden einzubeziehen. Im Kap. 5 werden daher die wichtigsten Akteure und ihre einschlägigen Aktivitäten hinsichtlich des Internets proträtiert, um damit vor allem noch wenig informierten Leserinnen und Leser einen grundlegenden Überblick zu vermitteln. Auch dabei musste natürlich eine Auswahl getroffen werden, die sich allerdings an den Sondierungen davor und an den nachfolgenden Aufgaben orientiert.

Das wohl wichtigste Kap. 6 stellt die zentralen Aufgabenfelder und Themen von Internet Governance vor. Ihre Auswahl, Gewichtung und Anordnung orientieren sich an den historischen Entwicklungssträngen des Netzes und der Regulierungsbemühungen sowie an der Bedeutung der aktuellen Regulierungserfordernisse. Ähnliche Schwerpunkte wie in diesem Band finden sich auch bei # 1 Einleitung

der zufällig zur gleichen Zeit arbeitenden Enquetekommission des Deutschen Bundestags zum Thema *Internet und digitale Gesellschaft* (ohne dass wir uns mit dem dort geballten Sachverstand und den ungleich mächtigeren Arbeitsressourcen dieses Vorhabens messen könnten). Sicherlich weisen die einzelnen Themen einen inneren Zusammenhang – nämlich die gesellschaftliche Nutzung, Entwicklung und Steuerung des Internets – auf; wie man sie allerdings in einem Text anordnet, ist gleichwohl eine letztlich nicht ganz systematische Angelegenheit. In der hier gewählten Reihenfolge lassen sich zum einen die in Kap. 4 dargelegten historischen Akzentuierungen erkennen: nämlich von den eher technischen Fragen über die wirtschaftliche Ausbeutung zu gesellschaftlichen, allgemeingültigen Verwendungen zu gelangen oder auch von internetspezifischen über speziell rechtliche und internetökonomische zu allgemein kommunikations- und medienpolitischen Dimensionen vorzudringen, um damit die Komplexität, aber auch Kontingenz der Regelungen bzw. von Internet Governance zu erfassen.

Das letzte Kap. 7 nimmt dann ein strukturelles Resümee vor und versucht – unter der Maßgabe eines vorsichtigen prognostischen Blickes – einige künftige Aufgaben und Entwicklungen zu skizzieren, wobei man sich angesichts der erfolgten Entwicklung und ihrer anhaltenden Dynamik der Unsicherheit und Veränderlichkeit der Zukunft des Internets bewusst bleiben muss. Denn je universeller das Internet wird und immer mehr Bereiche des gesamten gesellschaftlichen Lebens durchdringt, je mehr wird es zugleich Faktor und Produkt der gesamten gesellschaftlichen Entwicklung in der Welt, in den Kontinenten und in den Staaten, je nachdrücklicher wollen alle gesellschaftliche Kräfte auf es Einfluss nehmen und von ihm profitieren. Eine spezielle Internet-Entwicklung ist dann immer weniger identifizierbar.

Mit begrenzten Kapazitäten, ohne zusätzliche Forschungsunterstützung, lassen sich kaum eigenständige, originäre empirische Untersuchungen anstellen, die für wissenschaftliche Verifikationen des einen oder anderen Themas sicherlich erforderlich, zumindest wünschenswert wären. Die Ausführungen hier rekurrieren daher auf publiziertem Material und bereits erstellten Studien, wie sie in der Literaturliste verzeichnet sind. Sie können daher auch nur deren Erkenntnisniveau und Validitätsgrad reproduzieren. Dennoch hoffen wir eine solide und faktenreiche Übersicht über besagte strukturelle Fragen des Internets vorgelegt zu haben, die in der Lage ist, die für die behandelten Sachverhalte so viel beschworene Internet-Kompetenz zu begründen und zu vertiefen.

Medien und Governance 2

2.1 Governance – ein interdisziplinäres, komplexes Untersuchungsfeld

Medien bzw. Kommunikation lassen sich seit jeher nicht und heute noch weniger territorial oder gar national begrenzen; sie sind in ihren Prozessen und Inhalten aterritorial sowie transnational. Allenfalls ihre gesetzliche und administrative Organisation wurde und wird vorwiegend von den im 18. Jahrhundert gebildeten Nationalstaaten bestritten. Schon die elektronischen Medien, Hörfunk und Fernsehen, überwanden – zumal dank moderner Übertragungskanäle und -netze wie Kabel und Satellit – die ehedem durch Funkwellen, mithin terrestrisch begrenzten Reichweiten. Ihre Produktion erfolgt daher durch mehr und mehr transnational oder gar global agierende, breit aufgestellte und verflochtene Konzerne, die inzwischen meist multi- und crossmedial ausgerichtet sind und sämtliche medialen Kanäle bedienen. Vollends sprengt das Internet alle territorialen und nationalen Grenzen und Einordnungen.

Wiewohl noch nicht hinlänglich, zumal weltweit einheitlich angewendet (Wessler und Brüggemann 2012, 2ff), scheinen sich inzwischen – mindestens für die deutsche Forschung – folgende Begriffsklärungen einzubürgern: *International* meint Beziehungen und Interaktionen zwischen den Nationen bzw. Staaten. *Transnational* bezieht sich auf jene, die sich nicht nur zwischen den Nationen und Staaten als ganze entwickeln, sondern auch innerhalb, jenseits dieser oder gar quer zu ihnen, mithin unter diversen Gruppierungen, Organisationen und Akteuren, also auch Medien, die eine moderne Nation bzw. einen modernen Staat konstituieren und auszeichnen. Diese Beziehungen und Interaktionen kümmern sich nicht mehr um nationale

Grenzen; sie überwinden sie, ob absichtlich oder systembedingt. Denn mit den Transformationen des Nationalstaates entwickeln sich Funktionen und Prozesse jenseits der oder quer zu den traditionellen Formen des Regierens, besonders durch zivilgesellschaftliche Engagements und Aufgabenübernahmen, so dass die überkommenen Bestimmungen und Funktionen des Staates erodieren oder auf andere Instanzen übertragen werden (Benz u. a. 2007). Solche Prozesse vollziehen sich auf allen politischen Ebenen, von der lokalen Bürgerbewegung bis hin zu international und global agierenden Nichtregierungsorganisationen, so genannten INGOs (International Nongovernmental Organizations). Schließlich umreißt *supranational* die Beziehungen und Interaktionen, die sich oberhalb der Nationen und Staaten vollziehen, den Staaten einen Regelungsrahmen vorgeben, etwa in der Welthandelsorganisation (WTO) oder der Europäischen Union (EU).

Infolge der wachsenden Globalisierung, also der fortschreitenden Verflechtung von wirtschaftlichen und finanziellen Beziehungen der Staaten und Gesellschaften weltweit, haben sich mithin die politischen und hoheitlichen Funktionen des Staates gewandelt, womöglich abgeschwächt oder auch zum Teil auf andere Akteure (stakeholders) verlagert, wie in Kap. 5 eingehender dargestellt wird. Die begriffliche und analytische Folge ist, dass neue, treffendere Termini und – mit ihnen verbunden bzw. ihren vorausgehend – angemessenere Analyseansätze erprobt werden – wie der Begriff der Global Governance, der für viele gesellschaftliche und politische Aktionsfelder, aber auch für Medien (Media Governance) (Donges und Puppis 2010; Kleinsteuber und Nehls 2011) angewendet wird.

Dennoch hapert es trotz all dieser Entwicklungen noch an adäquaten interdisziplinären Forschungen, die zum einen die faktisch verflochtenen, komplexen Phänomene analytisch in den Blick nehmen und zum anderen über die speziellen eigenen Fachgrenzen hinaus mit ebenfalls befassten Wissenschaftsdisziplinen integrativ kooperieren. Für Media bzw. Internet Governance kommen primär die Politikwissenschaft mit ihrem Schwerpunkt der inter- bzw. transnationalen Beziehungen sowie eine ebenso ausgerichtete Kommunikationswissenschaft in Frage. Beide Disziplinen – so eine jüngere vergleichende Übersicht (Tenscher und Viehrig 2010, 8) – haben die globalisierenden und sich verzahnenden Entwicklungen zumal hinsichtlich Kommunikation und Medien noch nicht hinreichend berücksichtigt und in theoretische Konzepte umgesetzt; vielmehr sind sie mehrheitlich noch eher auf nationalstaatliche oder internationale Akteure bzw. Systeme (wie etwa die EU) fokussiert: „Eine originär internationale Perspektive auf grenzüberschreitende Kommunikationsprozesse im supra- und internationalen Bereich, die trans- und supranationale Akteuren, intergouvernementalen und Nichtregierungsorganisationen (NGOs) besondere Aufmerksamkeit schenken würde, ist erst in Ansätze zu beobachten […]" (Ebd., 9).

2.1 Governance – ein interdisziplinäres, komplexes Untersuchungsfeld

Dabei gilt es zu unterscheiden, ob eine eher international vergleichende oder eine abstrakt ansetzende globale Perspektive gewählt wird (Wessler und Brüggemann 2012, VIff; vgl. Meckel 2001; Hepp 2004; Hepp u. a. 2005; Hartmann 2006; Kübler 2011). Denn der Systemvergleich wird schon länger in beiden Disziplinen, aber weitgehend unabhängig voneinander betrieben (Esser und Pfetsch 2003; Thomaß 2007; Melischek u. a. 2008). Außerdem haben sich unterschiedliche Schwerpunkte und – entsprechend – Lücken der wissenschaftlichen Aufmerksamkeit eingebürgert, was etwa Schwellenländer und bestimmte Kontinente angeht (zuletzt Hans-Bredow-Institut 2009). Zur Tradition der internationalen Perspektive lassen sich auch Darstellungen internationaler supranationaler Organisationen und Prozesse zählen, wie sie vor allem innerhalb Europas gegeben sind (z. B. Holtz-Bacha 2006, 2011). Für genuin globale Phänomene und Entwicklungen werden – jenseits einer nur feuilletonistischen Terminologie (Luhmann 1975; Bolz 2001) – analytisch brauchbare und ergiebige Kategorien und Theorien noch gesucht bzw. erprobt. Diese Einschränkung gilt auch für diese Ausführungen (Abb. 2.1).

Immerhin scheinen beide Disziplinen in den beiden letzten Jahrzehnten bestrebt zu sein, diese Lücken und Desiderate aufzuarbeiten, in der Kommunikationswissenschaft mindestens durch etliche besagte Reader und Lehrbücher (siehe oben). Dabei ändert oder weitet sich der Blickwinkel entsprechend den zeitgenössischen

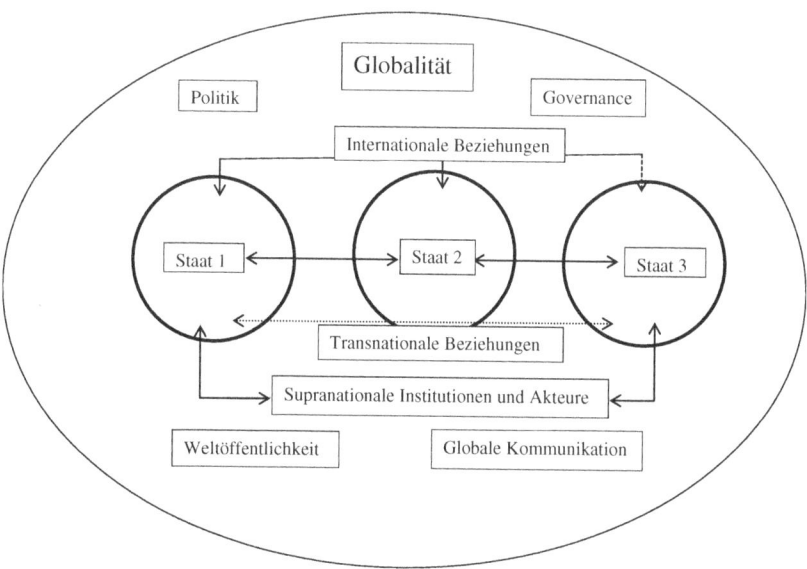

Abb. 2.1 ‚Welt' und ‚Weltkommunikation' – Analyseansätze und –begriffe (eigene Darstellung)

Diskussionen und Vokabeln: zum einen weg von der internationalen Kommunikation und Öffentlichkeit zwischen den Staaten hin zur globalen, wie sie sich durch international agierende Medien- und Internetkonzerne und ihre transkulturellen Produkte ergibt bzw. darstellt, aber auch zum zweiten weg von einer irgendwie national konstituierten Kommunikation hin zu diversen transkulturellen Kommunikationsprozessen. In wieweit es sich dabei nur um eine verbale Transformation handelt oder tatsächlich auch andere, größere und komplexere Sachverhalte in den analytischen Blick genommen werden, werden die folgenden Kapitel zu klären versuchen.

Die Politikwissenschaft ist im Vergleich zur Kommunikationswissenschaft schon länger und breit international aufgestellt, zumal durch die angloamerikanische Forschung (Marcinkowski und Pfetsch 2009). Eine Beschränkung nur auf die deutsche Forschung ist daher unzulänglich; damit sind aber zunächst nur Tempo und Intensität der Wissenschaftsdiffusion markiert, nicht aber der mögliche Erkenntnisstand. Denn die hiesige Politikwissenschaft hat (politische) Kommunikation und Öffentlichkeit, seien sie national oder seien sie international und global ausgerichtet, mehrheitlich nur marginal beachtet. Erst allmählich gewinnt sie über die internationale Kommunikation, über Fragen nach Generierung und Konstituenten transnationaler Öffentlichkeiten die erweiterte Perspektive. Jeweils werden die Disziplinen zu sondieren und zu begründen haben, was ihre spezifischen Erkenntnis- und Forschungsanteile sind bzw. sein sollen, um komplexen, wohl auch diffusen Phänomenen – wie Kommunikation, kollektive Bewusstseins- und Meinungsbildung, Öffentlichkeit, Diffusion von Inhalten und Symbolen nun einmal sind – analytisch beizukommen.

Dabei gilt es zunächst zu prüfen, ob eingeführte, traditionelle Begriffe und Kategorien noch zeitgemäß und vor allem sachlich adäquat sind. Dieser Aufgabe stellt sich auch diese Einführung. Mit dem inzwischen viel gebrauchten Terminus Governance könnte sich zudem eine ergiebige und anregende Schnittstelle ergeben, an deren Entwicklung und Differenzierung beide Disziplinen aus jeweils ihren Perspektiven arbeiten und für deren besagte Komplexität sie angemessene Ergebnisse hervorbringen können. Allerdings ist Governance keineswegs eindeutig und präzise zu definieren. Man kann diesen Umstand beklagen, wie es viele tun; man kann darin aber auch eine Erkenntnischance erblicken, um die nach wie vor noch sondierende Erkenntnisarbeit und Theoriefindung offen, unvoreingenommen und möglichst kreativ fortzusetzen und damit den Phänomenen wie Tendenzen näherzukommen (Schuppert 2006, 2011). In jedem Fall bleibt er für etliche Disziplinen – Rechts- Politik-, Wirtschafts- und Kommunikationswissenschaft – anschlussfähig und kann als „Brückenbegriff" in vielerlei Richtungen (Kleinsteuber 2011, 67ff) fungieren.

2.1 Governance – ein interdisziplinäres, komplexes Untersuchungsfeld

In einem ersten, noch groben Zugriff umfasst Governance folgende Dimensionen; ihre Herleitung und Einordnung erfolgen im nächsten Kapitel:

1. Governance wird sowohl als *analytisch-theoretisches* Konstrukt verwendet, um vorgeblich neue Sachverhalte, deren Substanz und Transformationen noch nicht hinreichend geklärt sind, möglichst offen, für diverse Disziplinen zu umreißen. Dabei ist zu fragen: welche Sachverhalte sind gemeint? Wo sind die Grenzen bzw. Unterscheidungskriterien zu anderen?
2. Governance dient auch als Bezeichnung für tendenziell noch nicht hinlänglich empirisch erfasste *Dynamiken und Veränderungen realer Prozesse und Sachverhalte*. Dann wird von Governance-Strukturen bzw. -institutionen, -prozessen bzw. -mechanismen und -akteuren gesprochen. Governance ist damit ein Regulierungssystem, dessen mögliche reale Transformationen empirisch erfasst werden müssen (Donges und Puppis 2007, 13).
3. Governance wird als *normativer,* wenn nicht gar *als aktionaler* Begriff gebraucht, mithin als Anspruch, Anforderung oder gar Handlungsbedarf (Empfehlungen), um reale Veränderungen zu legitimieren oder nicht zu legitimieren oder Szenarios zu entwickeln, wie (noch) nicht regulierte oder regulierbare Handlungsfelder zu gestalten sind. Diese Sichtweise mündet in Normen und Ansprüche von „Good Governance". Sie signalisieren Nähe zu ethischen Fragestellungen und Zieldiskussionen vornehmlich unter dem Eindruck der Ablösung überholter Ansätze und Legitimationen.

2.2 Governance – als politikwissenschaftliche Kategorie

Der Begriff Governance hat seit den 1980er Jahren in der politik- und sozialwissenschaftlichen Diskussion schnell Karriere gemacht, ist aber dennoch unklar und diffus geblieben, vor allem deswegen, weil ganz unterschiedliche Entwicklungen und Problemstellungen mit ihm belegt wurden (vgl. Van Keersbergen 2004). Er ist nicht mit dem Begriff Regierung, auch nicht mit Regierungsführung zu verwechseln, obwohl natürlich zwischen allen drei Termini starke Schnittmengen existieren. Der Begriff Governance beinhaltet, dass heute nicht mehr nur Regierungen allein allgemeinverbindliche Regelungen planen, beschließen und umsetzen, sondern auch andere Akteure daran beteiligt sind. Dadurch sollen – so die Erwartungen und Hoffnungen jener, die dieses Konzept propagieren – diese Regelungen effektiver greifen, sich ihre gesellschaftliche Legitimität erhöhen und damit auch die Chance wachsen, dass diese Regelungen beachtet werden. Diese anderen Akteure sind je nach Breite der Definition Unternehmen, Unternehmensverbände, Vertretungen der Arbeitnehmer, der freien Berufe, Verbände, Nichtregierungsorganisationen, Vertreter sozialer Bewegungen und der Wissenschaft, kurzum: die gesamte traditionelle und neue „Zivilgesellschaft". Für viele Beobachter des neuzeitlichen Regierens ist es eine ausgemachte Tatsache, dass deren Beteiligung an gesamtgesellschaftlich bindenden Entscheidungen die Qualität des kollektiven Entscheidens und Handelns verbessert, mithin „Good Governance" fördert. Dies kann man als „Gutes Regierungshandeln" übersetzen, läuft dabei aber Gefahr zu übersehen, dass daran nicht nur Regierungen beteiligt sind. „Good Governance" meint die effektive Beteiligung möglichst aller relevanten gesellschaftlichen Gruppen an der Beratung über kollektive Programme, Entscheidungen und deren Durchführung, die Rechenschaftspflichtigkeit der mit der Entscheidungsumsetzung betrauten politischen Akteure gegenüber den Bürgern und die Transparenz staatlichen Handelns. Forderungen nach Verbesserung der so verstandenen Regierungsführung werden deshalb vor allem an die Adresse jener Staaten gerichtet, die sich durch entsprechende Defizite auszeichnen. Im Begriff Governance schwingt also oft besagte normative Vorstellung mit, nach welchen Verfahren und nach welchen Normen kollektive Entscheidungen getroffen werden sollen.

Neuerdings erfreut sich der Begriff Governance deshalb einer hohen Popularität, weil die meisten Autoren davon ausgehen, dass spätestens seit den 1970er Jahren ein sukzessiver Formwandel des Staates stattfindet, der seinen Charakter von dem eines „Herrschaftsmonopolisten" zum „Herrschaftsmanager" wandelt (Genschel und Zangl 2008, 431). Der Staat kann nicht mehr erfolgreich das Monopol über politische Entscheidungen beanspruchen, vielmehr gibt er das Entscheidungsmonopol zunehmend an inter- und supranationale Institutionen, aber auch an nationale nicht-staatliche Akteure ab. Deren Bemühungen ergänzt und koordiniert er zwar noch, bestimmt sie aber nicht mehr vollständig. Dies geschieht freiwillig, weil der Staat nicht mehr alle erforderlichen Leistungen erbringen kann oder will und weil die Herrschaftsbeteiligung nicht-staatlicher Akteure Vorteile in Bezug auf die Effektivität und die Legitimität kollektiver Regelungen erhöht. Natürlich geschieht dies nicht in allen Herrschaftsbereichen gleichermaßen, vielmehr verständlicherweise in jenen Bereichen am wenigsten, bei denen der harte Kern staatlicher Souveränität (etwa die Garantie von Sicherheit nach außen oder das Steuermonopol) betroffen ist. Der Vorgang der ‚Entstaatlichung' vollzieht sich nicht gleichzeitig und mit gleicher Breite und Tiefe in allen Nationalstaaten. Vor allem die Regierungen von Entwicklungsländern, die ihre Unabhängigkeit mühsam und spät errungen haben, sind darauf bedacht, ihre Herrschaftsgewalt und die Souveränität der von ihnen geführten Staaten zu wahren. ‚Entstaatlichung' ist also weder flächendeckend

2.2 Governance – als politikwissenschaftliche Kategorie

noch universal, sondern ein Produkt der Moderne – im Wesentlichen also ein Vorgang innerhalb der entwickelten Welt und in Bereichen, in denen gesellschaftliche gegenüber staatlichen Akteuren schon über vergleichbare Kompetenzen verfügen. Es darf auch nicht vergessen werden, dass das Zugeständnis gesellschaftlicher Selbststeuerung oder der Mitentscheidung durch zivilgesellschaftliche Akteure ein *staatliches* Zugeständnis ist. ‚Entstaatlichung' ist also ein Projekt, das die Aufgabe staatlicher Alleinbestimmung, die Zuweisung bestimmter Herrschaftsbereiche an gesellschaftliche Akteure und – in aller Regel – die staatliche Rahmensetzung, Regulierung, Überwachung und eventuell auch die Revision dieser Zuweisung beinhaltet.

So neu, wie ein Teil der Literatur glauben machen kann, ist dieser Entstaatlichungsvorgang allerdings nicht. Erstens ist darauf hinzuweisen, dass der Staat erst spät zum Herrschaftsmonopolisten wurde. Lange Zeit musste er seine Entscheidungsbefugnisse mit Kirche, Adel, Stammeshäuptlingen, Zünften und den Vertretungen freier Städte teilen. Das Monopol physischer Gewalt und der Steuererhebung konnte erst nach und nach durchgesetzt werden. Der Rechtsstaat heutiger Prägung, das allgemeine Wahlrecht und die staatliche Daseinsfürsorge sind neueren Datums (Leibfried und Zürn 2006). Selbst in den Zeiten der vollständigen Ausprägung des „demokratischen Interventionsstaates" nach dem Zweiten Weltkrieg stellte der Staat nicht alle öffentlichen Leistungen allein zur Verfügung, sondern überließ sie – in unterschiedlichem Maße – der lose staatlich regulierten gesellschaftlichen Selbstverwaltung. Man denke etwa nur an die Aushandlung von Löhnen und Arbeitsbedingungen durch die Tarifpartner, die Administration der Sozialversicherung durch eigene Körperschaften, die private Trägerschaft von Bildungs- und Gesundheitsdiensten, die Selbstregulierung der Ärzte durch die Kammern und anderes mehr.

Allerdings hat sich die Entstaatlichung seit etwa drei Jahrzehnten beschleunigt. Das hat hauptsächlich mit der gesellschaftlichen und wirtschaftlichen Globalisierung und dem wachsenden Einfluss internationaler Organisationen und Regime sowie dem Wachsen einer internationalen Zivilgesellschaft zu tun, auf die im nächsten Abschnitt detaillierter eingegangen wird. Zum Teil ist sie aber auch Folge – und mit den genannten Vorgängen zusammenhängend – der abnehmenden Steuerungsfähigkeit hierarchisch organisierter, staatszentrierter Politik im nationalen Rahmen. Dazu nun einige Stichwörter:

Nach Jahrzehnten einer eher zufällig und vornehmlich von der Verfügbarkeit vorhandener Steuermittel geprägten Politik verlegten sich viele Regierungen ab Mitte der 1960er Jahre auf eine stärkere Planung mittel- und langfristiger Abläufe (beginnend mit einer aktiven Konjunkturpolitik). Sie legten sich entsprechende Planungsstäbe zu und versuchten politisch-gesellschaftliche Entwicklungen planmäßig zu steuern.

Der damalige Planungsoptimismus machte recht bald einer gewissen Ernüchterung Platz, weil sich komplexe gesellschaftliche Prozesse nun einmal nicht feinsteuern lassen, die Planung durch nicht vorhersehbare Krisen aus dem Kurs geworfen wurde. Hoheitliche Planung kann zwar beschlossen werden, zu ihrer Umsetzung bedarf es aber erstens der Mitwirkung der Verwaltung auf allen Ebenen und der Akzeptanz durch die Planungssubjekte, also durch die Bevölkerung und der sie mit vertretenden Verbände, Vereinigungen und sozialen Bewegungen. Damit haperte es aber mit dem Aufkommen von Bürger- und Studentenbewegungen und dem Erstarken neuer, vor allem grüner Parteien, mehr und mehr.

Zweitens weiteten sich die staatlichen Aufgaben nach dem Zweiten Weltkrieg so stark aus, dass der Staatsapparat finanziell und organisatorisch an seine Grenzen stieß. Das betraf zunächst die staatlichen Produktions- und Versorgungsbetriebe, deren Leistungsfähigkeit stets in der Kritik gestanden hatte, sich aber in Zeiten schwindender Haushaltsmittel zu einer zunehmenden Belastung entwickelte. Sie wurden teilweise durch technologische Entwicklungen überrollt, die ihr Leistungsmonopol fragwürdig und überflüssig machten (z. B. Mobiltelefone, Satellitenfernsehen etc.). Kurzum, ab Ende der 1970er Jahre gab es eine massive Welle der Privatisierung staatlicher Unternehmen und Leistungen, die später auch auf weniger entwickelte Staaten überschwappte und – in Begleitung des Stellenabbaus – zu einem deutlichen Schrumpfen des staatlichen Wirtschaftssektors führte. Der Zusammenbruch der sozialistischen Staaten ab Ende der 1980er Jahre führte dann vollends zur Delegitimierung des staatswirtschaftlichen Modells. Die weiter anhaltende Haushaltskrise zwang die meisten Industriestaaten später noch mehr dazu, Leistungsbereiche an nicht-staatliche Träger abzugeben, gemeinsam zu verwalten oder Leistungen schlicht einzuschränken.

Drittens nahmen im Zuge der wirtschaftlichen Entwicklung und der starken Verbreiterung und Verbesserung des Bildungsangebots neue soziale (Mittel-) Schichten in den Industrieländern zu, die stärker an „postmateriellen" Werten der Selbstverwirklichung, Bürgerbeteiligung und gesellschaftlichen/ökologischen Nachhaltigkeit interessiert waren als am bloßen Funktionieren politischer/wirtschaftlicher Abläufe sowie an den daraus bezogenen Einkünften. Neue soziale Bewegungen und grüne Parteien forderten eine stärker dezentrale, partizipatorische Entwicklung und hatten damit Erfolg.

Schließlich brach sich das staatliche Entscheidungs- und Herrschaftsmonopol an den stets komplexer werdenden Verhältnissen, die zu planen und regulieren sind und die Detailkenntnisse der Politiker und der Bürokratie schlicht überfordern würden, wenn sie nicht die Expertise anderer Akteure nutzen könnten. Auch das hat in nicht geringem Maße mit der wachsenden internationalen Politikverflechtung zu tun.

2.2 Governance – als politikwissenschaftliche Kategorie

Im Ergebnis gibt es heute kaum mehr einen Herrschaftsbereich, in dem private Akteure von der Durchführung öffentlicher Organisationsaufgaben prinzipiell ausgeschlossen sind. Es gibt mittlerweile selbst private Sicherheitsdienste, die Steuerschulden werden teilweise durch private Inkassounternehmen eingetrieben, die meisten staatlichen Dienste (Post, Bahn, Gas, Wasser, Elektrizität, Telefon) sind privatisiert oder zumindest der privaten Konkurrenz geöffnet worden, staatliche Beteiligungen in strategischen Industriesektoren und im Finanzsektor sind zurückgefahren oder aufgegeben worden, staatliche Sozialversicherungssysteme werden durch privat organisierte Zusatzversorgungen ergänzt. Der Vollständigkeit halber muss man unterstreichen, dass dieser Prozess nicht unumkehrbar ist (wie etwa die teilweise Übernahme illiquider Banken in staatliche Hand im Zuge der letzten internationalen Finanzkrise zeigt). Dieser Kurswechsel könnte notwendig werden, wenn der Markt und private Dienste offensichtlich versagen und/oder sich massive politische Widerstände gegen die fortgesetzte private Leistungserbringung einstellen. Damit wird deutlich, dass die so umrissene Governance, ebenso wie die weiter unten abzuhandelnde Global Governance ein politisches Projekt ist, das von staatlichen Instanzen gewollt und gefördert werden muss.

2.3 Global Governance

Die Attraktivität des Begriffs und des damit verbundenen Programms von Global Governance speisen sich zu nicht geringen Teilen aus der Vorstellung, dass sie geeignet sind, Politikfelder zu bearbeiten, die sich aus der zunehmenden wirtschaftlichen, sozialen, medialen und kulturellen Vernetzung der Welt ergeben. Diese Vorgänge werden seit einiger Zeit als Globalisierung beschrieben; mit ihr zusammen hängt die Zunahme grenzüberschreitender Transaktionen und Wirkungsketten mit günstigen oder abträglichen Folgen für jene Staaten, die nicht deren Verursacher sind. Global Governance ist damit im Kern als der Versuch zu kennzeichnen, in Abwesenheit eines regulierenden Weltstaates die durch die Zunahme und Vertiefung der grenzüberschreitenden Vorgänge entstehenden Probleme durch internationale Kooperation – zusammen mit zivilgesellschaftlichen und wirtschaftlichen Akteuren – und gemeinschaftlich ausgehandelte Verregelung einzufangen oder zumindest zu bändigen (vgl. etwa Messner und Nuscheler 1996; Beck 1997; Behrens 2005). Die Absicht, die angeblich oder tatsächlich entfesselten Kräfte des Weltmarktes zu regulieren und damit politische Autorität über die damit verbundenen Vorgänge auf höherer Ebene wiederherzustellen, stellt jedenfalls den Kern normativer Ansätze von Global Governance dar. Analytische Ansätze zielen dagegen vornehmlich darauf ab, diese Entwicklungen, ihre Triebkräfte und Dynamik zu beschreiben.

Da die angesprochene Globalisierung eine entscheidende Motivation für solche Überlegungen darstellt, soll zumindest skizziert werden, inwieweit diese tatsächlich neue Herausforderungen an politische Steuerung stellen. Dieser Versuch stößt auf die Schwierigkeit, dass zu diesem Thema eine nicht mehr überschaubare Flut an Veröffentlichungen vorgelegt wurde, ohne einen Konsens darüber zu fördern, (a) was genau unter Globalisierung zu verstehen ist, (b) welche gesellschaftlichen Bereiche sie umfasst, (c) wann der Ausgang des Globalisierungsprozesses anzusetzen ist, (d) welche Regionen/Sektoren dabei erfasst wurden und (e) inwieweit die staatliche Souveränität von diesem Vorgang untergraben wurde.

Unter Globalisierung wurde zunächst nur die Intensivierung des grenzüberschreitenden Austauschs von Gütern, Dienstleistungen, Kapital und – seltener – die Zunahme der internationalen Migration verstanden. Der Begriff wurde also ökonomisch verkürzt, später wurden die kulturelle Dimension, der Informationsaustausch, der Zuwachs internationaler Organisationen und Regime, die Ausbildung einer internationalen Zivilgesellschaft und die Zunahme globaler Risiken (etwa Erderwärmung, transnationaler Terrorismus etc.) hinzugefügt. Problematisch war aber auch, dass Globalisierung quantitativ an der Erhöhung der Außenhandelsquote (am Bruttoinlandsprodukt), des Anteils ausländischen Kapitals an den gesamten Investitionen, dem Anteil von Auslandspost und ähnlichem festgemacht wurde. Das macht deswegen nicht viel Sinn, weil es Handels-, Kapital- und Postverkehr ja schon lange gibt. Mit seiner bloßen Zunahme geschieht nicht wirklich Neues. Es ist auch nicht nachzuvollziehen, wie dadurch die Steuerungsfähigkeit der Nationalstaaten hätte untergraben werden können.

Zu Recht wurde darauf verwiesen, dass der Güter- und Kapitalaustausch schon kurz vor dem 1. Weltkrieg einen beachtlichen Umfang erreicht hatte, der – relativ – erst wieder in den 1990er Jahren übertroffen wurde. Auch der Versuch, Globalisierung mit Maßnahmen der Deregulierung gleichzusetzen, also der Senkung der Zollsätze oder der Beseitigung von Restriktionen des internationalen Kapitalverkehrs, führt nicht viel weiter. Auch diese Maßnahmen gab es schon früher, und sie müssen nicht zwangsläufig zu steigender internationaler Vernetzung führen. Sinn macht der Begriff Globalisierung nur, wenn damit etwas qualitativ Neues bezeichnet wird (ebenso Scholte 2000; Reinicke 1998). Zwei Aspekte scheinen diesbezüglich relevant zu sein: Erstens die massive Beschleunigung der Transaktionen, etwa die sekundenschnelle Übertragung von Nachrichten, Mitteilungen, Bestellungen und der ebenso schnelle Zugang bzw. Abzug von Kapital aus/in Volkswirtschaften mit der Folge zunehmender internationaler Konvergenz an den Aktien- und Anleihemärkten der Welt und entsprechend simultan auftretender Krisenerscheinungen. Zweitens zerlegen sich die Produktionsprozesse von Gütern und Dienstleistungen in einzelne Segmente nach global ausgeloteten Kostengesichtspunkten innerhalb eines global operierenden Unternehmens. Um ein simples Beispiel zu geben: In ein aufwändiges Endprodukt gehen heute Vorleistungen und Zwischengüter aus vielen Standorten in unterschiedlichen Staaten ein. Diese werden durch Investoren und Kreditinstitute weltweit finanziert. Forschung, Produktion, Absatz, Werbung werden am jeweils günstigsten Standort getätigt und Gewinne dort ausgewiesen, wo die Steuerlast und die staatlichen Leistungen in einem günstigen Verhältnis stehen.

Das ist wirklich neu und führt in der Tendenz dazu, die traditionellen wirtschaftspolitischen Steuerungsmittel des Nationalstaates – also Geld-, Fiskal- und Währungspolitik – teilweise außer Kraft zu setzen, weil sie mit Abzug von internationalem Kapital oder Abwanderung von Unternehmensteilen seitens privater Akteure beantwortet werden könnten. Diese Art von Globalisierung setzt möglicherweise den Sozialstaat unter Druck, wenn dieser den Standort durch hohe Lohnnebenkosten oder steuerfinanzierte Transfers belastet. Inwieweit das tatsächlich geschieht und in welcher Dimension, wird kontrovers beurteilt. Ähnlich erodiert mit der Verbreitung des Internets auch die informationelle Souveränität des Nationalstaates. Es zeichnet sich dadurch eine neue Weltöffentlichkeit ab, die Ereignisse andernorts registriert, kommentiert und sich gegebenenfalls zu Gegenreaktionen organisiert (s.u.). Schließlich sind mit dem rascheren Wachstum der Weltwirtschaft und der engeren Verflechtung der Staaten die grenzüberschreitenden Risiken gestiegen (Klima, kriminelle Netzwerke, Terrorismus etc.).

Nicht alle Sektoren, Staaten und sozialen Gruppen sind gleichermaßen in die Globalisierung einbezogen. Viele Staaten sind vom Weltmarkt noch teilweise abgeschottet oder für transnational operierende Konzerne trotz wirtschaftspolitischer Öffnung als Standorte nicht interessant. Die Mehrzahl der Arbeitskräfte produziert für den lokalen Markt, der Löwenanteil der Investitionen wird aus nationalen Ersparnissen finanziert und auch eine vollständige Angleichung der nationalen Zins- und Kreditraten sowie der nationalen Steuersätze hat keinesfalls stattgefunden. Auch im Prozess der Globalisierung leisten sich die Staaten ein sehr unterschiedliches sozialpolitisches Engagement. Ferner setzt die Teilnahme an diesem Prozess voraus, dass die involvierten Personen und Gruppen über die nötigen Voraussetzungen verfügen (etwa einen eigenen oder zumindest leicht zugänglichen Internetanschluss oder in der internationalisierten Produktion verwertbare professionelle Fähigkeiten). Schließlich ist die Beteiligung an der internationalen Zivilgesellschaft sehr ungleich, und internationale Organisationen haben nur in wenigen Bereichen die Kompetenz, nationales Gesetz zu ersetzen oder gar zu brechen. Daher ziehen etliche Autoren den Begriff „Denationalisierung" gegenüber dem Begriff Globalisierung vor (Zürn 1998). Zuletzt muss erneut betont werden, dass Globalisierung, also die Öffnung der Märkte, das Zulassen von Arbeitsmigration und ausländischen Medien, ein von nationalen Regierungen erlaubtes oder sogar aktiv betriebenes Projekt darstellt, also nicht vom Himmel gefallen ist.

Zum nationalstaatlich geprägten Ursprungszustand zurückzukehren, fällt aber nicht leicht, weil dies erhebliche Einbußen verlangen würde. Daher wird das Programm einer Global Governance, also der Versuch, das Auseinanderfallen von nationalstaatlich begrenzter Regulierungsfähigkeit bei gleichzeitiger Zunahme grenzüberschreitender, globaler Interaktionen und Probleme durch internationale Regulierung (unter Beteiligung einer wie auch immer gearteten Zivilgesellschaft) zu kompensieren, auf der Tagesordnung bleiben. Unter Global Governance ist – zusammengefasst – also Folgendes zu verstehen:

1. ‚Weltregieren' ohne einen Weltstaat, dem allein Steuerungs- und Kontrollfähigkeit zukäme, vielmehr horizontale (verschiedene Akteure auf gleicher Augenhöhe) wie vertikale (verschiedene Ebenen verschränkende) Formen der Koordination staatlicher, gemischter oder privater Akteure zum Zweck der Verregelung transnationaler Interaktionen, zur Harmonisierung politischer Interventionen, zur Umsetzung der vereinbarten Beschlüsse (inklusive eventueller Sanktionen gegenüber Abweichlern), der Überprüfung ihrer Wirksamkeit und ihrer gegebenenfalls nötigen Korrektur.
2. Ebenso wenig wie Governance meint Global Governance Regieren durch Kommando und Kontrolle vornehmlich oder gar ausschließlich. Das wäre allein schon deshalb unsinnig, weil wie auch immer getroffene internationale Vereinbarungen und Regelungen durch nationale staatliche oder private Akteure ratifiziert und umgesetzt werden müssen. Es kann also nur darum gehen, durch internationale Verhandlungen einen möglichst konsensfähigen Rahmen zu schaffen, der – bei normalerweise fehlenden harten Sanktionsinstrumenten gegenüber Abweichlern – freiwilligen Vollzug garantiert. Problemspezifische Netzwerke werden als die geeignetsten Werkzeuge zur Schaffung des für Vereinbarungen nötigen Sachverstands erachtet.
3. Global Governance stützt sich auf zahlreicher gewordene internationale Organisationen und internationale Regime – also auf problemspezifische, internationale Regelungen, die bestimmen, nach welchen Normen und Umsetzungsverfahren spezifische Probleme zu lösen sind – und mehr noch auf deren tiefergehenden, zuweilen schon suprastaatlichen Kompetenzen (Beispiele: Europäische Union,

2.3 Global Governance

Welthandelsorganisation, internationaler Strafgerichtshof). Diese Organisationen treffen nicht nur wichtige allgemein-verbindliche Entscheidungen, sondern setzen diese auch mit eigenen Organisationsressourcen um, vor allem bei der Standardisierung und Zertifizierung von Produkten und Verfahren, z. T. auch bei der Zuteilung globaler Rechte (etwa der Domain-Namen durch ICANN) oder bei der Vergabe der ihnen anvertrauten Mittel (Genschel und Zangl 2008).

4. Bei Fehlen eines Weltparlaments, welches diese Vereinbarungen beschließen und legitimieren könnte, stellt sich das Problem der demokratischen Mitbestimmung in Institutionen von Global Governance. Der Verweis auf die Delegation der Mitbestimmung auf die gewählten Regierungen durch die Bürger vermag nicht wirklich zu überzeugen. Denn die Verantwortungskette zwischen Bürgern und internationalen Verhandlungsführern ist sehr lang, die Verhandlungsmaterie sehr komplex, und sie übersteigt das Verständnis der Mehrheit nationaler Abgeordneter deutlich. Da es auch den bestehenden internationalen Organisationen bisher nur mäßig gelungen ist, sich eine eigene Legitimationsbasis zu verschaffen, sehen viele Autoren in der Gestalt der internationalen Zivilgesellschaft eine Art Ersatzparlament, das eine Art Wachhundfunktion in Bezug auf Global Governance-Entscheidungen und ihre Umsetzung ausüben soll. Die Wahrnehmung der internationalen Zivilgesellschaft als Hoffnungsträger für ein stärker legitimiertes Weltregieren ergibt sich daraus, dass seit den 1980er Jahren die Zahl der international operierenden Nichtregierungsorganisationen (NGOs) mächtig zugenommen und ihre Vernetzung sich stark verdichtet hat. Ihren Aktivitäten ist es unter anderem zu verdanken, dass Themen wie die Wahrung der globalen Umweltbedingungen, der Schutz der Menschenrechte, der Kampf gegen Korruption etc. auf die internationale Agenda kamen (Behrens 2013). Die NGOs wurden überdies sukzessiv in Konsultativgremien internationaler Organisationen eingebunden. In etlichen internationalen Organisationen wurden nicht-staatlichen Akteuren mittlerweile sogar institutionalisierte Mitwirkungerechte eingeräumt (z. B. auch im *Internet Governance Forum*). Diese wurden ihnen nicht nur freiwillig zugestanden, sondern um Entscheidungen und ihrem Zustandekommen höhere Legitimität zu verleihen und die Expertise dieser Zivilgesellschaft zu nutzen (Rittberger u. a. 2010).

5. Bei der nun schon länger positiven Bewertung der entstehenden Zivilgesellschaft wird oft vergessen, dass zu dieser auch private Wirtschaftsunternehmen bzw. deren Vertreter gehören, die oder deren Verbände in etlichen Fällen durchaus transnationale wirtschaftliche Konflikte in Eigenregie, also ohne hoheitliche, staatliche Beteiligung, lösen. Ein Beispiel hierfür ist die *lex mercatoria*, die Regeln für die zwischenstaatliche Streitbeilegung für Privatunternehmen vorgibt.

6. In Summe heißt dies: In etlichen Sachbereichen der Weltpolitik sind die Nationalstaaten heute nicht mehr die einzigen – mitunter auch nicht mehr die dominierenden Akteure. Freilich sind diese Staaten nach wie vor „nicht einfach Werkzeuge unsichtbarer weltgeschichtlicher Kräfte" (Ebd.). Sie sind nach wie vor selbst Architekten der internationalen Ordnung und damit auch Urheber, treibende Kräfte und Gestalter der Globalisierung. Auch sind sie durchaus in der Lage, den Prozess der stärkeren Delegation von Mitentscheidungsrechten internationaler Organisationen und der Zivilgesellschaft zurückzudrehen, wie das unilaterale Verhalten der USA zu Zeiten des vormaligen Präsidenten Bush hinlänglich demonstriert hat. Man kann sinnvollerweise unterscheiden *Governance by, with and without governments*, je nachdem ob Staaten ohne internationale Organisationen und private Akteure allgemeingültige Entscheidungen fällen, mit diesen oder Letztere alleine.

Man kann sich dem Projekt der Global Governance nicht nur bestätigend, sondern auch kritisch nähern. Das tun allerdings nur wenige Vertreter. Sie sehen in ihr den ideologischen Überbau einer neoliberalen Konzeption weltwirtschaftlicher Zusammenarbeit, die sich nicht um die kritische Auseinandersetzung der internationalen Herrschaftsstrukturen bemüht. Auch müssten die Ursachen geklärt werden, welche die gesellschaftlichen Probleme hervorgebracht haben, die nun angeblich einer Regulierung bedürfen. Vielmehr werde einem technokratischen Politikverständnis gehuldigt, das die ungleiche interne und internationale Machtverteilung nicht oder zu wenig thematisiere. Die Zivilgesellschaft diene im Wesentlichen der Entlastung staatlicher Politik, und sie werde von Vereinigungen und NGOs aus den etablierten Industriestaaten dominiert. Global Governance sei also „die allzu versöhnerische Utopie einer Weltgesellschaft, in der alle widerstreitenden Interessen unter Aufsicht der Staaten zu allseitiger Zufriedenheit aufgelöst werden" (Brand u. a. 2000, 157). Diese These ist nicht ganz falsch.

Medienpolitik – Medienregulierung – Media Governance 3

3.1 Medien- und Kommunikationspolitik

Medien – schon die inzwischen klassischen Massenmedien wie Presse, Film, Hörfunk und Fernsehen, erst recht aber die digitalen mit ihren immensen, längst noch nicht gänzlich entwickelten Potentialen – sind für die Politik, für die politisch legitimierten (Autoritäten) wie für alle öffentlich agierenden Akteure, aus vielerlei Gründen ein ebenso komplexes wie prekäres Handlungs- und Entscheidungsfeld: Zum einen treffen in demokratischen Systemen zwei grundsätzliche, in den Verfassungen garantierte Normen, nämlich Menschen- oder Grundrechte aufeinander und treten oft auch in Konflikt miteinander: einerseits das Recht auf freie Informations- und Meinungs- und damit auf generelle Medienfreiheit, andererseits das Recht auf Eigentum und wirtschaftliches Handeln (Gewerbefreiheit). Beide Grundrechte sind dem aristokratischen Staat von einem erstarkenden Bürgertum mit den Revolutionen und Reformen des 18. und 19. Jahrhunderts abgerungen worden und mussten zunächst gegen die staatliche, oftmals noch feudale Autorität durchgesetzt werden (Habermas 1962, 1990; Wendelin 2011). Entsprechend haben sich dafür Strukturen herausgebildet, die zu den Prinzipien der liberalen Demokratie gehören:

So werden Buch, Film und die Presse fast ausschließlich unter privatrechtlicher Ägide, von Produktions- und Verlagsunternehmen, produziert, vertrieben und unterliegen mithin primär den Regeln des Eigentumsrechts. Staatliche Regulierungen können nur mittels der Setzung von Rahmenbedingungen und der Gewährung von Subventionen erfolgen. Der Film erhält sie in Form staatlicher und staatsnaher Förderung (in Deutschland etwa durch die öffentlich-rechtlichen Fernseh- und die Landesmedienanstalten), allein sein Zugang wird für Kinder und Jugendliche durch den Jugendschutz (Alterskennzeichnung) reglementiert, und Auswüchse seiner Inhalte wie Gewalt- und NS-Verherrlichung, Pornografie und sexuelle Perversionen fallen unter Jugendschutz- und strafrechtliche Vorschriften. Die Presse unterliegt dem Vielfaltsgebot, das der moderne Sozialstaat garantiert. Dahinter steckt die Idee, dass der mündige Staatsbürger für seine unabhängige politische Meinungs- und Entscheidungsbildung pluralistische Nachrichten und Berichterstattung benötigt. Deshalb werden Tendenzen zur ökonomischen Konzentration, die auch eine Beschränkung der Informations- und Meinungsvielfalt bewirken könnten, mindestens in nationalstaatlicher Reichweite kontrolliert und gegebenenfalls untersagt, in internationaler Dimension gelingt dies nicht. Da große Medienkonzerne sich heute international aufstellen und betätigen, bleibt deshalb die Konzentrationskontrolle ohne globale Wirkung.

Die elektronischen Medien, Hörfunk und Fernsehen, standen und stehen auch in demokratischen Ländern unter staatlicher Obhut, in anderen auch unter privatem Recht. In Deutschland sind sie nach den negativen Erfahrungen im Nationalsozialismus nach dem Vorbild der britischen BBC unter eine öffentlich-rechtliche Organisationsstruktur, mithin in die Obhut der Gesellschaft, der sogenannten gesellschaftlich relevanten Gruppen, gestellt worden, um sie sowohl von staatlicher und parteipolitischer wie auch von privater Einvernahme zu schützen (dass diese Absicht in der Praxis immer wieder unterlaufen wurde, steht auf einem anderen Blatt). In heutigen Begriffen lässt sich diese Konstruktion auch als zivilgesellschaftliche bezeichnen. In seinem bahnbrechenden Urteil von 1961, das auch als Magna Charta des öffentlichen-rechtliches Rundfunks gilt, hat das Bundesverfassungsgericht diese Rechtsform bekräftigt und begründet, damals auch noch mit der Vertriebs-, der Frequenzknappheit. Der Außenpluralität der Presse wurde die Binnenpluralität des Rundfunks gegenübergestellt, die durch Vertretung der gesellschaftlich relevanten Gruppen und ihrer anheimgestellten Meinungsvielfalt als gegeben erachtet wurde und wird.

Mit der Verkabelung der Republik, auch mit der Nutzung von Satelliten, ist diese Verteilungsknappheit gefallen, weshalb aus Sicht der Privatwirtschaft, insbesondere der Verleger, das so genannte Monopol des öffentlich-rechtlichen Rundfunks aufgegeben und privat-kommerzielles Fernsehen eingeführt werden musste. Dies geschah in den 1980er Jahren. Da es sich auch bei den privat-kommerziellen Kanälen ebenso um öffentliche Güter handelt, zumal die Marktmacht der wenigen großen – heute nur zweier, nämlich der RTL-Group und der ProSiebenSat1-Kette – erheblich ist und um ein Mindestmaß an inhaltlicher Qualität, Meinungsvielfalt und Programmstandards aufrechtzuerhalten, erwirkte die Politik Zulassung, Aufsicht und Kontrolle durch die ebenfalls öffentlich-rechtlich strukturierten Landesmedienanstalten. Vor allem für den Jugendmedienschutz erreichten sie ähnlich wirksame Maßstäbe und Interventionsoptionen, wie sie die öffentlich-rechtlichen Rundfunkanstalten in eigener Regie ausüben. Gegen diese Form politischer, quasistaatlicher Einflussnahme sind wiederholt Strategien und Maßnahmen der Deregulierung und Privatisierung gefordert worden, die nicht zuletzt auch von der EU-Kommission vehement vertreten werden. Sie sieht den Medien- und vor allem Fernsehmarkt in Europa als möglichst privatwirtschaftliches Terrain, nur dem Wettbewerbsrecht unterworfen und unter Hintanstellung der kulturellen und öffentlichen Aufgaben; allenfalls bei eklatantem Marktversagen könnte sich ein Bedarf öffentlicher Intervention ergeben (Holtz-Bacha 2006).

All diese Handlungsdimensionen, strukturelle Entscheidungen und konkreten Maßnahmen werden gemeinhin als *Medienpolitik* bezeichnet, wobei sowohl die Aktionen als auch die (analytischen) Reflexionen damit umfasst werden. Dabei konzentriert sich Medienpolitik vor allem auf die publizistischen Medien, also Presse, Hörfunk und Fernsehen, die weniger öffentlich relevanten wie Buch und Film werden auch der Kulturpolitik zugeordnet. Medienpolitik befasst sich mithin sowohl mit den Strukturen und Prozessen von Medienorganisationen als auch mit den Distributionsformen und Inhalten, die die öffentliche Kommunikation ausmachen, sowie mit ihren jeweiligen normativen Begründungen und Zielsetzungen, die auch unter Medienethik gefasst werden können. Demnach lässt sich Medienpolitik als „jenes Handeln" (und seine normative Begründung und Zielsetzung) definieren, „welches auf die Herstellung und Durchsetzung allgemein verbindlicher Regeln und Entscheidungen über Medienorganisationen und die massenmediale öffentliche Kommunikation abzielt" (Puppis 2007, 34).

In der Politikwissenschaft hat sich die Unterscheidung von drei Dimensionen des politischen Handelns bewährt, sie lassen sich auch auf die Medienpolitik anwenden (Puppis 2007, 36ff):

- *Polity* – als formal-institutionelle Dimension von Politik, die politische Strukturen aufbaut und sie mit Werten und Normen begründet – zielt für Medien auf deren strukturelle und institutionelle Rahmenbedingungen ab, wird landläufig auch als Ordnungspolitik bezeichnet.
- *Politics* – als Durchführung und Beobachtung politischer Prozesse, bei denen Akteure mit unterschiedlichen Interessen um Entscheidungen und die Herbeiführung verbindlicher Regeln ringen – fokussiert sich bei Medien auf Entstehungs- und Entscheidungsprozesse von Medienpolitik, eruiert und gewichtet Akteure, deren Interessen, Positionen, Macht, Ressourcen und Einfluss und untersucht das Zustandekommen von Entscheidungen und Regelungen.
- *Policy* – als Definition und Explikation politischer Inhalte und ihre Fixierung als allgemeinverbindliche Problemlösungen – meint für die Medien die Outputs

politischer Handlungen, also die gesellschaftliche Anerkennung medienpolitischer Inhalte als allgemeinverbindliche Lösungsmöglichkeiten sowie die Generierung und Durchsetzung konkreter Regeln und Entscheidungen.

Medien sind, repräsentieren, motivieren und reproduzieren technisch bewerkstelligte, professionell produzierte und vermarktbare Symbolwelten. Mithin sind bei ihrer Betrachtung und Analyse multiple Wirklichkeitsvarianten und -ebenen unausweichlich gegeben. Sie fließen in die expliziten Funktionszuschreibungen wie auch in die latenten Funktionsausübungen der Medien ein und bewirken zum anderen weitere Komplikationen ihrer politischen Dimensionen. Gemeinhin werden sie von einer auf Institutionalisierung und formale Systemrekonstruktion fokussierten Politologie nicht wahrgenommen und bearbeitet (Jarren et al. 1998; Sarcinelli 1998; Schulz 2008); aber heutzutage, mit der anhaltenden Differenzierung und dem steigenden Einfluss der so genannten Mediengesellschaft (Kübler 2009, 27ff.), gehören Medien zentral zur analytischen Erfassung des Politischen bzw. der ‚Politizität'. Folgende Funktionsbeschreibungen lassen sich anführen (vgl. Bentele et al. 2003; Kübler 2003: 135ff.):

- *Universalität*: Medien präsentieren nicht nur potentiell alle Inhalte und Themen dieser Welt; sie konstituieren sie vielfach und prägen sie vielseitig. Damit sind die politischen Dimensionen von Medien tendenziell unabgrenzbar, ebenso wie ihre Entwicklungen unberechenbar sind. Theoretische Ansätze zur Agenda-Setting-Funktion, Schweigespirale, Framing, Wissenskluft und Nachrichtenwerttheorie der Kommunikationswissenschaft suchen diese Dimensionen je auf ihre spezifische Weise zu erfassen (Schenk 2007). Medienkritisch wird sondiert, welche Themen bevorzugt, wie sie von den Medien gefördert und welche vernachlässigt werden. Jedenfalls bleibt die objektive Spiegelung von Wirklichkeit, wie sie Nachrichten aus der Sicht von Laien beanspruchen, ein Ideal, nicht einmal ein erstrebenswertes, da seine Behauptung jeweils involvierte Interessen verschleiert. In Mediengesellschaften werden politische Prozesse und Entscheidungen unentwegt von medialen Reflexionen und Deutungen begleitet; sie schaffen neben den faktischen symbolische, inszenierte Wirklichkeiten, die allerdings für die kollektiv-subjektive Meinungsbildung, Interessenaustragung und Kompromissfindung oftmals einfluss- und folgenreicher sind als die vorgeblich realen; gemeinhin lassen sie sich gar nicht mehr voneinander trennen. Zumal große, abstrakte Themen wie Klimawandel, Umweltverschmutzung, Finanz- und Wirtschaftskrisen, aber auch trans- und internationale Beziehungen und Mythen, Kriegs- und Terrorismusrisiken werden vornehmlich medial aufbereitet, verhandelt und geprägt, und deren Medienrepräsentationen beeinflussen das Handeln der beteiligten Akteure. Bereichsspezifische, institutionelle Medienpolitik wird daher stets vergegenwärtigen und sich daraufhin befragen lassen müssen, ob und wie ihre Entscheidungen und Regeln über die Medienorganisation hinaus die Repräsentanz und Verbreitung sämtlicher Themen konstituiert und verändert, warum sie getroffen werden und worauf sie letztlich abzielen. Ein Beispiel: Die Etablierung privat-kommerzieller Medien zumal mit Boulevardausrichtung verstärkt eine triviale Publikumsagenda, also Banales, Sensationen, Sex und Crime (Pörksen und Detel 2012), wohingegen Public-Service-Medien eine wie immer zu definierende sachliche Agenda, etwa die viel beschworene Pflicht ausgewogener Berichterstattung zu erreichen suchen. Entsprechend prägen diese Alternative das öffentliche Bewusstsein und die kollektive Meinungsbildung.

- *Öffentlichkeit und Transparenz*: Um die unabhängige Meinungs- und Willensbildung des Souveräns, des Bürgers, zu gewährleisten, sind Medien zum Gebot der Öffentlichkeit verpflichtet: sowohl in ihrem Output, mithin in der Darstellung und Verbreitung der Inhalte, zumal wenn Selektionen und Gewichtungen vorgenommen werden, als auch bei ihren internen Produktions- und Entscheidungsprozessen. Das Publikum muss erfahren und kontrollieren können, welche Auswahl und Gestaltung von wem mit welcher Verantwortlichkeit getroffen wird. Diese Transparenz ist bei Public-Service-Medien sicherlich eher gegeben, wenn auch nicht vollständig realisiert, als bei privatwirtschaftlichen. Dazu gehören als elementare Basisregelungen die strikte Trennung von Werbung und Redaktion, die Offenlegung und Kenntlichmachung der jeweiligen Urheber, der Entstehungs- und Publikationszeit sowie der verantwortlichen Produktionsfirma. Ob und wie öffentliche Themen ignoriert oder gar unterdrückt werden, d. h. welche Selektionsfilter jeweils wirksam sind, beherrschte in den 1970er Jahren die Debatte um Öffentlichkeit und ihre mögliche Ergänzung durch „proletarische", „spontan-anarchische" oder einfach Öffentlichkeit von unten (Negt und Kluge 1972). Dafür wurden nach historischen Vorbildern – etwa Bertolt Brechts Radiotheorie – Laien-Medien wie die öffentlichen Kanäle ohne Zugangsbeschränkungen eingerichtet, um die etablierten Öffentlichkeiten aufzurütteln oder aufzubrechen. Inzwischen, in der digitalen Ära, übernehmen zugängliche Online-Dienste wie Blogs, Twitter und YouTube diese Aufgaben. Wie weit Öffentlichkeit eingeschränkt oder gar von Seiten des Staates zensiert und beschränkt und nur noch von genehmen oder gar propagandistischen Inhalten beschickt wird, verkörpert einen wichtigen Maßstab für den autoritären Charakter eines Regimes. Allerdings neigen alle Bürokratien, auch die von Unternehmen, in einem erheblichen Maß zur Geheimhaltung und Vertuschung. Ständig muss sondiert und überprüft werden, wo solche Arkanisierung sachlich angemessen und erforderlich ist und ob und wo sie der Verschleierung von Verantwortlichkeiten und Machenschaften dienen. Daher muss in liberaldemokratischen Systemen der Staat dafür sorgen, dass möglichst alle Themen die Chance haben, öffentlich, in ihrer jeweiligen Beschaffenheit und Breite angemessen dargestellt und verbreitet zu werden; mithin beeinflussen einschlägige Rahmen- und Unterstützungsmaßnahme die kollektive Vorstellung von Öffentlichkeit von und in den Medien (Eisel 2011).

- *Kritik und Kontrolle*: Herkömmliche Beschreibungen öffentlicher Funktionen heben auf Kritik und Kontrolle ab, die die Medien – auch schon stellvertretend für das mit der Exekutive eng verflochtenen Parlament, zumal für die die Regierung stützende Fraktionen – im Staate ausüben. Gelegentlich wird dafür auch die Bezeichnung von der „vierten Gewalt" bemüht (Bergsdorf 1980), die – zwar nicht verfassungsrelevant – das gemäß der Theorie nicht mehr hinreichend funktionierende Prinzip der checks and balances ein wenig kompensiert. Diese Kritik und Kontrolle beschränkt sich allerdings nicht nur auf die politischen Akteure, sondern bezieht private, etwa Unternehmen, ebenfalls ein. Mit Strategien und Methoden des so genannten investigativen Journalismus spüren Journalisten Missstände, Fehlentwicklungen, Skandale, Korruption und kriminelle Vergehen auf, bringen sie an die Öffentlichkeit, zwingen zur Rechenschaftslegung und die politisch Verantwortlichen gegebenenfalls zur Beseitigung und künftigen Verhinderung (Ludwig 2007). Oft schon genügt die Androhung der Veröffentlichung, um jene Abweichungen einzustellen und weitere zu blockieren. Medienpolitik muss die rechtlichen und strukturellen Voraussetzungen dafür schaffen, dass Journalisten in dieser Hinsicht arbeiten können. Tut sie es nicht, beschränkt sie Optionen demokratisch-publizistischer Kontrolle und leistet autoritären Tendenzen Vorschub. Solche Hilfestellungen sind etwa das Zeugnisverweigerungsrecht – Journalisten können ihre Zeugen und Gewährsleute geheimhalten –, das Recht auf Zugang zu amtlichen Quellen und auf Auskunft gegenüber Behörden (Branahl 2009; Fechner 2013).
- *Intersystemische Referentialität und Rekursivität*: In systemtheoretischer Vereinfachung werden politisches und Mediensystem als relativ abgrenzbare und begrenzt autonome Bereiche gegenübergestellt und ihre potentielle Beziehungen formal ausgelotet (Marcinkowski 1993; Löffelholz 2004); tatsächlich ist die soziale Wirklichkeit ungleich verflochtener, intransparenter und damit auch ein wenig ‚schmutziger'. Zwischen den diversen Akteuren in Politik, Medien und Privatwirtschaft, medialer wie anderer, existieren unendlich viele, mannigfaltige und unterschiedliche Verbindungen, nicht zuletzt weil Lobbyismus, so genannte spin doctors, public relations bzw. politische Vermarktung überhand nehmen und deren Protagonisten vorzugsweise aus demselben sozialen, beruflichen Feld rekrutiert werden. So dürften politische Entscheidungen in Sachen Medien, die Parlamente und Regierungen fällen, ungleich genauer und weitreichender auf ihre öffentlichen Wirkungen hin überprüft, sicherlich auch mit den

jeweiligen Meinungsführern in Privatwirtschaft und Medien rückgekoppelt werden, um nicht die geballte Kritik oder gar den vehementen Widerspruch der so genannten veröffentlichten Meinung zu riskieren. Auch wenn sich inzwischen die Verlagshäuser und ihre Produkte offiziell als parteipolitisch neutral und unabhängig deklarieren, wird immer wieder bekannt oder auch darüber spekuliert, dass jeweils politische Affinitäten zwischen Medien und Politik bestehen und diese auch für die Durchsetzung gemeinsamer Interessen eingesetzt werden. Früher, in Deutschland bis 1945, erklärten sich die Verlage und ihre Erzeugnisse als einer (partei)politischen Richtung zugehörig oder waren sogar Eigentum der Parteien. Heute halten nur noch die CSU und die SPD Anteile an Verlagshäusern. Auch die Leitungsposten der öffentlich-rechtlichen Rundfunkanstalten sowie der Landesmedienanstalten werden nach politischem Proporz besetzt, so dass man ihren Programmen bzw. Maßnahmen parteipolitische Nähe und Rücksichtnahme unterstellt: der Bayerische Rundfunk etwa gegenüber der CSU, der Westdeutsche Rundfunk gegenüber der SPD, das ZDF gegenüber der CDU. Eher fallweise, meist anhand eines aktuellen Vorfalls oder gar Skandals, werden solche Verbindungen aufgedeckt, freilich nicht systematisch. Jedenfalls kann zunehmend weniger von zwei weitgehend unabhängigen, nur verbundenen Subsystemen ‚Politik' und ‚Medien' ausgegangen werden. Vielmehr wäre innerhalb beider (meinungs-)führende und entscheidungsfähige Gruppen und Konstellationen der wechselseitigen Einfluss- und Rücksichtnahme zu untersuchen, die über Lobby-Mechanismen oder in direkten, informellen Kontakten der Akteure vermittelt werden.

- In weitgehend ökonomisierten, in vielen Kanälen dicht besetzten Medienmärkten wird der Kampf um die *Aufmerksamkeit* des Publikums ständig härter und raffinierter (Franck 2007). Etliche Parameter wie die kontinuierlichen Nutzungserhebungen, Einschaltquoten und Klick-Messungen liefern dafür vorgeblich harte Indikatoren (Meyen 2004). Ständig werden neue Werbe- und Attraktionsstrategien geschaffen und erprobt, um die sich abzeichnenden Sättigungsgrenzen hinauszuschieben. Dafür werden unentwegt neue Geräte mit neuen Diensten entwickelt und auf dem Markt lanciert, ebenso starten immer wieder (vorgeblich) neue Genres, Formate und Programme. Die Konjunkturen werden ständig kürzer, die Kreisläufe hektischer, die Alterungsprozesse schneller. Inhaltlich werden die Novitätskampagnen munitioniert, indem immer wieder Sensationen, Skandale, Absonderlichkeiten in den Fokus gerückt werden, mithin kollektive Tabus überschritten werden. Damit erzeugen die Medien unter sich, dann auch im Publikum Aufmerksamkeit, unter der Prämisse der Medien- und Meinungsfreiheit. Die technischen Potentiale für immer krassere, grellere, schockierendere Präsentationen tragen zu dieser anhaltenden Eskalation bei. Sexualität und Gewalt, Krankheiten und Tod, Exotik und Abnormitäten sind dafür die bevorzugten Themenfelder. Medienpolitische Ethik und Kontrolle, ausgeübt durch Selbststeuerung durch den Presse- und Werberat und durch öffentliche Gremien wie die des Jugendmedienschutzes, ist permanent aufgerufen, die Optionen für kollektive Akzeptanz, aber auch die Grenzen für Gefährdungsrisiken, Verantwortbarkeit und letztlich auch des (guten) Geschmacks auf den Prüfstand zu stellen, jedoch auch zu stabilisieren (Schicha und Brosda 2010). Dadurch werden medienpolitische Konsense pausenlos bedroht und neuen Bewährungen unterworfen. Einerseits weiten sich die Toleranzgrenzen und die Optionen menschlichen Bewusstseins, andererseits erodieren vermeintlich als stabil gehaltenen Standards, überfordern und ängstigen viele. Aus ihrer Sicht werden medienpolitische Vorhaltungen zu bloßen Alibi-Appellen, Vereinbarungen und Konsense wirkungslos und letztlich die rücksichtslosen Gepflogenheiten des Marktes übermächtig.

- Solche Widersprüche, wechselseitige, aber uneingestandene Abhängigkeiten und geheuchelte Verantwortungsverschiebungen lassen sich besonders bei der Darstellung von Personen, genauer: von Prominenz und Stars (und solchen, die es werden sollen), bei der wachsenden *Personalisierung* in den Medien beobachten. Sie bestreitet zum einen ganze Genres und Formate wie die Gruppe der so genannten Personalities bzw. Personal Stories. Aber auch in vielen anderen Inhalten sind sie dominant. Publizitätsorientierte Personen – Politiker, Repräsentanten von Verbänden und Interessengruppen, Wirtschaftsmanager, Very Important Persons (VIPs) wie Adel, Models, Protagonisten im Showbusiness und alle sonst in der Medienbranche – wissen um die Macht der Medien für ihre Prominenz, ihr Image und damit ihren Verkaufswert, lassen raffinierte Kampagnen planen und starten, beschäftigen Imageberater und Mediaplaner und inszenieren oft genug Events bis hin zu persönlichen Schicksalsschlägen, um ihre Bekanntheits- und Vertrauenswerte zu erhalten bzw. zu steigern. Dabei werden durch Schlüssellochperspektiven, Schnappschüsse der Paparazzi und Indiskretionen oftmals die Tabus und Grenzen der so genannten Privat- und Intimsphäre, wie sie sie das Medienrecht infolge der bereits erwähnten Tabu-Überschreitungen in den letzten Jahrzehnten fixiert hat (Fechner 2013), tangiert oder gar verletzt.

Wie bei allen Medieninhalten ergeben sich vor allem bei der Personalisierung bizarre Wechselwirkungen zwischen dem Recht und dem Schutz von Privat- und Intimsphäre und dessen permanente, nicht zuletzt von den Akteuren selbst betriebene Gefährdung oder gar Verletzung. Ja, dieses Konstrukt der Privat- und Intimsphäre in seiner inzwischen gepflegten und angewendeten Ausdifferenzierung musste erst infolge jener Entwicklungen aus Grundrechtsartikeln wie der Würde des Menschen (Art 1 GG) und dem Persönlichkeitsrecht (Art 2 GG) abgeleitet werden, unterstützt durch Schutz der Wohnung (Art 13 GG) und dem Briefgeheimnis

(Art 10 GG), und wird durch die meist von den sich belästig fühlenden, attackierten Prominenten veranlassten Rechtsprechung weiter ausgestaltet.

In den USA hat Privatsphäre (*Privacy*) eine lange Tradition, die im 4. Zusatzartikel der Verfassung verankert ist. Der Terminus *Privacy* wurde 1890 von dem späteren Richter Louis Brandeis und dem Schriftsteller und Rechtsanwalt Samuel D. Warren im Artikel *The Right to Privacy* (Harvard Law Review, Jahrgang 4, Nr. 5, 1890) als „the right to be let alone" definiert, also als das Recht, in Ruhe gelassen zu werden. Würden die Medien dies tun, wären die Prominenten öffentlich tot, verlören mithin ihren lukrativen Status, bekannt und dadurch vermarktet werden zu können. Schießen die Medien im Sinne der ständigen Reiz- und Aufmerksamkeitseskalation über das für erträglich gehaltene Maß hinaus, werden sie mit Klagen wegen Missachtung und Verletzung der Privat- und Intimsphäre überzogen. Der jeweils erstrebte Interessensgrat ist mithin schwer einzuhalten, und die Rechtsprechung hat mittlerweile ein für sich profitables Geschäftsfeld erhalten. Für die digitalen Medien mündet es in die noch größere und prekäre Diskussion um den Personen- und Datenschutz ein. Da sind es nicht mehr primär Fotos, Zitate und Szenen, sondern ihr digitaler Abgleich in konfigurierbaren Daten, die für Werbeadressierungen lukrativ verkauft und vermarktet werden. Auch sie werden von den ursprünglichen Eigentümern meist freiwillig preisgegeben – durch den Eintrag in zahlreiche Masken und Portale –, und erst hernach, anlässlich ihren heimlichen und perfiden Vermarktung, erkennen die User deren Wert und Schaden und wollen ihn öffentlich, von der Politik und Justiz, geahndet wissen (s.u.).

In funktionalistischer Hinsicht lassen sich all diese Entwicklungen (und noch einige mehr) als kommunikationspolitische Prozesse in einem weiten Sinne subsumieren, die nicht vorrangig oder ausschließlich intentional vorangetrieben werden, sondern eher systemisch bedingt sind. Ursprünglich ist der Terminus Kommunikationspolitik als analytisches Konzept für sämtliche öffentliche Kommunikationsprozesse vorgeschlagen worden, die absichtlich oder funktional politische Dimensionen beinhalten oder zeitigen (Puppis 2007, 33). Grob trifft er sich damit mit dem ebenfalls allgemeinen Begriff der Polity und könnte somit der beschriebenen wachsenden Verschmelzung von Politik und Medien dienen (Sarcinelli 2011).

3.2 Medienregulierung

Der Terminus ‚Regulierung' stammt vornehmlich aus dem juristischem Kontext und lässt sich schwerlich unter die genannten Politikdimensionen rubrizieren, wenngleich er dem Policy-Segment am nächsten kommt. In Europa wird er erst in den 1970er Jahren geläufig, im britischen Common Law und in der amerikanischen Verfassungsgeschichte aber schon im 18. Jahrhundert, seit 1890 zählt er zum festen Vokabular: Dort beschreibt er staatliche Intervention in bestimmte, kommerziell geführte Wirtschaftssektoren, um ruinösen Wettbewerb und Monopolbildung zu verhindern. Dazu werden selbstständig handelnde Behörden, so genannte regulatory commissions, deren gesetzliche Grundlagen das Parlament (USA: der Kongress) erlässt, eingerichtet und mit angesehenen Mitgliedern besetzt. Sie agieren im Sinne von checks and balances wie eine Jury und unabhängig von der Exekutive. Mit allen Beteiligten handeln sie allseits akzeptable Lösungen aus, erklären sie als verbindliche Regeln und führen sie als Administration aus. Ihre Durchsetzung können sie auch mit finanziellen Unterstützungen erreichen, Missbräuche können sie öffentlich ahnden (Kleinsteuber 2011, 58ff).

Seit 1934 wird in den USA der Rundfunk von der *Federal Communications Commission* (FCC) kontrolliert, damals die erste ihrer Art weltweit. Sie geriet wiederholt in die Kritik, da die beteiligte Industrie mit der gezielten Rekrutierung von Mitgliedern ihre Interessen durchsetzte und Kompromisse nur mit ihrem Einverständnis gefällt wurden. Außerdem wurden neue Interessenten häufig blockiert, der Markt abgeschottet und konkurrierende Anbieter mit inhaltlichen Kontrollen (zumal im prüden Amerika) drangsaliert. Dennoch konnte sich die FCC über die Geschichte hinweg als allseits anerkannte und unabhängige Regulierungsbehörde behaupten, die nicht zuletzt von der Medienindustrie im ureigenen Interesse geschützt wird (Ebd., 63ff).

In Europa wurde der Regulierungsbegriff mit anderen, wenn nicht sogar gegenteiligem Bestrebungen erst in den 1970er Jahren eingeführt: gewissermaßen als Vorwand für die gerade anlaufende Privatisierungs- und Deregulierungswelle (Ebd., 63). Begründet wurde diese Übernahme damit, dass private Unternehmen in zentralen Segmenten – außer Telekommunikation und Rundfunk auch Energie, Wasser und Verkehr – bislang staatsnahe Aufgaben effizienter, billiger und schneller initiieren und durchführen könnten als aufwändige, schwerfällige und an viele Rechtsnormen gebundene Verwaltungen. Deshalb wurden für sie unter neoliberalen Vorzeichen neue Regulierungsregime aufgebaut, in denen der Staat nur grundsätzliche Rahmenfunktionen wahrnimmt und die Grundversorgung der Bevölkerung sichert. Der so deregulierte Markt setzt die Unternehmen dem Wettbewerb aus und erzielt für die Konsumenten vorgeblich bessere Leistungen.

Vor allem im Bereich Telekommunikation und Rundfunk wurden in vielen europäischen Staaten die staatlichen ‚Monopole' abgeschafft, um so die sich abzeichnenden Investitionen und Innovationen durch Kabel- und Satellitennetze mit privatem Kapital zu finanzieren und der Privatwirtschaft auch Renditeoptionen zu verschaffen (Seufert und Gundlach 2012). Aufsicht und Kontrolle des Rundfunks wurden in neu geschaffene Gremien ausgelagert, die zumindest vordergründig dem US-Original der FCC ähneln. Tatsächlich entstanden viele Varianten, die den nationalen Traditionen und Normen entsprachen. Allein in Großbritannien wurde 2003 mit dem *Office of Communication* (Ofcom) eine Behörde etabliert, die wie die FCC im Sinne der fortschreitenden Konvergenz der Medien neben öffentlichem und privatem Rundfunk auch die Telekommunikation zu beaufsichtigen hat. Sonst in Europa werden die Bereiche meist getrennt kontrolliert, und die neuen Agenturen sind allein für die Lizenzvergabe und Aufsicht des Rundfunks zuständig, wie etwa in Frankreich der 1989 eingerichtete *Conseil Supérieur de l'Audiovisuel* (CSA).

Mit der 1989 verabschiedeten Richtlinie „Fernsehen ohne Grenzen" meldete die EU-Kommission eigene Positionen in der Medienpolitik an, die dezidiert auf den Markt setzt und kulturelle Funktionen ihm unterordnet. Die Konstruktion und Finanzierung der deutschen Rundfunkanstalten erachtet sie als indirekte, unzulässige öffentliche Subvention; seither schwelt der Streit um ihren Status und ihren Bestand (Holtz-Bacha 2006, 108ff.). Damit hat die EU die Basis für eine europäische Regulierungsstruktur gelegt, die stark auf Selbst-Regulierung der Medien und auf Ko-Regulierung von Staat und Privatwirtschaft setzt. Ähnliche Strukturen und Konzepte sind in vielen europäischen Staaten übernommen worden.

In der Bundesrepublik Deutschland, deren Grundgesetz die Aufteilung der Kompetenzen zwischen Bund und Ländern vorsieht – der Bund primär für die Telekommunikation und Netzstruktur, die Länder für den Rundfunk – wurde „ein einzigartig zerklüftetes Regulierungsregime mit ca. zwanzig Behörden" mit jeweils sektoralen und regionalen Teilkompetenzen etabliert (Kleinsteuber 2011, 65). Für die ausschließliche Verantwortung des Bundes über die Telekommunikation und die Netze wurde aus dem personellen Bestand des früheren Postministeriums die neu begründete Regulierungsbehörde für Telekommunikation und Post (RegTP) errichtet, die 2006 durch zusätzliche Zuständigkeiten für den Bahnverkehr und die Energie zur Bundesnetzagentur erweitert wurde.

Über den privaten Rundfunk, Hörfunk und Fernsehen, haben die vierzehn Landesmedienanstalten (mit unterschiedlichen Bezeichnungen) Aufsicht und Kontrolle; intern haben sie ähnliche Strukturen wie die Rundfunkanstalten, so dass die Gesellschaft in den Medienräten repräsentiert ist. Bundesweit einheitliche Regelungen werden im Rundfunkstaatsvertrag und Jugendmedienschutz-Staatsvertrag durch die Landesparlamente ratifiziert und von der Arbeitsgemeinschaft der Landesmedienanstalten – ähnlich der ARD, der Arbeitsgemeinschaft öffentlich-rechtlicher Rundfunkanstalten in Deutschland – mit einer ständigen Geschäftsstelle in Berlin ausgeführt: In der seit 1. September 2008 eingerichteten *Kommission für Zulassung und Aufsicht* (ZAK) werden Fragen der Zulassung und Kontrolle bundesweiter Veranstalter, der Plattformregulierung und der Entwicklung des digitalen Rundfunks bearbeitet.

Die *Kommission zur Ermittlung der Konzentration im Medienbereich* (KEK) überwacht die Sicherung der Meinungsvielfalt, indem sie Beteiligungen im Medienbereich untersucht und etwa bei Verschmelzungen von Medienunternehmen den beteiligten Unternehmen Auflagen erteilt (oder sie gänzlich untersagt, wie im Januar 2006 bei der geplanten Übernahme von *ProSiebenSat* durch den Axel-Springer-Verlag). Den Jugendschutz im Medienbereich nimmt die *Kommission für Jugendmedienschutz* (KJM) zentral wahr, deren Vorsitz jeweils wechselt und deren Geschäftsstelle in Erfurt sitzt.

Auch der durch die technischen Entwicklungen immer wichtiger werdende Schutz persönlicher Daten ist unter den staatlichen Ebenen vielfältig geregelt und wird von diversen Einrichtungen beaufsichtigt (Schmidt und Weichert 2012). Nach der Rechtsprechung des Bundesverfassungsgerichts, zumal im so genannten Volkszählungsurteil vom 15. Dezember 1983, ist der Schutz persönlicher Daten als ein Grundrecht, als *Recht auf die informationelle Selbstbestimmung*, anerkannt, obwohl er in der Verfassung nicht explizit steht, vielmehr aus dem Persönlichkeitsrecht abgeleitet wird. Danach kann der Betroffene grundsätzlich selbst darüber entscheiden, wem er welche persönlichen Informationen bekannt gibt. Das Bundesdatenschutzgesetz von 1977 (BDSG 1977) definiert als Aufgabe des Datenschutzer, „den Schutz personenbezogener Daten vor Missbrauch bei ihrer Speicherung, Übermittlung, Veränderung und Löschung (Datenverarbeitung)" zu gewährleisten und der „Beeinträchtigung schutzwürdiger Belange der Betroffenen entgegenzuwirken" (§ 1 Abs. 1 BDSG 1977). Die meisten Landesverfassungen haben zwischenzeitlich den Datenschutz in ihre prinzipiellen Regelungen aufgenommen, so in Berlin (Art. 33), Brandenburg (Art. 11), Bremen (Art. 12), Mecklenburg-Vorpommern (Art. 6 Abs. 1 und 2), Nordrhein-Westfalen (Art, 4 Abs. 2 sowie die Verbürgung der Einrichtung des Datenschutzbeauftragten in Art. 77a), Rheinland-Pfalz (Art. 4a), Saarland (Art. 2 Abs. 2), Sachsen (Art. 33), Sachsen-Anhalt (Art. 6 Abs. 1) und Thüringen (Art. 6).

Auf Bundesebene regelt das Bundesdatenschutzgesetz (BDSG) den Datenschutz für die Bundesbehörden und den privaten Bereich (d. h. für alle Wirtschaftsunternehmen, Institutionen, Vereinen etc. gegenüber natürlichen Personen). Daneben regeln die Datenschutzgesetze der Länder den Datenschutz in Landes- und Kommunalbehörden. Jeweils sind dafür Beauftragte und ihre Behörden zuständig. Datenschutzrechtliche Regelungen finden sich darüber hinaus in etlichen weiteren Gesetzen, etwa dem Telekommunikationsgesetz und dem Telemediengesetz, die jeweils für ihren Anwendungsbereich speziellere Regelungen zum Datenschutz enthalten. Diese bereichsspezifischen Regelungen gehen dem Bundesdatenschutzgesetz jeweils vor, das BDSG gilt nur ergänzend. Die privaten Unternehmen (bis auf Telekommunikation und Post) unterliegen der Aufsicht der Datenschutzaufsichtsbehörden für den nicht-öffentlichen

Bereich, die beim Landesdatenschutzbeauftragten oder bei den Landesbehörden (z. B. Innenministerium) angesiedelt sind.

Auch auf internationaler Ebene finden sich vielfältige Aktivitäten und Kompetenzen: Seit 1980 existieren mit den *Guidelines on the Protection of Privacy and Transborder Data Flows of Personal Data* der OECD international gültige Richtlinien; sie sollen Datenschutzbestimmungen der Mitgliedsstaaten weitreichend harmonisieren, einen freien Informationsaustausch fördern, ungerechtfertigte Handelshemmnisse vermeiden und eine Kluft insbesondere zwischen den europäischen und US-amerikanischen Entwicklungen verhindern. 1981 verabschiedete der Europarat mit der Europäischen Datenschutzkonvention eines der ersten internationalen Abkommen zum Datenschutz (Holtz-Bacha 2011, 66ff). Diese Konvention hat allerdings nur empfehlenden Charakter. Hingegen sind die Datenschutzrichtlinien der Europäischen Union von 1995 (Richtlinie 95/46/EG), die Mindeststandards für die Mitgliedstaaten formulieren, für sie verbindlich und in nationales Recht umzusetzen. Ergänzt wurde die allgemeine Datenschutzrichtlinie 2002 durch eine bereichsspezifische Richtlinie (2002/58/EG Datenschutzrichtlinie für elektronische Kommunikation).

Mit der anhaltenden Verschmelzung der traditionellen und der digitalen Medien, auch als Konvergenz bezeichnet, mit der um sich greifenden Digitalisierung und Vernetzung, die zunehmend vom einzelnen User individualisierte Datenkonfigurationen ermöglichen und für weitere Vermarktung und Werbung lukrativ machen, ist der Personendatenschutz zu einem zentralen Aufgabenbereich auch für die Medien geworden und kann immer weniger von ihnen getrennt werden. Hinzu kommen die nicht weniger relevanten und dringlichen Fragen des Urheberrechtes und des Schutzes des geistigen Eigentums (Copyright), so dass hier weitere, mehr und mehr vernetzte Aufgaben von Kommunikationspolitik und Regulierung anfallen. All diese Anforderungen und Regelungsbereiche werden zunehmend als zusammenhängendes Kommunikations- und Medienrecht gesehen und entsprechend gestaltet (Fechner 2013). Politik hat dafür die strukturellen und gesetzlichen Voraussetzungen zu schaffen.

3.3 Media Governance

Gewissermaßen in Anknüpfung an die ursprüngliche anglo-amerikanische Tradition wurde der Governance-Begriff auch seit den 1970er Jahren auf den Mediensektor übertragen, um die neuen Herausforderungen des Medienmarktes – vor allem zunächst die technologisch-ökonomischen (Innovationen und Investitionen), dann aber auch die immer wieder postulierten Ansprüche der kommunikativen Teilhabe der Bevölkerung – analytisch zu benennen. Womöglich wird der Terminus auch nur benutzt, um alte Sachverhalte moderner und eleganter – auch in der Ideologie des Neoliberalismus – auszudrücken, denn trotz oder wegen seines inflationären Gebrauchs bleibt er „schillernd und mehrdeutig", wie Renate Mayntz, eine der Nestoren der Governance-Forschung in Deutschland, kritisiert (Mayntz 2009, 2; Kleinsteuber 2011, 67).

Gleichwohl könnte er für den Medienbereich Sinn machen und die erforderliche gesellschaftliche Verantwortung, die Beteiligung der Produzenten und Rezipienten wie der Zivilgesellschaft insgesamt stärker betonen. Denn staatliche Interventionen bzw. Regulierungen in demokratische Medien sind per se begrenzt, da die Medien- und Meinungsfreiheit ihnen von den Verfassungsgerichten wiederholt sanktionierte Riegel vorschiebt. Daher kennt der Mediensektor in vielen europäischen Ländern Formen der Selbstregulierung bzw. -kontrolle, aber auch der vom Gesetzgeber delegierten Ko-Regulierung und -kontrolle. In der Bundesrepublik lassen sich dafür die diversen Freiwilligen Selbstkontrollen der Filmwirtschaft (FSK), für (privates) Fernsehen (FSF), der Multimedia-Diensteanbieter (FSM), der Unterhaltungssoftware (USK) anführen; sie alle nehmen vorrangig Aufgaben des Jugendmedienschutzes, wie er in Art 5 Abs. 2 GG angesprochen ist, und der weiten Inhaltskontrolle wahr. Auch die Gremien der öffentlich-rechtlichen Rundfunkanstalten, vor allem die für das Programm zuständigen, in denen auch Regierungs- und Parteienvertreter sitzen, funktionieren letztlich nach diesem Prinzip. Außerdem sind der Presse- und Werberat zu nennen, die gewissermaßen im Kollegialverfahren über die Einhaltung von selbst gesteckten Grundsätzen und Werten wachen zw. Verstöße durch öffentliche Rügen ahnden (Seufert und Gundlach 2012, 148ff.). Insofern ist das Governance-Prinzip für die Medien – eben infolge ihrer besonderen verfassungsrechtlichen Stellung – nicht unbekannt.

Mehrfach in der jüngeren Geschichte der Medien ist die unmittelbare kommunikative Beteiligung jedes Einzelnen gefordert worden, um dem Wortlaut der Meinungsfreiheit buchstäblich Rechnung zu tragen. Denn die Zugangsoptionen zu den etablierten Medien und Märkten sind gemeinhin durch hohe finanzielle Anforderungen, durch technische Barrieren, aber auch durch korporationsrechtliche Hürden beschränkt, so dass vielen die verfassungsrechtliche Kommunikationsfreiheit eher wie eine leere Floskel anmutet. Auch in der bundesdeutschen Mediengeschichte lassen sich nur ganz wenige Marktzugänge außerhalb der etablierten und professionellen Verlagsformationen feststellen (Kopper 1984).

Historisch prominent wurde etwa die Forderung Bertolt Brechts in seiner so genannten Radiotheorie von 1932, den Rundfunk (damals: Hörfunk) von einem Distributionsapparat der Regierenden in einen Kommunikationsapparat für alle umzuwandeln. Etliche Arbeiter-Radiovereine und Amateurfunker realisierten diese Vision mit ihren begrenzten technischen Optionen. Jeweils gaben sie sich Regeln, wie sie mit der neuen Technik und untereinander umgehen sollten. Anfang der 1970er Jahre, angesichts einer weit entwickelten und privat nutzbaren Videotechnik, griff der Schriftsteller Hans Magnus Enzensberger Brechts Forderung erneut auf, fokussierte sie auf das neue Medium und formulierte gewissermaßen eine Magna Charta für den so genannten „emanzipatorischen Mediengebrauch" (Helmes und Köster 2002, 148ff. u. 254ff.). Diese Medienpraktiken mündeten seit Mitte der 1980er Jahre in die Konzepte der „offenen Kanäle" ein, die die Medienpolitik gewissermaßen als kommunikatives Alibi für die Privatisierung von Hörfunk und Fernsehen konzedierte (Kamp 1999). Mit und in ihnen sollten sich alle nicht-organisierten Interessen und Bürger unterschiedslos artikulieren können; für ihre mediengerechte Präsentation wurden ihnen semiprofessionelle Hilfen angeboten und damit Optionen für die Förderung von Medienkompetenz ermöglicht. Auch dafür entstanden Satzungen und Regelwerke, von großenteils zivilgesellschaftlich besetzten Gremien kontrolliert und ausgeführt. Inzwischen ist die praktische Medienarbeit ein bevorzugtes Handlungsfeld für die schulische, besonders die außerschulische Medienpädagogik (Schell 1999). Mit Web 2.0., dem so genannten Mitmach-Netz, mit Instant Messaging, Chats, Blogs, Twitter, Wikis (wie z. B. Wikipedia) und seinen sozialen Netzwerken existiert nun ein vielfältiges Handlungsfeld für kommunikative Partizipation, wie es sich die Pioniere der kommunikativen Demokratisierung nicht vorstellen konnten (Rösch et al. 2012). Entsprechend eröffnen auch die etablierten, professionellen Medien in ihren digitalen Plattformen und Foren diverse Beteiligungsmöglichkeiten. Für alle sind Regel und Umgangsformen weitgehend verbindlich festgelegt, meist von den Anbietern und Providern.

Das Publikum im ehedem klassischen Sinn hat sich längst diversifiziert und nimmt verschiedene Beteiligungsoptionen wahr (Meyen 2004; Glogner-Pilz 2012). Allerdings ist nur ein Bruchteil von ihm so aktiv und engagiert, wie es die Programme zulassen. Insofern dürfte nach wie vor ein Großteil passiv oder nur konsumierend sein, auch jeweils unterschiedlich bei den Angeboten und in diversen Konstellationen. Realität und Optionen klaffen weit auseinander. All die beschriebenen Aktivtäten, Maßnahmen und Regelungen lassen sich unter Governance fassen, wenn sie das „Gesamt aller nebeneinander bestehenden Formen der kollektiven Regelung gesellschaftlicher Sachverhalte" (Mayntz 2009, 66) – hier der Medien – meint. Allerdings wird meist ignoriert, mindestens zu wenig bedacht, dass Medien nicht nur Objekt- und Handlungsfelder für Media Goverance sind, sondern infolge der oben beschriebenen Eigenschaften und Funktionen stets auch Faktoren für jedwede Governance, bezogen auf andere gesellschaftliche Felder, aber auch für sich selbst verkörpern. Diese unausweichliche Zirkularität machen Theorie und Analyse von Media Governance recht kompliziert, letztlich unabgrenzbar, kann aber für ihre angemessene Bearbeitung nicht umgangen werden.

Grafisch vereinfacht lassen sich die Zusammenhänge wie unten darstellen; sie haben in der Realität viele Überschneidungen (Abb. 3.1). Mediale Kommunikation hält nicht an nationalen Grenzen, sie ist aterritorial. Spätestens seit der Verlegung von Überseekabeln für die Telegrafie ab 1858 werden weltumspannende Netze für Kommunikation entwickelt (Flichy 1994, 70f.) 1870 schlossen die drei europäischen Nachrichtenagenturen, *Reuters Telegram Campany*, *Charles Havas* und *Wolff's Telegraphisches Bureau* (WTB), einen Kartellvertrag, in den später die amerikanische Genossenschaftsagentur *Associated Press* (AP) einbezogen wurde. Sie teilten sich damit vier Einflusszonen in der Welt zu, für die jeweils eine Agentur das exklusive Recht der Nachrichtensammlung und -verbreitung zugestanden bekam. Er hielt bis zu Beginn des Ersten Weltkrieges (Schulz 2000, 248ff.). Die in den 1920er Jahren schnell genutzten Funkwellen (terrestrische Frequenzen) für das Radio (Kleinsteuber 2012, 83ff) übersprangen ohnehin alle lokalen Grenzen. Seit 1926 strebten die Staaten danach, die Funkwellen für ihre Radiostationen angemessen aufzuteilen.

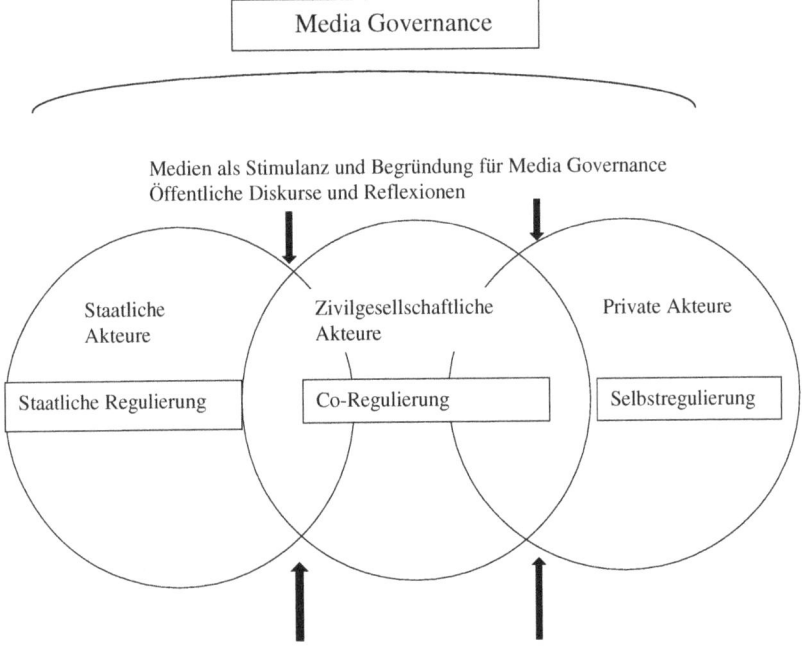

Abb. 3.1 Medien Governance (erweiterte Fassung nach Puppis 2007, 61)

3.3 Media Governance

Weltweit kümmert sich darum die *Internationale Fernmeldeunion (International Telecommunication Union*, ITU), eine Sonderorganisation der Vereinten Nationen mit Sitz in Genf. Da sie auf den am 17. Mai 1865 gegründeten *Internationalen Telegraphenverein* zurückgeht, ist sie eine der ältesten internationalen Organisationen. Sie ist die einzige, die sich offiziell und weltweit mit technischen Aspekten der Telekommunikation beschäftigt. Sie veranstaltet die Weltfunkkonferenz, die die Vollzugsordnung für den Funkdienst fortschreibt. Ihr Gründungstag wird jährlich als Weltkommunikationstag begangen.

Nach dem 2. Weltkrieg wurde auf der Kopenhagener Rundfunkkonferenz im sogenannten *Kopenhagener Wellenplan* von 25 europäischen Staaten eine Neuordnung der Frequenzen vorgenommen, um über die Kriegswirren hinweg zu kommen und die neue politische Aufteilung Europas angemessen zu bewerkstelligen. Ihr folgten ähnliche Ordnungen für andere Weltregionen.

Mit der Wohlstandsentwicklung in der Nachkriegszeit, aber auch unter der Blockkonkurrenz des Kalten Krieges sind vor allem über den enorm wachsenden Fernsehmarkt in Europa, den USA und Australien riesige Medienkonzerne herangewachsen, die weltweit agieren und inzwischen alle Medien – im so genannten cross media – vermarkten. Zunächst waren es Pressekonzerne wie Pulitzer und Hearst in den USA, dann die vier Film-Majors Hollywoods, die eine weltweite Filmvermarktung seit den 1920er Jahren initiierten; heute sind auch medienfremde Kapitalbeteiligungen in ihnen aktiv. Mit der jüngsten Internet-Entwicklung schicken sich digitale Vermarkter wie Amazon, Facebook, Apple und Google an, die Weltkommunikation zu beherrschen. Neben ihnen sehen die traditionellen Konzerne schon recht alt aus, sofern sie sich nicht wechselseitig um Fusionen bemühen (Kübler 2011). Gleichwohl können einige von ihnen, wie die britisch-australische *News Corporation* des Robert Murdoch, die öffentlichen Meinungen ganzer Länder (z. B. Großbritannien) beeinflussen und für sie genehme Gesetze erzwingen. Mit der Öffnung Osteuropas (Stegherr und Liesem 2010), aber auch mit der wachsenden Prosperität in den Schwellenländern wie Indien, China und Südamerika finden auch die konventionellen Medienprodukte (Presse – immer begleitet von digitalen Versionen –, aber auch die Film- und Musikindustrie) noch lukrativere Absatzmärkte. Dass sie sich dabei auch um für sie förderliche Gesetze und Regelungen kümmern, darf unterstellt werden.

Diese wenigen Beispiele sollen illustrieren, dass globale Dimensionen zumal für die elektronischen Medien, Hörfunk und Fernsehen, nicht erst seit der Entwicklung des Internets bestehen. Ihre Kapazität und Intensität, die Zahl der Kanäle und die Optionen ihrer Nutzung haben zumal mit der Implementation von Kabel- und Satellitennetzen enorm zugenommen und finden im Internet mit all seinen Facetten fraglos derzeit ihren Höhepunkt. Entsprechend haben sich die Aktivitäten und

Organisationen enorm vermehrt, die sich mit dem Internet als Ganzes – etwa unter dem Oberbegriff der Informationsgesellschaft (Kübler 2009) – oder mit wichtigen Segmenten befassen. Dennoch kann angenommen werden, dass mit dem Internet ein neuer Schub und eine neue Qualität der Globalisierung von Kommunikation (Castells 2005; Donges und Puppis 2010; Schrape 2010; Wolling et al. 2011) beschritten ist, die sich künftig noch beschleunigter fortsetzen wird.

An dieser weltweiten Media Governance sind zahlreiche Akteure mit unterschiedlichen Zielsetzungen, Interessen, Kompetenzen und Einflussmöglichkeiten beteiligt. Sie sind im Detail nicht überschaubar und können nur exemplarisch in ihrem Wollen und Wirken dargestellt werden (siehe Kap. 5). Ob der Ansatz Governance dafür einen systematischen Zugang öffnet, wird sich zeigen. Vorerst soll er als Arbeitskategorie genutzt werden, nicht zuletzt mangels einer besseren Alternative. M. Puppis (2007, 62) bezeichnet die Öffnung auf die globale und auch transnationale Ebene – letztere soll „die Beziehungen nichtstaatlicher Akteure über Grenzen hinweg" (Ebd.) markieren – als vertikale Ausweitung von Governance, die die horizontale durch die Einbeziehung nicht-staatlicher Akteure ergänzt. Mit dieser Kategorie wird allerdings eine latent hierarchische Vorstellung von Welt suggeriert, die vor allem für mediale Kommunikation nicht angemessen ist. Denn Markenzeichnen von globalen Crossmedia ist es gerade, dass es sich nicht in fixe Strukturen einfügt, vielmehr mit ihren medialen Potentialen ,Welt' ständig neu erfindet, definiert und platziert. Im ersten Zugriff seien zunächst die Handlungsebenen und Reichweiten benannt und dafür exemplarische Akteure angeführt. Die Zuteilung dient nur der heuristischen Pointierung, natürlich lassen sich in der Praxis viele Überschneidungen finden (Abb. 3.2):

Handlungsebenen/ Reichweiten\Akteure	Staatlich bzw. staatsähnlich (hoheitlich)	zivilgesellschaftlich	Privat(e Konzerne)
global	UN	Amnesty International	Google Facebook
transnational	UNESCO	Reporter ohne Grenzen	News Corporation
regional	EU	Europ. Journalistengewerkschaften	Bertelsmann
national	BRD	Nationale Gewerkschaft: Verdi	Springer-Verlag
lokal	Bundesländer	Bürgerinitiativen	Lokalpresse

Abb. 3.2 Media Governance – Handlungsebenen/Reichweiten und (exemplarisch) Akteure

Netzpolitik und Internet Governance

4.1 Das Netz der Netze: Dimensionen seiner Steuerung

Wie für alle Medien werden auch für das Internet Anforderungen und Bedarfe zur Regulierung gefordert oder für dringlich erachtet. Die Maßstäbe und Kriterien sind im Laufe der kurzen Geschichte des Internets von gut dreißig Jahren unterschiedlich ausgefallen, haben sich geändert und werden von verschiedenen Akteuren, mit diversen Interessen, Verbindlichkeitsgraden, mit unterschiedlichen Erfolgsaussichten und Durchsetzungsmöglichkeiten formuliert. Von den Nationalstaaten sind und werden diese Anforderungen meist ähnlich denen der konventionellen Media Governance vorgebracht; selbstverständlich sind sie vom Charakter des jeweiligen Regimes bestimmt – also von autoritär bis hin zu demokratisch-liberal und marktkonform libertär, oder wie sonst die typologischen Einordnungen lauten. Gemeinhin werden solche Entscheidungen und Regelungen als *Netzpolitik* bezeichnet (Donges 2007; Beckedahl und Lüke 2012); meist beziehen sie sich auf ein bestimmtes Thema oder Handlungsfeld mit spezifischen gesetzlichen Vorgaben (etwa für das Urheberrecht, den Datenschutz, die Verbreitung sanktionierter Inhalte etc.).

Die besondere Beschaffenheit des Internets – als Netz der Netze oder als Hyper-, Hybrid- und Transmedium (Bleicher 2010, 10) – treffen solche Maßnahmen allenfalls in Ansätzen, weshalb sie spezifisch und begrenzt sind, jeweils nachjustiert werden müssen oder gar scheitern, wie Kritiker, zumal engagierte User, häufig monieren. Allein schon der Singular der Bezeichnung ist irreführend. Denn das Netz ist kein einheitliches Medium, vielmehr eine komplexe, sich ständig erweiternde und ausdifferenzierende Infrastruktur. Sie ermöglicht diverse Dienste, die von verschiedenen Betreibern durchgeführt werden. Der Standard *Transmission Control Protocol/Internet Protocol* (TCP/IP) verbindet die verschiedenen Computer und Netzwerke miteinander. Erst durch diese Kombinationen wird Datenaustausch zwischen adressierten Computern, Netzwerken und Rechnern möglich (Seufert und Gundlach 2012, 286). Derzeit geht der Trend zu eher kleinräumigen Netzen (W-LAN), mit mobilen Geräten und mit Verlagerung von Betriebssystemen und Programmen in Netze (so genanntes Cloud Computing) und mit vielen flexiblen Anwendungsoptionen (Apps).

Außerdem erstrecken und realisieren sich die Netze jenseits aller nationalstaatlicher Hoheits- und Machtstrukturen; sie sind immer weniger territorial gebunden und statisch, sondern raumlos und fluid. Für die diversen Dienste – von der einfachen privaten Mail, über den Transport und die Verbreitung von massen- und crossmedialen Inhalten bis hin zu diversen, flexiblen Applikationen – sind derzeit immer noch unterschiedliche Rechtskonstrukte zuständig, sofern sich die konvergierenden Optionen nicht gänzlich fixierten Standards und Regelungen entziehen. Allenfalls lassen sich einzelne Betreiber wie Provider, Suchmaschinen, Medienkonzerne und Diensteanbieter für die eine oder andere Handlungsdimension, den einen oder anderen Dienst- und Inhaltsbereich verantwortlich machen, nicht aber für das Netz als Ganzes. Deshalb forder(te)n Pioniere und engagierte User – zumal anfangs – das Netz möglichst frei von formellen, staatlichen und/oder internationalen Regelungen zu halten und höchstens Formen der Selbstregulierung der User und Beteiligten zu akzeptieren; zwischenzeitlich haben sich die Positionen und Forderungen diverser zivilgesellschaftlicher Gruppierungen weit ausdifferenziert, auch entsprechend ihrer (trans)kulturellen Ausrichtungen und ihres politischen Selbstverständnisses.

Auch viele Nationalstaaten zumal mit autoritären Regimen verstärken ihren Einfluss und streben nach Interventionen, wie die kursorische Übersicht zeigt (siehe Abschn. 5.2). So kursieren mittlerweile unendliche viele Standpunkte und Forderungen zum Internet bzw. zu einzelnen Sachverhalten zwischen den genannten Extremen, die schwerlich ganz überschaubar sind und auch häufig genug wechseln. Meist fokussieren sie sich auf bestimmte, jeweils dringliche Problem- und Handlungsfelder.

Anfangs und bisweilen bis heute werden nur technische Regelungen wie die Vergabe der Domain Namen, der Internet-Protokoll-Adressen (IP-Adressen) und die Betreuung der Root-Server-Systeme mit dem Terminus der Internet Governance belegt. Allerdings haben selbst in solch technische Regelungen gleich politische Interessen eingegriffen, so dass sie von medienpolitischen Zielen und Strategien nicht analytisch getrennt werden können. Wie die historische Übersicht (siehe Abschn. 4.2) zeigt, wurden und werden im Laufe der Entwicklung jeweils unterschiedliche Akzente gesetzt und sind verschiedene Akteure beteiligt. Daher bietet sich auch für das Hypermedium Internet an, den Governance-Begriff just für das komplexe System diverser Akteure und Interessen anzuwenden und ihn vor allem für verschiedene Phasen der Entwicklung offenzuhalten. So sah es schon eine ‚Arbeitsdefinition' der *Working Group on Internet Governance (WGIG)* im Juni 2005 vor:

„Internet Governance is the development and application by Governments, the private sector and civil society, in their respective roles, of shared principles, norms, rules, decision-making procedures, and programmes that shape the evolution and use of the Internet" (Bandamutha 2010, 9).

Zuvor schon hatte J. Hofmann (2005, 10f) aus ihrer Rekonstruktion der Internet-Entwicklung (s.u.) die analytische Quintessenz einer noch breiteren Umschreibung gesucht, bei der unter Internet-Governance sowohl die sachlich-objektiven Prozesse als auch ihre analytische Reflexion umfasst werden: „Internet Governance […] ist ein ergebnisoffener kollektiver Suchprozess, der darauf abzielt, eine globale regulatorische Leerstelle konzeptionell und institutionell in legitimer Weise zu füllen […]. Die praktische Herausforderung des gegenwärtigen Suchprozesses im Bereich von Internet Governance besteht […] darin, unter den Bedingungen von Transnationalität, partieller Deterritorialität und Dezentralität verbindliche und legitime Regelungskapazitäten für eine sich dynamisch entwickelnde Infrastruktur zu erzeugen."

All diese Dimensionen, Perspektiven, Erwartungen und Maßnahmen werden inzwischen mit dem Terminus Internet Governance umschrieben; deren Dimensionen lassen sich jeweils nur in den historischen Entwicklungsphasen, bezogen auf Handlungsfelder und Akteure, annähernd konkretisieren. Die folgende Übersicht soll zunächst exemplarisch veranschaulichen, welche Akteure bzw. Akteurstypen – ungeachtet ihrer tatsächlichen Einflussoptionen – möglicherweise in welchen Handlungsfeldern aktiv sind oder sein könnten (siehe auch: Donges und Puppies 2010, 87ff).

Je nach den Entwicklungsschüben von technisch-infrastrukturellen, medial-kommunikativen, kulturellen, politischen und sozialen Faktoren ergeben sich Handlungsbedarfe und -positionen entweder kontinuierlich oder auch nur fallweise und zeitweilig; sie können sich modifizieren, wandeln oder ganz verschwinden. Die Zeitspannen werden immer kürzer, die Problemkomplexität eskaliert. Ihre Grundstrukturen und -probleme sollen in den folgenden Kapiteln dargestellt werden. Zur Gewinnung einer allmählichen systematischen Sichtweise sei daher zunächst knapp die historische Rekonstruktion der Organisationsentwicklung des Internets aufgezeigt, um daraus einige systematische Dimensionen zu gewinnen (Abb. 4.1).

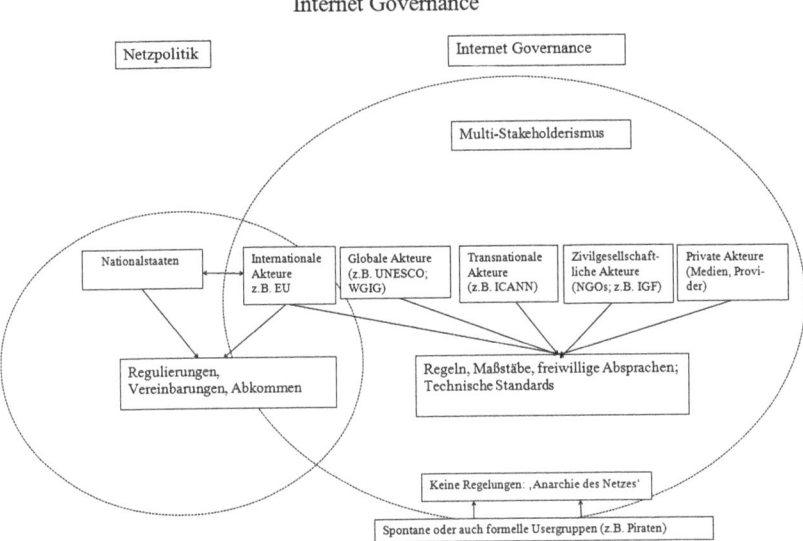

Abb. 4.1 Internet Governance (eigene Darstellung)

4.2 Zur Geschichte von Internet Governance

Die technische Geschichte des Internets und seine kommunikativ-medialen Entwicklungen sind schon vielseitig rekonstruiert und dargestellt worden; sie brauchen hier nicht erneut ausführlich rekapituliert zu werden (Gillies und Cailliau 2002; Mattelart 2003; Bleicher 2009; Stöcker 2011). Für die Thematik hier relevanter und aufschlussreicher ist die Rekonstruktion der gesellschaftlich-politischen Organisation des Internets, d. h. der Vorstöße und Modelle seiner Entwicklung wie seiner Regulierung. Diese spezielle Geschichte des Netzes, also der Konzepte und Maßnahmen zur Steuerung, Regelung, Nutzung und Bewertung des Internets – nun als Internet Governance bezeichnet –, ist erst in Umrissen und mit recht unterschiedlichen Akzenten rekonstruiert. Denn diese Prozesse spielen sich – wie gezeigt – auf diversen politischen Ebenen ab und werden ebenso von verschiedenen Akteursgruppierungen realisiert. Immerhin zeichnen sich verschiedene Phasen ab, die sowohl mit den technischen Entwicklungen verzahnt sind als auch die unterschiedlichen Zwecksetzungen und Vergesellschaftungsgrade des Internets verkörpern: Dabei konkurrieren derzeit verschiedenartige Phaseneinteilungen und Typisierungen miteinander. Sie sind natürlich beeinflusst von den jeweiligen Absichten, die mit dem Internet verfolgt werden, sowie von den technisch-kommunikativen Potentialen, und sie lassen sich – je nach Perspektive – mit einem einigermaßen signifikanten Paradigma kennzeichnen und zeitlich voneinander abgrenzen. Wie bei allen historischen Einordnungen fallen sie umso willkürlicher oder auch beliebiger aus, je näher sie der Gegenwart kommen; erst mit angemessener Distanz dürften sie sich als markant oder gar typisch erweisen.

Im deutschsprachigen Raum haben sich besonders drei ExpertInnen mit der Entwicklung und den Strukturmerkmalen des Internets befasst, wobei nur Wolfgang Kleinwächter die Entwicklungen bis in die jüngste Gegenwart verfolgt und damit weit über eine nur historische Rekonstruktion hinausreicht, vielmehr aufschlussreiche Einordnungen der aktuellsten Prozesse und Entscheidungen liefert. Um ihre Sichtweise auf Geschichte, Gegenwart und Zukunft einschätzen zu können, seien sie kurz vorgestellt:

- *Jeanette Hofmann* (2005; 2010) ist am Wissenschaftszentrum Berlin für Sozialforschung (WZN), in der Abteilung „Kulturelle Quellen von Neuheit", tätig. Sie ist Gründungsmitglied und designierte Direktorin des in Gründung befindlichen und zunächst von Google finanzierten Forschungszentrums für *Internet und Gesellschaft*. Ferner ist sie Mitglied der *Grünen Akademie* der *Böll-Stiftung* und Sachverständige der Enquete-Kommission *Internet und digitale Gesellschaft* des Deutschen Bundestages und hat sich früh schon für ICANN engagiert.
- *Wolfgang Kleinwächter* (2009) ist Professor für Internetpolitik und -regulierung an der Universität Aarhus. Er war Mitglied der *UN-Working Group on Internet Governance* (WGIG) und leitete die *Cross-Border Internet Expert Group* des Europarates. Er veröffentlicht laufend Artikel vor allem in der Online-Zeitschrift *Telepolis* zur Entwicklung des Internets und zu den weltweiten Auseinandersetzungen um Internet Governance.
- *Joan Bleicher* ist Medienwissenschaftlerin an der Universität Hamburg und hat sich in zwei Publikationen (2009; 2010) mit der Geschichte und Ästhetik des Internets befasst.

4.2.1 Initialphase und „technisches Regime"

4.2.1.1 Konzept- und Gründungsphase: das Internet als Technologie (1957–1970)

Die Zeit zwischen 1957 und 1970 wird vorwiegend als die Phase der technischen Konzipierung und Gründung erachtet, für J. Hofmann (2005, 12ff) reicht diese Phase als „technisches Regime" sogar bis 1995. Die 1950er und 1960er Jahre sind zugleich die des Kalten Krieges, also des meist technischen, mitunter auch militärischen Wettlaufs der Weltmächte USA und UdSSR bzw. des westlich-kapitalistischen und des östlich-(real)sozialistischen Systems um die Vorherrschaft, mindestens um die Beibehaltung ihrer Dominanz im eigenen Block. Für diesen Wettbewerb waren die Entwicklung und der geplante Ausbau eines angriffssicheren Netzwerkes vorrangig und dringlich. Konkret reagierte die USA auf das sowjetische Raumfahrtprojekt *Sputnik* spätestens seit dessen öffentlichen Start am 4. Oktober 1957 mit der Gründung der *Advanced Research Projects Agency* (ARPA), denn in der amerikanischen, aber auch in der weltweiten Öffentlichkeit wurde es als massive Bedrohung bewertet. In diesem Brain Trust sollten Wissenschaftler interdisziplinär mit Militärs Forschungen vorantreiben, unter anderem auch bei der Entwicklung von Netzwerken. Damit sollte nicht nur die militärische Abwehrfähigkeit, sondern auch der wissenschaftliche Vorsprung des Westens gefestigt werden. In Europa, etwa im Genfer CERN (*Conseil Européen pour la Recherche Nucléaire*), wurden mit dem CERNET ähnliche Konzepte des breiten, automatischen Datenaustausches in einem wissenschaftlichen Netzwerk verfolgt.

Zunächst wurde mit etlichen Netzen experimentiert, das Internet galt vor allem Experten aus der Telefonwelt als „akademisches Spielzeug" (Hofmann 2005, 11). Deshalb verhielt sich die Privatindustrie zunächst recht skeptisch, während das Militär zunehmend den Nutzwert der Netzwerktechnologie für die Informationsvermittlung und militärische Kommunikation erkannte und seinen Einfluss verstärkte: 1969 entwickelten *BBN Technologies* das IMP (*Interface Message Processor*)-Netz, als Basis des so genannten ARPAnet (*Advanced Research Projects Agency Network*), und installierten es an verschiedenen Standorten. Es ist die Kerneinheit des heutigen Internets. Am ARPAnet waren seit 1969 auch etliche Universitäten beteiligt, etwa bei der Entwicklung von Netzwerk-Protokollen sowie bei der Suche nach Anwendungsfeldern (z. B. Datentransfer, Telefon, Textübertragung, E-Mail). Um die militärische Relevanz dieser neuen Technologie zu demonstrieren, wurde Anfang der 1970er Jahre eine Verbindung zwischen der West- und der Ostküste in den USA eingerichtet, die dafür nötigen Instanzen zur Realisierung wurden öffentlichkeitswirksam als DARPA (*Defence Advanced Research Projekt Agency*) ausgerufen. Generell wuchs der militärische Einfluss, die Unabhängigkeit der Forschung schrumpfte, die Privatwirtschaft blieb abwartend. Aber schon damals entbrannte ein „Paradigmenstreit" zwischen der Telefonwelt und der noch jungen Internetgemeinde über die Struktur und Kontrolle von Kommunikationsnetzen (Ebd.).

Mit der Entwicklung des einheitlichen *Transmission Control Protocols* (TCP) für internationale Kommunikation und Internetworking wurden internationale Absprachen erforderlich: Deshalb koordinierten sich europäische und amerikanische Vernetzungsprojekte als *International Network Working Group* (INWG). Um das

Netz auch für private Geschäfte attraktiv zu machen, fehlten aber noch ebenso leistungsfähige Netze wie Computer (die Apple erst ab etwa 1977 bereitstellen konnte).

4.2.1.2 Etablierung des Internets und Ausweitung der Dienste (1970–1989)

Anfang der 1970er Jahre wurde das ARPAnet optimiert und als funktionsfähiges Netz installiert: Die Transferprotokolle wurden vereinheitlicht, die Dienste ausgeweitet – so erschien 1973 die erste Onlinezeitung, namens *ARPAnet News* – und der E-Mail-Verkehr nahm stark zu. Die DARPA beendete ihre spezielle militärwissenschaftliche Forschungstätigkeit und übergab ihr Netz dem US-Militär. Seit Juli 1977 wurde auch der militärische Datenverkehr über das ARPAnet erprobt, um so die Stabilität bei potentiellem Netzausfall durch atomare Schläge zu testen. Da die Privatwirtschaft allmählich das Geschäftspotential des Netzes, etwa für den E-Mail-Verkehr, erkannte, wurden Fragen der ökonomischen Verwertung, der öffentlichen Kontrolle sowie des militärischen Einsatzes verstärkt diskutiert. Sie wurden Ende der 1970er Jahre noch vorangetrieben, da erste Experimente mit grafischen Oberflächen – etwa an der Universität von North Carolina – bekannt wurden.

Nach wie vor waren das Internet und seine technischen Varianten sowohl innovatives Forschungs- und Experimentierfeld für viele Wissenschaftler und Technologen, effizientes oder zumindest erfolgversprechendes Instrument für den militärischen Datenverkehr als auch – allmählich – potentielles Geschäftsfeld für die Privatwirtschaft. Entsprechend überkreuzten sich die Anforderungen und Erwartungen, die Forschungskonzepte und Investitionen an und für das Netz, weshalb sie sich nicht einem homogenen Bestreben unterordnen lassen.

Gruppen aus eher wissenschaftlichen und zivilgesellschaftlichen Kontexten – etwa die IEFT (*Internet Engineering Task Force*), eine informelle Gruppen von Ingenieuren – entwickelten schon in den 1980er Jahren Selbstorganisationsmodelle für das Internet, um möglichen staatlichen und intergouvernementalen Standardisierungen zuvorzukommen: „Governance without government" lautete die Maxime. Ein signifikantes Beispiel dafür ist die *Netiquette* – eine Sammlung von Richtlinien für faires Verhalten von individuellen Nutzern im Internet. In den sich mehrenden und grundsätzlicher werdenden Debatten schälten sich verschiedene Optionen für das Internet heraus: Einerseits wurde ihm das Potential zugeschrieben, Hierarchien und Monopole abzubauen, so mehr Partizipation für zivilgesellschaftliche Gruppierungen, aber auch für Individuen zu fördern, ja letztlich eine bislang unbekannte Freiheit in allen Kommunikationsformen zu erreichen; andererseits wurde die Gefahr einer wachsenden Unregierbarkeit von Staat und Markt beschworen (Leggewie und Maar 1998; Schröder 2012).

In technischer Hinsicht wurden in den 1980er Jahre Fortschritte bei speziellen Netzwerken und Diensten erzielt, die allmählich das Internet formten: So konnte 1983 das erste Domain-Namen-System (DNS) eingeführt werden, um den Postverkehr zu optimieren. Weitere Software integrierte allmählich die traditionellen Massenmedien und Nachrichtenangebote und schuf damit die Basis für die seither beschworene Medienkonvergenz. Am 1. Januar 1983 wurde die zivile Nutzung des Internets eingeleitet: ARPAnet wurde nur noch für militärische Zwecke als *Defence Data Network* genutzt, bis zu seiner Einstellung 1990. Daneben entwickelten sich Kooperationsformen zwischen Wissenschaft und Wirtschaft; ihre Arbeiten zielten primär auf die Konzeption und Implementation einheitlicher Protokolle ab, um den Datenaustausch zu vereinfachen und zu beschleunigen. Erst dadurch rückten lukrative Dienstleistungen (wie Shopping, Banking) ins Visier; dazu zählte auch die möglichst individuelle Vernetzung von Usern. Auch in wissenschaftlichen Kontexten wurden Fusionen vorangetrieben, so etwa die Vereinigung der wissenschaftlichen Netzwerke BITNET und CSNET in Großbritannien zur *Corporation for Research and Educational Networking* (NSFNET).

4.2.1.3 WWW: Internet grafisch und kommunikativ (1989–1995)

Mit der Entwicklung und Verbreitung des WWW (*World Wide Web*), konzipiert von Tim Berners-Lee im Genfer CERN, seit 1989, das eine einheitliche Schnittstelle für alle Informations- und Kommunikationsformen auf der Basis von Hypertexten ermöglicht, wurde das Internet grafisch und kommunikationsfähig; die Nutzerzahlen explodierten weltweit, nämlich Schätzungen zufolge von etwa 200.000 Anfang 1990 auf 9,5 Millionen (1996) und 72,4 Millionen im Jahr 2000 (Zimmer 2004, 2005, 169). Massenattraktiv wurde das neue Medium gegen 1993 mit dem Aufkommen von Internet-Browsern, die die bis dahin rein textlichen Navigationsoptionen durch grafische Oberflächen erweiterten. Angesichts solcher Verbreitungszahlen und Nutzungspotentiale entdeckte die Wirtschaft das neue Medium als vielfältige Plattform und künftig lukratives Geschäftsmodell.

In den USA wurden die staatlichen Subventionen der Infrastruktur allmählich reduziert. Die alten, eher internen Internet-Regeln von Wissenschaft und Zivilgesellschaft reichten bei fortschreitenden Kommerzialisierung und politischer Implementierung des Netzes nicht mehr aus. Die Debatte um angemessene Organisations- und Kooperationsformen – zunächst vor allem um die Vergabe von Domain Namen – begann, bald unter dem allgemeinen, aber vagen Begriff der Internet Governance. Daneben stellte sich mehr und mehr heraus, dass das generelle Postulat der Zugänglichkeit für alle nicht ohne zusätzliche, erhebliche Investitionen in die jeweiligen gesellschaftlichen Infrastrukturen verwirklicht werden könnte oder eben deklamatorisch bliebe: Das Schlagwort von „digital divide" (digitale Spaltung) kam auf und verlangte nach politischen Antworten (siehe Abschn. 6.10). Aber zunächst fand sich kein prädestinierter Akteur oder wurde von der Netzgemeinde akzeptiert, weder nationale Regierungen noch intergouvernementale Organisationen wie die *International Telecommunikation Union* (ITU). Deshalb wurde weiterhin das libertäre, zivilgesellschaftliche Modell der Self-Governance favorisiert, mit Offenheit und Inklusivität, Bottom-Up-, Konsens-Orientierung und Dezentralität, das Netz gewissermaßen als Gegenkonzept zum nationalstaatlichen bzw. intergouvernementalen Typ des Regierens (Hofmann 2005, 16).

Dafür bilden sich auch zusätzliche transnationale Organisationen, um unterschiedliche Interessen zu koordinieren: so 1992 die *Internet Society*, in der Unternehmen, aber auch Regierungen repräsentiert waren, oder zur Vereinheitlichung der Adressenvergabe 1993 das *International Information Center* (InterNIC), das regionale und nationale Kompetenzen delegierte, in Deutschland an das *Deutsche Network Informationen Center* (DENIC). In technischer Hinsicht machte die Entwicklung von Browsern Fortschritte, seit 1992 etwa *Nescape*, womit die Verbreitung des grafischen WWW optimiert wurde. Binnen drei Jahre errang der *Netscape Navigator* einen weltweiten Marktanteil von ca. 90 Prozent. Auch die Fusion mit den traditionellen Massenmedien und damit die Erweiterung des Internets zum publizistischen Medium ging voran: Am 25. Oktober 1994 eröffnete Der Spiegel als erstes deutsches Magazin seine Online-Version: spiegel.de (Kübler 2010, 98f.). Es ist angeblich einige der wenigen Print-Expansionen, die Gewinne einfährt. Ebenso engagierten sich 1994, zum so errechneten 25-jährigen Jubiläum des Internets, zahlreiche Unternehmen und Institute dafür, verbindliche Umgangsregeln für Anbieter und Nutzer festzulegen, um so die ‚Anarchie', das ‚Bottom-up' von Entwicklern und Usern des Netzes der Gründerjahre, zu überwinden. Aber das wachsende ökonomische Potential des Internets beförderte unterschiedliche Geschäftsmodelle und rief weltweit agierende Medien- und Kommunikationskonzerne auf den Plan. So kollidierte die bislang geübte, informelle Praxis, die Domainnamen nach dem Prinzip „first come, first serve" zu vergeben, mit den wirtschaftlichen Interessen und der Regulierung von Warenzeichen (Donges und Puppis 2010, 85f).

4.2.2 Institutionalisierung von Internet Governance (1995–2003)

All diese Entwicklungen, aber auch Ansprüche verschärften gleichwohl den Druck, für das Internet Steuerungsmechanismen zu konzipieren und zu etablieren, die zwischen den verschiedenen Interessen und Akteuren Ausgleiche schaffen, mindestens Kernressourcen verbindlich zu regulieren vermochten. Zeitweise schienen dieses Bestreben einer effizienten Selbstregulierung sich auf ICANN (*Internet Corporation for Assigned Names and Numbers*), der privatrechtlichen Non-Profit-Instanz zur Registratur und Vergabe von Domain-Namen, zu fokussieren (Hamm und Machill 2001; Machill und Ahlert 2001). Sie wurde 1998 nach kalifornischem Recht in Los Angeles gegründet und bezog ihre Autorität aus der offiziellen Anerkennung durch das US-amerikanische *Department of Commerce* (DoC), also dem Handelsministerium. Zentrale Aufgaben der ICANN waren und sind großenteils noch immer die Verwaltung des Domainnamen-Systems (DNS), die Verteilung von IP-Adressen und die Koordination des Root-Server-Systems. Der enge Bezug zu den, wenn nicht die latente Dominanz der USA bei ICANN war von Anfang an Anstoß der Kritik aller weniger amerikafreundlicher Länder, aber auch aller zivilgesellschaftlichen Gruppen, denn das Prinzip der favorisierten transnationalen Self Governance wurde durch ein einseitiges Governance-Regime eines Nationalstaats („governance by government") unterhöhlt (Donges und Puppis 2010, 86). Dennoch galt ICANN zunächst als hochgelobtes Paradebeispiel für die Selbstorganisation des Netzes: Immerhin arbeiteten Vertreter der Privatwirtschaft und der Regierungen in einer eigens konstruierten Organisation zusammen; für die Nutzer war es das Modell einer transnationalen Nutzerorganisation, deren Partizipation 2000 in der weltweiten Online-Wahl des Direktoriums gipfelte. Doch nur etwa 170.000 User ließen sich registrieren, so dass die Wahl insgesamt die Vision zivilgesellschaftlichen Self Governance platzen ließ. Die Amtszeit der Gewählten endete 2002. Die dann erfolgte Reform verstärkte wiederum den Einfluss der nationalen Regierungen und schuf eine Art Drittelparität zwischen Wirtschaft, Technik und Zivilgesellschaft, die aber zunehmend zur privatrechtlichen Organisationsform tendierte.

In den letzten Jahren des 20. Jahrhunderts vollzogen sich viele technische und wirtschaftliche Entwicklungen, die das Internet in seinen basalen Strukturen bis heute kennzeichnen: 1998 wurde die MP 3-Technik für den Tausch von Musikdaten verfügbar; ein Jahr später kooperierten fünf führende Konzerne als *MP 3-Association*, um die Entwicklung des Audiokompressions-Standards voranzubringen. 1999 eröffnete die Tauschbörse Napster, die zunächst kostenlose Downloads anbot und Musik zum beliebtesten und billigsten Tauschartikel im Web machte. Ebenfalls 1998 startete die Suchmaschine Google mit etwa 320 Millionen Websites und wurde bald weltweit die alles beherrschende Such-Plattform mit diversen Offerten. Da das Ranking-System der Suche bis heute geheim gehalten wird, ranken sich um den verwendeten Suchalgorithmus, der auf der Zahl der Links basiert, viele Spekulationen, wodurch der globale Erfolg von Google eher noch gesteigert wurde (Lehmann und Schetsche 2005; Vise und Malsees 2006).

Welche Erwartungen, wenn nicht überzogenen Phantasien sich an die ökonomische Potentiale des Internets knüpften, lässt sich daran ermessen, dass sich zur selben Zeit an den verführerische Slogan von der „New Economy" viele grandiose Erwartungen knüpften: Digitalisierung und globale Vernetzung, neue Geschäftsideen und die Gründung vieler Startup-Firmen firmierten als Versprechen einer nunmehr virtuellen, nicht-materialen Wirtschaft. Zwei Jahre später krachten allerdings diese Visionen bereits an den Börsen und in den Märkten zusammen und intonierten das vorläufige Ende der New Economy. Kaum ein Jahr später wurde allerdings mit dem Web 2.0 als ebenso geschicktem PR-Slogan, also mit dem erweiterten, interaktiven und kommunikativen („Mit-Mach"-) Netz, die nächste Phase des Internets eingeläutet (Hass u. a. 2008; Ebersbach u. a. 2008).

4.2.3 Intergouvernementale Organisationskonzepte: der anhaltende Kampf ums Internet (2003–2005)

Mit seiner steigenden wirtschaftlichen und gesellschaftlichen Relevanz erwies sich das Internet als vielfältiges und immer wichtiger werdendes Handlungsfeld vieler internationaler, regionaler und auch nationalstaatlicher Instanzen. Längst sind die meisten von ihnen bei seiner Steuerung engagiert, suchen ihre angestammten Kompetenzen und Aufgaben zu behaupten und/oder streben danach, neue zu reklamieren bzw. sie anderen Akteuren abspenstig zu machen. Daher wachsen ständig Komplexität und Widersprüchlichkeit, überschneiden sich Interventionen und Ansprüche, übertrumpfen sich Positionen, Forderungen und Aktivitäten, so dass eher krasser Wildwuchs denn geordnete Konzepte von Internet Governance zu konstatieren sind.

Nach dem eher mäßigen Erfolg und der ambivalenten Resonanz der Aktivitäten von ICANN machten zwei spektakuläre Gipfel-Meetings zur *Information Society* (WSIS) aufmerksam, die die Vereinten Nationen über die UNESCO im Dezember 2003 in Genf und im Juli 2005 in Tunis als so genannte „Information Summits" ausrichteten. Recht schnell brachen auf ihnen die Gegensätze zwischen den weniger entwickelten Ländern, denen sich die Weltmacht China als Fürsprecher andiente, und den westlichen Industrienationen darüber auf, welche Einflüsse und Regulierungskompetenzen die Nationalstaaten einerseits, die Wirtschaft, die zivilgesellschaftlichen Gruppen und der private Sektor insgesamt haben sollten. Die Entwicklungsländer favorisierten eher staatlichen Einfluss, der ihren Regierungen Regulierungsoptionen sicherte, während sich die Industrieländer für den so genannten „Multi-Stakeholder-Approach" stark machten, also für das nur informell und situativ geklärte Konsortium von Wirtschaft, nationalen Regierungen, internationalen und zivilgesellschaftlichen Organisationen, bei dessen Handeln sich freilich gewissermaßen unter der Hand der jeweils Stärkere durchsetzte (Tharoor 2003; Dowe und Märker 2003). Im November 2004 setzte das Sekretariat der UNO eine *Working Group on Internet Governance* (WGIG) ein, die die politischen Sujets hinsichtlich des Internets herausarbeiten und Perspektiven für Regeln sowie Repräsentationen identifizieren sollte. Damit sollte der zweite Informationsgipfel im November 2005 in Tunis vorbereitet werden – wozu auch eine breite Definition von Internet Governance im Abschlussbericht vom Juli 2005 gehörte. Danach ist Internet Governance „the development and application by governments, the private sector and civil society, in their respective roles, of shared principles, norms, rules, decision-making procedures, and programmes that shape the evolution and use of the Internet" (zit. nach Kleinwächter 2009).

Noch erfolgloser als der erste verlief allerdings der 2. Informationsgipfel und bescherte vor allem den zahlreichen NGOs (Non Governmental Organizations) herbe Enttäuschungen. Immerhin verständigten sich die diversen teilnehmenden Gruppierungen auf eine Liste basaler Prinzipien für Internet Governance, darunter:

- „the recognition of national sovereignty over the ccTLD (country code top-level domain), domain name space and the involvement of all stakeholders;
- the creation of an Internet Governance Forum (IGF) for five years
- the agreement on the launch of a process towards ‚enhanced co-operation'" (Kleinwächter 2009).

Das IGF wurde als Ersatz für die (nicht erreichten) intergouvernementalen Strukturen vorgeschlagen, und zwar als Forum für alle beteiligten bzw. interessierten Stakeholders, ohne jegliche Entscheidungskompetenz. Es sollte fünf Jahre lang unter dem Schutz des UN-Generalsekretariats arbeiten und jährlich ein Meeting abhalten. Die Kontroverse um die Internet Governance konnte mithin nicht gelöst werden; sie wurde allenfalls vertagt (Hofmann 2005, 25). Als Extrempositionen stehen auf der eine Seite ein nur technisches Konzept, beschränkt auf die dringlich und alltäglich zu bewältigenden Standardisierungen (z. B. Domain-Verwaltung), auf der anderen eine sehr weite demokratische Interpretation mit allen politischen Implikationen wie Transparenz, Interessensausgleich, Behebung von Ungleichheiten („digital divide"), mithin eine gleichberechtigte, effiziente Steuerung weltweit (Marr und Zillien 2010; Stegbauer 2012). Dafür wurden über die Definition und Anerkennung allgemeiner Regeln hinaus konkret folgende Bereiche genannt:

- internationale Abkommen zu Handel und Wettbewerb
- Richtlinien zu Urheberschutz
- Datenschutz

- Cybercrime
- oder auch nationale Maßnahmen zum Konsumentenschutz oder zur Regulierung der Telekommunikation (Hofmann 2005, 24).

Dagegen vertraten die neu entstehenden Internet-Mächte Russland und China (das 1998 ins World Wide Web aufbrach) betont nationale Interessen und suchten für ihren Politikansatz Verbündete. Im Abschlussbericht der *Working Group on Internet Government* (WGIG) vom Juli 2005 wurden gewissermaßen beiden Bestrebungen diplomatisch Rechnung getragen, denn einerseits wurden die allgemeinen Kriterien für die Governance-Strukturen wie Transparenz, Zurechenbarkeit und Demokratie betont, andererseits auch die nationalen und gouvernementalen Interessen berücksichtigt. So sollten

- staatliche Interventionen nicht umgehend und ausschließlich als Unterdrückung von Innovation und Kommunikationsfreiheit angesehen;
- über die Bedingungen und Optionen politischer Gestaltung des Internets nachgedacht;
- ein Problembewusstsein für die ungewollten Folgen einer grenzenlosen Kommunikation (z. B. Spams, Viren, Identitätsdiebstahl sowie andere Formen des Missbrauchs) entwickelt;
- die wachsende Verregelung von Datenverkehr und Kommunikationsinfrastruktur ständig kritisch überprüft;
- institutionell abgesicherte Beteiligungsformen etabliert werden, die es vermögen, ohne Rücksicht auf exklusive Souveränitätsprinzipien positive Wirkungszusammenhänge zwischen Legitimation und effektiver Problemlösungskapazität zu schaffen.

Denn übergreifendes Ziel für alle Beteiligten sollte es sein und werden, ein stabiles, allerseits anerkanntes Regelungsarrangement zu erreichen, das den wechselnden Problemlagen im transnationalen Datenverkehr wie auch den Beteiligungswünschen der interessierten Akteure in angemessener Form Rechnung tragen kann (Ebd, 26ff).

4.2.4 Nationale und wirtschaftliche Einflüsse wachsen (2005–2012)

Seit Mitte der ersten Dekade des neuen Jahrhunderts sind etliche Dienste auf dem Markt, die die Mitmach-Optionen des Web 2.0 vervielfältigen und verstärken: etwa seit 2004 die Möglichkeit, mit Podcast mobil zu empfangen, seit 2005 mit

YouTube private Videos, inzwischen alle TV-Produkte umstandslos zu speichern und herunterzuladen, oder seit 2006 mit dem Microblog Twitter bis maximal 140 Zeichen Textnachrichten zu verbreiten und damit begrenzte Konkurrenz zu den professionellen Nachrichtendiensten und Medien zu ermöglichen. 2010 erreichte Facebook als Prototyp von Social Media nach eigenen Angaben 400 Millionen User weltweit. Weblogs soll es rund 200 Millionen geben (Bleicher 2010, 26ff).

Bei den Konferenzen des IGFs, im November 2006 in Athen und ein Jahr später in Rio de Janeiro, scheinen die Debatten um Internet Governance weniger kontrovers ausgefallen zu sein (Kleinwächter 2009); offenbar wurde der inzwischen eingeführte, so genannte „Multi-Stakeholder"-Mechanismus von allen Akteuren, den Nationalstaaten, der Industrie wie den Entwicklungsländern, den zivilgesellschaftlichen Organisationen sowie von der Wirtschaft und Industrie akzeptiert. Mit den USA wurde in Verträgen geregelt, dass der staatliche Einfluss auf ICANN reduziert wurde; 2009 wurde es als privates Unternehmen etabliert. Hingegen schlug die EU-Kommission im Mai dieses Jahres vor, die G 12-Staaten, also die wichtigsten Industrienationen und Wirtschaftsmächte, sollten mit dem Präsidenten von ICANN eine Art „Weltregierung des Internets" bilden und über seine kritischen Ressourcen wachen (Kleinwächter 2009).

Seit 2010/11 wurde immer offensichtlicher, dass die schnell wachsenden Internet-Konzerne wie Google, Apple, Facebook und Amazon mehr und mehr auch die politischen Themen besetzen und dafür Strategien entwickeln, zumal die öffentlichen Akteure wie das IGF in Mandat und Auftrag eingeschränkt sind. Die künftigen Geschäftsfelder wie Netzneutralität, Cloud Computing und das so genannte „Internet der Dinge" („thingternet") dürften wohl nicht mehr ohne die Vorgaben und Interventionen der Konzerne geregelt werden. Auch die ehrwürdige *International Telecommunication Union* (ITU) – deutsch: *Internationale Fernmeldeunion* – entdeckte im Mai 2010 auf ihrer Konferenz in Mexico City das Internet als neues Regelungsterrain, zumal es zunehmend an die Stelle der terrestrischen Diffusion rückt. In Deutschland setzte der Bundestag eine neue Enquete-Kommission mit dem Titel *Internet und digitale Gesellschaft* ein. Sie sollte schon bis Ende 2011 der praktischen Politik Vorschläge über Forschungsdesiderate und Regelungsbedarfe machen (http://www.bundestag.de/internetenquete). Erst im Laufe von 2012 wurden Zwischenberichte der einzelnen Fachkommissionen veröffentlicht, bei denen es im Kern auch weitgehend blieb. Im Januar 2013 folgte dann endlich ein eher deklamatorisches Abschlusscommuniqué ohne thematische Zusammenfassung, sondern mit persönlichen Einschätzungen der Mitglieder, in dem zumindest die Einrichtung eines ständigen Bundestags-Ausschusses vorgeschlagen wurde, da sich die Fraktionen bei den zentralen Fragen wie „Netzneutralität, Urheberrecht, Daten- und Verbraucherschutz sowie Green-IT" [das ist ressourcen- und umweltschonender Gebrauch von IT-Geräten] nicht auf gemeinsame Beschlüsse und Empfehlungen einigen konnten. Im Wahljahr 2013 dürfte wohl keine der Handlungsempfehlungen politisch umgesetzt werden, und der neue Bundestag ab Oktober 2013 wird sicherlich seine politischen Prioritäten wieder neu setzen (*Spiegel online*, 26. Januar 2013).

Als weiteres Gremium wurde im Dezember 2010 die *UN Working Group on IGF Improvement* eingesetzt, und zwar nach einigen Querelen mit 23 Vertretern von Regierungen, jeweils fünf der Privatwirtschaft, der Zivilgesellschaft, der technischen und akademischen Community sowie von zwischenstaatlichen Organisationen. Da die Zukunft des IGF ungewiss war, sollte diese Working Group weitere Vorschläge für Internet Governance ausarbeiten. Auch die Leitung von ICANN geriet immer wieder in Kontroversen, da insbesondere neue, meist auch ideologisch ausgerichtete Internet-Staaten wie Iran und Saudi-Arabien ihren Einfluss stärken wollen; sie werden von China unterstützt, das weiterhin eine Renationalisierung des Internets weltweit anstrebt und diese Strategie in seinem Territorium bereits weitgehend durchgesetzt hat. Brasilien, Indien und Südafrika schlugen hingegen eine neue zwischenstaatliche Plattform vor, die den „Multi-Stakeholder"-Prozess ergänzen, aber nicht ersetzen sollte. Auf der 66. UN-Vollversammlung im Oktober 2011 wurde dieser Streit erneut ausgetragen, der besonders dann aufbricht, wenn Ergänzungen oder Optimierungen der Aufgabenfelder anstehen. Inzwischen ist das Mandat von ICANN bis 2015 fixiert, der ‚Multi-Stakeholderismus' soll für diese Aufgaben weiter entwickelt werden (Kleinwächter 2010, 2011a, b, c, 2012).

Auch der G 8-Gipfel, die kleinere Runde der Weltwirtschaftsnationen, befasste sich Ende Mai 2011 auf Vorschlag des Gast gebenden Frankreichs mit „eG 8-Cybersecurity". Inzwischen kümmern sich fast alle internationalen Organisationen und Instanzen (siehe Abschn. 5.2) um das Internet bzw. um Internet Governance, entsprechend ihrer jeweiligen Aufgabenperspektiven und Interessen: etwa

- die UNO mit IGF (*Internet Governance Forum*) und WSIS, der weiter bestehenden Organisation für die UN-Weltgipfel zur Informationsgesellschaft, hinsichtlich allgemeiner, globaler Regelungen für das Internet,
- die NATO mit militärischen Sicherheitskonzepten und mit einem speziellen Sicherheitszentrum in Estland, das *Committee for Information, Computer and Communication Policy* (ICCP),
- die OECD vor allem zu wirtschaftspolitischen Optionen des Netzes,
- der Europarat mit seiner *Cross Border Internet Expert Group* in einer im Juni 2011 veröffentlichten Deklaration zu Menschenrechten, „Multi-Stakeholderism", offenes Internet, kulturelle Vielfalt und Sicherheit,

- die OSZE mit zwei Internet-Konferenzen 2011 in Tiflis und Duschambe, um ebenfalls ihr Internet-Engagement zu demonstrieren,
- die ITU mit einem Forum im Mai 2012, um ihrer Rivalität zu ICANN über die Kontrolle der kritischen Internet-Ressourcen zu bekräftigen.

Auch kontinental, regional und infolge übereinstimmender Interessen schließen sich Staaten und Akteure zusammen. So gibt es regionale IGFs auf allen Kontinenten, die ihre Konferenzen veranstalten und Deklarationen verabschieden. Im September 2011 schlugen die IBSA-Staaten – das sind Indien, Brasilien und Südafrika – eine neue zwischenstaatliche Internet-Organisation bei der UNO vor. Sie wie die so genannte *Shanghai-Gruppe* mit China und Russland als Wortführer brachten sowohl auf der 66. UN-Vollversammlung 2011 als auch auf der folgenden 67. im Jahr 2012 Internet-Verhaltenskodizes sowie die Zukunft des IGFs auf die Tagesordnung; bislang mit wenig definitiven und konsentierten Erfolg.

Auch der vom britischen Außenminister William Hague 2011 initiierte, so genannte „Londoner Prozess" zur Ausarbeitung globaler Internet-Prinzipien zeitigte auf den zwei bislang abgehaltenen, hochrangig besetzten Konferenzen kein greifbares Ergebnis. Ebenso wurde auf der Münchner Sicherheitskonferenz im Januar 2011 erstmals das Thema Sicherheit im Cyberspace diskutiert und daraus gefolgert, neben den supra- und internationalen Gremien auch nationale Positionen und Instanzen einzubeziehen. Doch der institutionelle Wirrwarr und die strategischen Konkurrenzen werden durch die Vielzahl von Akteuren gewiss nicht kleiner und effizienter. Lediglich markiert diese Tendenz, dass Regelungen und Sicherheitsstandards inzwischen zunehmend auch als dringliche Aufgaben der nationalen Außen- und Sicherheitspolitik betrachtet werden, mithin eine Renationalisierung der Internetpolitik ansteht, so wie es die neuen Internet-Mächte – allen voran China, Russland und Iran, aber auch Indien, Frankreich, Polen, Brasilien, Südafrika, Saudi-Arabien u.a. – mit je verschieden gewichteten und artikulierten Interessen anstreben, und dass ursprüngliche Visionen, das Internet könne nationale Ansprüche überwinden und in transnationaler Governance funktionieren, weit zurückgedrängt sind.

Damit gerät das Internet auch zwischen die bestehenden realen Fronten und Konkurrenzen der (National)Staaten, wie sie erneut bei der *World Conference on International Telecommunications* (WCIT-12) der ITU im Dezember 2012 in Dubai aufbrachen. Für eine Neufassung ihrer Aufgaben und Regeln, die noch von 1988 stammen und natürlich nicht die aktuelle Situation des weltweiten Datenverkehrs erfassen, schlugen arabische und afrikanische Staaten vor, dass die Regierungen volle Kontrolle über IP-Adressen und Domainnamen haben sollten. Gleichzeitig sollten sie die Möglichkeit bekommen, jeden Internetnutzer zu identifizieren. Doch wieder einmal konnten die westlichen Internet-Mächte, allen voran die USA, solche Interventionsabsichten verhindern, so dass es bis auf weiteres bei den nicht mehr zeitgemäßen Regeln bleibt (Kleinwächter 2012b, 2012c).

Insgesamt waren für das Jahr 2012 mehr als 50 „very important meetings" zu Internet Governance mit dem Ziel zu verzeichnen, allseits anerkannte Regelungen zu treffen, individuelle Freiheit, wirtschaftliches Wachstum und soziale Entwicklung gleichermaßen zu fördern. Allein das relativ selbständige, nur an die UN angebundene IGF ist nach Einschätzung von W. Kleinwächter (2012a) in der Lage, ein universelles, potentiell von vielen akzeptables, aber wohl recht unverbindliches Dokument – ein *Multistakeholder Framework of Commitment for Internet Freedom* – womöglich in den nächsten Jahren (bis 2015 oder 2016), auf den bereits wieder zahlreich anberaumten Konferenzen, zu erstellen – sofern es dann noch erforderlich ist und nachgefragt wird. Davor wird die UNESCO bis 2015 die Resultate ihrer Informationsgipfel überprüfen, ITU und ICANN könnten ihren „kalten Frieden" in konstruktive Bahnen lenken, die UNO-Vollversammlung Positionen zum Management kritischer Internet-Ressourcen und zur so genannten „enhanced co-operation" erarbeiten sowie alle anderen Gremien ihre Interessen und Aufgaben kooperativ definieren. Oder aber die hartnäckigen, allgemeinen politischen und ideologischen Gegensätze beherrschen auch weiterhin die Internet Governance: Grob polarisiert, behaupten sich auf der einen Seite die etatistischen oder gar autoritären Strategien, die das Internet wie alle anderen Medien zunächst einer nationalen staatlichen Kontrolle unterwerfen (wollen) und international allenfalls eine zentralisierte zwischenstaatliche, mit starker Regierungsbeteiligung versehene Organisation hinnehmen, die für das Internet als Ganzes zuständig ist und eine „Kontrolle von oben" installiert. Ihnen konträr sind – allerdings ebenfalls verschiedene – dezentral funktionierende Modelle von „Multi-Stakeholder"-Governance, bei denen Regierungen, Privatwirtschaft, Zivilgesellschaft und technische Community in ihren jeweiligen Rollen gleichberechtigt zusammenarbeiten, das Netz der Netze weiter entwickeln und diversifizieren, um die Selbst-Regulierungskräfte und wechselseitigen Verantwortlichkeiten aller Betroffenen und Beteiligten zu stärken (Ebd.). Natürlich ergeben sich viele Konzepte dazwischen, je bestimmt von den Managementstrukturen, Beteiligungsproportionen, Aufgabendefinitionen und Interessendominanz etc. – weshalb es wohl kaum zu einheitlichen, allseits akzeptierten Generallösungen kommen wird, sondern immer wieder vielfältige partielle und pragmatische Kompromisse gesucht werden müssen.

4.2.5 Ein strukturelles Fazit aus der Retrospektive

Überblickt man die verschiedenen Phasen und unterschiedlichen Schwerpunkte dieser – hier nur kursorische – Rekonstruktionen, lässt sich erkennen, dass für so komplexe, auch diffuse Entwicklungen wie die der Internet Governance noch keine konsensfähigen Auswahl- und Konstitutionskriterien vorliegen, sofern sie überhaupt je möglich sind bzw. werden. Allenfalls lassen sich einige grobe Gewichtungen beschreiben:

1. In der ersten Phase herrscht zunächst eine eher privatwirtschaftliche oder wissenschaftspolitische Governance der noch ganz unterschiedlichen Internet-Innovationen und -varianten vor.
2. In der zweiten Phase nehmen militärische Interessen überhand (ARPAnet), ohne dass klar abgrenzbar ist, wie diese bei den weiteren Entwicklungen von privatwirtschaftlichen und wissenschaftspolitischen Einflüssen überlagert werden oder mit ihnen korrespondiert haben.
3. Danach folgt die (dritte) Phase der libertären Gründerzeit des Internets, in der es vornehmlich Experimentier- und Innovationssektor für technische und wissenschaftliche Akteure gewesen ist. In ihr überbieten sich Visionen von einem freien, für jede/n zugänglich, von jedem/r entwickelbaren Netz gewissermaßen als erstes anarchisches Kommunikationsmittel, von einer neuen elektronischen Grass-Root-Demokratie oder einem Athenischen Zeitalter (US-Vizepräsident Al Gore). Regelungen trifft die Netz-Community autonom oder – wenn es Institutionalisierungen bedarf – von ihr beschickte Gremien, wie es zeitweise für ICANN vorgesehen war.
4. Diese für die einen neu- und großartigen, für die anderen utopischen, wenn nicht idealistischen Modelle von Internet Governance sehen sich mit der Entwicklung und Verbreitung des World Wide Web sowohl mit wachsenden kommerziellen als auch mit politischen Interessen und Anwendungen konfrontiert, die von den unterschiedlichen Regimen der Nationalstaaten vertreten wurden und werden. Darüber hinaus avanciert das Internet zum internationalen Politikum, besonders in seinen verteilungspolitischen Folgen, die sich auf Reizthemen wie „digital divide" und Netzneutralität kaprizieren. Vor allem supranationale Organisationen wie die UNESCO entdecken das Internet als neues, auch entwicklungspolitisches Betätigungsfeld, wie die beiden *Information Summits* 2003 (Genf) und 2005 (Tunis) ausweisen. Dabei sollten alle Governance-Akteure und -Interessen in weltweite Absprachen und Maßnahmen einbezogen werden, um so Interessensausgleiche zu schaffen.
5. Da das Internet inzwischen auch zur politischen Waffe für Oppositionen und Attacken zumal in und gegen autoritäre Regime geworden ist, sind jene Konzepte zum Scheitern verurteilt und behaupten sich nationalstaatliche Regulierungen bis hin zu strukturellen und permanenten Zensurmaßnahmen (wie etwa in der VR China). Damit ist diese vierte Phase eher von Renationalisierungsabsichten

bestimmt, die das Internet in die allgemeinen Konflikte und Konkurrenzen (wieder) einbezieht und es zum Spielball der jeweils herrschenden Regimen und Regierungen macht. Ob solche Strategien auf Dauer gelingen oder sie von kompetenten Usern im aterritorialen, transnationalen Netz infolge seiner technischen Struktur, seiner kommunikativen und wirtschaftlichen Potentiale immer wieder unterlaufen werden können, wird sicherlich kontrovers gesehen, aber auch künftig die Regulierungs- oder Deliberationspolitik bestimmen.

6. Gegenwärtig sind die Konferenzen, Konzepte und Maßnahmenvorschläge von ganz verschiedenen Akteuren kaum mehr überschaubar; sie fallen zudem für die diversen Handlungsfelder – wie sie unten heuristisch beschrieben werden – ganz unterschiedlich aus. Einerseits beschäftigen sich nahezu alle supranationalen Organisationen mit Dimensionen des Internets, zum anderen befassen sich die Staaten entsprechend ihrer ideologischen Konzepte mit ihm bzw. mit Regulierungsbereichen, die auch außerhalb des Internets – wie z. B. Technologie- und Wirtschaftsförderung oder Marktregulierung – bereits bestehen und die sich mit der digitalen Welt erweitern oder neu ergeben. Gewissermaßen hat das Internet eine Reintegration von Internet Governance in die konventionellen Politikfelder erfahren. Einerseits werden diese Prozesse als Renationalisierung von Internet Governance bezeichnet, was den gesamten Sachverhalt mit seinen globalen Komponenten nicht ganz trifft; treffender ist andererseits die Perspektive, dass die Exklusivität und gänzliche Alternativität des Internets erodiert und eine Art ‚Normalisierung' von Internet Governance mindestens über die diversen Handlungsfelder stattfindet.

Für die weitere Entwicklung des Internets und der Internet Governance stellte Anfang 2012 W. Kleinwächter (2012a) folgende Fragen:

1. „Wie finden wir auf globaler Ebene ein neues Gleichgewicht zwischen in Konflikt zueinander stehenden Werten wie Sicherheit, Eigentum, Freiheit und Privatsphäre unter Berücksichtigung der verschiedenen politischen Systeme, der unterschiedlichen Kulturen, Traditionen und historischen Erfahrungen?
2. Wie entwickeln wir ein neues Verhältnis zwischen staatlichen und nichtstaatlichen Institutionen, die nicht auf einer hierarchischen Unterordnung basieren, sondern auf gegenseitiger Zusammenarbeit unter Gleichen entsprechend der spezifischen Rollen und Verantwortlichkeiten der einzelnen Akteure?
3. Wie verbinden wir traditionelle zentrale, geschlossene und Top-down-Politiken von Regierungen mit den offenen, transparenten und Bottom-up-Mechanismen, die typisch sind für die Internetwelt?"

Die Beantwortung und Klärung dieser Fragen dürfte sicherlich über die Zukunft von Internet Governance (mit)entscheiden.

4.3 Inoffizielle Internet Governance durch Internet-Konzerne

Wenn Governance mehr als die intentionale, womöglich gesetzliche und/oder vertraglich legitimierte Setzung allgemeiner Regeln durch identifizierbare, verantwortliche Akteure umfasst, nämlich etwa funktionale Formierungen von Prozessen und Handlungen, die durch ihre systemische und habituelle Internalisierung selbstverständlich, quasi technikbedingt sind, dann muss mit einem solch weiten Ansatz auch untersucht werden, welche Anteile und welche Methoden Internet-Konzerne an einer solchen inoffiziellen oder latenten Governance haben. Darüber wird bereits unentwegt in Medienkritik und Feuilleton spekuliert und räsoniert, wissenschaftlich-analytisch fundierte Befunde gibt es hingegen noch vergleichsweise wenige. Mithin sind die Abgrenzungen und Identifizierungen zwischen analytischen und nur heuristischen, interpretativen Zugängen schwierig zu markieren.

Exemplarisch lassen sich solche Fragen etwa auf die „Big Four" der gegenwärtigen Internet-Ära fokussieren, also auf Google, Apple, Facebook und Amazon (Bethge u. a. 2011). Das Nachrichtenmagazin *Der Spiegel* charakterisierte in seiner Titelgeschichte „Web-Kampf um die Zukunft. Wer beherrscht das Internet?" im Dezember 2011 jeden der vier Web-Konzerne, der „Supermächte des digitalen Lebens" (Ebd., S. 72), die gegenwärtig den ökonomischen und kulturellen „Führungsanspruch" der USA in der Welt verkörpern, mit einem paradigmatischen Ideal, nämlich mit dem

- „Ideal totalen Wissens": Google offeriert, selegiert und bewertet das Wissen der Welt und gibt seine so latent getroffene Auswahl als scheinbar umfassend, total und objektiv aus; damit steuert und gewichtet der Konzern Information und Wissen in der Welt;
- „Ideal totaler Mobilität": Apples iPod, iPhone, iPad und mit den auf ihnen ladbaren Apps ermöglichen und suggerieren die völlige Allgegenwärtigkeit digitaler Kommunikation und Erreichbarkeit, generieren somit einen totalen virtuellen Kosmos, „in dem alles transferierbar, synchronisierbar, herunterladbar, tragbar, übersetzbar sein soll" (Ebd., 74f). Damit sinkt der Bezug zur physischen und sozialen Wirklichkeit, was womöglich nicht ohne Einfluss auf die Wahrnehmung, Erfahrung und Vorstellung von Welt überhaupt bleibt;
- „Ideal totaler Transparenz": Mit weltweit über 900 Millionen User (Mai 2012) organisiert das soziale Netzwerk Facebook den größten „Verein" der Welt – vorderhand als persönliche Freundschafts- und Neigungskreise („Gefällt-mir"-Button bzw. „likes") und individuelle Selbstdarstellungen besonders durch die seit 2012 eingeführte „timeline-Funktion", tatsächlich als mächtigster Sammler

4.3 Inoffizielle Internet Governance durch Internet-Konzerne

und Verkäufer persönlicher Daten, der längst schon soziales Zusammenleben, interindividuelle Wahrnehmung und Modalitäten persönlicher Interaktivität nach seinen formalen Vorgaben steuert. Für Datenschützer ein Alptraum, ist es offenbar für Millionen von Usern noch immer chic, bequem und zeitgemäß, ihre gesamte Privatheit im Netz zu offenbaren und damit Industrie und Werbewirtschaft ständig präziseres Profil zu liefern;

- „Ideal totaler Verfügbarkeit": Amazon ist nicht nur das größte Online-Kaufhaus der Welt und suggeriert die „totale Verfügbarkeit aller Waren und Genüsse der Welt" (Ebd.); mit ständig akkurateren Identifikationstools rückt es dem einzelnen Kunden immer enger auf dessen Identität und bietet ihm je spezielle und individuelle Angebote für sämtliche Bedürfnisse. Darüber hinaus scheint Amazon mit seinem E-Book „Kindle" (und all den anderen Varianten) das Buchlesen, wie es sich seit Erfindung des Buchdrucks allmählich herausgebildet hat, zu verändern, womöglich zu revolutionieren: Nicht nur, dass man seine Hausbibliothek quasi digital verfügbar hat – freilich bislang nur Titel, die aus ökonomischer Sicht vom jeweiligen Provider online zur Verfügung gestellt werden –, auch die sinnliche Erfahrung des gedruckten Buches scheint verloren zu gehen. Hingegen gewinnt man Optionen des alinearen, assoziativen Lesens (mit Mehrwert-Funktionen hin zu zusätzlichen Informationen und Texten) sowie des „social readings", wenn man per Internet mit anderen Lesern korrespondieren kann.

Sicher handelt es sich bei diesen Porträts um journalistisch motivierte, recht plakative Zuspitzungen, die sich außerdem infolge spezieller Entwicklungen modifizieren oder gar erledigen können. Daher dürften sich diese „Ideale" sicherlich ständig modifizieren und gegenseitig beeinflussen, zumal die vier Megakonzerne sich offenbar anschicken, sich ihre Geschäftsterrains streitig zu machen und für ihre Kunden jeweils alle Funktionen anzubieten. Gleichwohl weisen die Kennzeichnungen darauf hin, dass infolge der Komplexität und Interdependenz der Sachverhalte breit formierende, gar systemische Konsequenzen unausweichlich sind, die sich wie Entscheidungen und Maßnahmen einer inoffiziellen Governance auswirken.

Anlässlich der Vorgänge und Debatten um die für 2014 vorgesehene Datenschutz-Grundverordnung der Europäischen Union ist Ende 2012 und Anfang 2013 bekannt geworden, dass und wie mächtig sich die globalen Internet-Konzerne wie Microsoft, Google, Facebook und andere in die gesetzlichen Formulierungen einmischen und wie sehr EU-Administration und Abgeordnete des Europäischen Parlaments von der vehementen Lobbyarbeit beeinflusst sind. Unverfroren wird mit der Aufkündigung der bestehenden (Gratis)Geschäftsmodelle und der Verteuerung der Angebote gedroht, wenn die EU-Verordnung zum Datenschutz weitgehend dem deutschen Datenschutzrecht gleiche. Daher zielt die Lobbyarbeit auf eine unternehmensfreundlichere Fassung ab, die Eigenverpflichtungen und Selbstkontrollen der Unternehmen bevorzugt und damit die vorliegende Version deutlich abschwäche, sei es bei der Einwilligung in die Datenverarbeitung oder bei den Meldepflichten im Falle einer Datenpanne. Horrend haben die IT-Konzerne dafür ihre Aufwendungen für Lobbyarbeit in den USA und in Europa angehoben: So hat Google im Jahr 2012 mehr als 16 Millionen Dollar für seine Lobbytätigkeit in den USA ausgegeben, 70 Prozent mehr als im Vorjahr. Facebook investierte knapp vier Millionen Dollar, was einer Steigerung um 196 Prozent im Vergleich zum Vorjahr entspricht. Microsoft gab gut acht Millionen Dollar aus, rund zehn Prozent mehr als noch im Jahr 2011. Bei Amazon waren es 2,5 Millionen Dollar (http://www.zeit.de/digital/datenschutz/2013-01/datenschutztag-datenschutzverordnung-lobbyismus).

Gegenüber solcher eher noch dem überkommenen Politikverständnis entsprechenden Strategien setzen tiefer greifende Analysen an, die etwa am Beispiel des dominanten Marktführers Google untersuchen, wie Suchmaschinen Beherrschungsbestrebungen und Selektionsentscheidungen als eigentlich „undurchschaubare, orakelhafte Algorithmen", mithin als vermeintlich technisch und logisch bedingte Rationalitäten verklären, „die sich nicht auf eine eindeutig verortbare Intentionalität zurückführen lassen" (Röhle 2010, 14ff).

Schon der innovative PageRanking-Algorithmus firmiert bis dato als bestgehütetes Geheimnis des Geschäftsmodells (Vise und Malseed 2006, 58ff), den viele der Millionen Nutzer kaum durchschauen und bei ihrer Suche vergegenwärtigen. Doch auch Suchexperten kapitulieren: Denn der Kern der Software für Googles Suchmaschine umfasst Hunderttausende Code-Zeilen. Mit ihm wird die Linkpopularität einer Seite bzw. eines Dokumentes festgelegt. Das Ziel des Verfahrens ist es, die Links dem Gewicht entsprechend zu sortieren, um so eine Ergebnisreihenfolge bei einer Suchabfrage herzustellen, d. h. Links zu wichtigeren Seiten weiter vorne in der Ergebnisliste anzuzeigen. Sein Grundprinzip lautet: Je mehr Links auf eine Seite verweisen, umso höher ist die Relevanz dieser Seite. Und je höher die Relevanz der verweisenden Seite ist, desto größer ist der Effekt. Je komplexer und ‚intelligenter' die Systeme werden, desto schwieriger wird diese Gewichtung nachzuprüfen sein, nicht zuletzt auch für Google-Mitarbeiter selbst, die „selbst nicht genau wissen, was warum funktioniert", und nur noch das Ergebnis sehen (Pariser 2012, 212).

Die Chance, möglichst oft und prominent gefunden zu werden, zahlt sich zwischenzeitlich als Marketingstrategie und womöglich steigenden Umsatz pekuniär aus. Sie befördert daher viele gezielte Manipulationen wie Spamming in Gästebüchern, Blogs und Foren, Betreiben von Linkfarmen und andere unseriöse Methoden. Auch die Usance, den in der Toolbar angezeigten PageRank einer niedrig eingestuften Seite durch Weiterleitung auf eine bestehende Seite mit hohem PageRank zu spiegeln, gehört dazu. Denn das Weiterleiten bewirkt, dass die Anzeige des hohen PageRanks der Zielseite mit dem folgenden Update kopiert wird. Nach wie vor ranken sich daher viele Mythen und Legenden um das PageRanking; doch inzwischen werden sie fast völlig von den vermeintlichen Zweckrationalitäten überlagert, die selbst Vermischungen von Werbung und Information, Marktmacht und Profit kaschieren:

- In technischer Hinsicht lässt sich feststellen, dass sich Inhalte-Anbieter reaktiv bei der Gestaltung ihrer Seiten zunehmend stärker an den Relevanzkriterien von Suchmaschinen orientieren, auch lenkende, intervenierende Metadaten setzen und damit die vorgebliche Neutralität, Sachlichkeit und Relevanzmaxime der Suche konterkarieren, mithin die Trefferauswahl in ihrem Interesse steuern (Röhle 2010, 163).
- Marktstrategisch ist Werbung inzwischen zum Kerngeschäft des Unternehmens geworden – nicht nur wie anfangs ausschließlich durch kontextsensitive Werbung, sondern durch die Übernahme von Doublecklicks heute mit allen Varianten der Online-Werbung: nämlich mit Display Ads, Bookmarks- und Affiliate Marketing. Gegenüber der Werbevermarktung geraten Suchfunktion und andere Dienstleistungen ins Hintertreffen, der User wird durch die möglichst exakte Zuordnung von Werbebotschaften zum Konsumenten moduliert (Ebd., 187).
- Verschiedene Tracking-Verfahren und behavioural, ja personalisiertes Targeting der User ermöglichen es Google, Daten unterschiedlichster Art zu erfassen und miteinander in Beziehung zu setzen. Damit werden nicht nur äußert präzise Daten von Tätigkeiten, Präferenzen, Konsumbedürfnissen zu Profilen von Usern generiert, vielmehr ergeben sich intensive Potentiale der Aufmerksamkeitsmessung und -steuerung, die auch politisch und gesellschaftlich verwendet werden können und ein immenses Risiko der Überwachung und des Missbrauchs darstellen (Ebd., 203ff; Pariser 2012).

Außerdem scheint der Weltmonopolist seine Systeme zunehmend zu schließen und dem ehedem propagierten Prinzip der Offenheit entgegenzuarbeiten: Funktionen und Dienste werden ständig erweitert, so dass der User alles, was er/sie braucht, im Google-Kosmos vorfindet. Immer mehr Seiten weisen seit etwa 2010 wiederum auf Google-Seiten, so dass auch hier lukrative Zyklen generiert werden. So wirft der Wettbewerbskommissar der EU, Joaquin Almunia, im Frühjahr 2012 Google folgende Praktiken vor:

- Erstens verknüpft Google generelle Suchfragen mit eigenen, weiterführenden Suchmaschinen, die leichter zu erkennen sind als die der Konkurrenz und auf der Ergebnisseite die oberen Plätze belegen. Verbraucher werden so von der Nutzung anderer Anbieter abgehalten.
- Zweitens missachtet Google den Schutz geistigen Eigentums, weil es beispielsweise Erfahrungsberichte von Internetnutzern kopiert und ohne Autorisierung auf seine eigenen Seiten stellt.
- Als dritten Punkt führt die Behörde an, dass Google Werbepartner gezwungen hat, auf ihren Seiten keine anderen Suchmaschinen zu platzieren. Diese Praxis hat Folgen für Online-Shops oder Online-Magazine.
- Viertens hat Google die Übertragbarkeit von Werbung auf seiner eigenen Plattform AdWords auf Seiten der Konkurrenz verhindert, indem Software-Entwickler vertraglich am Angebot solcher Übertragungsprogramme gehindert wurden (Bolzen 2012).

Wie auch bei den Offerten anderer Konzerne sind die inzwischen massiv verbreiteten Apps nicht zuletzt dafür geeicht, fremde, nicht im jeweiligen System vermarktbare Apps zu blockieren und auf die eigene Versionen hinzuführen (Wu 2012, 346f). Apples i-Geräte, nämlich iPod, iPhone und iPad, formieren solche Restriktionen sogar in technischer Hinsicht, gewissermaßen als Hardwareleistungen. Zwar sind alle theoretisch universal nutzbare Computer, aber unter Marketinggesichtspunkten und der Maxime der Benutzerfreundlichkeit sind sie auf spezielle Funktionen kapriziert, so dass sich ein diversifizierter Markt und ein entsprechendes Kaufverhalten ergibt: iPod für das optimale Abspielen von Videos und Musik, iPhone als Handy, Internetanschluss, Kamera und zusätzliche Funktionen für unterwegs, iPad als das mobile Desktop, allerdings mit eingeschränkter Bedienungsfreundlichkeit für aktive Nutzung und Produktion (Wu 2012, 339f). Solche Ausdifferenzierungen sind – im Grunde genommen – gegenüber der universalen, integrativen Technik des Computers kontraproduktiv; mit einschlägigem Knowhow können User sie umgehen und unterlaufen. Sie bestätigen allein Konsum und Prestigedenken des durchschnittlichen Kunden, der mit Besitz und Nutzung mehrere Geräte sein finanzielles Potential und seine Fortschrittlichkeit unterstreichen will. Insofern setzen solche Technik- und Marktkonditionierungen durch die Anbieter gewissermaßen eine technische Internet Governance, da Nutzung und Wahrnehmung des Internets durch sie geprägt werden – mindestens prätendiert wird, es so zu verstehen und zu nutzen.

Eine fatale Kombination aus Profilmodulation und Personalisierung, eine so genannte „Filter Bubble", sehen Kritiker (Pariser 2012; Meckel 2011) am Werk, vor allem bei den IT-Größen wie Google, Amazon und Facebook. Mit jedem Click feilen und komplettieren Cookies, Crawler und andere Hilfsprogramme am jeweiligen Nutzerporträt, so dass jede/r nur noch die Daten und Angebote präsentiert bekommt, die seinen/ihren üblichen Gewohnheiten und Vorlieben entsprechen. Das mag einerseits bequem und hilfreich sein, weil aus der ungeheuren Fülle der Daten nur noch die erwünschten und gebräuchlichen ausgewählt, mithin die Masse und Komplexität des Datenkosmos auf erträgliches Maß reduziert werden. Doch mit ihnen schrumpfen auch die Optionen von Überraschung, Neuigkeit, Ungewöhnlichem: „Obwohl das Internet Zugang zu einem überwältigenden Spektrum von Quellen und Optionen bietet, bekommen wir [...] in der Filter Bubble nur wenig davon mit. Obwohl das Internet uns neue Möglichkeiten gibt, unsere Identitäten auszubilden oder auszuprobieren, drängt die Ökonomie der Personalisierung zu einer statischen Auffassung von Persönlichkeit. Obwohl das Internet das Potential zur Dezentralisierung von Wissen und Macht hat, konzentriert es die Kontrolle darüber, was wir gezeigt bekommen und welche Möglichkeiten wir geboten bekommen, und legt die Macht in die Hände von immer weniger Personen" (Pariser 2011; 228).

So dürften digitale Informationen und der mediale Alltag an der Oberfläche immer üppiger und differenzierter ausfallen. Und sicherlich lassen sich präformierte Gewichtungen und Restriktionen immer wieder aufbrechen und umgehen, mit entsprechender Absicht und Kompetenz. Doch zugleich dürften sich unauffällige, kaum mehr bewusste Gewohnheiten als Engführungen und Einseitigkeiten einschleifen, die kaum mehr die Offenheit und Pluralität vorhalten, die ehedem dem Internet bescheinigt wurde – so wie Google mittlerweile weltweit die überragend genutzte, fast exklusive Suchmaschine geworden ist: „Die Serverfarmen der Googles und Amazons werden wachsen, während die Prozessoren in ihnen schrumpfen, und diese enorme Rechenleistung wird genutzt, um immer genauere Vorhersagen über unsere Vorlieben oder gar unser Seelenleben zu treffen. Personalisierte Technologien der ‚erweiterten Realität' werden unsere Wahrnehmung der realen Welt immer mehr überlagern" (Pariser 2011, 200). Auch wenn die Mediengeschichte und ihre Bewertung voll von solchen kulturkritischen Übertreibungen ist, bleibt doch zu bedenken, dass es neben expliziten Regelungen gewissermaßen vielfältige latente Tendenzen gibt, Internet Governance zumal von privater Seite als technische, programmierte und damit auf jeden Einzelnen speziell abgestimmte, vor allem für den Markt lukrative zu lancieren und auf diese Weise explizite, mühsam auszuhandelnde, öffentliche Regelungen zu unterlaufen oder gar zu ersetzen.

Akteure von Internet Governance

5.1 Analytische Zugänge zu Akteuren

Wie für alle gesellschaftlichen Bereiche oder – systemtheoretisch – für alle Teilsysteme lässt sich die Analyse von Internet Governance primär als Frage des objektbezogenen, interessengeleiteten und zielorientierten Handelns begreifen: mithin als die analytische Suche nach den relevanten Akteuren, ihren strukturellen Kontexten, den Zielen und Reichweiten ihres Handelns, den Ebenen ihrer Aktionen, den Formen ihrer Organisation und Institutionalisierung sowie nach ihrer Interessengebundenheit und gesellschaftlichen Repräsentativität, dem Cui bono. Allerdings lassen sich bei einem derart dynamischen, sich schnell verändernden und dementsprechend nicht fixierbaren Gegenstandsfeld wie dem Internet diese Fragen zu keinem Zeitpunkt umfassend und erschöpfend behandeln, sondern die Befunde sind allenfalls zeitbezogene Zwischenübersichten, vielfach auch nur heuristische Sondierungen in sich jeweils neu konstituierenden Handlungsfeldern: Denn zum einen ist das Internet trotz seiner nunmehr 30-jährigen Entwicklung noch so neu, dass etablierte Akteure die für sie relevanten Regelungsbedarfe und Interessenspotentiale vielfach noch suchen bzw. mit den rapiden Entwicklungen ständig neu definieren müssen. Zum anderen entstehen unentwegt neue Gruppierungen und Akteure – zumal in zivilgesellschaftlichen Segmenten –, die ihre Einfluss- und Interessenspotentiale für das Internet erst definieren und begründen müssen. Und schließlich stellt das Internet selbst viele bis zum 20. Jahrhundert gewachsene und konsolidierte Strukturen und gesellschaftliche Mechanismen zusammen mit anderen globalen Trends wie der Globalisierung, dem Wandel und der Verflechtung von Verkehr, Wirtschaft und Handel, den Vergesellschaftungs- und Verrechtlichungsprozessen jenseits des Staates (Neyer 2004; Meyers 2011, 492), den intensivierenden Kommunikationsbeziehungen und

Medialisierungsschüben grundsätzlich in Frage (Hepp u. a. 2005; Schweiger und Beck 2010), so dass sich Aktionsfelder für das Handeln ständig neu aufdrängen oder ergeben.

Markantestes Beispiel ist der Bestand und der Souveränitätsanspruch des im 19. Jahrhundert fixierten Nationalstaates. Ihn sehen etliche sozialwissenschaftliche Beobachter zunehmend erodieren, mindestens viele seiner Kompetenzen verlustig gehen oder – positiver – in supra- und transnationale Konstrukten aufgehen (Zürn 1998; Leibfried und Zürn 2006; Schneckener 2006). Dagegen wehren sich die Vertreter und Profiteure der Nationalstaatlichkeit vehement, auch mit massiven Restriktionen, insbesondere die Repräsentanten autoritärer Regime. Insofern werden einerseits anhand der Regelung des Internets, der Internet Governance, stellvertretende Konflikte und Okkupationsambitionen ausgetragen, die letztlich ungleich weiter und tiefer sind als die konkreten Internet-Regeln. Zum anderen wurde und wird das Internet wiederholt dafür ausgelobt, dass seine nonkonformistische Nutzung rigide und repressive Staatlichkeit unterhöhlt und für rebellierende Bewegungen mehr Einfluss, Transparenz und Freiheit, letztlich Demokratisierung ermöglicht. So wurden die Proteste und Revolten etwa in den arabischen Ländern der letzten Jahre wiederholt als von Handys, Skype, i-Pads und sozialen Netzwerken geförderte Revolutionen charakterisiert (Schröder 2012).

Beispielhaft lassen sich die Erosionen am Begriff des Politischen beobachten: Ließ sich Politik in den 1990er Jahren noch umfassend als „für alle die Probleme zuständig [definieren], die von den anderen Teilsystemen nicht gelöst werden und dem politischen System als Problemadressat attribuiert werden", weshalb sie „zumindest innerhalb bestimmter territorialer Grenzen" und kraft der „Monopolisierung legitimer Gewalt in der Hand des Staates" die einzigartige Kompetenz besitzt, „die Rahmenbedingungen der anderen Systeme primär durch Entscheidungen {zu setzen], die im Konfliktfall verbindlich durchsetzbar sind" (Gerhardt und Neidhardt 1990, 8f), so dürfte eine solche exklusive Definition von Politik heute kaum mehr valide und akzeptabel sein – es sei denn, man überdehnt den herkömmlichen Begriff des Politischen auf alles soziale, tendenziell allgemein verbindliche Handeln, wie es allerdings im Governance-Begriff angelegt ist. Etliche Forschungsprojekte haben sich in jüngster Zeit gerade um die durch diverse Faktoren verursachten Transformationen des Staatlichen bzw. Politischen und um die Aufweichungen zwischen Öffentlichkeit und Privatheit gekümmert (Sennett 1983; Faulstich und Hickethier 2000; Leibfried und Zürn 2006; Benz u. a. 2007; Neuberger 2009; Emmer und Wolling 2010).

Allerdings wurden dabei die Funktion bzw. die Wirkmacht des Internets für bzw. auf diese Prozesse bislang nicht eingehend untersucht, oder die verfügbaren Studien kommen zu kontroversen Befunden (Brand 2012, 81ff): Die einen

5.1 Analytische Zugänge zu Akteuren

erkennen auch beim Internet den in der sozial- und kommunikationswissenschaftlichen Forschung schon häufig konstatierten, ursprünglich von dem amerikanischen Soziologen Robert K Merten (1985) thematisierten, so genannten „Matthäus-Effekt" („Wer hat, dem wird gegeben") erneut bestätigt; will heißen: nur die gebildeten, sozial einigermaßen erfolgreichen, kosmopolitisch ausgerichteten und kommunikationstechnisch versierten Akteure können mit dem Internet sozialen Wandel und Transformationen der gesellschaftlichen Strukturen anstoßen (Marr und Zilien 2010, 274). Mithin setzt das Internet ein gewisses Niveau der technischen und sozialen Entwicklung in doppelter Hinsicht voraus: Diese Voraussetzungen gelten einerseits hinsichtlich der verfügbaren technischen, materiellen Infrastruktur und der finanziellen Ressourcen, so dass es überhaupt einigermaßen breit eingeführt und von Individuen und Gruppen für die jeweils eigenen Interessen und Absichten genutzt werden kann. Die individuellen Fähigkeiten werden im größeren Zusammenhang als Medienkompetenz (media literacy) oder spezielle Internetkompetenz (computer and information oder digital literacy) bezeichnet (Moser u. a. 2011). Allein schon die Beherrschung einer translokalen und -nationalen Sprache – in der Regel: das Englische – ist vielfach eine kaum überwindbare Barriere.

Andererseits wird das Internet systemwidrig in territoriale und nationale Grenzen eingezwängt und fungiert als Herrschaftsinstrument wie alle anderen Massenmedien. Dann sind vorrangigen Funktionen Propaganda und Loyalitätssicherung für das herrschende Regime. Unter solchen Bedingungen werden daher von eher technologieskeptischen und am Status quo orientierten Positionen dem Internet kaum transformierende Potentiale und kohäsive Effekte in globaler Dimension eingeräumt; vielmehr werden eher Vertiefungen der sozialen, wirtschaftlichen, politisch-ideologischen und kommunikativen Spaltungen und Verschärfungen der weltweiten Desintegration befürchtet (Wischermannu und Thomas 2008; Zilien 2009; Stegbauer 2012).

Um analytisch aufzuarbeiten, welche Akteure in welchen Handlungsfeldern von Internet mit welchen Strategien, Interessen und Erfolgsaussichten tätig waren und sind, befasst sich Kap. 5 zunächst eher deskriptiv mit den maßgeblichen Akteuren, wobei es sich nur um eine exemplarische Auswahl und um eine eher kursorische Porträtierung ihrer angestammten Aufgaben- und Tätigkeitsfelder, die nun auf Internet Governance übertragen oder von ihr erweitert werden, oder ihrer neu ergriffenen Internet-Aktivitäten handeln kann. Sodann folgen in Kap. 6 die Aufarbeitung, Darstellung und Einordung signifikanter Handlungsfelder von Internet Governance, wie sie sich in den letzten Jahrzehnten herausgebildet haben und auch in den aktuellen Diskussionen darstellen.

Unter Akteure werden alle Institutionen, Organisationen, Gruppen und Personen verstanden, die „an der Gestaltung von Politik bzw. an politischen Entscheidungen" – hier: hinsichtlich des Internets in seiner besagten Breite und Vielseitigkeit – beteiligt sind oder sein wollen (Emmer und Bräuer 2010, 312). Diese Einflussnahmen können unmittelbar aufgrund verfügbarer oder übertragener Entscheidungskompetenzen oder indirekt über die Steuerung von Öffentlichkeit und Medien erfolgen – wobei diese immens komplexen Entscheidungsabfolgen gerade infolge der sich ständig intensivierenden Medialisierungsprozesse enorm zunehmen. Zirkuläre Potenzierungs- und Eskalierungsfaktoren sind hier mächtig am Werk. Herkömmlicherweise lassen sich öffentliche bzw. staatliche und private Akteure unterscheiden, etwa anhand des Modus ihrer Legitimierung und Institutionalisierung, der Allgemeinheit bzw. Generalisierungsfähigkeit ihrer Interessen und Ziele („Gemeinwohl") und der (repräsentativen) Bestellung und Vertretung ihrer Repräsentanten. Im nationalen Kontext sind diese Charakteristika noch weitgehend intakt und anerkannt; auf supra- und internationaler und erst recht auf globaler Ebene sind sie allenfalls noch eingeschränkt gültig und mischen sich vielseitig. So ringen etwa Europäisches Parlament und Europarat mit der Europäischen Kommission und dem Europäischen Rat der Nationalregierungen schon lange um ihre Kompetenzen und Legitimation. International finden sich noch viele andere Misch- und Rudimentärformen oder nur partiell legitimierte Organisationen, wie zu zeigen sein wird.

Gerade die Entstehung und Verbreitung der so genannten Zivilgesellschaft verdanken der schwindenden Legitimität und Entscheidungskraft des staatlichen, formellen Handelns und der Formierungen über- bzw. zwischenstattlicher Handlungsbedarfe, die transnationale, meist globale Risiken und Gefahrenherde wie die Luftverschmutzung, die Erderwärmung, der Klimawandel, die anhaltende Zerstörung sämtlicher natürlicher Ressourcen, aber auch transnationale Entwicklungen wie die Finanz- und Handelsprozesse, die Energieprobleme, die Kriegsgefahren etc. heraufbeschwören, ihre wachsende Legitimität, und sie steigern die politischen Einflusspotentiale des so genannten dritten Sektors zwischen Staatlichkeit – früher auch Öffentlichkeit – und Privatheit. Die anhaltenden Medialisierungen führen dazu, dass kaum ein einigermaßen gesellschaftlich relevantes oder auch nur vermeintlich relevantes Handeln auch von privaten Akteuren auf Dauer geheim bleibt, so dass sich Risiken der Veröffentlichung ständig ergeben. Allerdings werden auch viele – letztlich unbedeutende – Ereignisse und Personen zu angeblich öffentlichen Sujets von den Medien, den professionellen wie den amateurhaften, eigentlich ‚privaten' Publizisten hochgejubelt, so dass sich die überkommenen Terrains und Grenzen zwischen öffentlich und privat unentwegt mischen. Einigermaßen wahrgenommener und einflussreicher Akteur in der medialen Öffentlichkeit kann inzwischen jede/r und alles werden (Pörksen und Detel 2012).

Insofern sind angestammte Konditionalaussagen wie „Voraussetzungen für [die] Handlungsfähigkeit [von Akteuren] ist die Verfügung über Ressourcen und Handlungsorientierungen wie politische Ziele oder Programme" (Emmer und

Bräuer 2010, 312) allenfalls noch partiell gültig – oder der Begriff der Ressource muss auf symbolische und kommunikative ausgedehnt werden, die in einer ‚Mediengesellschaft' mindestens so wichtig und effektiv sind wie materielle. Auch die Beanspruchung von „Zielen und Programmen" nimmt ständig ab; selbst die etablierten Parteien als die politischen Akteure per se verstecken sich mehr und mehr hinter nur noch lapidaren, pauschalen Ziel- und Programmdeklamationen – oder auch hinter Ziel- und Programmlosigkeit –, um für möglichst alle Interessen- und Klientelgruppen unter den Wählern wählbar zu sein. Eher profilieren sich die zivilgesellschaftlichen Akteure durch dezidierte, meist aber spezielle Ziel- und programmatische Aussagen. Hingegen verfügen nur wenige von ihnen über ausreichende materielle und organisatorische Ressourcen, denn viele entstehen spontan und unorganisiert, anlässlich eines bestimmten Problems, gerade auch hinsichtlich des Internets (wie vor gut einem Jahr die kurz währenden ACTA-Bewegungen gegen das umstrittene Abkommen gegen Produktpiraterie), sie verfallen auch wieder oder reihen sich in die üblichen Bahnen des Politik- und Protestbetriebes ein. Diese Fluidität drückt sich in der Bezeichnung „Aktivisten" aus, die sich so von den Akteuren unterscheiden (Ebd., 322ff; Wendelin und Löblich 2013).

Um die Vielzahl und Unterschiedlichkeit von Akteuren zu überschauen, werden diverse Typisierungen vorgeschlagen. Naheliegend ist die Unterscheidung nach Aktionsebenen, wobei die Lokalitäten der Akteure anders sein können als die der Ziele und Ansätze ihrer Aktionen: Dafür bieten sich die üblichen Einordnungen – also global, supranational, international, regional – hier: besonders europäisch – und national an (Donges und Puppies 2010, 87ff). Als nächstes sollten die Art bzw. der Grad ihrer Institutionalisierung bzw. Organisation beschrieben werden. Hier stehen etwa Nationalstaaten oder ihre Bündnisse den so genannten NGOs diametral gegenüber; ebenso gehören zum Status und Profil eines Akteurs, wer Mitglied in seiner Organisation – etwa Staaten oder Privatpersonen, Verbände oder Unternehmen – ist, wie sie ihre Vertreter rekrutieren und in die jeweiligen Gremien schicken, wie ihre Legitimation erwirkt wird, wie sie kontrolliert werden und Rechenschaft ablegen. In Gesetzen, Satzungen und/oder Abkommen werden gemeinhin die Kompetenzen und Aufgaben der Akteure definiert, die entweder unabhängig vom Internet fixiert sind, darauf ausgeweitet und spezifiziert oder die allein im Hinblick auf Internet Governance formuliert und vollzogen werden.

Aus den gesetzlichen Konstellationen ergibt sich beispielsweise, ob Internet Governance eher oder ausschließlich als Selbst-(Ko-)Regulierung der Beteiligten oder als hierarchische Regulierung durch eine legitimierte, übergeordnete Instanz ausgeübt wird. Sicherlich lassen sich die Akteure auch danach klassifizieren, welche Art von Zielen und Aktivitäten sie für die Internet Governance verfolgen. Allerdings beziehen sich solche Dimensionen eher auf die Sujets und

Aufgabenfelder, weniger auf die Akteure selbst; dennoch lassen sie sich kaum voneinander trennen. Eine Einteilung in „drei Schichten der Internet Governance" (Ebd., 93f), nämlich in die „physisch[technisch]e Infrastruktur", den „code layer oder logical infrastructure" (für Software und „für das Funktionieren des Internets notwendigen Protokolle") sowie den „content layer" (für jegliche Inhalte und Materialien, die gespeichert oder übermittelt werden oder auf die zugegriffen wird), dürfte zu kurz greifen und nur partielle Aspekte abdecken. Denn gerade die umfassenden, momentan auch noch umstrittensten Themen, die über die gesamte Beschaffenheit, Funktionalität und Zukunft des Internets entscheiden und woran vor allem die globalen und internationalen Akteure vorrangiges Interesse haben wie etwa Netzneutralität, E-Commerce, Datenschutz, Copyright, passen nicht unter besagte Kategorien. Die jeweiligen Reichweiten der Aktionen lassen sich entweder normativ – als Sollensziele – oder empirisch-faktisch – als erreichte Ziele und Wirkungen – definieren. Beispielhaft können einzelne Aktionen vorgestellt werden, um an ihnen Funktionen, Vorgehensweisen und Effektivitäten der Handlungen zu analysieren und zu illustrieren.

Exemplarisch seien diese Dimensionen und Attribute (nach Donges und Puppis 2010, 87ff) in der Matrix in Tab. 5.1 dargestellt.

5.2 Internetakteure im Einzelnen

Mit der Diskussion um das Management und die Kontrolle über das Internet beschäftigt sich eine ganze Reihe nationaler, regionaler und internationaler Organisationen, privatwirtschaftlicher und zivilgesellschaftlicher Verbände. Es ist über die letzten beiden Jahrzehnte nicht gelungen, eine globale, von allen Staaten und der Zivilgesellschaft akzeptierte Internet-Architektur mit regelnder oder auch nur koordinierender Zuständigkeit für alle Felder der Internet-Governance aufzubauen. Vielmehr haben wir es in diesem Bereich mit stark fragmentierten Zuständigkeiten, Regelungsdefiziten, aber auch Kompetenzüberschneidungen zu tun, welche die tatsächlich existente Internet Governance unübersichtlich machen. Beispielsweise konnte sich ICANN nicht als global und allseits legitimierte Institution durchsetzen, besteht aber mangels institutioneller Alternative fort. Die um deren Kompetenzen konkurrierende und als Ersatz von den Entwicklungsländern und vormals sozialistischen Staaten favorisierte ITU wird von den wirtschaftlich mächtigen westlichen Staaten und Unternehmen mit Misstrauen betrachtet. Der mit großen Hoffnungen gestartete Weltinformationsgipfel der UNESCO versandete letztlich in seinem ständig tagenden, aber wenig bewegendem Appendix, genannt *Internet Governance Forum*. Der Einfluss der Nationalstaaten

Tab. 5.1 (Beispielhafte) Akteure des Internets

Ebene politischen Handelns	Akteur	Institutions- und Organisationsform	allgemeine Kompetenzen und Aufgaben	Mitglieder	Ziele für Internet Governance und ihre Reich-weiten	Aktivitäten
Global	UNESCO (United National Educational Scientific and Cultural Organization)	Sonderorganisation der UNO	internationale Zusammenarbeit in Wissenschaft, Bildung, Kultur und Kommunikation fördern	Staaten	*Information for All Programme* (IFAP): • Zugang für alle • Überwindung von „digital divide" *International Programme for the Development of Communication* (UIPDC): Aufbau von Kommunikationsinfrastrukturen in Entwicklungsländer	*World Summits on the Information Society* (WSIS) 2003 und 2005 in Genf und Tunis; seit 2006: IGF (*Internet Governance Forum*)
Global	ITU (*International Telecommunication Union*)	UN-Sonderorganisation	Internationale Zuweisung und Registrierung von Sende- und Empfangsfrequenzen sowie Satellitenpositionen; Entwicklung einheitlicher technischer Standards und Gebühren	191 Mitgliedsstaaten	Strebt auf Betreiben bestimmter Staaten Koordinationsfunktion über elektronische Kommunikationsstruktur (Internet), vor allem Kontrolle über IP-Adressen und Domainnamen, an	*World Conference on International Telecommunications* (WCIT-12) der ITU im Dezember 2012 in Dubai

(Fortsetzung)

Tab. 5.1 (Fortsetzung)

Ebene politischen Handelns	Akteur	Institutions- und Organisationsform	allgemeine Kompetenzen und Aufgaben	Mitglieder	Ziele für Internet Governance und ihre Reichweiten	Aktivitäten
Regional: europäisch	Europäische Union (EU)	Vertraglich begründeter Staatenverbund von 27 Mitgliedsstaaten (seit 1. Januar 2007)	Europäische Integration, d. h. dauerhafte und organisierte Kooperation oder gar ein engerer Zusammenschluss europäischer Staaten: Entwicklung gemeinsamer Handlungsfelder, Politiken und Rechtsnormen, vor allem für Wirtschaft und Finanzen (Binnenmarkt)	27 europäische Mitgliedsstaaten	Für alle Branchen geltendes Wettbewerbsrecht; *Richtlinie über audiovisuelle Mediendienste* (AVMD): Mindeststandards für Fernsehen und sog. nicht-lineare Dienste (Vedio-on-Demand); • Zugangsrichtlinie • Universaldienstrichtlinie: Zugang zum Telefonnetz • Datenschutzrichtlinie • Richtlinie über den elektronischen Geschäftsverkehr: E-Commerce Programm „i2010": Schaffung eines einheitlichen europäischen Informationsraumes	z. B. *Safer Internet Programme*: Schutz von Kindern und Jugendlichen vor schädlichen Inhalten und Missbrauchs-Fallen

(Fortsetzung)

5.2 Internetakteure im Einzelnen

Tab. 5.1 (Fortsetzung)

Ebene politischen Handelns	Akteur	Institutions- und Organisationsform	allgemeine Kompetenzen und Aufgaben	Mitglieder	Ziele für Internet Governance und ihre Reich-weiten	Aktivitäten
National: deutsch	Freiwillige Selbstkontrolle Multimedia-Diensteanbieter (FSM)	gemeinnütziger Verein, 1997 gegründet von Verbänden und Unternehmen der Online-Wirtschaft	Kodex	Verbände und Unternehmen der Online-Wirtschaft	Verhinderung der Zugänglichmachung illegaler, rassistischer und jugendgefährdender Inhalte in Online-Angeboten; dafür Unterhalt einer Beschwerdestelle Festsetzung und Ahndung von Verstößen durch Rüge oder Geldstrafe	Konkrete Indizierungsfälle

auf das angeblich so grenzenlose Internet wächst wieder, aber nicht so stark, dass die übrigen Stakeholder (Privatunternehmen, Nichtregierungsorganisationen) ausgeschaltet worden wären. Viele internationale und regionale Organisationen ringen um Einfluss auf das Netz und seine Regulierung, konnten sich aber nur partielle Bereiche davon sichern. Nationale Regierungen versuchen ihre Regelungskompetenzen eifersüchtig zu wahren, kommen aber an regionaler oder internationaler Abstimmung und Harmonisierung nicht mehr vorbei (ähnlich Mueller u. a. 2007). Inzwischen gewinnen die mächtige Internet-Konzerne wie Apple, Google, Amazon und Facebook über ihre Märkte und Interessen hinaus weiteren Einfluss und setzen aufgrund ihrer wirtschaftlichen und technologischen Monopolstellung ihre in der Wirkung nicht nur technischen Standards für die eigenen Aktionsbereiche durch, zumindest solange ihnen keine ernsthaften Wettbewerber erwachsen. Kurzum, schon von der Vielzahl der relevanten Akteure her stellt die Internet Governance einen hybriden Policy-Mix dar, kompliziert noch durch den Faktor, dass die Reichweite ihrer jeweiligen Gestaltungsmacht im Zeitablauf deutlichen Veränderungen unterworfen ist.

5.2.1 Internet Association for Assigned Numbers and Names (ICANN)

Die Konstruktion und Aufgabenstellung der *Internet Association for Assigned Numbers and Names* (ICANN) lässt sich nur vor dem Hintergrund ihrer Vorgeschichte verstehen. Seit den späten 1970er Jahren hat sich die Koordination und das Management der Kernressourcen des Internet als ein von unten nach oben gesteuerter Prozess entwickelt, getragen von technischen Experten und den Nutzern, ohne Einmischung von staatlichen Stellen, ganz im Gegensatz zum Fernmelde- und Rundfunkwesen. Die notwendigen Standards zum Betreiben des Internets wurden von einer nicht-staatlichen Organisation, der *Internet Engineering Task Force* (IETF), einer informellen Gruppe von Technikern, entwickelt und angewandt. Auch das System der Namensräume (Domain Names) ist von der Basis aus entstanden, durch die Initiative des amerikanischen Informatikers von Jan Postel (1943–1998), der es von seinem Büro in Kalifornien aus entwickelte.

Bis Ende der 1990er Jahre wurde das Internet von den meisten Regierungen mehr oder weniger ignoriert. Als die Zahl der Halter von domain names stark anwuchs, begann sich die amerikanische Regierung für die Institutionalisierung dieses Systems zu interessieren; ein Vertrag zwischen Jan Postels Institut und dem US-Handelsministerium schuf die *Internet Assigned Numbers Authority* (IANA) zur Koordination der Internetressourcen, also zum Management der top level domains und der Zuweisung von IP-Adressen an die regionalen Internetregistrare.

5.2 Internetakteure im Einzelnen

Mit der weiteren Zunahme von Haltern für Domain Names, von daraus wachsenden Konflikten um deren Zuteilung (plus steigenden Einnahmen aus der Registrierung) wuchs der Wunsch nach stärkerer Institutionalisierung. Jan Postels Bestreben, das System der *Internet Society* zu unterstellen, einem Netzwerk von Internettechnikern, scheiterte am Widerstand der amerikanischen Regierung (später auch der EU) und Teilen der Privatwirtschaft. Die US-Regierung plädierte 1997 stattdessen für eine vollständige Privatisierung des Domain Name-Systems auf der Grundlage kalifornischen Rechts, die EU revoltierte gegen die damit verbundene amerikanische Dominanz im System. Jan Postel wollte das gemeinsame Management der technischen Internet-Organisationen, der ITU und der WIPO unterstellen. Die USA und ihre Privatwirtschaft hatten aber starke Reserven gegen eine bedeutende Rolle der ITU, in der jedes Land gleichermaßen nur eine Stimme hat. Heraus kam als ausgehandelter Kompromiss eine neue, nicht-staatliche und nicht profitorientierte Organisation zum Management der Internet-Ressourcen unter kalifornischem Recht, die ICANN.

Grundgedanke ihrer Schaffung war das gemeinsame Management der Ressourcen durch Anbieter und Nutzer der Dienste, bei lediglich beratender Rolle nationaler Regierungen. Daher sollten 19 Mitglieder des Direktoriums von den Diensteanbietern gestellt werden und neun die breite Öffentlichkeit vertreten. Nationale Regierungen erhielten keinen Sitz, bestückten aber das *Governmental Advisory Committee* zur Beratung von ICANN (Kleinwächter 2001, 2004; Hofmann 2005). Die US-Regierung blieb – geplant zunächst für eine zweijährige Übergangsperiode, tatsächlich aber bis heute – das oberste Aufsichtsorgan für ICANN, der wichtigste Root Server steht in den USA. Die Direktoren der ICANN wurden im Jahre 2000 in der ersten und einzigen Wahl im Internet nach regionalem Schlüssel gewählt, wobei ein heftiger (nationaler) Konkurrenzkampf um die Besetzung stattfand. Als Folge wurde später die Beteiligung der Nutzer auf eine nicht stimmberechtigte Verbindungsfunktion reduziert.

ICANN war darüber hinaus mit einigen Geburtsfehlern behaftet, welche die späteren Kontroversen erklären: Die sich intensivierenden Konflikte um die Zuteilung von Domain Names vermochte die Organisation kaum zu dämpfen. Die regionalen Namensregistraturen weigerten sich teilweise, sich der vertraglichen Kontrolle von ICANN zu unterwerfen, die Finanzierung der Organisation blieb prekär. Sie blieb US-dominiert, das System der Domain Names war nicht multilingual, nationale Regierungen hatten darauf keinen oder nur geringen Einfluss. Das Gewicht der privaten Unternehmen in der Organisation war beherrschend, das der europäischen Staaten moderat, dasjenige der Entwicklungsländer sehr gering. Letztere argumentierten, technische Fragen (vor allem die Vergabe von Domain Names) seien durchaus politischer und nicht nur technischer Natur, sie wollten den amerikanischen Einfluss zurückdrängen – zehn der dreizehn Root Server blieben in den USA – und verlangten Mehrsprachigkeit und Unterstellung der ICANN unter die Vereinten Nationen oder die ITU (Cukier 2005; Pickard 2007).

Die Führungen dieser beiden Organisationen haben die Marginalisierung ihrer Organisation nie verwunden und agitierten vor allem vor und auf den Weltinformationsgipfeln dagegen. Sie und die WIPO (*World Intellectual Property Organization*), die beauftragt wurde, ein Schlichtungswesen für die Vergabe von Domain Names zu entwickeln, waren im *Government Advisory Committee* (GAC) vertreten (Mueller u. a. 2007). Dieses Gremium stellte durchaus einen Kanal dar, durch den nationale Regierungen ihren Einfluss geltend machen konnten. Doch es litt daran, dass anfangs längst nicht alle Regierungen als GAC-Mitglieder akkreditiert waren. Noch weniger nahmen an seinen Sitzungen regelmäßig teil. Dabei ist die Macht dieses Gremiums deutlich gewachsen; es hat nur noch de iure lediglich beratende Funktion, de facto aber die Vetomacht über die Entscheidungen von ICANN (Kleinwächter 2004).

Die Kontroverse über den Einfluss in der ICANN, über ihre Struktur und Arbeitsweise setzte sich bei den zwei Weltinformationsgipfeln und im *Internet Advisory Forum* fort. Weil man sich dort nicht auf eine Ersatzinstitution oder eine grundlegende Reform von ICANN einigen konnte, wurde die Debatte im *Internet Governance Forum* (IGF) fortgeführt, das auf dem 2. Gipfel ins Leben gerufen worden war. Mittlerweile sind selbst der amerikanischen Regierung Zweifel an der ursprünglich basisdemokratischen, regierungsfernen „Multi-Stakeholder" getragenen Governance in der ICANN gekommen. Sie hat ihre Kontrolle über die Organisation zum September 2009 faktisch aufgegeben und spricht sich für eine stärkere Kontrolle durch die Regierungen aus (Mac Sitigh 2010; United Nations 2011). Dieser Meinung ist die Kommission der EU schon lange. Sie sprach sich sogar für ein Vetorecht der Regierungen über die Vermehrung von Top Level Domains (TLD) aus und verlangte, dass Ratschläge des *Government Advisory Committee* ernster genommen werden. Ferner kritisierte sie, dass die Finanzmittel und das Personal von ICANN ein zu schnelles Wachstum aufweisen und das Direktorium nicht wirklich unabhängig sei (European Commission 2011a). Hintergrund dieser scharfen Attacken ist – das wird auch implizit zugegeben – die wachsende wirtschaftliche und politische Bedeutung des Netzes.

5.2.2 Die Weltinformationsgipfel

Die Initiative für den Weltinformationsgipfel im Dezember 2003 in Genf kam im Wesentlichen von der ITU. Diese Organisation hatte relativ spät das enorme Potential des Internets, den globalen Wandel voranzutreiben und so genannte

Informationsgesellschaften zu installieren, entdeckt. Eher hatte sie zunächst einem gewissen technologischen Fetischismus hinsichtlich des Netzes gefrönt. Diese Einschätzung sollte sich mit einer gemeinsam mit der UNESCO verfassten Studie (1995) ändern, die das Recht zur Kommunikation zum Inhalt hatte, den mangelnden Zugang zum Netz in vielen Ländern und das Fehlen einer universalen Infrastruktur für die Telekommunikation beklagte. Schuld daran wurde historischen Umständen (sprich: postkolonialen Strukturen) und der monopolistisch verfassten Medienindustrie gegeben. Diese Studie setzte damit einen Kontrapunkt zum Projekt der Informationsgesellschaft von Seiten der Industriestaaten, wonach Privatunternehmen die Initiative für Innovation und Investitionen (primär für kommerzielle Zwecke) bekommen sollten, wobei nationale Regierungen quasi als Juniorpartner fungieren, aber zivilgesellschaftliche Gruppierungen ausgeschlossen bleiben sollten (Raboy 2004). Gegen dieses Konzept liefen letztere Sturm, sie forderten Freiheit der Meinungsäußerung als Menschenrecht und kulturelle Pluralität im Netz ein.

Die ITU, welche den Prozess zum Weltinformationsgipfel 1998 startete, reagierte nur zögerlich auf diese Forderungen und erwähnte die Zivilgesellschaft als Beteiligte zunächst nicht. Das änderte sich erst, als sich eine zunehmend breitere NGO-Plattform bildete, die 2001 ihre Beteiligung an der Planung und der Durchführung des Gipfels forderte. Nach der Verbreiterung der Kampagne erhielt diese Rückendeckung durch die Führung der ITU und die Organisatoren des Weltinformationsgipfels, obwohl sich zahlreiche Regierungen gegen die Teilnahme der Zivilgesellschaft ausgesprochen hatten. Die UN-Generalversammlung segnete ihre Beteiligung jedoch ab, so dass ihre Vertreter dann aktiv an den Vorbereitungssitzungen des Gipfels teilnehmen konnten. Die ITU definierte eine breite Gipfelagenda mit dem Ziel, eine gemeinsame globale Vision der Informationsgesellschaft zu definieren. Außerdem thematisierte sie die digitalen Unterschiede und Spaltungen (digital divide) und formulierte das Ziel, das Internet in den Dienst aller sozialen Gruppen zu stellen. Diese Intentionen einschließlich einer pauschalen Forderung, mit dem Internet die Milleniumsziele der Vereinten Nationen zu erreichen, bestritten die ursprüngliche Agenda des Gipfels.

An ihm beteiligten sich über 10.000 Delegierte, wobei die Zivilgesellschaft und Vertreter der Wirtschaft nur Beobachterstatus hatten. Letztere waren durch strategische Partnerschaften mit einzelnen Staaten faktisch besser vertreten. Obwohl eine breite Palette von Themen diskutiert werden sollte, entwickelte sich die Frage der Internet Governance zu ihrer wichtigsten und am kontroversesten verhandelten, andere Themen – wie die Finanzierung eines Solidaritätsfonds zugunsten armer Staaten – traten deshalb in den Hintergrund. Die Entwicklungsländer und die meisten Organisationen der Zivilgesellschaft stellten vor allem die Autorität und

Legitimität von ICANN in Frage, bemängelten die Dominanz der Industriestaaten und der Unternehmen in dieser Organisation sowie die willkürliche Vergabe von Domain Names und strebten eine Verlagerung der Kompetenzen von ICANN zur ITU an. Die versammelte Zivilgesellschaft sorgte sich um mangelnde kulturelle Diversität, die fehlende Berücksichtigung indigener Völker und von Geschlechtergleichheit und kritisierte den technokratischen und wirtschaftsfreundlichen Ansatz der Konferenzagenda. Die Handelskammern und Unternehmen aus Industriestaaten sowie die Vertretung der USA und der EU zeigten sich mit der bisheriger Struktur der Internet Governance dagegen durchaus zufrieden und gaben nur zu bedenken, dass die Beteiligung einer UN-Organisation an dieser Governance das Internet bürokratisieren und Innovation hemmen würde (Kleinwächter 2004; Pickard 2007).

Wie die meisten internationalen Konferenzen segnete der Gipfel einen ambitionierten Aktionsplan ab – mit dem Ziel, eine inklusive und offene Informationsgesellschaft zu schaffen, die demokratisch regiert werden, kulturelle und Geschlechtergleichheit fördern soll, ohne konkret anzugeben, wie diese Ziele erreicht werden könnten. Fragen ungleicher Machtverteilung in der Weltinformationsgesellschaft, Konzentrationstendenzen bei privaten Medienunternehmen und das Schrumpfen des Raums öffentlicher Medien wurden weitgehend tabuisiert. Internationale Abkommen, wie das 1994 vereinbarte Übereinkommen über handelsbezogene Aspekte der Rechte am geistigen Eigentum (englisch: *Trade Related Intellectual Property Rights*, TRIPSs) im Rahmen der Welthandelsorganisation (*World Trade Organization*, WTO), das bestimmte Anforderungen an nationale Verfahren zum Schutz geistiger Eigentumsrechte stellt, damit sie nicht durch den grenzüberschreitenden Handel unterlaufen werden können (Shadlen 2007), oder das Recht auf geistiges Eigentum im Rahmen der WIPO-Konventionen, welche den nationalen, medienpolitischen Spielraum beschränken, wurden nicht weiter problematisiert. Hingegen wurden Informationstechnologien als wirkungsvolle Waffe gegen Unwissenheit stilisiert (Hamelink 2004; O'Siochru 2004). Aus Frustration über die wirtschaftsnahe Verengung der Agenda zog sich die Zivilgesellschaft zuletzt aus dem Gipfelprozess zurück und verfasste eine eigene Schlussdeklaration.

Die hauptsächlich strittigen Themen – also die Einrichtung eines digitalen Solidaritätsfonds zur Überwindung der digitalen Spaltung und die engere Frage der Zukunft von ICANN als Kernorganisation der Internet-Governance – wurden auf den nachfolgenden Gipfel (2005) in Tunis verschoben. Zur Klärung dieser Frage sollte der UN-Generalsekretär eine Arbeitsgruppe einrichten. Ihr gehörten Vertreter der Regierungen, der Zivilgesellschaft und der Privatwirtschaft an, und sie sollte Vorschläge für die Nachfolgekonferenz erarbeiten. Kritische

Beobachter monierten indes, dass sich gemäßigte Vertreter der Zivilgesellschaft in die Strategie der Konferenz trotz des eigenen Schlusskommuniques hätten einbinden lassen, dass die ITU gegenüber den Interessen der mächtigsten Staaten kapituliert und ihren marktliberalen Ansatz der Informationsgesellschaft akzeptiert habe (McLaughlin und Pickard 2005; Pickard 2007).

Die eingesetzte Arbeitsgruppe zur Internet Governance (*Working Group on Internet Governance*, WGIG) sollte eine Arbeitsdefinition von Internet Governance liefern, mit dieser wesentliche politische Fragestellungen herausarbeiten und für ihre Umsetzung eine praktikable Aufgabenverteilung zwischen Regierungen, internationalen Organisationen, der Wirtschaft und der Zivilgesellschaft vorschlagen. Doch der Bericht dieser Gruppe von ca. 40 Experten blieb relativ vage. Governance wurde sehr breit definiert. Als wesentliche Fragestellungen wurden relativ allgemeine und prinzipiell lobenswerte Ziele aufgelistet (Zugang für alle zum Netz, stabiles Funktionieren des Internet, gerechte Verteilung der Ressourcen etc.). Ferner sollte Kontrolle über die Internet Governance durch ein ‚Multi-Stakeholder'-Forum erfolgen, dessen Arbeitsweise unklar gelassen wurde, in dem aber Entwicklungsländer stärker vertreten sein sollten. Die Regierungen sollten politische Fragestellungen bestimmen, die täglichen Operationen jedoch der Privatwirtschaft und der Zivilgesellschaft überlassen bleiben – so als ob man beides voneinander trennen könne (Mueller u. a. 2007). Bei der Kontrolle durch die Regierungen wurden vier Modelle aufgeführt, ohne sich klar für eines auszusprechen. Mithin wurde auch in dieser Gruppe kein tragfähiger Konsens erreicht.

Die USA ließen alsbald verlauten, sie würden die Kontrolle über ICANN nicht aufgeben, was sehr zum Unwillen auch der Europäischen Union erfolgte. Auf dem Nachfolgegipfel in Tunis (im November 2005), der unter noch stärkerer Beteiligung stattfand, knickte die EU nach anfänglich scharfer Attacke (ebenso wie andere Teilnehmer) gegen die USA wieder ein; es blieb beim Status quo. Die strittige Frage wurde an ein neu geschaffenes Gremium unter der Regie der Vereinten Nationen, an das *Internet Governance Forum* (IGF), delegiert, das einen evolutionären Prozess zu einer stärker multilateral organisierten Internet-Governance einleiten sollte (McLaughlin und Pickard 2005; Pickard 2007). Kurzum, vier Jahre dauernde Verhandlungen brachten wenig Greifbares ein.

5.2.3 Das Internet Governance Forum (IGF)

Das IGF war im Wesentlichen als Diskussionsforum für alle Aspekte der Internet Governance gedacht. Es sollte Vorschläge entwickeln, wie die Verbreitung des Netzes in Entwicklungsländern zu fördern ist und dort Kapazitäten ausgebaut werden können. Außerdem sollte es Lösungen entwickeln, um den Missbrauch des Netzes zu unterbinden. Die zunächst 40, später 50 Mitglieder seiner *Multistakeholder Advisory Group* werden von Regierungen, der Privatwirtschaft, der Zivilgesellschaft gestellt und um technische Experten bereichert. Das IGF wurde erstmals im Spätherbst 2006 durch den Generalsekretär der Vereinten Nationen einberufen und erhielt zunächst ein Mandat für fünf Jahre, das mittlerweile verlängert wurde (2011 bis 2015). Bei der ersten Sitzung des IGF in Athen wurde eine ganze Reihe ‚dynamischer Koalitionen" gegründet; das sind informelle Diskussionsgruppen zu bestimmten Themen der Internet Governance, etwa zum Datenschutz, zur Mehrsprachigkeit im Netz, zur Meinungsfreiheit, zur Anbindung abgelegener Regionen und zum Jugendschutz. Beim Treffen in Rio de Janeiro (2007) ging es wieder um die Zukunft von ICANN und den Einfluss von Regierungen auf die Zukunft des Netzes, um Mehrsprachigkeit, offene Netz-Standards und die Sicherheit von Internet-Transaktionen. Zugang für alle zum Internet war das Thema des dritten Treffens in Hyderabad (2008). Einen ähnlichen Fokus hatte das vierte Treffen in Sharm El Sheikh (2009), und bei den beiden letzten Konferenzen wurde erneut die eigentliche Internet Governance thematisiert. Diese Versammlungen fanden unter starker Besetzung (über 1000 Teilnehmer), statt. Jeweils ca. 40 Prozent der Teilnehmer entfielen auf Regierungsvertreter. Wie nicht anders zu erwarten, blieben die Entwicklungsländer wegen fehlender Reisemittel und Expertise unterrepräsentiert.

Der Bericht des UN-Generalsekretärs kritisiert (recht milde) die mangelnde Effizienz der ausufernden Debatten, den Mangel an konkreten Empfehlungen für das Regierungshandeln und die fehlende Berücksichtigung des eigentlichen Kernthemas (dem Management der Internet-Ressourcen); er lobt allerdings rituell den multilateralen, demokratischen und transparenten Stil dieses Unterfangens und empfiehlt seine Fortsetzung (United Nations 2010). Unabhängige Beobachter waren da weitaus kritischer; sie beklagten die Fortsetzung der alten Kontroversen (nämlich: stärkere staatliche Kontrolle versus Selbstorganisation) im neuen Gewande, den Mangel an Dialog zwischen den Opponenten und die Verabschiedung von Papieren voller Gemeinplätze (Maciel 2011). Kurzum, Aufwand und Ertrag standen und stehen in einem starken Missverhältnis.

5.2.4 Die UNESCO

Die Verfassung der UNESCO (*United Nations for Educational, Scientific and Cultural Organization*) wurde im November 1945 von Vertretern von 37 Staaten unterzeichnet und trat 1946 in Kraft. Ihre Gründung geht auf eine Initiative der Erziehungsminister der Alliierten zurück. Ihre nachkriegsbedingten Leitbilder waren der Abbau von Feindbildern, die Förderung der Zusammenarbeit der Völker bei Bildung, Wissenschaft und Kultur und die Erziehung zum Frieden. Rechtlich hat die UNESCO den Status einer Sonderorganisation der Vereinten Nationen. Die Mitgliedschaft in den Vereinten Nationen berechtigt auch zu jener in der UNESCO.

Heute sind fast alle Staaten Mitglieder der Organisation (insgesamt 195). Zwischenzeitlich traten allerdings Großbritannien und die USA wegen angeblichem Missmanagement und Politisierung der Organisation aus. Auch in der UNECSO gilt das Prinzip „ein Staat = eine Stimme". Beschlüsse werden allerdings seit Jahrzehnten vorwiegend einvernehmlich gefasst. Die UNESCO ist im Verlauf ihrer Geschichte zunehmend zu einem Instrument der Mitgliedsstaaten geworden, die Mitglieder des Exekutivrates sind heute ausschließlich Politiker (und nicht, wie anfangs vorgesehen, auch Vertreter des Geisteslebens). Das Sekretariat mit etwas über 2000 Mitarbeitern und mit Sitz in Paris wird von einem Generaldirektor geleitet und ist in etliche, mitunter schwer zu koordinierende Abteilungen gegliedert. Eine Besonderheit der UNESCO ist die Einrichtung nationaler UNESCO-Kommissionen, die in einer Brückenfunktion die Mitgliedsstaaten beraten und als Verbindungsstellen zu lokalen Nichtregierungsorganisationen fungieren. Der Haushalt der UNESCO ist vergleichsweise bescheiden (2012/13: 653 Mio. $ für zwei Jahre), er entspricht gerade einmal jenem einer mittleren deutschen Hochschule. Neben den Mitteln aus dem normalen Haushalt stehen der UNESCO auch noch außerordentliche Mittel zur Verfügung, die primär für die Durchführung von Entwicklungsprojekten bestimmt sind.

Gemäß ihrer Verfassung hat die UNESCO folgende Aufgaben: (a) die gegenseitige Kenntnis und das Verständnis der Völker durch Nutzung der Medien zu fördern und Abkommen zu empfehlen, die den freien Austausch durch Wort und Bild erleichtern, (b) der Volksbildung und der Verbreitung der Kultur neue Impulse zu geben, (c) das kulturelle Erbe der Welt zu bewahren, zu vertiefen und zu verbreiten. Praktische Arbeitsschwerpunkte der Organisation sind heute die universale Alphabetisierung und Grundbildung, neuerdings auch die Berufsbildung und das lebenslange Lernen, der Aufbau wissenschaftlicher Forschungs- und Ausbildungsinstitutionen in Entwicklungsländern, die Wahrung des Weltkulturerbes (etwa durch die Erstellung einschlägiger Listen von Denkmälern), das Einsetzen für Presse- und Informationsfreiheit und die Friedenserziehung. Gemäß ihrer bescheidenen Finanzausstattung kann die UNESCO jedoch kaum mehr als ein Forum zum Austausch von Meinungen und Erfahrungen in ihren Aufgabenfeldern bieten sowie einige Pilotprojekte finanzieren.

Von Beginn an gab es Konflikte darüber, welchen Aufgaben sich die UNESCO widmen und welcher weltanschaulichen Richtung sie verpflichtet sein sollte. Diese Konflikte verschärften sich mit dem zunehmenden Gewicht der Entwicklungsländer in der Organisation, die – zusammen mit den (damals) sozialistischen Staaten – schon in den 1970er Jahren eine neue, nicht von westlichen Medienkonzernen dominierte Weltinformationsordnung durchdrücken wollten. Dies war Hauptgrund für den zeitweiligen Austritt der USA und Großbritanniens. Heute ist es um diese Debatten recht still geworden.

Die UNESCO kreist in ihren Aktivitäten und Publikationen schon seit Jahren um den Begriff und den Inhalt einer "globalen Wissensgesellschaft", die mitunter auch unter dem Stichwort "Digitales Zeitalter" rubriziert wird. Digitale Technologien und neue Medien übernehmen nach Meinung der Organisation zentrale Funktionen in unserem Leben. Die Organisation will dabei helfen, möglichst viele Menschen in relativ kurzer Zeit zu digitalen Alphabeten auszubilden und dafür zu sorgen, dass sie lebenslang ihr diesbezügliches Wissen aufstocken (Varis o.J.). Um menschlich und lebenswert zu bleiben, müssten so genannte Wissensgesellschaften für die möglichst allgemeine, gründliche und egalitäre Verbreitung von wahrhaftigem und relevantem Wissen sorgen. Daher wird einesteils die erhebliche digitale Spaltung zwischen Nord und Süd, aber auch innerhalb der Gesellschaften beklagt; andererseits wird gefordert, dass die Informations- und Kommunikationstechnologien dazu genutzt werden, die menschliche Entwicklung auf der Basis garantierter Menschenrechte zu fördern. Gemeint ist damit einerseits die Sicherung der Meinungsfreiheit, denn ohne diese mache Zugang zur Information alleine keinen Sinn. Andererseits spricht sich die UNESCO gegen die exzessive Kommerzialisierung von Wissen durch die neuen, in Produktionsprozesse integrierte Datenbasen und Suchmaschinen aus (UNESCO 2005).

Außerdem begrüßt die UNESCO, dass durch die Entwicklung des Internets der freie Informationsfluss enorm gesteigert wird. Diese Entwicklung berge erhebliches Potential für globalen kulturellen Dialog, internationale Verständigung und politische Partizipation, vorausgesetzt, die digitale Spaltung werde verringert. Daher müsse Internet Governance eine gerechte Verteilung der Ressourcen sichern sowie den Zugang aller zum Netz und sein stabiles Funktionieren auf möglichst multisprachlicher und -kultureller Basis („UNESCO's activities in the area of Internet Governance") ermöglichen. An dieser Governance müssten alle Akteure beteiligt werden.

5.2.5 Die World Intellectual Property Organization (WIPO)

Die Weltorganisation für geistiges Eigentum wurde 1967 in Stockholm gegründet und 1974 zu einer der Sonderorganisationen der UN mit Sitz in Genf erhoben. Zweck der WIPO ist es, den Schutz des geistigen Eigentums durch globale Kooperation zu fördern. Geistiges Eigentum wird dabei breit verstanden und umfasst alle Rechte, die sich aus gewerblichen, wissenschaftlichen, literarischen und künstlerischen Tätigkeiten ergeben; außerdem ist der Schutz gegen unlauteren Wettbewerb einbeschlossen. Das Eigentum bezieht sich auf den Schutz von Erfindungen, Warenzeichen und gewerblichen Mustern und Modellen, das Urheberrecht auf den Schutz von literarischen, musikalischen Werken und solchen der bildenden Kunst, der Fotografie, des Films und der Audiovision. Die WIPO verwaltet Verbände bzw. Verträge zum Schutz einzelner Bereiche des geistigen Eigentums, nämlich den Pariser *Verband zum Schutz gewerblichen Eigentums* und den Berner *Verband zum Schutz von Werken der Literatur und der Kunst*.

Die Aufgaben der WIPO sind der Abschluss neuer internationaler Vereinbarungen und die Modernisierung der nationalen Gesetzgebung zum Schutz des geistigen Eigentums, technische Hilfen für Entwicklungsländer, der möglichst globale Schutz von Erfindungen, Warenzeichen und gewerblichen Mustern sowie die Zusammenarbeit der Mitgliedsländer in diesen Bereichen. Die Mitgliedschaft zur WIPO steht jedem Staat offen, der einem der beiden Verbände angehört (zur Zeit 185 Mitgliedsstaaten) oder – gleichsam als Teilhaber zweiter Klasse – wer Mitglied der Vereinten Nationen ist. Das wichtigste Organ der WIPO ist das *Internationale Büro für geistiges Eigentum*; es unterhält fünf internationale Registrierungsdienste (Patente, Marken, gewerbliche Muster, Ursprungsbezeichnungen und audiovisuelle Werke). Die WIPO finanziert sich durch gestaffelte Mitgliedsbeiträge und Gebühren für die Registrierung von Anmeldungen zum Schutz des geistigen Eigentums.

Beim Schutz gewerblichen Eigentums wurde kein einheitliches Recht geschaffen, sondern die so genannte Inländerbehandlung umgesetzt, d. h. alle Gewerbetreibende, die einem Verbandsstaat angehören, genießen innerhalb eines Vertragsstaates die gleichen Rechte. Ähnliches gilt für den Markenschutz. Bei Patenten ist eine internationale Anmeldung möglich gemacht worden, bei der alle Staaten benannt werden können, in denen ein Patent angestrebt wird. Das Urheberrecht (für Literatur, Musik, Kunst, Filme etc.) schützt den Schöpfer ohne Zahlungen und Registrierung, in der Regel für 50 Jahre Dauer. Innerhalb der Organisation gab es langjährige Konflikte zwischen den Industrieländern, die auf verstärkten Schutz des geistigen Eigentums drängten, und den Entwicklungsländern, die zum Zweck ihrer wirtschaftlichen Entwicklung einen verstärkten Transfer dieses Eigentums und damit eine Aufweichung des Patentschutzes forderten. Die Industrieländer brachten darauf das Thema des geistigen Eigentums in die Uruguay-Runde des Allgemeinen Zoll- und Handelsabkommens (*General Agreement on Tariffs and Trade*, GATT), also der mit schwächeren Vollmachten ausgestatteten Vorgängerorganisation der WTO, ein und erreichten dort eine Übereinkunft über die handelsbezogenen Rechte an geistigem Eigentum (= TRIPS-Abkommen). Es firmiert heute unter dem Dach der Welthandelsorganisation (WTO) und regelt die Rechte der Eigentümer im internationalen Handelsverkehr umfassend.

Gemäß ihrer allgemeinen Aufgabenstellung hat sich die WIPO mit Fragen zum Internet befasst, die sich für den Schutz des geistigen Eigentums ergeben. Einschlägig sind dafür

(a) der *WIPO Copyright*-Vertrag vom Dezember 1996, der die Berner Übereinkunft aufrecht hält, sie auf die elektronische Vervielfältigung ausdehnt und dem Internet-Zeitalter anpasst, also z. b. auch Computerprogramme und Datenbanken unter Copyright-Schutz stellt.
(b) Der *WIPO Performances and Phonograms Treaty* (ebenfalls von Dezember 2006) wendet den Schutz des geistigen Eigentums von Musik-Künstlern, Schallplattenproduzenten und Rundfunksendern (Vertrag von Rom, 1961) auf die Verbreitung ihrer Werke über das Internet an. Beide Verträge wurden von etwas mehr als 30 Staaten unterzeichnet und sind 2002 in Kraft getreten.
(c) Ein dritter internetbezogener Vertrag (*Bejing Treaty on Audiovisual Performances*) soll – wie der Name schon sagt – das geistige Eigentumsrecht audiovisueller Produktionen im Internet schützen. Er wurde im Juni 2012 in Peking vereinbart, ist aber noch nicht in Kraft getreten.
(d) Schon 1998 verfasste die WIPO – ausgehend von einem Antrag der amerikanischen Regierung – Empfehlungen zum Schutz geistigen Eigentums, die mit den Domain Names verbunden sind. Sie wurden an ICANN und die Mitgliedsstaaten der WIPO zur Beratung überstellt. Im Kern ging es darum, die Überschneidung von Markennamen und Domain Names zu vermeiden bzw. zu regeln. Es folgte im Jahr 2002 auf Wunsch etlicher Mitglieder eine zweite Runde, die sich vor allem der missbräuchlichen Verwendung von persönlichen Namen und jenen internationaler Organisationen, von geographischen Bezeichnungen, Handelsmarken und pharmazeutischen Substanzen widmete. Auch der zweite Bericht wurde auf Wunsch der Mitgliedsstaaten ICANN überstellt, von dieser Organisation aber nur teilweise umgesetzt.
(e) Seit 1999 bietet das *Arbitration and Mediation Centre* der WIPO Streitschlichtung für Konflikte um *Generic Top-Level Domains* (gTLDs wie .org oder .com) an. Die Organisation arbeitet mit ICANN zusammen, so dass vor allem Markennamen bei der Einführung neuer gLTDs geschützt werden. Streitfälle werden von einer unabhängigen Arbeitsgruppe entschieden.

5.2.6 Die International Telecommunication Union (ITU)

Die Internationale Fernmeldeunion hat eine lange Vorgeschichte, ihre Vorgängerinstitutionen wurden 1934 zusammengefasst. Nach dem Zweiten Weltkrieg

(1947) wurde die ITU umstrukturiert und 1949 zu einer Sonderorganisation der Vereinten Nationen gemacht (mit Sitz in Genf). Die Mitgliedschaft steht allen Mitgliedsländern der Vereinten Nationen sowie allen übrigen Ländern offen, für deren Beitritt sich zwei Drittel der Mitglieder erklären. Der ITU gehören zur Zeit 193 Länder an. Eine Besonderheit der ITU als einzige UN-Sonderorganisation ist, dass sie eine spezielle Partnerschaft zwischen Vertretern der Regierungen und der einschlägigen Wirtschaft aufweist. Alle namhaften Telekommunikationsfirmen (zur Zeit über 700) sind sogenannte „Sector Members" der Organisation. Der ITU obliegt die internationale Ordnung des Fernmeldewesens. Sie soll die internationale Zusammenarbeit der Fernmeldedienste erhalten und ausbauen, die technische Entwicklung und die sektorspezifische Zusammenarbeit der Staaten fördern. Insbesondere ist sie für die Aufteilung des Frequenzspektrums für die verschiedenen Funkdienste, die Schaffung weltweiter Standards im Fernmeldewesen und für den Ausbau von Telekommunikationseinrichtungen vor allem in Entwicklungsländern verantwortlich. Die Finanzierung der ITU erfolgt hauptsächlich durch Beiträge der Mitgliedsländer, ferner durch solche anerkannter privater Betriebsunternehmen. Die Mitglieder wählen ihre Beitragsklasse nach freiem Ermessen.

Wie kaum eine andere Sonderorganisation der Vereinten Nationen musste sich die ITU dauernd mit neuen technischen Entwicklungen in ihrem Kompetenzbereich befassen (zuletzt mit dem Internet). Sie hatte relativen Erfolg bei der technischen Absicherung der globalen Weiterentwicklung der Kommunikationssysteme, der Übertragung von Hörfunk- und Fernsehprogrammen sowie des weltweiten Datentransfers. Die damit verbundenen wirtschaftlichen, sozialen und kulturellen Probleme wurden vorwiegend in anderen internationalen Organisationen debattiert, so dass der ITU größere interne Konflikte erspart blieben.

Die ITU ist als explizit technische Organisation in alle Phasen der Internet-Entwicklung involviert, sie ist vornehmlich bei der Entwicklung digitaler Zertifizierung, der Standardisierung der Tarifmodelle, der Übertragungsmodi, der Sicherung von Qualität der Dienste sowie dem Telefondienst über Internet beteiligt. Die ITU setzt sich seit längerem für die weitere Liberalisierung der Telekommunikationsdienste ein. Für das Internet vertritt sie, dass die nationalen Domain Names Ressourcen des jeweiligen Landes darstellen und von dessen Behörden letztinstanzlich verwaltet werden sollen. Sie ist für eine gerechtere Zuteilung künftiger IP-Adressen nach Ländern und versteht sich auch als Anwalt der ärmeren Länder bei der Unterstützung internetbezogener Projekte, von Ausbildungs- und Beratungsmaßnahmen.

Die Rolle von ICANN beurteilt die ITU im Vergleich zu anderen UN-Sonderorganisationen moderat: Sie betont den Willen zur weiteren Zusammenarbeit mit ICANN, lobt die Ansätze der amerikanischen Regierung zur Internationalisierung dieser Organisation, weist aber gleichzeitig auf das Legitimitätsdefizit von ICANN aufgrund der regional unausgewogenen Einflussverteilung in seinem Direktorium hin. Sie plädiert auch dafür, dass Entscheidungen über knappe Ressourcen (also auch Domain Names) und die Sicherheit des Internet von Regierungen getroffen werden sollten, und bietet sich dabei selbst als intergouvernementale Schaltstelle an (ITU and Internet Governance 2004).

Operativ war die ITU in den letzten Jahren vor allem auf dem Gebiet der "Cybersecurity" aktiv, also insbesondere bei der Abwehr von Cyberattacken, Kriminalität und terroristischen Aktivitäten im Netz durch globale Kooperation. Die ITU wurde als einzige internationale Organisation mit dieser Aufgabe auf dem Weltinformationsgipfel betraut. Sie hat dazu fünf Arbeitsgruppen eingesetzt, die folgende Felder abdecken sollen:

(a) Rechtliche Maßnahmen, insbesondere die Harmonisierung der Gesetze gegen Cyberkriminalität. Hierzu hat die Organisation einen einschlägigen Werkzeugkasten entwickelt, der vor allem die Bemühungen von Entwicklungsländern unterstützen soll und Blaupausen für rechtliche Regelungen gegen Cybercrime liefert.
(b) Technische Maßnahmen, d. h. die Entwicklung gemeinsamer Sicherungsstandards für Internetdienste, besonders auch für den E-commerce. Hierzu wurde ein Kompendium vereinbarter ITU-Standards publiziert.
(c) Organisatorische Strukturen, gemeint ist die Koordination der Abwehr von Cyberattacken, beginnend auf der regionalen Ebene.
(d) Schaffung von Informationskompetenzen, d. h. die Bildung der Endnutzer in Bezug auf mögliche Gefahren bei der Internetnutzung.
(e) Internationale Kooperation bei der Bekämpfung von Cybercrime und beim Jugendschutz im Netz (ITU 2008).

5.2.7 Die Organization for Economic Cooperation and Development (OECD)

Die *Organisation für Wirtschaftliche Zusammenarbeit und Entwicklung* geht auf den amerikanischen Marshall-Plan zur wirtschaftlichen und politischen Stabilisierung Europas nach dem Zweiten Weltkrieg und den einsetzenden Ost-West-Konflikt zurück. Sie wurde 1948 in Paris gegründet. Ihre unmittelbaren Aufgaben waren der wirtschaftliche Wiederaufbau Europas mit Hilfe amerikanischer Unterstützung und die Liberalisierung des Handels- und Währungsverkehrs zwischen den Mitgliedsländern. Nachdem diese Ziele weitgehend erreicht wurden, wandte sich die OECD weiteren Aufgabenfeldern zu, etwa der Koordination der westlichen Entwicklungshilfe und der verstärkten Abstimmung der Wirtschaftspolitik der Mitgliedsländer. Seither sind die Ziele der OECD die Förderung der wirtschaftlichen Entwicklung der Mitgliedsländer, Hilfe bei der wirtschaftlichen Entwicklung der ärmeren Staaten und die Ausweitung des Welthandels. Entscheidungen der OECD bedürfen der Einstimmigkeit, Stimmenthaltungen blockieren diese aber nicht. Die Organisation arbeitet mit einer Vielzahl von Fachausschüssen, die nicht immer für alle Mitglieder offen sind; die wichtigste Rolle nimmt der wirtschaftspolitische Ausschuss ein. Mit der OECD verbunden ist eine Reihe bekannter und weitgehend autonomer Institutionen wie die Atomenergie-Agentur und die Internationale Energie-Agentur.

Mit der Gründung und Erweiterung der Europäischen Gemeinschaft ist die Bedeutung der OECD etwas zurückgegangen; sie hat dies durch die Aufnahme außereuropäischer Mitglieder (neben den assoziierten Gründungsmitgliedern USA und Kanada nun Japan, Südkorea und Mexiko) etwas ausgleichen können. Die OECD ist ein wichtiges Organ zur gemeinsamen Diskussion und Abstimmung der Wirtschaftspolitik westlich orientierter Staaten geblieben. Dies geschieht auch im Rahmen von Konsultationen und von „peer reviews", bei denen sich die Mitglieder der Überprüfung durch die anderen aussetzen.

Die OECD zeigt eine ausgesprochen positive Einstellung zur Entwicklung der Internetökonomie; sie sieht diese als wichtige Kraft für die Förderung von Innovation, wirtschaftlicher Produktivität und Wachstum und möchte diese daher gefördert wissen. Sie spricht sich auch für die Beibehaltung des Multi-Stakeholder-Ansatzes bei der Internet Governance aus, also für das Management des Netzes durch Regierungen, den privaten Sektor, technische Experten und die Nutzer. Sie hat sich früh für die Förderung der digitalen Wirtschaft eingesetzt und fordert weiteres Engagement und Vertrauen für deren Aufbau. Ferner will sie den Zugang zum Internet für jeden ermöglichen, Innovation und Wettbewerb im System weiter unterstützen, den Schutz persönlicher Daten und des geistigen Eigentums sichern sowie den Ausbau der Internet-Infrastruktur vorantreiben helfen (OECD 2008c).

5.2.8 Die Europäische Union (EU)

Es würde an dieser Stelle zu weit führen, das ganze Panorama der Entstehung, Struktur, Institutionen, Rechtsgrundlagen und Tätigkeitsfelder der Europäischen Union auszubreiten. Wichtig ist jedoch im Kontext von Internet Governance, dass durch die EU-Verträge– zuletzt durch jenen von Lissabon (2009) – die Mitgliedsstaaten der

Union Souveränitätsrechte übertragen haben, die EU also (begrenzt) supranationalen Charakter trägt und damit eigenen Rechtscharakter hat. Das heißt, die EU kann für die Mitgliedsstaaten politisch handeln, Gesetze erlassen und durchsetzen, allerdings nur im Rahmen der ihr zugestandenen Kompetenzen. Sie ist auch berechtigt, völkerrechtlich verbindliche Verträge abzuschließen und internationalen Organisationen beizutreten. Je nach Gesetzesmaterie entscheidet der Europäische Rat entweder einstimmig oder nach einfacher bzw. qualifizierter Mehrheit. Entscheidungen können einmal Verordnungen sein, die unionsweit gelten, verbindlich sind und über nationalem Recht stehen; ferner gibt es Richtlinien, die von den Mitgliedern in nationales Recht umgesetzt werden müssen; schließlich können Beschlüsse gefasst werden, die für die benannten Empfänger verbindlich sind und – zuletzt – sind unverbindliche Empfehlungen möglich. Der Europäische Rat und das Europäische Parlament besitzen gemeinsam die Haushaltsbefugnis.

Zu den gemeinschaftlich zu verfolgenden Politikbereichen in der EU gehören die Schaffung eines Binnenmarktes für Kapital, Arbeitskräfte, Waren und Dienstleistungen, die binnenmarktflankierenden Politiken (also die Kohäsions-, Sozial-, Außenwirtschafts- und Zugangspolitik), die binnenmarktangeregten Politiken (also die Umwelt-, Gesundheits- und Verbraucherpolitik) sowie die sektoralen Sonderpolitiken (für Kohle und Stahl, Landwirtschaft, Verkehr, Atomenergie). Andere Politikbereiche (Außen- und Sicherheitspolitik, justizielle und polizeiliche Zusammenarbeit) sind intergouvernemental angelegt und verbleiben also weitgehend in der Souveränität der Mitgliedsstaaten. Ausschließliche Zuständigkeit hat die EU nur bei der Durchführung der gemeinsamen Handelspolitik sowie bei der binnenmarktbezogenen Rechtsangleichung. In allen anderen Bereichen behalten die Mitgliedsstaaten das Recht auf eigenständiges Tätigwerden, das aber nicht in Widerspruch zum Gemeinschaftsrecht treten darf. Maßnahmen der Gemeinschaft dürfen nicht über das zur Erreichung der Ziele des EU-Vertrages erforderliche Maß hinausgehen; zudem muss der gemeinschaftliche Rechtsakt so weit wie möglich auf die nationalen Rechtsordnungen der Mitglieder Rücksicht nehmen (Müller-Graff 2002). Unschwer ist aber zu erkennen, dass vor allem die binnenmarktbezogenen Befugnisse der EU jene Aktivitäten einschließen, welche die hauptsächlichen Regelungen des Internet-Verkehrs beinhalten.

Schon früh (1974) haben die Europäische Gemeinschaft und ihre Mitgliedsstaaten ein Aktionsprogramm für die Wissenschafts- und Technologiepolitik aufgelegt, das auch der Förderung von Informationstechnologien dienen sollte. Zweifel an der Wettbewerbsfähigkeit Europas vor allem gegenüber Japan und angebliche Rückstände bei fortschrittlichen Technologien verliehen diesen Bemühungen in den 1980er Jahren mächtigen Schub: Der sogenannte „Davignon-Bericht" arbeitete die zentrale Rolle der Informationstechnik für die wirtschaftliche Zukunft Europas heraus und ermahnte zu gemeinschaftlichen, statt nur nationalen Anstrengungen. 1983 fiel die Entscheidung für ein vergleichsweise massives Forschungsrahmenprogramm mit dem Schwerpunkt auf den Informationstechnologien. Sein Ziel war es, mindestens technologische Parität mit den internationalen Wettbewerbern zu erreichen; das Programm wurde mehrfach aufgestockt, erweitert und fortgeschrieben (Sturm 2002). Mit der *Einheitlichen Europäischen Akte* (1986) wurde die Forschungs- und Technologiepolitik zur Gemeinschaftsaufgabe.

Die Europäische Union stellte sich auch relativ früh als ein wichtiger Akteur bei der internationalen Diskussion um das Internet-Management dar und beteiligte sich aktiv an den Weltinformationsgipfeln 2003 und 2005. Sie sprach sich von Beginn an für eine multilaterale (also nicht nur amerikanische) und stärkere staatliche Aufsicht über die Aktivitäten der ICANN, für eine Reform der Regeln, die zur Einführung neuer generic domains (z. B. .com, .org) führen, für eine Trennung von „registries' and ‚registrars' activities", also von regionalen Verzeichnissen und Registraren, sowie für einen Transfer des Root-Server-Managements vom US-Handelsministerium zu ICANN aus.

Außerdem legt die Europäische Kommission großen Wert auf den Erhalt einer offenen, neutralen und interoperablen, also über Ländergrenzen hinweg anschlussfähigen Internet-Architektur. Sie will, dass der Privatsektor weiter die Führung über die nötigen Investitionen in die Netze und die unternehmerische Initiative bei der Entwicklung von Innovationen und der Verbreitung des Internetanschlusses behält. Gleichzeitig stellt sie aber fest, dass das Internet zu einer kritischen Entwicklungsressource geworden ist, bei der jede Unterbrechung des Angebots gesellschaftlich katastrophale Folgen haben könnte. Die meisten Nutzer erwarten ein verlässliches Angebot und machen Regierungen für Defizite verantwortlich. Aus dieser Motivation wird gefolgert, dass nationale Regierungen (und die EU) größeren Einfluss auf relevante Entscheidungen zur Weiterentwicklung des Netzes nehmen und dass private Agenturen zum Management der Netze gesellschaftlich verantwortlich gemacht werden müssten. Davon ausgenommen sind tägliche Routineentscheidungen (European Commission 2009a).

Die Kommission der EU verfasste 2010 eine *Digitale Agenda für Europa* (Europäische Kommission 2010b), die das Ziel formuliert, in Europa einen digitalen Binnenmarkt zu schaffen, der auf einem schnellen Internet beruht und nachhaltigen wirtschaftlich-sozialen Nutzen schaffen soll. Die digitale Agenda versteht sich als Antwort auf den steigenden internationalen Wettbewerbsdruck und den demografischen Wandel in Europa: Nur durch intelligenteres Arbeiten – und damit der besseren Nutzung des Internets – könne der Wohlstand in Europa erhalten bleiben.

Der Sektor Informations- und Kommunikationstechnologie (IKT) erwirtschaftet bereits etwa fünf Prozent des europäischen Bruttoinlandsprodukts, aber er leistet einen noch größeren Beitrag (nämlich ca. 20 Prozent) zur Steigerung der gesamtwirtschaftlichen Produktivität (Ebd.).

Die Entwicklung von Hochgeschwindigkeitsnetzen hat nach Einschätzung der EU heute die gleiche revolutionäre Wirkung wie einst das Aufkommen der Strom- und Verkehrsnetze. Dennoch kann das Potential der IKT in Europa noch nicht voll genutzt werden, weil ein für das Internet konzipierter Binnenmarkt immer noch erhebliche Lücken aufweist. Die Kommission verweist diesbezüglich auf die noch vergleichsweise schwache Nutzung des Internets durch die Bürger und die im Vergleich zu den USA, Japan und Südkorea geringe Verbreitung von Hochgeschwindigkeits-Glasfasernetzen. Europa bildet noch immer einen Flickenteppich aus nationalen Online-Märkten, die digitalen Dienste in Europa arbeiten nur begrenzt zusammen. Zudem vermindert das Aufkommen von Cyberkriminalität das Vertrauen der Bürger in den Schutz ihrer personenbezogenen Daten. Auch die IKT-bezogenen Forschungs- und Innovationsbemühungen und die digitalen Kompetenzen der Bürger in Europa sind noch zu gering verankert (Ebd.). Vorgeschlagen wird deshalb eine ganze Palette von Maßnahmen, um das wirtschaftlich-soziale Potential von IKT besser zu nutzen. Wie wichtig der Kommission diese Aufgabe ist, zeigt sich daran, dass die digitale Agenda eine der sieben Leitinitiativen der Strategie Europa 2020 ist (siehe Europäische Kommission 2010a). In deren Zentrum stehen die Überwindung der wirtschaftlichen Krise und die Vorbereitung der EU-Wirtschaft auf das nächste Jahrzehnt. Das Strategiepapier identifiziert ein zukunftsgefährdendes europäisches Wachstumsdefizit.

All dies Maßnahmen und Konzepte zeigen, dass die EU die Entwicklung und Förderung des Internets für wichtig hält, insbesondere im Hinblick auf Erhaltung der europäischen Wettbewerbsfähigkeit. Die Strategie der EU ist diesbezüglich eine ‚negative Integration', also der Abbau der Schranken für freien und sicheren Internetverkehr und der Ausbau der Infrastruktur, und weniger eine distributive Strategie, dies wäre Abbau der Unterschiede zwischen den europäischen Staaten und vollständige Harmonisierung der nationalen Richtlinien, wie es sonst die Vorgehensweise der EU ist.

5.2.9 Die Zivilgesellschaft und das Internet

Das Internet hat auch dazu beigetragen, klassische Strategien und Methoden der politischen Artikulation und Aktion zu beschleunigen und effektiver zu machen. Über das Netz verbreitete Aufrufe zu Protest, Demonstration und auch Rebellion

5.2 Internetakteure im Einzelnen

zeigen dies deutlich. Darüber sind schon zahlreiche Abhandlungen verfasst worden (Emmer und Bräuer 2010; Busch und Hoffmann 2012). Diese Aspekte brauchen daher kaum vertieft werden. Weniger beleuchtet blieb die Rolle, welche zivilgesellschaftlichen Organisationen bei der Diskussion um und der Reform der eigentlichen Internet Governance gespielt haben und immer noch spielen. Vorab muss darauf hingewiesen werden, dass die sogenannte Zivilgesellschaft theoretisch in enger Definition nur solche Vereine und Verbände umfasst, die weder partei- bzw. staatsgebunden sind noch Profitinteressen verfolgen. Mithin lassen sich unter diese Organisationen (ZGO) mehr als unter die NGOs rubizieren.diese Kriterien sind allerdings bei weitem nicht bei allen zivilgesellschaftlichen Organisationen gegeben, die sich mit Netzpolitik beschäftigen. Vielmehr sind die Grenzen zwischen bürgerschaftlichem Engagement, der Vertretung wirtschaftlicher Interessen im weiteren Sinne und politischer Einflussnahme in diesem Feld äußerst fließend. Da dies auch in anderen Bereichen beobachtbar ist, viele Länder nur wenige staats-, unternehmens- oder religionsfreie Vereine und Verbände kennen, wird Zivilgesellschaft mitunter auch entsprechend breiter definiert (vgl. Betz 2005).

Außerdem haben sich die Gewichte zwischen staatlichen Organen, den Wirtschaftsverbänden und zivilgesellschaftlichen Organisationen in der Entwicklung des Netzes deutlich verschoben – mit dem Ergebnis, dass der autonome Gestaltungsraum zivilgesellschaftlicher Organisationen deutlich zu schrumpfen begann. In den Anfangsjahren des Netzes war die Zivilgesellschaft dominant, der Einfluss der Regierungen – außer als Finanzgeber – praktisch marginal. Technische Experten definierten die Verfahrensstandards, die Privatwirtschaft und wissenschaftliche Institutionen wendeten sie an und zivilgesellschaftliche Organisationen verteidigten die Interessen der Nutzer. Die technischen Experten arbeiteten in selbstverwalteten Institutionen, die ihre Mitglieder selbst rekrutierten und von ebenfalls staatsfreien Organen (etwa der *Internet Society*) beaufsichtigt wurden. Lange herrschte in der so gearteten Gemeinschaft der heute etwas naiv erscheinende Optimismus vor, das Internet brauche keinen Staat und dessen Gesetzgebung, selbstverwaltete, virtuelle Gemeinschaften könnten alle Probleme im Konsens lösen (Mueller 2010). Die Entstehungsgeschichte des Netzes und seine „grenzenlose" Natur motivierten dazu, dass zivilgesellschaftliche Organisationen, die sich mit den Ansprüchen an das Netz und seinem Schutz vor staatlichen Eingriffen befassten, wie Pilze aus dem Boden schossen. Doch das Rad der Geschichte konnte in Bezug auf ihren Einfluss auch dann nicht gänzlich zurückgedreht werden, als sich die Nationalstaaten und die etablierten internationalen Organisationen mit vernehmlichen Reregulierungsabsichten zurückmeldeten. Der Einfluss zivilgesellschaftlicher Organisationen auf ICANN blieb erhalten, sie erhielten Beobachterstatus auf den Weltinformationsgipfeln – samt dem ansonsten auf Gipfeln unüblichen Rederecht –, sie waren mitunter Teil nationaler

Delegationen und wurden (fast) gleichberechtigte Partner im nachfolgenden *Internet Governance Forum*.

Es wäre daher trotz des zunehmenden Einflusses staatlicher Instanzen und der wirtschaftlichen Interessen im Netz falsch, bei der Aufzählung der wesentlichen Akteure von Internet Governance die zivilgesellschaftlicher Organisationen zu übergehen. Leider ist das Schrifttum zu den Zielen, zur Struktur und zum Einfluss dieser Organisationen äußerst dürftig. Die nachfolgenden Ausführungen können diese Lücke nicht füllen, auch nicht entfernt alle zivilgesellschaftlichen Organisationen auflisten, die auf die Internet Governance und ihre Prinzipien Einfluss zu nehmen versuchen.

5.2.9.1 Internet Society

Die politisch bedeutsamste zivilgesellschaftliche Organisation in Bezug auf das Internet ist wohl die *Internet Society*, die 1992 gegründet wurde und sich für die technische Entwicklung des Internets einsetzt. Sie will die akademische und wissenschaftliche Gemeinschaft über dessen Nutzen und seine Anwendung unterrichten sowie zur Erkundung neuer Anwendungen beitragen. Die *Internet Society* hat zur Zeit ca. 130 Verbands- und 55.000 persönliche Mitglieder, die Hauptquartiere befinden sich nahe Washington und in Genf. Die *Internet Society* beherbergt die für die Internetstandards und Ressourcenverwaltung zuständigen Gremien wie die IETF (*Internet Engineering Task Force*), eine schon genannte Gruppe von Internet-Technikern, und die *Internet Assigned Numbers Authority* (IANA), welche die Internetressourcen koordiniert; sie hält auch das Copyright an Standards, die von diesen entwickelt wurden. Die Gesellschaft spielte eine nicht unwichtige Rolle auf den Weltinformationsgipfeln, war bei allen Treffen des *Internet Governance Forum* vertreten und lieferte substantielle Inputs. Sie ist außerdem die Muttergesellschaft des *Public Interest Registry*, welche die org.-top level domains verwaltet. Die Gesellschaft setzt sich für eine offene, partizipative Entwicklung des Internet zum Nutzen aller Menschen ein; sie atmet also den Geist der früheren Selbstregulierung des Netzes.

5.2.9.2 Campaign for Communication Rights in the Information Society

Ein weiteres sehr wichtiges Netzwerk der internationalen Zivilgesellschaft war und ist die *Campaign for Communication Rights in the Information Society* – eine Gründung, die den anstehenden Weltinformationsgipfel nutzte, um die internationale Öffentlichkeit auf linksprogressive Kommunikationsanliegen aufmerksam zu machen. Sie hat auf diesem Gipfel einen wesentlichen inhaltlichen Input geliefert, blieb aber institutionell fragil; denn sie war stets in schwieriger finanzieller Situation und strebte letztlich zu viel auf einmal an (Mathiason 2009).

5.2.9.3 Association for Progressive Communications (APC)

Die *Association for Progressive Communications (APC)* ist ein 1990 gegründetes internationales Netzwerk von Organisationen um Gruppen und einzelnen Intellektuellen, um Internetanwendungen zur Verfügung für die Förderung des Friedens, der Menschenrechte und den Schutz der Umwelt, insbesondere auch in ärmeren Ländern, zu stellen. Etwa 50 Netzwerke sind Mitglieder von APC, die meisten davon aus Entwicklungsländern. APC gibt zusammen mit einer niederländischen Organisation ein Jahrbuch heraus, das Fortschritte auf dem Weg zu einer inklusiven Weltinformationsgesellschaft dokumentiert und entwickelt Apps für die Websites von NGOs, um deren Sichtbarkeit zu erhöhen. Die APC wies äußerst prominente Leitfiguren der Kommunikations- und Internetforschung auf, neigte vielleicht auch daher zu Abspaltungen und Mutationen. Aus ihr gingen noch in den 1990er Jahren die *Peoples Communication Charter*, die *Platform for Cooperation on Democratization and Communication* sowie *Voices 21* hervor.

5.2.9.4 Free Software Foundation

Derselben Aufgabe widmet sich die *Free Software Foundation*, die 1985 in Boston gegründet wurde. Sie hat bis Mitte der 1990er Jahre ihre Mittel dazu verwandt, Programmierer für die Entwicklung freier Software anzustellen. Die FSF bemüht sich seither um allgemeine Beratung und Aufklärung rund um freie Software und hat ein Verzeichnis freier Software aufgelegt. Die Stiftung wendet sich gegen zu unternehmensfreundliche Regelungen des Urheberrechts.

5.2.9.5 Weitere NGOs

Schon auf dem ersten Weltinformationsgipfel waren Tausende von NGOs aktiv, davon immerhin 700 mit regelmäßigen Aktivitäten. Diese schlossen sich auf dem Gipfel zu verschiedenen Netzwerken zusammen, die etwa die Kommunikationstechnologien in den Dienst der wirtschaftlichen und sozialen Entwicklung stellen wollten (darunter das *World Press Freedom Committee*, die *Reporter ohne Grenzen*, *Amnesty International*). Außerdem wollen sie die Menschenrechte und Meinungsfreiheit über das Netz fördern, sich mit der Weiterentwicklung von ICANN befassen, das Copyright entschlacken, freie Software und die Informationsfreiheit fördern (z. B. die *Free Software Foundation*, *Knowledge Ecology International*). Die APC wurde zum zentralen Knotenpunkt dieser Netzwerke, weil sie über professionelle Stäbe in London und Johannesburg verfügt und alle Themen abdecken kann (Mueller 2010).

Auch in Deutschland gibt es Dutzende von zivilgesellschaftlichen Organisationen und Wirtschaftsverbänden, die sich der Internetpolitik widmen. Sie wirken auch etwa an der Enquete-Kommission des Bundestages zu *Internet und digitale Gesellschaft* mit. Es würde den Rahmen dieses Kapitels sprengen, alle aufzuzählen. Die meisten internationalen ZGOs haben ihre Ableger in der Bundesrepublik, mit einem zum Teil beachtlichen Mitgliederstand. Daneben gibt es aber auch zahlreiche nationale Initiativen und Verbände:

5.2.9.6 Wirtschaftsverbände

Bei den Wirtschaftsverbänden weisen der *Bundesverband Digitale Wirtschaft* und der *Bundesverband Informationswirtschaft, Telekommunikation und neue Medien* (BITKOM) besondere Internet-Kompetenz auf. Der erst genannte Verband wurde 1995 gegründet, hat ca. 600 Mitglieder aus den Bereichen E-Commerce, Online-Vermarktung, Onlinemedia- und Internetagenturen sowie Social Media. Sitz des Vereins ist Düsseldorf. Er veranstaltet seit 2009 eine einschlägige Messe (in Köln) und einen Online-Wettbewerb. Zudem veröffentlicht er Daten und Prognosen zum Deutschen Online-Werbemarkt und publiziert ein Ranking der Internetagenturen. BITKOM ist der Branchenverband der deutschen Informations- und Telekommunikationsbranche. Der Verband wurde 1999 in Berlin von einschlägigen Fachverbänden gegründet. Ihm gehören alle Großen der Branche an, er vertritt zur Zeit etwa 1.700 Unternehmen. BITKOM setzt sich dafür ein, gute wirtschaftliche und rechtliche Rahmenbedingungen für die Informations- und Kommunikationsbranche in Deutschland und der EU zu fördern. Der Verband hat auch immer wieder Kritik an der Technologiepolitik der Bundesregierung geübt, ist publizistisch sehr aktiv und veranstaltet jährlich einen BITKOM Trendkongress, an dem hochrangige Vertreter aus Politik und Wirtschaft teilnehmen.

Etwas kleiner (ca. 400 Mitglieder) als die beiden genannten Vereine ist der *Verband der deutschen Internetwirtschaft* (Eco), der 1995 in Bonn gegründet wurde. Er ist politisch aber recht aktiv, hat sich maßgeblich in die Gestaltung des deutschen Telekommunikationsgesetzes eingebracht. Mit seinem *eco award* werden jährlich besonders innovative und erfolgreiche IT-Unternehmen ausgezeichnet.

5.2.9.7 Politische Vereine

Es gibt auch etliche politiknahe Internet-Vereine: Am offenkundigsten ist dies bei den parteieigenen Assoziationen. So gründete etwa die CDU im Frühjahr 2012 mit *CNetz* einen eigenen Verein, in dem auch die CDU-Vertreter in der Enquete-Kommission des Deutschen Bundestages Mitglieder sind. Der Verein, der als ein Ziel definierte, das Internet nicht nur den Linken zu überlassen (*Der Tagesspiegel* 4. April 2012), steckt noch in den Anfängen. Der entsprechende Ableger der

SPD (*D64*) ging schon Ende 2011 an den Start, der Ableger der Grünen (*Digiges*) bereits im April 2011. Diese Vereinigungen verdanken ihre Entstehung nicht unwesentlich dem politischen Erfolg der Piraten; sie möchten aber auch progressiv in die Parteien (etwa zum Thema Datenspeicherung) hineinwirken.

Eine regierungsnahe Initiative ist der Verein *Deutschland sicher im Netz e. V.*, der sich der Aufgabe widmet, Nutzer zum Thema Internetsicherheit zu beraten. Er wurde 2005 gegründet und steht unter der Schirmherrschaft des deutschen Wirtschaftsministeriums. Er veröffentlicht ein Sicherheitsbarometer, das vor Risiken im Netz warnt, und er zählt zu seinen Mitgliedern große Telekom- und Internetunternehmen sowie verschiedene NGOs.

Die *Initiative D21 e. V.* ist Deutschlands größte Partnerschaft von Politik und Wirtschaft zur Ausgestaltung der Informationsgesellschaft. Die Initiative wurde 1999 in Berlin unter Federführung des damaligen Chefs von IBM Deutschland gegründet und umfasst ein Netzwerk von 200 Mitgliedsunternehmen und -institutionen sowie politischen Parteien. D21 veröffentlicht jährlich einen Atlas, der die Verbreitung der Informationstechnologie und der IT-Kompetenzen in Deutschland anzeigt.

Das Bündnis *Freiheit statt Angst* ist im Wesentlichen durch die Abhaltung von jährlichen Demonstrationen aktiv, setzt sich für den Datenschutz und gegen Überwachung ein und wird von einer breiten Palette politischer Parteien, Menschenrechtsorganisationen und Berufsverbänden unterstützt.

Der *Förderverein für eine Freie Informationelle Infrastruktur e. V.*, gegründet 1999 und mit Sitz in München, hat über 1000 Mitglieder und widmet sich der Schaffung und Verwendung von frei implementierbaren Standards; er unterstützt Softwareanwender in ihrem Bemühen um freie Software und Open Content, wird jedoch auch von Softwareentwicklern gefördert. Der Verein weist eine offene Partizipationsstruktur auf und will eine Unterstützerbasis von mehr als 50.000 Personen haben. Er arbeitet eng mit Datenschutzorganisationen zusammen. Die Hauptaktivität des Vereins richtet sich auf die Freiheit des Programmierens, die er durch die EU-Richtlinie zur Patentierbarkeit von Software gefährdet sah. Diese Richtlinie wurde vom Europäischen Parlament abgelehnt. Gegen eine überarbeitete, wiederum wirtschaftsfreundliche Regelung hat der Verein in Kooperation mit anderen eine Petition eingebracht.

Kleinere Initiativen sind etwa die *Digitale Gesellschaft e. V.*, ein im Jahr 2010 gegründeter Verein, der sich für die Bürgerrechte und den Verbraucherschutz im Netz einsetzt. Ferner will das *Netzwerk Neue Medien* den Eintritt Deutschlands in die Informationsgesellschaft politisch begleiten; deshalb arbeitete es anfangs stark den „Grünen" zusammen.

Auch klassische Vereine für den Datenschutz sind netzpolitisch aktiv. Dazu gehört in Deutschland v. a. die *Gesellschaft für Datenschutz und Datensicherheit e. V.*, die schon 1977 gegründet wurde und über 2200 Mitglieder hat. Sie tritt für einen sinnvollen, vertretbaren Datenschutz ein und unterstützt Datenschutzbeauftragte und datenverarbeitende Stellen dabei, den Datenschutz und die Datensicherheit umzusetzen. Kleiner ist die *Deutsche Vereinigung für Datenschutz e. V.*, deren Ziel der Schutz persönlichen Daten ist und die diesbezüglich mit anderen NGOs zusammenarbeitet und mit diesen zusammen die jährliche Verleihung des deutschen *Big Brother Awards* organisiert.

Nicht darf fehlen in dieser Aufzählung der *Chaos Computer Club* (*CCC*), ein Verein, in dem sich Hacker zusammengeschlossen haben. Der CCC wurde 1981 mit Sitz in Hamburg gegründet; er fordert ein neues Menschenrecht auf weltweite, ungehinderte Kommunikation. Die Mitgliedschaft steht jedem offen, der sich mit den Zielen des Vereins identifizieren kann. Der Club hat zur Zeit ca. 3000 Mitglieder, die sich unter anderem jährlich zum *Chaos Communication Congress* treffen. Der CCC gibt als Zeitschrift *Die Datenschleuder* heraus, zusätzlich publizierte er die *Hackerbibel* und betreut diverse Radiosendungen mit Hackerinhalten. Der Verein machte auch mit spektakulären Angriffen auf Netze von Unternehmen aufmerksam, mit denen deren Sicherheitsmängel demonstriert werden sollten. Der CCC wurde daher bei der Schaffung des deutschen Datenschutzgesetzes immer wieder zu Rate gezogen.

Handlungsfelder von Internet Governance

6.1 Internet Governance als Handeln

Aus sozialwissenschaftlicher Sicht lässt sich Internet Governance allgemein als strategisches, formelles oder informelles Handeln zur Erreichung bestimmter Ziele übersetzen. Theoretisch lassen sich diverse Handlungstypen und strukturelle Kontexte dafür unterscheiden. Denn Handeln generiert neue soziale Situationen, reagiert auf Defizite und Probleme, verstetigt und routinisiert ständige, alltägliche Anforderungen, erweckt Erwartungen, konstituiert Deutungen, kann aber auch weitere Probleme schaffen und soziale Situationen evozieren oder auch eskalieren (Schimank 2000). Die dabei verfolgten Ziele können erklärter oder versteckter Art sein; sie können sich aus der kodifizierten Organisationsfunktion, aus anfallenden, konkreten Interessensdefinitionen der Organisationsmitglieder selbst oder Gruppen/Fraktionen von ihnen ergeben oder sich instrumentell und latent durchsetzen, indem die Organisation als Faktor oder Katalysator verwendet wird.

Wiederum können sich Handlungen und Ziele auf das Internet als Ganzes oder auf relevante, für die jeweiligen Interessen wichtige Segmente richten. Handlungen unter dem Rubrum Internet Governance sind nicht unbedingt materieller Form, vielmehr eher sozialer und kommunikativ-symbolischer Qualität, wie es dem Gegenstand entspricht. Selbstverständlich lassen sich unter den Handlungsfeldern solche, die eher technischer Art – wie etwa die Domainvergabe –, eher rechtlicher Natur – wie Datenschutz und Urheberrecht –, eher sozialer – wie digital divide – oder eher wirtschaftlicher Fasson – wie E-Commerce sind, identifizieren Aber bei jedem dieser Handlungsfelder bewirkt die universelle Funktionalität des Internets, dass ihre Bearbeitung und Steuerung jeweils in andere der angestammten Handlungssegmente hineinreichen, so dass Abgrenzungen und Zuordnungen schwerfallen oder unangemessen sind. Daher empfiehlt es sich, die relevanten Handlungsfelder jeweils als Ganzes und interdisziplinär zu erarbeiten und darzustellen, wiewohl dabei immer wieder Kompetenzgrenzen der Autoren tangiert werden.

Quer zu den konkreten thematischen Handlungsfeldern lassen sich funktionale und zielgerichtete Dimensionen ansetzen, wie sie schon zu Beginn des 5. Kapitels angesprochen worden sind. Denken ließe sich zunächst wiederum im technischen Sinne an die Optimierung und Weiterentwicklung des Internets als globale Kommunikationsinfrastruktur, wie auch teilweise das Thema der Netzneutralität verstanden wird. Unter dem Postulat „Information und Kommunikation für alle", wozu sich UNO und UNESO verpflichtet sehen, müssen die Voraussetzungen für die optimale Implementation und Nutzung des Internets geklärt und verbessert werden. Diese sind vorderhand technischer Art – freilich im Hinblick auf die gesamte kommunikative Infrastruktur, angefangen von Elektrizität und Netzdichte bzw. -verteilung –, sodann entscheiden finanzielle Ressourcen über den Grad und den Komfort der Internetversorgung, wobei hier auch indirekte Finanzierungen über Werbung, Subventionen und Sponsoring beträchtliche Anteile haben, und endlich kommt es auf persönliche Kompetenzen des einzelnen Users und/oder der Usergruppen an. Hiermit beschäftigen sich mittlerweile weit verbreitete Maßnahmen der so genannten Internet oder Digital Literacy für alle pädagogischen Bereiche – vom Kindergarten über die Schule bis hin zur Erwachsenen- und beruflichen Bildung (Deutscher Bundestag 2011a). Schließlich lassen sich Folgen und (mögliche) Wirkungen der Internetinhalte und -nutzung beurteilen und steuern. Manche Wirkungen gilt es unter bestimmten normativen Prämissen zu verhindern; dazu zählen zum einen etwa Täuschung, Irreführung und Betrug bei geschäftlichen, kommerziellen Aktionen, Kontrollverlust über persönliche Daten beim Datenschutz, der Verlust geistiger Eigentumsrechte und die Gefährdung von Kindern und Jugendlichen durch ungeeignete Inhalte. Oder es werden zum anderen die Folgen geahndet und bestraft, wie sie bei Straftaten oder Verstößen gegen den Daten- und Jugendschutz anfallen. Solche Ahndungen können von Gesetzen und Abkommen formalrechtlich fixiert sein, oder sie ergeben sich aus wechselseitigen Vereinbarungen und freiwilligen Selbstverpflichtungen der Akteure und Beteiligten.

Sicherlich sind Relevanz und Regelungsbedarf der verschiedenen Handlungsfelder von einer Vielzahl interner wie externer Faktoren abhängig, die jeweils im Einzelnen spezifiziert und gewichtet werden müssen. Ohne Frage ändern sie sich auch immer wieder; je schneller und gründlicher die Entwicklung voranschreitet, umso häufiger und nachhaltiger. Neue Konstellationen können auftreten und andere Steuerungs- und Regelungsnotwendigkeiten hervorrufen. Daher kann es sich bei der Darstellung dieser Handlungsfelder jeweils nur um mehr oder weniger anhaltende Momentaufnahmen handeln, wobei einige Aufgaben und Maßnahmen mit dem Internet fast systembedingt verknüpft sind (wie etwa Domainvergabe und Netzneutralität), andere sich unter den jeweilgen rechtlichen und politischen Konditionen unterschiedlich konstituieren (wie etwa Datenschutz, Urheberrecht, Zensur, Jugendmedienschutz) und es auch welche gibt, die stellvertretend für die auf der Welt bestehende System- und Regimekonkurrenz ausgetragen werden (wie Zensur, Überwachung, Internetkriminalität und -krieg). Solche Entwicklungen werden sicherlich angesichts der Allgegenwart und rasanten Weiterentwicklung des Internets andauern und womöglich eskalieren. Insofern ist Internet Governance keine befristete, aber auch keine zu spezialisierende und klar zuordenbare Aufgaben vieler Akteure.

Neben den bereits genannten, als „grundsätzlich" eingestuften „drei Schichten der Internet Governance", nämlich die physische Infrastruktur, der Code und die Inhalte (Donges und Puppis 2010, 93ff.), die für die gesamte Steuerungs- und Regelungsaufgabe des Internets gewiss nicht erschöpfend sind, finden sich etliche andere Vorschläge oder auch nur pragmatische Ansätze. Die Enquete-Kommission *Internet und digitale Gesellschaft* des Deutschen Bundestags (2011) hat anfangs sechs, an die üblichen Ressorts angelehnten „Betätigungsfelder" aufgeführt, die aus der Sicht der Verantwortung des Parlaments zu bearbeiten seien, nämlich „Kultur und Medien", „Wirtschaft und Umwelt", „Bildung und Forschung", „Verbraucherschutz", „Recht und Innen" sowie „Gesellschaft und Demokratie". Daraus bildeten die Mitglieder der Enquete-Kommission in ihrer ersten regulären Sitzung am 17. Mai 2010 zwölf Projektgruppen, von denen allerdings nur vier unverzüglich die Arbeit aufnahmen und auch ein Jahr später Zwischenberichte vorlegte: Diese sind:

- Netzneutralität
- Datenschutz, Persönlichkeitsrechte
- Urheberrecht
- Medienkompetenz (Ebd., 3).

Die anderen Themen, nämlich „Bildung und Forschung", „Demokratie und Staat", „Internationales und Internet Governance", „Interoperabilität, Standards, Freie Software", „Kultur, Medien, Öffentlichkeit", „Verbraucherschutz", „Wirtschaft, Arbeit, Green IT" sowie „Zugang, Struktur und Sicherheit im Netz" wurden später angepackt und sind auch mit mehr oder weniger vollständigen Berichten bearbeitet worden (http://www.bundestag.de/internetenquete/). Ohne Frage sind in diesen Dokumenten fast alle Aspekte und Dimensionen des Internets und der Internet Governance repräsentiert.

Bei einer qualitativen Befragung von so genannten, „prominenten" Netz-Aktivisten (Wendelin und Löblich 2013, 63) im Jahr 2010 stellten sich folgende Handlungsfelder als besonders dringlich und politisch relevant heraus:

(1) „Privatsphäre und Datenschutz" – vorrangig die Verteidigung und Bewahrung von Bürgerrechten im Internet, und zwar primär gegen Polizeibehörden und andere staatliche Vertreter gerichtet;
(2) "freier Zugang zu Informationen" – vor allem die Erkämpfung freier Kommunikations- und Informationsflüsse ohne jegliche Einschränkung durch staatliche Maßnahmen; Protest richtet sich insbesondere gegen Gesetzesinitiativen, die das Sperren von Webseiten vorsehen;
(3) „offene Standards und freie Software" – also die Ablehnung von antiquiertem Urheberrecht und unzeitgemäßen Abkommen (ACTA), die dessen Status quo sichern wollen, sowie der Verfolgung und Bestrafung von Software-Piraterie; hingegen das Eintreten für Creative-Commons-Lizenzen und freie Software;
(4) „Gleichberechtigung von Frauen" im und über das Netz sowie außerhalb des Netzes – d. h. das Eintreten für weibliche Perspektiven auf die Internetpolitik sowie – allgemein – für den Schutz der Privatsphäre und für den freien Zugang zu Informationen (Ebd., 67f.).

Offensichtlich sind die meisten Ziele und Handlungsrichtungen noch eher der ‚klassischen' Netzpolitik geschuldet und noch nicht auf der Höhe der Zeit. Erneut zeigt es sich, wie rasch sich Themen und Handlungsbedarfe im Internet ändern, verfallen oder neu aufkommen, aber auch wie sich gewisse Konstanten des politischen und sozialen Handelns durchziehen, weil sie großenteils nicht nur internetspezifisch sind, sondern für alle Verteilungsprobleme der Gesellschaft gleichermaßen relevant sind. Diese Einschränkungen und Bedingtheiten gelten selbstverständlich für die nun darzustellenden Handlungsfelder.

6.2 Konzepte und Maßnahmen für Netzneutralität

Seit Mitte der 1990er Jahre in den USA, in Europa etwa seit der Jahrtausendwende zirkuliert in den Fachdiskussionen der zunächst kaum evidente Begriff der Netzneutralität und hat inzwischen vielfältige Bedeutungen erfahren. Für die einen – um einmal die Extreme zu ermessen – handelt es sich um eine bare Selbstverständlichkeit, allenfalls um einen technischen Parameter; für die anderen um eine normative Größe, mittlerweile sogar um eine prinzipielle Kampfparole, mit der um die weltweite Freiheit des Internets gerungen wird. Mit dem seither gewachsenen wirtschaftlichen Potential des Internets rücken vor allem ökonomische Interessen in den Vordergrund. Dadurch sind die Regelungsstrategien auf den verschiedenen politischen Ebenen – von den UN über die EU bis hin zu

6.2 Konzepte und Maßnahmen für Netzneutralität

den Nationalstaaten oder gar bis zu einzelnen Konzernen, Netzbetreibern und Providern –, die sich allesamt unter der pauschalen Überschrift der Internet Governance rubrizieren lassen, sehr unterschiedlich, wenig transparent und kaum vergleichbar (Libertus und Wiesner 2011).

6.2.1 Netzneutralität als technische Herausforderung

Seit das Internet mit dem World Wide Web (Gillies und Cailliau 2002) in wenigen Jahren (ab den 1990er Jahren, seit 2003 als Web 2.0) zum globalen Werbe- und Alltagsmedium mutiert ist und ebenso immer mehr Nutzer anzieht – wie die folgende Grafik illustriert – (Abb. 6.1), gerieten die verfügbaren Speicher- und Übertragungskapazitäten immer wieder auf den Prüfstand. Dies geschah und geschieht umso mehr, als die inzwischen verbreiteten Daten durch Visualisierung, gar Multimedialisierung und Dynamisierung – etwa durch Übertragung von Videofilmen bei YouTube, bei Video on Demand oder vernetztes Fernsehen zumal in HD- oder gar 3D-Qualität – ständig umfänglicher und komplexer werden, so dass sie die Netze überlasten, gar blockieren

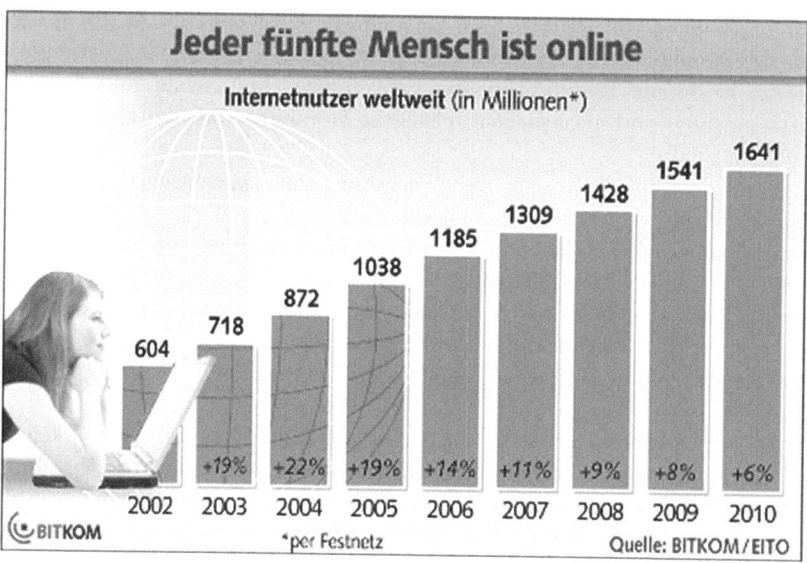

Abb. 6.1 © Internetnutzer weltweit http://www.bitkom.org/files/images/BITKOM_INTERNETNUTZER_Dload.jpg

und Daten nicht mehr effizient übertragen werden können. Aus solch technischer Sicht heißt mithin Netzneutralität: Das Internet muss ständig so viel Speicher- und Übertragungskapazität bereithalten, dass alle Daten, unabhängig wie umfangreich sie sind, in welchen medialen Modi sie konfiguriert und in welche Pakete sie gepackt sind, gleich schnell, gut und effizient gespeichert und übertragen werden. Damit soll – in der Konsequenz – jedem Internet-Nutzer die gleichen Zugangs- und Übertragsmöglichkeiten zur Verfügung gestellt werden. Diese Anforderungen sollen ebenso für die anhaltende Verbreitung des Netzes sowie für die besagten neuen, umfangreicheren Angebotsmodalitäten gelten, so dass unaufhörlich Grenzen der Netzkapazität erreicht und überwunden werden müssen.

Trotz des üblichen Sprachgebrauchs gilt zu bedenken, dass das Internet kein einheitliches Netz ist, sondern ein Netzwerk von einer Vielzahl untereinander verbundener Netze. In ihnen erfolgt die Übermittlung von Daten entweder in der direkten Übergabe zwischen Netzen (Peering) oder durch den Transport über Drittnetze (Transit). Dabei nehmen Datenpakete jeweils ihre eigenen Wege, die von Routern in den einzelnen Netzen je nach Auslastung bestimmt werden. So reagiert ‚das' Internet auf entstehende Engpässe und nutzt für den Datentransport die jeweils effizienten Routen. Diese dezentrale Struktur des Internets lässt keine zentrale Planung für die Weiterentwicklung der Netzstruktur zur Bewältigung von Datenmengen zu; vielmehr muss der Ausbau jeweils bei den Netzkomponenten – etwa Kabel, Router oder Übergabepunkte – erfolgen, die an bestimmte Beanspruchungsgrenzen stoßen. Auftretende Ausfälle von Netzelementen sind nicht planbar, plötzliche Störungen können immer wieder auftreten.

Allenfalls grob lässt sich das Wachstum von Datenmengen antizipieren; allerdings verändern sich Spitzenbelastungen durch die expandierende Indienstnahme der Netzwerke in weiteren Ländern rund um den Globus, durch steigende Nutzerzahlen sowie durch zunehmende Datenkomplexe. Der *Visual Networking Index* von *Cisco* geht von einer jährlichen Wachstumsrate des globalen IP-Verkehrs von 34 Prozent aus. Für die Mobilnetze wird sogar eine Steigerung von 108 Prozent angenommen (Deutscher Bundestag 2012, 6) (Tab. 6.1).

Andere Prognosen erwarten sogar eine Verdoppelung des Datenverkehrs alle eineinhalb Jahre, wobei insbesondere der mobile Datenverkehr wächst und zusätzliche Kapazitäten verlangt. Gemessen werden die Netzqualität (Quality of Service) und die Erfordernisse an das Netzwerkmanagement sowohl aus der Sicht der User als auch – von ingenieurstechnischer Warte aus – für alle Verkehrssteuerungsmaßnahmen, welche die Qualität der Datenübertragung für die Endnutzer verbessern sollen. Dafür existieren folgende Parameter:

Tab. 6.1 Prognose zum Datenvolumen des Internet-Traffics von 2011 bis 2016 nach Segment (in Petabytes je Monat)

	File-sharing	Web/E-mail	Internet-gaming
2011	5.967	3.909	67
2012*	7.337	5.497	91
2013*	9.093	7.512	123
2014*	11.524	10.272	164
2015*	14.658	13.716	235
2016*	18.698	18.233	440

Datenvolumen in Petabytes je Monat
Weltweit; Cisco Systems; 2011 und 2012 (*Quelle* Cisco Systems)
© Statista 2012

- „Latenzzeit: die Verzögerung der Ende-zu-Ende-Übertragung,
- Jitter: die Abweichung der Latenzzeit von ihrem Mittelwert,
- Paketverluste: die Wahrscheinlichkeit, dass einzelne IP-Pakete bei der Übertragung verloren gehen (oder – bei Echtzeitdiensten – ihr Ziel zu spät erreichen),
- Durchsatz: die pro Zeiteinheit im Mittel übertragene Datenmenge,
- Bandbreite: die Datentransportgeschwindigkeit innerhalb des Teilstücks einer Verbindung.

Quality of Service kann [mithin] als ‚[…] Zusicherung von Grenzwerten […]' dieser fünf Eigenschaften […] für eine komplexe Verbindung zwischen zwei Endpunkten […] definiert werden" (Deutscher Bundestag 2012, 5).

Um diese Ziele zu erreichen, muss einerseits eine bestimmte Bandbreite zur Verfügung stehen und dürfen andererseits potentielle Engpässe nicht zu Zeitverzögerungen beim Transport führen. Diese haben allerdings für die verschiedenen Datenpakete bzw. die Anwendungen und Dienste unterschiedlich starke Auswirkungen. So bedeuten sie für Internet-Sprachtelefonie (*Voice-over-IP* [VoIP]), für Online-Spiele und Video-Übertragungen erhebliche Qualitätseinbußen, während Streaming-Dienste bereits heute so viel Pufferpotentiale haben, um Unterbrechungen oder Verzögerungen im Datenfluss zu kompensieren. Bei einer E-Mail bleiben sie sogar unbemerkt. Deshalb sind vielfach Forderungen laut geworden, den Datenverkehr zu differenzieren und Datenpakete unterschiedlich zu behandeln – insoweit als bestimmte, auch unterschiedliche zu bezahlende Datenpakete bevorrechtigt (priorisiert) sind bzw. für ihre Transportqualitäten und -termine zu bezahlende Garantien gewährt werden.

Solche Forderungen widersprechen selbstverständlich dem allgemeinen Gebot der Netzneutralität, und ihre Realisierung ist auch nur dann erforderlich, wenn tatsächlich Kapazitätsengpässe bzw. -ausfälle auftreten und der weitere Ausbau der Netzwerke weltweit wie auch regional und lokal nicht vorankommt. Allerdings gilt es ebenso zu berücksichtigen, dass die Leistungsfähigkeit und Effizienz der Netze durch technische Innovationen und durch Kostensenkung fortwährend ansteigen. Mit der expandierenden Verbreitung von über Glasfaser übertragbarer Bandbreite und deren zusätzlicher Kapazitätserhöhung durch optimierte Steuerung und höhere Datenkompression steigen sowohl die Leistungsfähigkeit der Netzwerktechnik, wie mit ihr eine laufende Kostendegression beim Aufbau, Betrieb und auch bei der Aufrüstung der Kapazität einhergeht, die die erforderlichen Investitionen mindern. Auch die Art der Datendistribution dürfte sich künftig fortlaufend verändern, so dass voraussichtlich nur einige Netzbereiche erhöhte Datenmengen zu bewältigen haben werden. Aus technischer Sicht lassen sich unterscheiden:

- der unmittelbare Zugang der User zum Internet (Access- und Anschlussnetz),
- die Zusammenführung der Verkehre verschiedener Nutzer im Access-Netz,
- und das eigentliche Rückgrat des Internets (Backbone-Netz), über das die Daten zwischen Absender und Empfänger in verschiedenen Netzen geleitet werden (vgl. Deutscher Bundestag 2012, 7).

Da das Internet ein so genanntes „Pull-Medium" ist, kommen potentielle Engpasssituationen nur durch bestimmte Nachfragesituationen, also bei einem zeitgleichen massenhaften Zugriff auf bestimmte Inhalte – etwa bei Live-Übertragungen von Bewegtbildern –, zustande. Daher könnten sich die größten Engpässe im Zugang der Endkunden zu den Netzen ergeben: im Festnetz infolge der Flatrate-Abrechnungsmodelle, die keine Anreize mehr zu einer effizienten, zeitbezogenen Nachfrage nahelegen, und vor allem im Mobilfunkbereich durch die noch enorm zunehmenden internetfähigen mobilen Endgeräte und den voraussichtlich starken Anstieg der Anwendungsoptionen. Hier könnte es zur Rivalität verschiedener Nutzer bei simultaner Nutzung kommen (Ebd., 9).

Daher kommen auf die einzelnen Länder und Netzbetreiber erhebliche Investitionskosten in den nächsten Jahren zu, um den Aufbau von Breitband- und Hochgeschwindigkeitsnetzen in Glasfaser und für die Kapazitätserweiterung von derzeit 100 MBit/s bei den Heimanschlüssen auf 400 GBit/s pro Kanal oder gar mehr zu bewerkstelligen. Solche Erweiterungen sind sowohl für mobile Netznutzungen zumal bei zunehmend individualisierten Diensten wie Social Media, für Technologiemixe von Mobilfunk, TV-Kabel und Festnetz sowie für künftige Clouding-Dienste erforderlich. In Deutschland lassen sich Versorgungsgrad dem

6.2 Konzepte und Maßnahmen für Netzneutralität

Breitbandatlas der Bundesregierung (www.zukunft-breitband.de) entnehmen: 2011 waren, so das Bundesministerium für Wirtschaft und Technologie, 51 Prozent der Haushalte mit Anschlüssen von 50 MBit/s versorgt. Bis 2014 soll der Anteil auf 75 Prozent und bis 2018 auf 100 Prozent ansteigen, so das Ziel der Bundesregierung (www.heise/newsticker vom 12. September 2012). Wer dafür die anhaltenden Kosten trägt, ist nicht nur hierzulande umstritten. Für die EU schätzt man die Kosten auf 200 bis 300 Milliarden €. Bis 2013 will die EU für alle Bürger eine Basisversorgung mit schnellen Internet-Zugängen sicherstellen, bis 2020 soll auch die Qualität der Versorgung verbessert werden.

Konkret richten sich Ansprüche zur Kostenbeteiligung der Netzbetreiber an die großen Inhalteanbieter wie Google, YouTube, Facebook sowie an Onlineverkäufer wie E-Bay und Amazon, deren Verbreitung- und Datenvolumina ständig wachsen. Kommen zusätzliche Optionen wie das Cloud Computing – bei dem Hardware- und Softwarefunktionen ganz oder teilweise auf Server von Diensteanbietern überall auf der Welt ausgelagert werden – sowie Internettelefonie mit Video (VoIP) hinzu, verstärken sich die Kapazitätsanforderungen weiter. Zudem streben zusätzliche Betreiber ins Netz, da mit ihm künftig bislang noch anderweitig vermittelte Dienste – wie intelligente Stromzähler, vernetzte Haushaltsgeräte, Alarmanlagen und Gesundheitsdienste mit individualisierter Echtzeitmessung – abgewickelt werden sollen. Dafür sucht man nach neuen, speziellen Bezahlmodellen, die bislang noch nicht hinreichend entwickelt und kalkuliert sind. Sie werden unausweichlich weitere Dimensionen von Netzneutralität zeitigen, hieß es auf dem Jahreskongress der Deutschen Breitbandinitiative 2012 (Ebd.).

Technisch möglich werden solche Geschäftsmodelle, seit die Daten und ihre Pakete im Internet nicht mehr unterschiedslos akzeptiert werden müssen, sondern mit der so genannten *Deep Packet Inspection* (auch *Complete Packet Inspection* oder *Information eXtraction* [IX] genannt) überwacht und gefiltert sowie ihre Quellen und Inhalte in Echtzeit identifiziert werden können. Dabei werden gleichzeitig der Datenteil und der Headerteil der Datenpakete auf bestimmte Merkmale wie Protokollverletzungen, Computerviren, Spam und weitere unerwünschte Inhalte untersucht. Auch lassen sich damit Datenströme regulieren. Allgemeines Ziel ist es, Daten nach Inhalten zu priorisieren, umzuleiten, zu verlangsamen oder gänzlich zu blockieren. Mit *Deep Packet Inspection* sind mithin datenschutzrechtliche Vorbehalte berührt.

Seit das Internet mehr und mehr ökonomisch-kommerzielle Dimensionen annimmt und vielfältig genutzte Komponenten für Geschäftspraktiken vorhält, sind mit diesen technischen Aspekten unweigerlich wirtschaftliche Kalküle verbunden: Ob unzählige Dienste (Apps), Datenbanken und Plattformen, Online-Medien und -Werbung, Unternehmenskommunikation, Vertriebswege für Videos und andere audiovisuelle Dokumente, E-Mail- und Twitterkontakte, Nachrichtendissemination,

Konsum-Interaktionen und anderes mehr – für alle erweist sich das Internet als unentbehrliches Verbindungs- und Vermittlungsmedium, das unweigerlich (wie alle anderen Transfermittel) seinen Preis hat und nicht mehr unentgeltlich bereitgestellt werden soll. Für die Netzbetreiber müssen sich Investitionen in den Netzausbau und Preise für die Dienste bei möglichst optimaler Ausnutzung der jeweils vorhandenen Infrastruktur betriebswirtschaftlich rechnen.

Solche Konzepte und Maßnahmen werden unter den Begriff des Netzwerkmanagement gefasst. Darunter wird „jede Form der Ungleichbehandlung von Datenpaketen in Netzen auf *Internet Protocoll* (IP)-Basis" verstanden, „unabhängig von ihrem Zweck und den dafür eingesetzten Techniken und Kriterien. Grundsätzlich ermöglichen Netzwerkmanagementtechniken den Netzbetreibern, den Datentransport je nach Verkehrslage und ökonomischem Bedürfnis zu steuern" – so die Definition der Enquete-Kommission *Internet und digitale Gesellschaft* des Deutschen Bundestages (2012, 12). Netzwerkmanagement betrifft vor allem Fragen des Leistungsmanagements, um die so genannte Quality of Service (QoS) zu verbessern. Es werde heute schon „innerhalb der das Internet in seiner Gesamtheit bildenden Einzelnetze" betrieben, künftig soll mit ihm auch „über die Netzgrenzen hinweg eine differenzierte Behandlung von Datenpaketen" üblich werden. Dafür sind technische Investitionen, aber auch normative Regelungen – mindestens größtmögliche Transparenz – nötig (Ebd., 12). Kritische Verbraucher halten Netzwerkmanagement großenteils für fragwürdig und wollen es allenfalls bei maximaler Transparenz des Eingriffs im Falle einer temporären, nicht selbst verursachten Überlastung des Netzwerks zulassen. Diese Transparenz müsste sich ergeben, wenn eindeutig geklärt ist, welche Leistungsparameter bei der Buchung eines Internetanschlusses zu erwarten und welche Nutzungseinschränkungen mit dem jeweiligen Vertrag verbunden sind: etwa Bandbreitendrosselungen oder fehlende Berechtigung zum so genannten Tethering, das ist die Verbindung eines Smartphones mit einem PC oder Personal Digital Assistent (PDA).

6.2.2 Netzneutralität unter normativ-publizistischen Prämissen

Mit dem Internet und seiner rasanten Verbreitung verbanden sich euphorische Erwartungen auf freie Kommunikation von jedem/r, auf uneingeschränkte Meinungs- und Informationsfreiheit und auf unbegrenzten Zugang für alle zu sämtlichen Inhalten und auf weltweite Kommunikation. Ein neues Zeitalter von direkter Demokratie und freier Rede auf dem Markplatz (wie auf der athenischen Agora), nunmehr im Netz, sah 1994 etwa der damalige US-Vizepräsident Al Gore

6.2 Konzepte und Maßnahmen für Netzneutralität

heraufziehen; andere schwärmten von der virtuellen Gemeinschaft der User, und bis heute begeistern sich viele engagierte Netizens (Net + Citizens) an solchen Visionen, verteidigen sie gegen jegliche politische, juristische und/oder ökonomische Indienstnahme. Dies wird auch als „inhaltliche Netzneutralität" bezeichnet (Deutscher Bundestag 2012, 31):

„Das neutrale Netz gewährleistet, dass zum einen jeder Inhaltsanbieter die Option hat, eine eigene Dienste-Plattform aufbauen und betreiben zu können, um seine Inhalte in geeigneter und selbstbestimmter Form zu publizieren, und zum anderen jeder interessierte Internetnutzer auf die Inhalte zugreifen und sie nutzen kann" (Ebd.).

Dass die Beteiligten am Netz ganz unterschiedliche Voraussetzungen mitbringen und ebenso divergierende Potentiale für seine Nutzung haben – an einem Extrem milliardenschwere, multinationale Medien- und Informationskonzerne, die ihre Inhalte durch viele Kanäle schicken, mehrfach verwerten und via Werbung und Entgelte multiple Geschäftsmodelle praktizieren, am anderen Extrem der individuelle, private Nutzer, der telefonieren, mailen, recherchieren und kommunizieren will –, interessierte die pauschale Verfechtung allgemeiner Netzneutralität anfangs kaum und mutet aber als politisch naiv an. Denn mächtige, finanzstarke Anbieter haben längst integrierte Plattformen wie die sozialen Netze entwickelt – Prototyp: Facebook –, die sämtliche Funktionen und Dienste anbieten, so dass durchschnittliche User kaum mehr wechseln. Außerdem sind die Chancen im Netz, aufgefunden zu werden, unterschiedlich verteilt. Hier kommen die Suchmaschinen – allen voran der Marktführer Google – ins Spiel; mit ihren Suchalgorithmen entscheiden sie über die Platzierung der Treffer und steuern damit die Aufmerksamkeit der Nutzer. Denn Inhalte, die nicht gefunden werden, sind praktisch nicht existent, in jedem Fall diskriminiert.

Im Einzelnen lassen sich exemplarisch folgende Konzepte und Maßnahmen identifizieren:

In den *USA* wurde erstmals über Netzneutralität verhandelt anlässlich der Novellierung des US-amerikanischen *Telecommunications Act* von 1996, was allerdings an der Blockade im Kongress scheiterte (Libertus und Wiesner 2011, 81). 2005 veröffentlichte die US-Regulierungsbehörde für Telekommunikation (*Federal Communications Commission*, [FCC]) ein so genanntes *Internet Policy Statement*, indem vier Prinzipien für Netzneutralität formuliert sind. Sie sind zu Leitlinien für viele Diskussionen und Bestrebungen geworden. Danach sollen die Endnutzer berechtigt sein bzw. erwarten können,

- „nach ihrer Wahl Zugang zu legalen Inhalten zu erhalten;
- alle Dienste und Applikationen ihrer Wahl zu nutzen (unter Berücksichtigung der Erfordernisse der Strafverfolgung);

- alle legalen Endgeräte ihrer Wahl an das Netz anschließen und nutzen zu können, soweit nicht das Netzwerk geschädigt wird;
- Netze-, Dienste-, Service- und Internetanbieter in einem Wettbewerbsverhältnis vorzufinden" (Ebd.).

Im Oktober 2009 eröffnete die FCC ein neues Verfahren (*Notice of Public Rulemaking*), um den bestehenden FCC-Regeln zur Sicherung der Netzneutralität zwei weitere hinzuzufügen, nämlich

- ein Verbot der Diskriminierung von Verkehrsströmen und bestimmten Internetdiensten bzw. -anwendungen sowie
- die Transparenz des Netzmanagements zu erreichen (Ebd.).

Allerdings wurden drei Ausnahmen von dem Diskriminierungsverbot eingeräumt, nämlich

- bei Überlastung des Netzes soll es das Recht geben, den Netznutzer daran zu hindern, seine Interessen zu Lasten anderer Nutzer durchzusetzen;
- für den weiteren Netzausbau kann es von Vorteil sein, wenn die Betreiber ihre Netze nach Quality-of-Service-Aspekten betreiben;
- das Transparenzgebot soll Breitbandanbieter verpflichten, ihre Netzwerkmanagementpraktiken zu veröffentlichen (Ebd.).

Außerdem sieht der *American Recovery and Reinvestment Act* für die Förderung des Breitbandes Mittel in Höhe von 7,2 Mrd. US-Dollar vor; dafür sollen sich die Unternehmen als Gegenleistung für die staatlichen Unterstützungen die Prinzipien der Netzneutralität zu Eigen machen. Zwar haben zwischenzeitlich gerichtliche Urteile, die auf Betreiben von Netzanbietern gefällt wurden, einzelne Maßnahmen der FCC abgeschafft, aber insgesamt werden besagte Prinzipien weitgehend anerkannt, wie auch neuerliche Vorstöße im Kongress zur Netzneutralität belegen. Sie sollen verhindern, dass Betreiber für besonders schnelle Internetverbindungen (Premium Services) Sonderzahlungen von Kunden verlangen dürfen.

Am 9. August 2010 haben Google und der größte Anbieter für Festnetz und Mobilfunk in den USA, Verizon, gemeinsam einen Vorschlag zur Netzneutralität vorgelegt, dessen Kernpunkte sind:

- „Diskriminierungsverbot: In drahtgebundenen Netzen sollen die Anbieter von Breitbandzugängen Inhalte oder Anwendungen ohne Unterscheidung hinsichtlich der verwendeten Protokolle, der Diensttypen oder nach Herkunft und Ziel durchleiten.

6.2 Konzepte und Maßnahmen für Netzneutralität

- Transparenzgebot: Die Kunden sollen über ein ‚vernünftiges Netzwerkmanagement', etwa zur Gewährleistung einer speziellen Servicequalität oder zur Verhinderung von Staus in den Netzen, detailliert informiert werden.
- Ausnahme: Die Regeln sollen mit Ausnahme der Transparenzverpflichtung nicht für mobiles Breitband gelten (d. h. die Technologieneutralität wird hier aufgegeben).
- Anbietern von Breitbandzugängen, die die oben genannten Kriterien erfüllen, soll es möglich sein, darüber hinaus ‚zusätzliche Onlinedienste' anzubieten" (Ebd., S. 82).

Diese Vorschläge wurden von Kritikern als „Verrat" an den Prinzipien der Netzneutralität gebrandmarkt, da zumal der letzte Punkt schon den Plan eines künftigen Zweiklassen-Internets, nämlich die Trennung in eine Grundversorgung oder -bandbreite, die nach dem Best-Effort-Prinzip gestaltet wird, und in so genannte Managed Services wie Internet-TV je nach Marktlage und Preispolitik, erkennen lässt. Die ökonomischen Verwertungsinteressen mit beträchtlicher Marktmacht oder auch von regional beherrschenden Netzbetreibern werden voraussichtlich Techniken erfinden und Mittel aufbieten, um ihre verschiedenen Dienst- oder Inhaltsklassen zu priorisieren – sofern sie daran nicht durch gesetzliche Regelungen oder Vereinbarungen gehindert werden. Bereits heute setzen große Onlinegames- und Inhalteanbieter wie Facebook und Google bei der Übertragung von zeitkritischen audiovisuellen Datenströmen auf dezentral organisierte und an Endkunden gelegene Serverfamilien, die so genannten *Content-Delivery-Networks* (CDN). Sie sind allerdings sehr kostenintensiv und daher nur von solchen Mega-Playern zu finanzieren; andere haben das Nachsehen (Deutscher Bundestag 2012, 26).

Im Dezember 2010 verabschiedete die FCC ihr 194 Seiten umfassendes Rahmenwerk zur Netzneutralität. Es sieht unter anderem eine Verpflichtung für Netzbetreiber vor, die Verbreitung „rechtmäßiger" Inhalte, Anwendungen und Dienste in ihren Leitungen sowie den Anschluss von Endgeräten nicht zu behindern. Eine „unangemessene Unterscheidung" zwischen Datenpaketen beim Transfer legitimen Netzverkehrs wird untersagt. Spezielle Breitband-Zusatzdienste etwa in den Bereichen E-Health oder Internet-TV sollen zunächst von der Regulierung ausgenommen und im Gegenzug genau beobachtet werden. Die Grundprinzipien gelten auch nur eingeschränkt für den Mobilfunk. Während die Neutralitätsregeln für das Festnetz strenger ausfielen, ließ die Behörde beim mobilen Internet die Zügel lockerer. So wird den Mobilfunk-Betreibern zwar untersagt, Online-Video-Services oder VoIP-Telefonie komplett zu sperren, unterschiedliche Geschwindigkeiten bei der Zustellung von Datenpaketen sind aber weiterhin erlaubt. Ausdrücklich dürfen aber Voice-Apps von Konkurrenten nicht blockiert werden. Die

Regulierungsbehörde setzt zudem auf Transparenz: Sollten Zugangsanbieter Techniken fürs Netzwerkmanagement etwa zur Gewährleistung einer speziellen Servicequalität einsetzen, müssten sie ihre Kunden genau darüber in Kenntnis setzen. Gegen diese staatlichen Auflagen hatten die beiden Netzbetreiber *Verizon* und *MetroPCS* geklagt. Allerdings wies ein US-Berufungsgericht in Washington die Eingabe im April 2011 aus formalen Gründen zurück.

Anfang September 2011 unterzeichnete eine Leitungsbehörde im Weißen Haus, das *Office of Management and Budget* (OMB), die Prinzipien der *Federal Communications Commission* (FCC) zur Festschreibung der Netzneutralität. Das OMB ist unter anderem für die abschließende Prüfung von Gesetzen und Behördenanordnungen zuständig und erfüllt in diesem Zusammenhang ähnliche Aufgaben wie hierzulande das Bundespräsidialamt. Die formelle Ausfertigung der Regeln zur Sicherung des offenen Internets sowie ihre Veröffentlichung im US-Bundesregister (Federal Register) erfolgten am 25. Juli 2012 für die Dauer von drei Jahren (http://www.gpo.gov/fdsys/pkg/FR-2012-07-25/html/2012-18181.htm).

Wie in ihrem Konsultationsdokument vom Juni 2001 erneut bekräftigt wurde, setzt die *Europäische Kommission* bei ihrer Politik für Netzneutralität vor allem auf einen funktionierenden Wettbewerb zwischen den verschiedenen Angeboten am Markt und auf größtmögliche Transparenz der Anbieter. Allerdings wurden in dem 2009 überarbeiteten EU-Telekompaket von 2002 der Grundsatz der Netznetzneutralität nicht ausdrücklich verankert und nur begrenzte Regelungen im Telekommunikationsrecht – etwa der freie Umgang mit Internet-Informationen und die ungehinderte Nutzung von Anwendungen und Diensten – fixiert. Sie haben das Ziel, den Endkunden hinreichende Informationen bereitzustellen, damit sie Auswahlentscheidungen nach ihren Präferenzen möglichst fundiert und ungehindert treffen können. Vorrangig bleibt insgesamt, den Mechanismen des Marktes Geltung zu verschaffen und regulatorische Eingriffe nur dann vorzunehmen, wenn durch marktbeherrschende Stellungen der Qualitätswettbewerb gestört wird und das bestehende Telekommunikationsrecht sowie das allgemeine Wettbewerbsrecht ausgehöhlt werden. Um den Wettbewerb zu fördern und zu erhalten, sollen hinreichende Übertragungs- und Dienstqualitäten als technische Voraussetzungen vorgehalten werden. Solange sie gegeben sind bzw. immer wieder hergestellt werden, sind regulatorische Maßnahmen zur aktiven Sicherung von Netzneutralität oder gar Diskriminierungsverbote, wie es die FCC-Richtlinien vorsehen, aus Sicht der EU-Kommission nicht erforderlich.

Allerdings will die EU-Kommission die Entwicklung weiterhin verfolgen und holte 2010 dazu Vorschläge und Anregungen von insgesamt 318 Anbietern ein, wie künftig der offene und neutrale Charakter des Internets gewahrt und seine Weiterentwicklung gefördert werden kann. Mehrheitlich wurde dafür plädiert,

6.2 Konzepte und Maßnahmen für Netzneutralität

erst einmal die Umsetzung der EU-Richtlinien in nationale Regelungen abzuwarten. Außerdem wurde einvernehmlich ein Traffic-Management gefordert, um den Netzbetrieb gesichert und effektiv zu gestalten. Software-Systeme für die *Deep Package Inspection*, mit der die Provider in einzelne Datenpakete Einblick nehmen und ihre Qualität analysieren können, wurden als problematisch eingestuft.

Seither hat die EU-Kommission die Diskussion über Netzneutralität in Europa etwa durch die Empfehlung zu *Next Generation Access Networks* fortgeführt und etwa die präzise Klärung der Begriffe Quality-of-Service oder Transparenz vorangetrieben. Auch einen Zusammenhang mit der europäischen Frequenzpolitik wurde postuliert: Mit ihr sollen die Mobilfunknetze – vor allem durch die Zuweisung von Frequenzen an den Mobilfunk – mehr Kapazitäten bekommen und damit den Bedarf für explizite Regulierungen mindern (Libertus und Wiesner 2011, 83f.).

Zusätzlich setzte die Kommission 2010 eine neue Instanz an, die zwischen den nationalen Regulierungsbehörden untereinander und mit der Europäischen Kommission Beratungen bereitstellen, Regelungen und deren Fortschritte koordinieren, Initiativen voranbringen und Positionen entwickeln soll: das Gremium *Europäischer Regulierungsstellen für elektronische Kommunikation* (GEREK, engl. BEREC). Die Behörde besteht aus Vertretern der 27 nationalen Regulierungsbehörden und ist bei der EU-Kommission angesiedelt, was einige wichtige Staaten bis zuletzt verhindern wollten. Vor allem Deutschland und Spanien wollten GEREK nur den Status eines „privaten Vereins" zubilligen.

Im Juli 2012 schlug die EU-Kommission erneut einschlägige Empfehlungen zur Netzneutralität vor, die im kommenden Jahr zum Abschluss einer mehrjährigen Sondierungsphase vorliegen sollen. Mit weiteren Konsultationen will Brüssel dafür erneut Meinungen von Internetprovidern, Inhalte- und Diensteanbietern, Geräteherstellern, Investoren, Behörden, Verbrauchern und Verbänden einholen. Im Mittelpunkt sollen abermals Transparenz, Anbieterwechsel und Netzwerkmanagement stehen.

Auch auf nationaler Ebene, in den europäischen Ländern wurde und wird über Netzneutralität diskutiert und über Maßnahmen zu ihrer Sicherung nachgedacht. Mehrheitlich wird auf die Kräfte des Marktes vertraut, die mittels öffentlicher und privater Investitionen in den Netzausbau und die Kapazitätserweiterung unterstützt werden (sollen). In eher staatswirtschaftlich orientierten Ländern werden vielfach Leitlinien statuiert und an die Internet-Beteiligten appelliert, sich daran freiwillig zu halten. Allenfalls bei gravierender Verletzung werden Sanktionen angedroht (deren Realisierung angesichts des internationalen Operierens der mächtigen Provider und Informationskonzerne ohnehin schwierig ist). Konkrete Aktivitäten sind jeweils von der politischen Grundhaltung der Regierungen und Administrationen bestimmt.

So kündigte etwa die *britische* Regulierungsbehörde *Ofcom* im März 2010 an, das Thema Netzneutralität einer regulatorischen Überprüfung unterziehen zu wollen. Im Juni legte sie ein Diskussionspapier zur Praxis des Internet Traffic Management vor, in dem sie Netzneutralität wie folgt definierte: „Net neutrality is a concept based on the internet being a level playing field for internet traffic. There are several definitions, but all share a concern that traffic management by network operators and ISPs could lead to discrimination between different traffic carried over the moment" (zit. nach Libertus und Wiesner 2011, 84). Entgegen solcher Vorgaben bekundete die neue konservative Regierung unter David Cameron Mitte November 2010, sie wolle ein „Internet der zwei Geschwindigkeiten" durch Internet-Service-Provider zulassen, falls Inhalteanbieter, darunter auch Rundfunkunternehmen, bereit sind, für eine schnelle und bessere Durchleitung zu zahlen.

Auch in *Frankreich* hat die dortige Regulierungsbehörde für elektronische Kommunikation und Post (*Arcep*) ein öffentliches Konsultationsverfahren zur Netzneutralität durchgeführt und zudem Fragen aufgeworfen, die weit über die sonst geführten Debatten hinausreichen: so etwa zu exklusiven Inhalteverträgen, exklusiven Verträgen zwischen Netzwerkanbietern und Endgeräteherstellen (wie beim iPhone), zu der dominierenden Rolle von Suchmaschinen oder zu Herausforderungen des hybriden Fernsehens als proprietäre Systeme etc. In den „zehn Geboten" der Behörde zur Netzneutralität vom September 2010 werden sie allerdings kaum berücksichtigt und wiederum nur die Prinzipien der Transparenz und der Nichtdiskriminierung betont. Auch die zuvor vielfach apostrophierte Netzpiraterie bleibt unbeachtet. Insgesamt plädiert man auch in Frankreich für einen funktionierenden Wettbewerb als beste Voraussetzung für die Sicherung der Netzneutralität. Die Umsetzung der Regularien des revidierten EU-Telekompakets in nationale Regeln wird als ausreichend erachtet.

Als eines der wenigen Länder haben die *Niederlande* verbindliche, gesetzliche Regelungen zur Netzneutralität beschlossen. Am 9. Mai 2012 stimmte das Parlament dem Gesetz zur Sicherung der Netzneutralität zu. Es legt fest, dass Netzanbieter den Datenverkehr ihrer Nutzer nicht beeinflussen dürfen, es sei denn, das Netzmanagement erfolgt im Interesse des Nutzers.

In *Deutschland* kam die Debatte über Netzneutralität nur schleppend in Gang und blieb bis heute weitgehend ein Thema für Internet-Insider. Allenfalls Detailaspekte tauchten in politischen Debatten auf – etwa bei Beschwerden wegen der Sperrung von Skype in den Mobilfunknetzen oder wegen des langsamen Netzausbaus in ländlichen Gebieten. In die am 10. Mai 2012 in Kraft getretene Novelle des Telekommunikationsgesetzes (TKG) sind sie insoweit aufgenommen, als dass in die allgemeinen Zielsetzungen (TKG § 2) zum einen die Bundesnetzagentur die

6.2 Konzepte und Maßnahmen für Netzneutralität

„Möglichkeit" der Endnutzer fördern soll, „Informationen abzurufen und zu verbreiten oder Anwendungen und Dienste ihrer Wahl zu nutzen". Zum andern sollen „die Sicherstellung eines chancengleichen Wettbewerbs und die Förderung nachhaltig wettbewerbsorientierter Märkte der Telekommunikation im Bereich der Telekommunikationsdienste und -netze sowie der zugehörigen Einrichtungen und Dienste, auch in der Fläche" angestrebt und zudem „gewährleistet" werden, „dass es im Bereich der Telekommunikation, einschließlich der Bereitstellung von Inhalten, keine Wettbewerbsverzerrungen oder -beschränkungen gibt" (TKG § 2, Abs. 1 und 2). Das sind recht vage, unverbindliche Regelungen.

Der Terminus „Netzneutralität" taucht nur als Überschrift – ohne weitere Definition – in dem zusätzlichen, wohl nachträglich eingefügten § 41a auf. Darin wird die Bundesregierung „ermächtigt, in einer Rechtsverordnung mit Zustimmung des Bundestages und des Bundesrates gegenüber Unternehmen, die Telekommunikationsnetze betreiben, die grundsätzlichen Anforderungen an eine diskriminierungsfreie Datenübermittlung und den diskriminierungsfreien Zugang zu Inhalten und Anwendungen festzulegen, um eine willkürliche Verschlechterung in den Netzen zu verhindern" (TKG § 41a, Abs. 1). Ebenso kennzeichnen diese Formulierungen den niedrigsten Regulierungsbedarf, da sich schon aus technischer Sicht „grundsätzliche Anforderungen" kaum pauschal aufstellen und schon gar nicht messen lassen.

Auch die seit Mai 2010 arbeitende Enquetekommission *Internet und digitale Gesellschaft* des Deutschen Bundestages, die ihren knappen Abschlussbericht samt Empfehlungen verspätet im Januar 2013 vorlegte, konnte sich offensichtlich nicht zu einem Vorschlag gesetzlicher Regelungen durchringen. Im einschlägigen Zwischenbericht vom Februar 2012 (Deutscher Bundestag 2012) findet sich immerhin noch die allgemeine Zusicherung (Ebd. 33f.):

„Die mögliche gesetzgeberische Behandlung des Themenfeldes Netzneutralität muss absehbare technische Entwicklungen, den signifikant steigenden Bedarf an Bandbreite, die Sicherheit der Netze und die Erwartungen der Nutzer ebenso berücksichtigen wie notwendige Maßnahmen zum Erhalt von Meinungsfreiheit und Vielfalt. Um dabei die notwendige Innovationsoffenheit und ökonomische Spielräume gewährleisten zu können, ist die Festlegung allgemeiner Prinzipien empfehlenswert. Diese grundsätzlich technologieunabhängigen Prinzipien sollten sich beziehen auf:

- Transparenz,
- Diskriminierungsfreiheit,
- den freien Zugang zu Inhalten und Empfängern (Any-to-Any) im Rahmen gesetzlicher Grenzen,

- die Förderung des Wettbewerbs auf Ebene der Netze, im Dienstemarkt und bei den Inhalteanbietern sowie dem damit verbundenen Schutz vor dem Ausnutzen einer marktbeherrschenden Stellung,
- die Gewährleistung und dynamische Fortentwicklung des Best Effort-Internets sowie die Sicherung von Mindeststandards,
- den Einsatz sachlich gerechtfertigter Netzwerkmanagementmaßnahmen,
- Möglichkeiten zur Einführung von Dienste- beziehungsweise Qualitätsklassen neben Best Effort,
- die Wahrung der Vielfalt von Inhalten und damit insbesondere verbunden auch von nicht kommerziellen Inhalten,
- Ausschluss der Inhaltekontrolle durch Netzbetreiber" (Ebd., 33f.).

Zur praktischen, aber letztlich unverbindlichen Umsetzung schlägt die Enquete-Kommission "Selbstverpflichtungen" der Netzbetreiber vor: Sie sollen zum einen gewährleisten, dass jeder Nutzer von Telekommunikationsdiensten im Rahmen der gesetzlichen Grenzen grundsätzlich Zugang zu jedem Inhalt und jeder Anwendung im Internet hat. Zugleich soll jeder Anbieter grundsätzlich jedem Empfänger Inhalte im Internet anbieten können, es sei denn, solche Angebote wünscht der Empfänger aufgrund individueller vertraglicher Abreden nicht. Zum anderen sollen ebenfalls in Selbstverpflichtungen Einsatz und Umfang von Verkehrs- und Netzmanagement wegen seiner besonderen Bedeutung für die Öffentlichkeit festgehalten werden. Solche Bekundungen sollen den prinzipiell chancengleichen Wettbewerb (dessen Kriterien und Grenzen freilich nicht definiert und effizient gemacht worden sind) flankieren (Ebd., 43).

Emphatisch wird am Ende betont, dass ein „freies und offenes Internet [...] von unschätzbarem, kulturellem, gesellschaftlichem, politischem und wirtschaftlichem Wert" ist; es sei Vorbedingung von Meinungsvielfalt, Pluralismus und demokratischer Öffentlichkeit einerseits, für dynamische Entwicklung, wirtschaftliche Prosperität und kreativ-kommunikative Entfaltung andererseits. Es müsse frei von Diskriminierungen, fair, transparent und bezahlbar für alle sein. Antrieb und Garantie dafür ist die Netzneutralität, für deren Sicherung es eines rechtlichen Rahmens auf nationaler und internationaler Ebene bedarf. Sein Fokus müsse die neutrale und bestmögliche Übertragung von Datenpaketen im Internet sein. Weiterer Ausbau sei nötig, damit jeglicher Anreiz für Access-Provider entfalle, eine Verknappung der Übertragungskapazitäten herbeizuführen (Ebd., 45). Bleibt zu hoffen, dass sich Gesetzgeber und Akteure finden, die über die schönen Worte hinaus Regelungen treffen und Maßnahmen realisieren, um sie Realität werden zu lassen.

6.3 Domain Names

6.3.1 Entwicklungen und Ziele

Das *Domain Name System* (DNS) ist eine der Kernressourcen des Internets; es ist eine Datenbank, welche die kaum einprägsamen numerischen Internetadressen realen Namen (Domain Name, Domain Adresse) zuordnet, die sich leichter erinnern lassen. Das DNS leistet also in erster Linie Übersetzungsarbeit (Gernroth 2008). Es ist hierarchisch strukturiert, besteht aus einer unbenannten Wurzel (= root), von der sämtliche Operationen ausgehen, den Ästen (*Top Level Domains*, TLD) und Zweigen (*Second Level Domains*). *Top Level Domains* gliedern sich in Länderkennungen (z. B. .de) und generische TLD (wie .com, .edu., .gov, .net, org). *Second-Level-Domains* untergliedern die TLDs (z. B. uni-hamburg).

Vor der Gründung der *Internet Corporation for Assigned Numbers and Names* (ICANN) wurde das DNS von der unabhängigen *Internet Assigned Numbers Authority* (IANA) koordiniert, einer Selbstverwaltungsagentur, die von der US-Regierung finanziert und von Prof. Jan Postel von der University of South California geführt wurde. Diese eigentümliche, recht privat anmutende Konstruktion machte nur so lange Sinn, wie der Zugang zu Computern und die Nachfrage nach Domainnamen vergleichsweise gering blieben. IANA hatte in erster Linie dafür zu sorgen, dass Domainnamen nicht doppelt vergeben wurden und wie die vergebenen Namen in ein zentrales Register eingespeist wurden (das sogenannte root directory). Zudem wies diese Agentur die Länderkodizes zu, eine Privatgesellschaft (die *Networks Solution Inc.*, NSI) verwaltete die zunächst auf fünf begrenzte *Generic Top-Level Domains*. Der Zugriff auf die Domainnamen erfolgte zunächst nach dem Prinzip „first come, first served" und war kostenfrei. Besitzansprüche waren explizit ausgeschlossen, Domainnamen galten als öffentliches Gut (Hofmann 2005).

Diese einfache Konstruktion sollte sich allerdings mit der wachsenden Attraktivität des Netzes bald ändern. NSI begann Gebühren für die Registrierung zu erheben – eine Maßnahme, die bei den an kostenfreien Zugang gewöhnten Nutzern wenig populär war, zumal NSI ja über eine Monopolstellung gebot (Mathiason 2009). Die Registrierungskosten waren und sind allerdings nicht besonders hoch, da die Registrierungsagenturen nicht profitorientiert arbeiten. Die Verbreitung des World Wide Web und die zunehmende wirtschaftliche Bedeutung der Domainnamen führten aber schon bald zu Konflikten über Markenschutzrechte bei der Namensvergabe, die mit der Gründung der ICANN vorläufig beigelegt wurden (Pickard 2007; Mathiason 2009). Denn ICANN wurde 1988 auf Initiative der US-Regierung mit der Aufsicht und Kontrolle der Root Server, der Internetadressen und der Top-Level Domains (TLD) betraut.

Die eigentlichen operativen Funktionen werden durch regionale Internetregistrare (RIR) wahrgenommen; das sind private, nicht gewinnorientierte Mitgliederorganisationen. Mitglieder sind dort Internet Service-Providers, Organisationen mit privaten Internet-Netzwerken und ähnliches. Die RIR haben ähnliche, aber doch etwas unterschiedliche Geschäftsmodelle und finanzieren sich nur aus den Registrierungsgebühren; sie haben sich der Oberaufsicht durch ICANN 2003 mit der Bildung der *Number Resource Organization* weitgehend entzogen. Noch selbständiger sind die Registrare der Country Code-TLDs (ccTLDs, also etwa .us oder .de). Diese operieren ähnlich den nationalen Telekom-Gesellschaften in vielen Teilen der Welt (vor allem in Asien) gleichsam als Monopolisten und stehen häufig unter starkem staatlichem Einfluss. Daher werden sie auch genutzt, um den Zugang der Bevölkerung zum Internet zu kontrollieren. Etliche nationale Registrare haben keine vertragliche Bindung zu ICANN, daher können sie von dieser Organisation auch nicht diszipliniert werden (Mueller 2010).

Umstritten sind bei der Verwaltung der Domainnamen nach wie vor folgende Punkte:

- Erstens sind zehn der weltweit dreizehn operierenden Root Server in den USA beheimatet. Diese verwalten eine Datenbank der Domainnamen und IP-Adressen der jeweiligen TLDs; ihr Registrierungsprozess ist nicht standardisiert. Ein ebenfalls in den USA angesiedelter „Masterserver" aktualisiert täglich die komplette Datenbank, auf die nur ICANN und das US-Handelsministerium Zugriff haben (Gernroth 2008). Diese doch sehr einseitige Verteilung der Root Server und der staatliche Einfluss der USA haben zu begreiflichem Missbehagen nicht nur der Regierungen ärmerer Staaten geführt.
- Zweitens werden TLDs nur in lateinischer Schrift verwaltet – eine Tatsache, die vor allem von Ländern mit anderer Schriftsprache als wenig nutzerfreundlich kritisiert wurde und wird (O Siochrú 2004).
- Drittens wird die wenig transparente, „undemokratische" Verwaltung von ICANN bemängelt; dies vor allem deshalb, weil sie nicht nur rein technische Entscheidungen zu treffen hat, z. B. über Ansprüche auf Markennamen im Netz (Pickard 2007).
- Viertens kollidiert der freie Zugriff auf Domainnamen mit dem Markenschutz, da identische oder ähnliche, auch missbräuchlich gewählte Namen zunehmend mit diesem Schutz kollidieren.

6.3.2 Technische Probleme

Weniger konfliktreich sind die technischen Probleme, die sich bei der Verwaltung der Domainnamen ergeben. Die Sicherheit der Nutzung ist durch sogenannte DNS-Angriffe gefährdet; das sind Umleitungen von Nutzeranfragen auf einen anderen Rechner, um an persönliche Passwörter oder Kreditkartennummern zu gelangen. Um dies zu unterbinden, hat ICANN 2010 ein neues Verfahren präsentiert. Es soll verhindern, dass der Datenverkehr zwischen Netznutzer und Webserver manipuliert werden kann. Dazu wird der Adresse des Webservers ein virtueller, geheimer und verschlüsselter Ausweis hinzugefügt, durch den sich Webserver und Empfänger gegenseitig ausweisen. Das neue System befindet sich noch in flächendeckender Ausbreitung.

Ein potentielles Problem stellt auch die Routensicherheit im Datenverkehr dar. Die Kommunikation im Internet hängt ja nicht nur von der Fähigkeit ab, einzelne IP-Adressen, sondern auch solche zwischen den Computern korrekt zu identifizieren. Diese Aufgaben bewerkstelligen die Internet Service Providers bislang durch Absprachen auf der Basis des sogenannten *Border Gateway Protocol*. Die Verletzbarkeit dieses Datenverkehrs wurde auf dramatische Weise im Jahr 2008 deutlich, als YouTube für fast eine Stunde aus dem Internet verschwand, weil die pakistanische Zensurbehörde den Zugang von YouTube unterband, fälschlicherweise aber die Verbindungen zu YouTube weltweit blockierte. Ein technischer Behelf für dieses Problem wurde zwar mittlerweile entwickelt; er setzt aber voraus, dass der Datenverkehr von einer übergeordneten Agentur kontrolliert und für zulässig befunden wird. Diese Entscheidung ist aber eine im Wesentlichen hoheitliche Aufgabe, die kaum einer privat organisierten Institution überlassen bleiben kann.

6.3.3 Risiken und Missbrauch

Domainnamen lassen sich allerdings auch anders missbrauchen: Cybersquatting bezeichnet die Registrierung eines Domainnamen in der Absicht, durch die Umleitung des Datenverkehrs eines markenrechtlich geschützten Anbieters Gewinne zu machen, oder es ist der Versuch, einem Markenschutzhalter durch Besetzung eines Domainnamens Zahlungen abzupressen. Ähnlich bezeichnet Typosquatting die bewusste, geringfügige Änderung eines Domainnamens (etwa durch Hinzufügung eines Buchstabens), um Teile des Datenverkehrs an den rechtmäßigen Nutzer abzuschöpfen. Damit hängt auch die missbräuchliche Hortung von Domainnamen zusammen, die sich mit etablierten Markennamen überschneiden oder diesen sehr ähnlich sind, und zwar zu dem Zweck, den Inhabern dieser Markennamen Zahlungen abzupressen. Markennamen sollen bewirken, dass Konsumenten die Hersteller von Produkten korrekt identifizieren können. Die Rechte daraus gelten für unbegrenzte Zeit.

Markennamen sind natürlich vor allem bei E-Commerce, beim elektronischen Handel, von großer Bedeutung, da sich Konsumenten hier stark auf die Reputation des Anbieters verlassen (müssen). Große Firmen halten für die Vielzahl ihrer Produktionsstätten, Dienste und Produkte bis zu 500 Domainnamen, die gegen möglichen Missbrauch auf Millionen von Servern geschützt werden müssen. Die Verletzung von Markenschutzrechten bei der Verwendung von Domainnamen war und ist tatsächlich immer noch ein verbreitetes Phänomen. Nach einer Quelle sollen 70 Prozent der Domainnamen, die man mit bestimmten Marken in Verbindung bringen könnte, nicht von den Inhabern der Markenrechte selbst registriert worden sein (WIPO o.J.). Angesichts dieser Entwicklungen hatte die US-Regierung schon 1998 gefordert, dass die *World Intellectual Property Organization* (WIPO) mit der Streitschlichtung bei Konflikten mit dem Markenschutz im Internet betraut werden sollte. Deren Mitgliedsländer haben, basierend auf den Konsultationen der WIPO, im September 2001 eine Empfehlung zum Schutz der Markennamen im Internet beschlossen, welche den Rahmen für nationale Ausführungsgesetze abgeben soll (WIPO 2002). Nach dieser Empfehlung sind die Halter von Domainnamen so lange frei von rechtlicher Verantwortung, solange sie nicht über die Existenz konfligierender Namenrechte informiert worden sind. Markenrechte im Internet sollen so weit wie möglich auf das Territorium beschränkt bleiben, in dem sie ausgeübt werden. Sehr bekannte Markennamen genießen zusätzlichen Schutz gegen Reproduktion, Imitation oder bei Übersetzung.

Im Jahr 1999 wurde von ICANN die Einführung eines Streitschlichtungsmechanismus beschlossen, welcher den Inhabern von Markennamen erlaubt, ohne Rückgriff auf nationale Gerichte den Missbrauch von Markennamen im Internet beizulegen und zwar durch das einschlägige Organ der WIPO (*Arbitration and Mediation Centre*). Dieses behandelt Fälle, bei denen der Domainname identisch mit einem Markennahmen ist oder diesem stark ähnelt, der Besitzer des Domainnamen kein legitimes Recht auf ihn hat und diesen böswillig nutzt. Bis 2011 hat dieses Zentrum schon rund 35.000 Fälle geschlichtet, damit die Gerichte erheblich entlastet (WIPO 2010, 2011). Diese Übereinkunft regelt freilich nicht alle Probleme. Staaten, welche die Empfehlung nicht gezeichnet haben, bleiben ebenso außen vor wie die Namen internationaler Organisationen, pharmazeutischer Substanzen, von Herkunftsbezeichnungen und Personen. Zusätzliche Probleme ergeben sich bei der Einführung neuer TLDs. Dazu kommt, dass etwa viele Klagen missbräuchlich angestrengt werden und Anmeldungen von Domainnamen durch

Strohmänner bzw. -firmen erfolgen. Diese vertraglichen Lücken zu stopfen (etwa durch das Prinzip, den Verlierer eines Verfahrens zu belasten), würde aber das informelle Schlichtungsverfahren wieder schwerfälliger machen. Die WIPO ist sich auch nicht sicher, dass eine Vertragsänderung innerhalb der ICANN, in der sie wenig Einfluss hat, erfolgversprechend wäre (WIPO 2011).

6.3.4 Kapazitätsprobleme und der neue Standard

Das hauptsächliche Problem der Internetadressen ist aber immer noch, dass sie zur Neige gehen. Das bis unlängst einzig verwendete Programm der Verwaltung von Domainnamen (IPv4 = *Internet Protocol Version 4*) ist ein nahezu 30 Jahre alter Standard, der dem immer noch stark wachsenden Bedarf an Adressen zunehmend weniger gewachsen ist. IPv4-Adressen werden üblicherweise als vier Zahlen zwischen 1 und 255 angezeigt (etwa: 174.17.253.1), woraus sich ein Maximum an 4,3 Milliarden Adressen ergibt, die für die experimentelle Phase des Internets für mehr als ausreichend gehalten wurden. Die rasche Verbreitung und steigende kommerzielle Nutzung des Netzes, auch die nicht optimale Vergabe der Adressen ließen diese Hoffnung aber relativ schnell zur Illusion werden; schon im September 2005 schätzte eine Untersuchung des Unternehmens *Cisco Systems* (Hain 2005), dass der verfügbare Namensraum in vier bis fünf Jahren erschöpft sein würde. Die OECD präzisierte 2008 diese Prognose und setzte das Ende auf 2011 an (OECD 2008). Präzise zu Beginn dieses Jahres war es dann tatsächlich so weit: Die IANA vergab am 3. Februar 2011 die letzten 80 Millionen Adressen. Die schnelle Erschöpfung war auch bedingt durch die zunehmende Zahl internetfähiger Mobiltelefone, vor allem aber durch die rapide Wachstumsrate aller Empfangsgeräte von 26 Prozent jährlich seit dem Jahr 2000 und der Registrierung von Domainnamen um 22,1 Prozent pro Jahr (OECD 2011). Der weitaus größte Teil der IPv4-Adressen wird von den OECD-Staaten beansprucht (65 Prozent), davon allein fast zwei Drittel durch die USA, gefolgt von Südkorea, Deutschland und Großbritannien.

Angesichts des rapide steigenden Bedarfs an Domainnamen wurde bereits zwischen 1993 und 1998 an einem neuen Standard (IP6v) gearbeitet, der einen um ein Vielfaches erhöhten, praktisch unbegrenzten Raum für neue Domainnamen, höhere Qualität (vor allem für tragbare Internetgeräte) und besseren Datenschutz bietet. Er wurde 1999 eingeführt. IPv6-Adressen sind wesentlich länger (Beispiel: 2012:0ab7:1200:7b2f:1731:8442), erlauben daher die Vergabe einer astronomischen Zahl von Adressen, die ausreichend sein müsste, um den Bedarf der nächsten Generationen zu decken. Der neue Standard soll auch den Datentransfer leichter und sicherer machen, und mit ihm können Datenpakete gleichzeitig an viele Adressaten in einem Vorgang versendet werden. Er ist freilich nicht rückwärtig kompatibel mit IPv4, der Übergang vom alten zum neuen System bedarf überdies einer Vielzahl zusätzlicher IPv4-Adressen, um alte in neue Domainnamen zu übersetzen. Dieser Sachverhalt und die nicht unbeträchtlichen Übergangskosten von einem zum anderen Standard bedingen eine bislang nur zögerliche Übernahme von IPv6s. Anfang 2011 vermochten erst 8,3 Prozent der Netze Datenverkehr in IP6v zu bewerkstelligen (OECD 2011), der aktuelle Verkehr mit diesen Adressen belief sich auf einen noch deutlich geringeren Anteil. Nicht überraschenderweise wurden neue IPv6-Adressen weitaus am häufigsten in den USA, Deutschland, Japan und Großbritannien registriert (Ebd.).

Die Übergangskosten entstehen erstens daraus, dass die Betriebssysteme dem neuen Standard angepasst werden müssen. Dies ist mittlerweile bei den gängigen Programmen (Windows, Mac) geschehen. Ähnliches gilt für die nötige Software: Nahezu alle Programmiersprachen, DNS-Server und Router sind mittlerweile IPv6-kompatibel. Bei der Anpassung innerhalb eines Server-Verbundes (Intranet) hapert es aber noch erheblich (OECD 2008). Die Umstellung und die Installierung von Dual-Track-Systemen (die beide Standards nutzen können) ist aber so teuer (und wird daher staatlicherseits in den USA, Japan und Südkorea unterstützt), dass man ohne Vorhersicht weiter von einer weltweit äußerst ungleichen Verteilung der Domainnamen auch im neuen Standard ausgehen muss.

6.3.5 Künftige Entwicklungen von Domain Governance

Rückblickend lässt sich konstatieren, dass das Geschäftsmodell der Verteilung von IPv4-Adressen nicht besonders nachhaltig war: Bis vor kurzem wurden ungenutzte Domainnamen kostenfrei verteilt, wenn ein „gerechtfertigtes Bedürfnis" nach der Zuteilung nachgewiesen werden konnte. Man hätte wohl besser die Adressen nach Prioritäten und Gewicht der Nutzer verteilen sollen, nicht genutzte Domainnamen zurückfordern und zu großzügige Ausgaben von Adressen zurückstutzen müssen. Mit dem traditionellen, vorwiegend technischen und politikfreien Geschäftsmodell der Registrare war dies aber kaum möglich. Immerhin ermöglichten europäische und nordamerikanische Registrierungsagenturen 2008 bzw. 2009, dass Nutzer die Domainnamen nicht ausgeschöpfter Adressen an Interessenten verkauften, die zusätzlichen Bedarf anmeldeten. Die Rückforderung nicht genutzter Adressen durch die Registrare machte aber keine Fortschritte (Mueller 2010). Es bleibt abzuwarten, ob bei der Nutzung des neuen Standards diese Defizite vermieden werden.

Das oben angesprochene Problem der TLDs ausschließlich in lateinischer Schrift ist vor allem für große Entwicklungsländer mit anderer Schrift, aber auch für einige europäische Länder mit Minderheitssprachen ein Ärgernis (MacSitigh 2010). Daher fühlte sich selbst der *Europarat* bemüßigt, ein mehrsprachiges Internet zu fordern. Die UNESCO stellte sich an die Spitze solcher Forderungen und verband sie mit dem Anspruch, die „digitale Spaltung" zu verringern. Dieses Problem wurde im Herbst 2009 weitgehend beigelegt, denn zu diesem Zeitpunkt führte ICANN internationalisierte Domainnamen (IDN) mit nicht-lateinischen (arabischen, koreanischen, japanischen etc.) Schriftzeichen ein und begann entsprechende IDNs zu registrieren.

Es gab immer wieder Anläufe, die Macht von ICANN und der angeschlossenen Registrare über die Vergabe von Domainnamen zu beschränken, bislang allerdings ohne nachhaltigen Erfolg. So operierte von 2002 bis 2008 das *Open Root Server Network* als Alternative zu ICANN. Dieses Netzwerk war keiner politischen Einflussnahme ausgesetzt, aber mangels geringem Interesse der Nutzer wurde es eingestellt. Bei der Firma *Unified Root* lassen sich seit 2005 Domain-Endungen registrieren, die nicht auf den TLDs von ICANN basieren und parallel zu den TLDs genutzt werden können; das Unternehmen verlangt aber einen speziellen Browser. Ähnliche Vorkehrungen sieht die kostenfreie Teilnahme am Open Source Projekt *OpenNIC* vor – ein Zusammenschluss freiwillig arbeitender Experten mit unbeschränkter Möglichkeit zur Teilnahme. All diese Alternativen stellen wegen mäßiger Verbreitung und der Notwendigkeit zur Installierung spezieller Software die Hegemonie von ICANN nicht in Frage.

Eine wirkliche Herausforderung für die Unabhängigkeit derjenigen Institutionen, welche die sogenannten kritischen Internet-Ressourcen verwalten, stellt allerdings das Bestreben nicht weniger Nationalstaaten dar, die Verwaltung dieser Ressourcen an sich zu reißen oder zumindest zu kontrollieren – Bestrebungen, die seit dem ersten Weltinformationsgipfel (WSIS) nicht abgerissen sind. Verwunderlich sind sie nicht. Denn es fällt Regierungen immer schwer, einer transnationalen, nichtstaatlich organisierten Verwaltung wirtschaftlich immer wichtiger werdender Internet-Ressourcen zuzugestehen, sofern Vorstellungen nationaler Souveränität und Rechenschaftspflicht gegenüber den eigenen Bürgern in Betracht gezogen werden. Der nicht sehr überzeugende Kunstgriff (namentlich bei WSIS I), technische Aspekte der Internet-Verwaltung von solchen öffentlicher Belange zu trennen, ist – wie die bisher gemachten Ausführungen zeigen sollen – nicht sehr überzeugend.

Solche Delegationen widerstreben vor allem Regierungen, deren Volkswirtschaften nicht an der Spitze des technologischen Fortschrittes stehen und wenig prosperieren. Sie verfügen auch nicht – anders als die USA – über die entscheidende Infrastruktur der Internet-Governance, sondern müssen die Kontrolle über die Namensvergabe oder die Festlegung der Routen für den Datenverkehr globalen oder regionalen Agenturen überlassen. Dieser Nachteil ist nicht nur der chinesischen Regierung ein Dorn im Auge, welche die erste Initiative zur stärkeren nationalen Kontrolle der Vergabe von Domainnamen startete (Mueller 2006). Es ist auch das Anliegen praktisch aller Entwicklungsländer und – erstaunlicherweise – neuerdings auch der EU und ihrer Mitgliedsstaaten. Der ursprüngliche chinesische Vorschlag zielte darauf ab, nationalen Regierungen eine konkurrierende Kompetenz bei der Vergabe von Domainnamen einzuräumen. Die regionalen Registrare und einige westliche Regierungen reagierten mit Entrüstung, die Registrare wohl hauptsächlich deshalb, um ihr Monopol zu schützen. Die EU-Kommission begründete das Bestreben um stärkeren Zugriff der Regierungen auf die kritischen Internetressourcen mit der wachsenden Bedeutung des Internets für die Gesellschaft insgesamt, mit der notwendigen Sicherheit des Datenverkehrs, der begrenzten Rechenschaftspflicht von ICANN und der Registrare sowie mit der notwendigen Berücksichtigung der Belange öffentlicher (und nicht nur privater oder privatwirtschaftlicher) Interessen (Kommission der Europäischen Gemeinschaften 2009). Dieser Vorstoß der EU unterscheidet sich verbal nur wenig von der Position mehr oder eher weniger demokratischer Regime andernorts.

Diese durch unterschiedliche Interessen bedingten Konflikte schleppen sich schon seit dem ersten Weltinformationsgipfel 2003 in Genf dahin, an der Substanz der Argumentation der unterschiedlichen Parteien hat sich wenig geändert. Vorläufig letzter Akt dieses Dramas war die Weltkonferenz zur Internationalen Telekommunikation (Dezember 2012) in Dubai, bei der es um die Überarbeitung der Internationalen Telekommunikations-Regulierungen von 1988 gehen sollte. Die Regierungen autoritär oder halbdemokratisch organisierten Staaten machten dort wieder die üblichen Vorschläge, um insbesondere die staatliche Souveränität gegenüber Einmischungen in die inneren Angelegenheiten im Netz zu stärken und die politische Macht der ITU (in der die nichtwestlichen Staaten die Mehrheit haben) zu steigern. Sie sollte die Kompetenz für die Vergabe von Domainnamen und die für die Regulierung von Online-Inhalten bekommen. Die iranische und die russische Regierung schlugen zusätzlich vor, den Internet-Verkehr an nationalen Grenzen zu messen und vom Urheber bezahlen zu lassen (Meister 2012). Gegen diese Vorschläge setzten sich westliche Regierungen erneut scharf zur Wehr (Motto: autoritäre Staaten würden mit Hilfe einer obskuren UN-Organisation das Internet steuern und die Informationsfreiheit drastisch beschneiden wollen). Nach hitziger Diskussion auf dieser Konferenz blieb ein harmloser Kompromiss übrig, der alle kontroversen Punkte ausklammert (ITU 2012).

6.4 Staatliche Kontrolle und Überwachung

6.4.1 „Big Brother is watching you"

„Auf jedem Treppenabsatz starrte dem Lichtschacht gegenüber das Plakat mit dem riesigen Gesicht von der Wand. Es war eines jener Bilder, die einem mit dem Blick überallhin zu folgen scheinen. DER GROSSE BRUDER SIEHT DICH, lautete die Textzeile darunter. In der Wohnung verlas eine sonore Stimme eine Zahlenstatistik, bei der es irgendwie um die Roheisenproduktion ging. Die Stimme kam aus einer länglich-rechteckigen Metallplatte, die wie ein blinder Spiegel in der Wand zur Rechten eingelassen war [...]. Man konnte das Gerät (den sogenannten Teleschirm) zwar leiser stellen, aber ganz ausschalten ließ er sich nicht [...]. Winston kehrte dem Bildschirm weiter den Rücken zu. Es war sicherer so; obgleich, wie er sehr wohl wußte, selbst ein Rücken verräterisch sein konnte. Einen Kilometer entfernt türmte sich das Ministerium für Wahrheit, seine Arbeitsstätte, weiß und gewaltig über die rußige Landschaft auf" (Orwell, 1984, 7ff.).

So lauten einige der Eingangssätze in dem wohl berühmtesten Science-Fiction-Roman über Überwachung und Kontrolle, verfasst 1948 von dem britischen Schriftsteller Eric Arthur Blair (Pseudonym: George Orwell, 1903–1950). Mit schon beängstigender Präzision zeichnete er für 1984 Manipulation und psychische Zerstörung des Menschen durch perfekte Überwachung und brutale Einschüchterung in einem totalitären Staat, dessen perfide Kontrollmechanismen und Repressionen bis heute im kollektiven Bewusstsein nachwirken. Noch nicht gänzlich konnte sich der Autor die Technologien ausmalen, die man braucht, um Überwachungsdokumente zu sammeln, zu registrieren, auszuwerten, um immense Datenmengen zu transportieren, zu speichern und zu kategorisieren, also Computer und digitale Netze. Doch Ahnungen davon kursierten bereits; sie sind dann sinnigerweise in den 1980er und 1990er Jahren verfügbar geworden und geben dem Roman bis heute eine bislang einmalige Aktualität, Plausibilität und Realitätsnähe.

6.4.2 Überwachte Lebenswelten

Umfassende Videoüberwachung des öffentlichen Raums, also von U-Bahnen, Park- und Kaufhäusern, in öffentlichen Parks und gefährdeten Straßen, die Bewegungsgewohnheiten und -profile von Personen rekonstruierbar machen, die routinemäßige Erstellung von Bewegungsprofilen, Gendatenbanken (genetischer Fingerabdruck), biometrische Datenbanken, Gesichtskennungen durch Muster-Codierungen und ihre Zuordnung zu Personaldateien, elektronisch les- und auswertbare Kredit- und Gesundheitskarten, Identitätsausweise und Pässe, Kunden-, Mitgliedskarten für Unternehmen und Vereinen sowie RFID-Chips, also: Identifizierung mit Hilfe elektromagnetischer Wellen in Geldscheinen für Registrierkassen, computergestützte Überwachung von Telefongesprächen („Abhören"), Langzeit-Speicherung von Telekommunikationsdaten inklusive des Aufenthaltsorts bei Mobiltelefon-Nutzern, inhaltliche Kontrollen des Internet-Datenverkehrs, unbemerktes elektronisches Eindringen von staatlichen Stellen (Verfassungsschutz, Geheimdienste) in private Computer („Online-Durchsuchung"), Nachverfolgung des elektronischen Zahlungsverkehrs mit EC- und Kreditkarten, umfassende Beobachtungen von Banküberweisungen – all dies und noch einiges mehr sind Methoden und Techniken, die IT-gerüstete Staaten und Instanzen heute schon (und künftig noch intensiver) praktizieren (können) und kollektive Befürchtungen, wenn nicht Alpträume der totalen Überwachung und Kontrolle hervorrufen (Krotz 2009, 18f.). Aber auch private Unternehmen und Dienstleistungen sind oft daran beteiligt, entweder in eigener Regie, beauftragt oder auch in Kooperation mit staatlichen Institutionen. Meist nur vordergründig und oberflächlich sind sie gesetzlich legalisiert und werden unabhängig selbst vom gesetzlichen Datenschutz kontrolliert. Vieles passiert im Geheimen und Zwielichtigen, wie die jährlichen Berichte der Datenschutzbeauftragten und anderer Kontrollgremien (etwa Ausschüsse der Parlamente) immer wieder belegen. Daher laufen gesetzliche Regelungen und exekutive Kontrollen oft genug den Überwachungspraktiken hinterher, sofern überhaupt ein politischer Willen vorhanden ist, sie zu regulieren. Schalten sich gar kriminelle Akteure dazwischen – etwa wenn amtliche Daten von privaten Hackern und Vermarktern gestohlen und weiterverkauft werden, was letztlich nie ganz zu vermeiden ist –, werden die Datenüberwachung und ihre Anwendung bzw. Verwertung vollends undurchsichtig und für alle bedrohlich.

In autoritären Staaten wird starke, geheime oder auch absichtlich demonstrative Überwachung eingesetzt, um Bürger von nicht genehmen Verhaltensweisen oder in diesem Regime inkriminierten Straftaten abzuhalten. Dazu dienen natürlich heute die verbreitete Videoüberwachung und Datenauswertung in allen öffentlichen Bereichen. Oft genug werden in repressiven Regimen (z. B. China, Nordkorea, Arabische Staaten, Iran, Russland) als ‚staatsfeindlich' eingeschätzte Personen ‚präventiv' festgenommen und weggesperrt, um sich anbahnende Proteste zu ersticken und ihre Akteure einzuschüchtern, aber auch um bei internationalen Veranstaltungen das öffentliche Erscheinungsbild zu beeinflussen.

6.4.3 Zur Theorie der sozialen Kontrolle

Aus wissenschaftlicher Sicht ist der Terminus der sozialen Kontrolle der umfassendste für diesen Handlungsbereich. Er wurde von den amerikanischen Soziologen Edward Alsworth Ross mit einem Aufsatz im *American Journal of Sociology als Social Control* in die sozialwissenschaftliche Diskussion eingeführt (Ross 1986). Gemeint ist damit die absichtliche Lenkung des Individuums durch eine größere soziale Gruppe, allgemeiner noch: die willentliche Herrschaft der Gesellschaft über das Individuum. Eine neuere Definition fasst unter dem Begriff „jene Prozesse und Mechanismen, mit deren Hilfe eine Gesellschaft versucht, ihre Mitglieder zu Verhaltensweisen zu bringen, die im Rahmen dieser Gesellschaft positiv bewertet werden" (Fuchs-Heinritz u. a. 2007; Menzel und Wehrheim 2010).

Unterschieden werden vor allem zwei Formen der sozialen Kontrolle: zum einen die äußere Kontrolle, also die durch negative und positive Sanktionen erreichte Steuerung durch übergeordnete Gruppierungen bzw. durch die gesamte soziale Umwelt; zum anderen die innere Kontrolle, also die Verinnerlichung von sozialen Normen, insbesondere durch Sozialisationsprozesse, in das Persönlichkeitssystem oder Gewissen, so dass die aufgezwungenen Normen und Verhaltensweisen als ‚natürlich' – gewissermaßen als zweites Ich – erachtet werden. Sie reichen dann über die Lenkung des offenen Verhaltens hinaus in individuelle Gedanken und Gefühle hinein. Ausgeübt werden kann die soziale Kontrolle durch sanktionsbewehrte Normen, aber auch durch konkrete Strukturen und Handlungsprozesse sozialer Gruppierungen und Institutionen (wie Familie, Schulen, Kirchen, Vereine, Institutionen der Justiz und Sozialarbeit). Ihre Mittel reichen von sozialer Kommunikation (Anerkennung, Ermutigung, Überzeugung, Kritik, Anweisung) über Sanktionen (Benachteiligungen, Strafen) bis hin zur sozialen Isolation. Ihr Ziel ist die Erzeugung von Verhaltenskonformität gemäß den Normen der Mehrheit. All diese Prozesse und Praktiken erfolgen inzwischen nicht mehr nur im direkten, sozialen Kontakt, sondern auch im medialen. Und je mehr die digitalen Strukturen persönliche Adressierungen – etwa durch soziale Netzwerke – erreichen (Peiser 2012), umso eher können sie indirekt-medial ausgeübt werden.

Besonders strikt und effektiv werden Kontrolle und Überwachung in totalen Institutionen – heute wohl auch in ähnlich engmaschigen Netzwerken – ausgeübt. Ihre analytische Konzeption ist von dem amerikanischen Soziologen Irving Goffman (1973) skizziert worden, der französische Soziologie Michel Foucault (2007) hat das der Disziplinierung von der informellen Sozialisation bis hin zur repressiven Bestrafung beigesteuert. Beide Ansätze weisen darauf hin, dass neben direkter, offener Disziplinierung und Repression vor allem langfristig informelle Disponierungen wirken können, um normgerechtes Verhalten und auch Denken zu erzeugen. Dies kann durch Isolation von anderen sowie durch die allmähliche Unterdrückung der eigenen Identität erreicht werden: „Diskulturation", nennt Goffman diese Maßnahme; sie besteht darin, „dass jemand gewisse, im weiteren Bereich der Gesellschaft erforderliche Gewohnheiten verliert oder sie nicht erwerben kann" (Goffman 1973, 24, 198).

6.4.4 Praktiken staatlicher Überwachung

Ähnlich verschafft sich die moderne Überwachung über jeden Bürger zu jedem Zeitpunkt tendenziell alle relevanten Informationen, über Aufenthaltsorte, über Gewohnheiten, Vorlieben und Handlungen, über Interaktions- und Kommunikationspartner, über Inhalte und Stile der Kommunikation. Je nach Gefährdungslage, die meist von Geheimdiensten nach ihren undurchsichtigen Kriterien definiert wird, werden die Mechanismen der Überwachung verschärft. Private Unternehmen wie Kaufhäuser, Banken, Arztpraxen und Krankenhäuser verfügen wiederum über einschlägige Daten und daraus gewonnene Gewohnheitsmuster. Solange sie noch nicht miteinander abgeglichen und zentral vernetzt sind, mag sich der einzelne noch in gewisser Sicherheit wiegen. Der Orwellsche Überwachungsapparat funktioniert aber dann perfekt, wenn all diese Daten und Netze verbunden sind und zentralisiert werden – unter welcher obersten Steuerungsagentur auch immer (Singelnstein und Stolle 2008).

In der *deutschen* Öffentlichkeit wurde diese Problematik vehement anlässlich der 1981 beabsichtigten Volkszählung diskutiert (Bull 2011). Infolge ungeklärter Finanzierung konnte das erforderliche Gesetz erst 1982 verabschiedet und der Zähltermin erst für 1983 anberaumt werden. Dagegen erhoben sich zahlreiche Boykottaufrufe kritischer sozialer Gruppen und Parteien. Beim Bundesverfassungsgericht (BVG) in Karlsruhe erwirkten sie einen höchstrichterlichen Einspruch, der in dem historisch bedeutsamen Volkszählungsurteil vom 15. Dezember 1983 gipfelte. In ihm wurde nämlich das Grundrecht auf informationelle Selbstbestimmung formuliert, das sich aus der Menschenwürde des Art. 1 GG und dem Recht auf freie Entfaltung der Persönlichkeit nach Art. 2 Abs. 1 GG ableitet. Daher musste die Befragung teilweise neu konzipiert werden, indem personenbezogene Angaben von den Fragebögen getrennt und die Fragebögen selbst überarbeitet wurden, um so die Anonymität der Befragten besser zu gewährleisten: „Mit dem Recht auf informationelle Selbstbestimmung wären eine Gesellschaftsordnung und eine diese ermöglichende Rechtsordnung nicht vereinbar, in der Bürger nicht mehr wissen können, wer was wann und bei welcher Gelegenheit über sie weiß", definierte das BVG die Grenzen

6.4 Staatliche Kontrolle und Überwachung

staatlicher Schnüffelei und Kontrolle (Ebd.). Auch Art. 8 Abs. 1 der Europäischen Menschenrechtskonvention unterstützt nach Ansicht des Europäischen Parlamentes das Recht auf informationelle Selbstbestimmung: „Jede Person hat das Recht auf Achtung ihres Privat- und Familienlebens, ihrer Wohnung und ihrer Korrespondenz" (EMRK Art. 8 Abs. 1) (Holtz-Bacha 2011, 63ff.).

Zu massiven Gegenbewegungen und Verschärfungen der Überwachung kam es nach den Terroranschlägen in den USA vom 11. September 2001. Weltweit wurde der Kampf gegen terroristische Bedrohungen ausgerufen, einschlägige Gesetze eingeführt oder bestehende verschärft und vor allem geheime, digitale Methoden des Aufspürens aggressiver Pläne und Personen entwickelt. Weltweit sollen inzwischen schätzungsweise 15 Millionen Überwachungskameras im Einsatz sein (Behrens 2013).

Seit 2008 wurde etwa in der Europäischen Union die so genannte Vorratsdatenspeicherung eingeführt, aber auch immer wieder durch nationale Einsprüche in Frage gestellt. Eine neue Qualität soll etwa das bis 2013 laufende Forschungsprojekt INDECT bringen; denn mit ihm sollen Prävention als vorsorgende Datensammlung und simultane Überwachung der Planung von Straftaten vermengt werden. Dabei sollen sämtliche bestehende Überwachungstechnologien auf der Basis der automatisierten Auswertung und Verknüpfung von Bildern von Überwachungskameras des öffentlichen Raums mit einer großen Zahl weiterer Datenquellen wie etwa Daten aus sozialen Netzwerken und der Telekommunikationsüberwachung zu einem universellen Überwachungsinstrument gebündelt werden, um so eine verbrechensvorbeugende Polizeiarbeit zu ermöglichen. Die Überwachung würde nahezu total sein; entsprechend scharf wird das Vorhaben kritisiert.

Auch in anderen europäischen Staaten nehmen Überwachungsmaßnahmen zu: So sind in *Österreich* nach gerichtlicher Genehmigung Rasterfahndung und Lauschangriff erlaubt. Österreichische Reisepässe enthalten bereits Mikrochips, auf denen biometrische Daten sowie Fingerabdrücke gespeichert sind. Ebenso darf die Polizei ab 2008 ohne richterliche Kontrolle auf IP-Adressen und Standortdaten von Handys zugreifen.

In *Frankreich* erging ein Dekret, wonach seit Juli 2008 Daten potenzieller Gewalttäter ab 13 Jahren vom Inlandsgeheimdienst in einer Datenbank zentral erfasst werden dürfen. Selbst wenn Personen keine Straftat begangen haben, dürfen ihre Daten gesammelt werden. Die Speicherungen umfassen Angaben zu Adressen, Familienstand, Steuer, Vorstrafen, zur Anmeldung des Autos, zum Bekanntenkreis, zu Körper- und Wesensmerkmalen, zu Fotos und in Ausnahmefällen auch zur ethnischen Abstammung, zur Gesundheit und zum Geschlechtsleben. Auch dürfen Daten von Personen gespeichert werden, die ein politisches, gewerkschaftliches oder wirtschaftliches Mandat bekleiden oder vorhaben, eine bedeutende Rolle im öffentlichen Leben zu spielen. Unter das Dekret fallen ebenso Individuen wie Gruppen, die möglicherweise die öffentliche Ordnung stören könnten.

Am verbreitetsten und lückenlosesten wird die Überwachung wohl in *Großbritannien* seit Beginn dieses Jahrtausends praktiziert: Das Mutterland der Demokratie verwandelt sich seither in den rabiatesten Überwachungsstaat der westlichen Welt. 1984 installierte die Londoner Polizei erstmals 145 Kameras eines „integrierten Verkehrskontrollsystems" zur Beobachtung von Demonstrationen und Unruhen; die aufgenommenen Bilder werden in der Zentrale am New Scotland Yard Broadway zusammengeführt. Es dauerte weitere sechzehn Jahre, bis der Überwachungsstaat zum Regierungsprinzip erhoben wurde. Im Jahre 2000 verabschiedete das Parlament den *Regulation of Investigatory Powers Act* (RIPA), der in Teil 2 offene und versteckte Überwachungsmethoden regelt. In Provinzstädten wie Edinburgh und Manchester wird jeder Bürger durchschnittlich an die hundertmal am Tag gefilmt, und 300 Kameras verfolgen jeden Londoner beim Einkauf und auf dem Weg zur Arbeit. Dafür sorgt CCTV; es ist das Kürzel für *closed circuit television*, eine durch ein geschlossenes Kabelnetz verbundene Videoanlage. CCTVs werden von der Polizei, von Behörden und Kommunen, von privaten Firmen und öffentlichen Diensten betrieben. Landesweit wird die Zahl der Kameras, die auf britische Bürger gerichtet sind, auf 4,2 Millionen geschätzt. Von ihnen dürfte inzwischen jeder/jede durchschnittlich 300mal am Tag erfasst werden (Behrens 2013). Kein anderes Land der Welt kann da auch nur annähernd mithalten.

Die 1997 ins Amt gekommene New-Labour-Regierung etablierte zudem die größte und technologisch ausgefeilteste genetische Datenbank der Welt. Die Polizei darf von jeder festgenommenen Person auch bei nur geringfügigen Vergehen DNA-Proben nehmen. Und wer einmal in der Datei ist, hat so gut wie keine Chance, je wieder daraus entfernt zu werden. Die Regierung rechtfertigt diese Praxis damit, dass unter Verdacht Geratene, auch wenn sie diesmal unschuldig sind, „in Zukunft ein Verbrechen begehen könnten". Mittlerweile enthält die Datei 1,5 Millionen Proben. Bis 2008 sollen 4,25 Millionen Briten genetisch erfasst sein, über sechs Prozent der Bevölkerung.

In einer Analyse der Bürgerrechtsgruppe *Privacy International* landete Großbritannien als Staat, in dem Verletzungen der Privatsphäre „endemischen" Charakter haben, neben Russland, China, Malaysia und Singapur in der Spitzengruppe von 37 Ländern. Deutschland und Kanada schützen die Privatsphäre der Studie zufolge am wirkungsvollsten. Solche Beanstandungen finden in Großbritannien – unabhängig von der jeweiligen Regierung – offenbar kaum Gehör. Seit 2012 wird die schon umfassende Beobachtung des gesamten Internet-, Telefon- und E-Mail-Verkehrs durch den Geheimdienst weiter perfektioniert. Den

Berichten zufolge sieht ein Entwurf vor, dass Provider entsprechende Hardware zu installieren hätten, die der britischen Geheimdienst-Behörde GCHG (*Grand Challenges in Global Health*) eine plattformübergreifende Beobachtung individueller Kommunikation erlaubt. Zeitpunkt, Position der Teilnehmer und Dauer, aber nicht Inhalte der Kommunikation sollen dabei langfristig gespeichert werden und in Echtzeit verfolgbar sein. Diese Überwachung soll im Gegensatz zur bestehenden Gesetzgebung dann ohne richterliche Erlaubnis möglich sein.

Bislang müssen Überwachungsvideos von realen Personen angesehen und ausgewertet werden – was bei der Überfülle der Daten immer weniger gelingt. Daher wird an möglichst intelligenten Systemen gearbeitet, die primär verdächtige Situationen, Handlungen, Personen und Objekte automatisch erkennen und auswerten können: *Aisight* der US-Firma BRS gilt derzeit als modernster, vielversprechender Prototyp. Anders als bei festen Kennungs-Algorithmen, die bestimmte Muster wie „liegende Person", Menschenansammlung, Aggression" oder allgemein „auffälliges Verhalten" registrieren, ist die amerikanische Version als selbstlernend konstruiert und kann, ähnlich einem neuronalen Netz, Erfahrungen sammeln und lernen, was in welcher Situation als normal gilt und was nicht – etwa welchen Sektor Passanten nicht betreten oder welche Tür sie nicht öffnen sollten. Ein riesiger Investitionsmarkt ist dieser Technologie bereits avanciert. Aber Datenschützer monieren ebenso, dass künftig eine Maschine darüber entscheidet, ob ein Mensch und sein Verhalten verdachtswürdig ist oder nicht (Behrens 2013).

Soziale Kontrolle und Überwachung zumal von Seiten des Staates ist keine weiche, unauffällige und folgenlose Governance-Praxis; sie rechnet mithin zum expliziten staatlichen Gewaltapparat, sei sie offen angewendet und gesetzlich legalisiert, sei sie geheim und mehr oder weniger im Zwielicht geheimdienstlicher Aktivitäten. Mit der Expansion des transnationalen Terrorismus haben die Praktiken sicherlich zugenommen und sich verschärft – so dass sie zunehmend dem Transparenz- und offenen Kontrollgebot der Demokratie widersprechen. Oft genug kollidieren Maximen der möglichst hohen Effizienz und Effektivität mit Postulaten für rechtsstaatliches und – das heißt immer auch – transparentes, gesetzlich legalisiertes und exekutiv kontrolliertes Handeln. Diese Entwicklung ist besonders mächtig, wenn der Staat solche Überwachungsaufgaben an private Unternehmen delegiert, wie dies nicht nur bei direkten Sicherheitsaufgaben geschieht, sondern auch bei Computer- und Netzüberwachungen. Vollends unüberschaubar werden die Praktiken, wenn private Dritte – etwa Unternehmen (bei Betriebsspionage), Kaufhäuser (contra Ladendiebstahl), Banken (bei kriminellen Geschäften), Krankenkassen (zur Beaufsichtigung von Simulanten) – Überwachungen und Kontrollen mittels digitaler Datensicherung selbst in die Hand nehmen. Ihre internen Datenspeicher und Intranetze sind Tresore für willkürliches, interessengeleitetes Handeln. Gänzlich beherrschen lässt sich dieses Wirken sicherlich nicht mehr – nicht zuletzt deshalb, weil die digitalen Technologien des Überwachsens, Datensammelns, -auswertens und -verwendens permanent tätige, höchst wirksame Apparaturen bereitstellen, die nur noch von Experten oder künftig auch von Automaten betätigt werden können und der geheimen Willkür unterliegen.

6.5 Zensur und Informationsbehinderung

6.5.1 Zensur als Informationskontrolle

Allgemein lässt sich Zensur als Informationskontrolle jedweder Art bezeichnen; damit wird das Amt oder die Amtstätigkeit des Zensors benannt, eines hohen Beamten der Römischen Republik, zu dessen Aufgaben die Durchführung der Volks- und Vermögensschätzungen [census], die Besetzung des Senats und die Aufsicht über die Sitten der Römer gehörten. Zensur im engeren publizistischen Sinn meint die Verhinderung bestimmter, vermeintlich nicht förderlicher Informationen von Seiten einer Obrigkeit, früher auch von Kirche und Papst, im modernen Staat durch staatliche Behörden, Justiz oder Polizei (Breuer 1990; Plachta 2006).

Moderne Zensur setzt Öffentlichkeit voraus, die weitgehend durch Medien konstituiert wird (Habermas 1990; Hohendahl 2000; Wendelin 2011), und sie bedarf eines kundigen, politisch selbstbewussten Publikums, das seine Informations- und Meinungsfreiheit einfordert und/oder wahrnimmt. Zensur liegt im Interesse von Staat oder staatsähnlichen Gebilden in autoritären Regimen und wird von ihnen möglichst vor Publikwerden der Information ausgeführt. In diesem konkreten Sinn meint Zensur also staatliche Vorzensur, Informationsboykott vor der Publikation. Einer der Wesensbestandteile moderner Demokratie ist das Menschen- oder Grundrecht auf freie Information und Meinung, auf Presse- und Medienfreiheit, weshalb sich Zensur verbietet: „Eine Zensur findet nicht statt", heißt es daher im zuständigen Artikel (5.1 GG) des Grundgesetzes der Bundesrepublik Deutschland. Auch die Europäische Union und die Vereinten Nationen bekennen sich zu diesem Menschenrecht.

Weiter gefasst, meint Zensur jede Informationsbehinderung: etwa wenn Medien und Verlage auf wirtschaftliche Interessen Rücksicht nehmen und Informationen unterdrücken oder manipulieren, da sie von jenen über die Werbefinanzierung weitgehend abhängig sind, oder wenn von Medienproduktionen und Redaktionen bestimmte Rücksichtnahmen oder Sichtweisen aus eigenem oder ideologisch-politischem Interesse praktiziert werden. Dann spricht man von (informeller)

Selbstzensur, in materialer Anschaulichkeit auch von der „Schere im Kopf". Systemische Dimensionen hat Nachrichtenkontrolle bzw. -gestaltung in Regimen, die aus politischen Restriktionen, ideologischen, religiösen, kulturellen und ethischen Prämissen oder auch aus wertbezogenen, oft genug latenten Perspektiven vorgenommen werden. So hatte der frühere Sowjetblock eine massive Nachrichtenrepression, und heute reproduzieren sich diese Mechanismen – wenn auch weniger stark – in Russland. Islamische Staaten bekennen sich sogar zu ihrer praktizierten, religiös verbrämten, oft auch autoritär-politisch intendierten Nachrichtenauswahl und -unterdrückung. China rühmt sich eines landesweiten Zensursystems um der Regimestabilität willen.

Aber selbst westliche Demokratien üben in ihren etablierten Medien Nachrichtenselektion aus: Sie ist einerseits zwangsläufig, da die ständig wachsende Flut von Informationen sortiert und gewichtet werden muss (Schulz 1976; Staab 1990). Erfolgt sie indes stets und vorwiegend mit bestimmter Gewichtung, etwa hinsichtlich bestimmter Regionen, Länder, Regime, Gruppierungen oder auch Themen, lassen sich deutliche, absichtliche oder systemisch inkorporierte Filter vermuten, durch die Nachrichten unterdrückt, verzerrt oder frisiert werden. Diese Aussonderungen oder auch nur Akzentuierungen praktizieren schon bei der Nachrichtenproduktion die führenden Nachrichtenagenturen (Reuters, AP, AFP), denen oft westliche Voreingenommenheit vorgeworfen wird (Steinweg 1994; Wilke 1993, 2000). In der modernen Nachrichtenforschung werden dafür so genannte Nachrichtenfaktoren identifiziert, die den Wert einer Nachricht und damit die Wahrscheinlichkeit ihrer Verbreitung, Platzierung und Relevanz bestimmen sowie Parameter für die Interpretation von Wirklichkeit und für die Prioritäten und Werte gesellschaftlicher Systeme erkennen lassen (Schulz 1976; Eilders 1997; Ruhrmann u. a. 2003). Web-Plattformen wie „mediawatch.com/org" (www.nicht-mit-uns.de) decken die Selektionen bzw. die „unterdrückten Nachrichten" auf.

6.5.2 Zur Geschichte der Zensur

Die Geschichte der modernen Zensur ist zum einen an die Erfindung des mechanischen Drucks von Johannes Gutenberg seit Mitte des 15. Jahrhunderts sowie an die für damalige Verhältnisse rasche Verbreitung von Druckereien und Druckwerken (Flugblätter, Hefte, Breviere) geknüpft, die Martin Luther schon recht professionell für die Diffusion seiner Reformideen nutzte. Zum anderen hatte sich der Römische Bischofssitz allmählich als zentrale Leitungsinstanz der katholischen Kirche etabliert und suchte mit der exekutiven Unterstützung weltlicher katholischer Mächte (Habsburg, Spanien) die bald ihrem Monopol entrinnende, sich unkontrolliert verbreitende Flut nicht sanktionierter Druckwerke zu verhindern (Breuer 1990). Auf Konzilen und in päpstlichen Bullen wurde die kirchliche Zensur schon 20 Jahre nach Gutenbergs Erfindung beschlossen. Ausgeführt wurde sie durch die katholischen Fakultäten der Universitäten, in Deutschland etwa von der in Frankfurt. Ihnen mussten alle Neuerscheinungen, die meist auf Messen anfangs von den Druckern selbst verkauft wurden, zur Billigung vorgelegt werden; die zugelassenen Drucke wurden in Listen eingetragen, die anderen gerieten auf den so genannten Index.

Traurige Berühmtheit, nicht zuletzt wegen seiner langen Laufzeit, errang der *Index Librorum Prohibitorum* (*Verzeichnis der verbotenen Bücher*, kurz auch *Index Romanus* genannt) – ein Verzeichnis der nicht genehmen Bücher der römischen Inquisition. Erstmals erschien es 1559, seine letzte amtliche Ausgabe datiert von 1948 mit Nachträgen bis 1962, und es nannte zuletzt 6000 Bücher. Erst 1965 wurde dieser Index nach dem Zweiten Vatikanischen Konzil abgeschafft. Für einen gläubigen Katholiken war der „Index" verbindlich; die Lektüre der dort gelisteten Bücher galt als schwere Sünde, für manche drohte die Exkommunikation. Allerdings funktionierte er als Nachzensur; oft dauerte es bis zu zwei Jahre zwischen der Erstpublikation eines Werkes und dem Beginn des Zensurverfahrens. Da die Kirche aber nicht über weltliche Sanktionsmittel verfügte, konnte sie das vollständige Verschwinden der indizierten Werke nicht durchsetzen, mit der anhaltenden Säkularisierung seit dem 20. Jahrhundert immer weniger.

Auch die weltlichen Mächte in verschiedenen Ländern führten nationale Indizes ein, die je nach politisch-ideologischer Ausrichtung der Obrigkeit Bücher und Druckwerke sanktionierten. Im Heiligen Römischen Reich Deutscher Nation war der Reichshofrat für die Kontrolle des Schrifttums zuständig. Ihm unterstand die Kaiserliche Bücherkommission in Frankfurt am Main. Die einzelnen Fürstentümer und Länder exekutierten ihre eigenen Kontrollen, zu Zeiten der religiösen Auseinandersetzungen – etwa im und nach dem Dreißigjährigen Krieg – vornehmlich entsprechend dem Bekenntnis des Herrscherhauses: Allmählich traten der Schutz des feudalen Regimes und seiner Repräsentanten sowie moralische und Verhaltensnormen zur Aufrechterhaltung der bestehenden Ordnung in den Vordergrund. Außer den katholischen Staaten im Süden machte sich das protestantische Preußen mit Dekreten seiner Herrscher für Zensurmaßnahmen stark.

Strenge Zensurgesetze erließ 1803 Napoleon in den eroberten Reichsgebieten sowie in den assoziierten Staaten Baden, Bayern und Rheinland; sie waren vor allem politisch ausgerichtet. Ab 1809 wurde in jedem Ort mit Buchdruckereien oder Buchhandlungen ein Zensor eingesetzt. Auf dem Wiener Kongress 1815 wurde die Pressefreiheit in die Deutsche Bundesakte aufgenommen, aber nur in wenigen Staaten ansatzweise praktiziert. Mit den Karlsbader Beschlüssen 1819 wurde

6.5 Zensur und Informationsbehinderung

eine strenge, für den Deutschen Bund einheitliche Zensur eingeführt. Sie sah eine präventive Zensur für alle Publikationen mit weniger als 20 Druckbogen und eine nachträgliche, repressive Zensur für alle darüber hinausgehenden Publikationen vor. Spitzel und Polizei überwachten die Vorgaben. Autoren und Verlage übten sich daher in der gezielten Kalkulation von Umfängen ihrer Druckwerke.

Die Freiheitsbewegungen in Deutschland wie in den Nachbarländern in den 1830er Jahren beantworten die Regenten mit der Verschärfung der Zensurbestimmungen; sie ließen sich indes nur noch bis zu den Aufständen Ende der 1840er Jahre aufrechterhalten. Die erste Parlamentarische (National-)Versammlung in der Frankfurter Paulskirche 1848/49 forderte Pressefreiheit und schrieb sie in die Verfassung von 1851. Erstmals in einem gültigen Gesetz wurde sie 1874 im Reichspressegesetz des Deutschen Reiches fixiert. Aber die so genannten Sozialistengesetze unter Bismarcks Reichskanzlerschaft schränkte sie primär für alle linken Presseprodukte wieder ein. Auch danach gab es immer wieder Einschränkungen, besonders dann für das neue Medium Film.

Während des Ersten Weltkriegs war seit 1915 das Kriegspresseamt für die militärisch relevante Zensur zuständig. Erstmals in der Verfassung verankert wurde die Presse- und Meinungsfreiheit in der Weimarer Reichsverfassung von 1918. Allerdings erlaubte das am 21. Juli 1922 verabschiedete Republikschutzgesetz drastische Eingriffe in die Presse- und Versammlungsfreiheit. Am 18. Dezember 1926 verabschiedete der Reichstag zudem das *Gesetz zur Bewahrung der Jugend vor Schund- und Schmutzschriften* – erklärtermaßen eine Jugendschutzmaßnahme, die aber auch als allgemeine Zensur wirkte.

Mit der Machtübernahme der Nationalsozialisten wurde die Presse- und Meinungsfreiheit praktisch abgeschafft und die politische Vor-Zensur durch Parteiinstanzen eingeführt: Nach der Bücherverbrennung in vielen Städten wurden ab dem 31. Mai 1933 jüdische und politisch missliebige Autoren und Verleger rigoros verfolgt. Das Schriftleitergesetz vom Oktober 1933 definierte den Journalismus als eine vom Staat geregelte Aufgabe. Das Reichskulturgesetz vom September 1934 vervollständigte die Gleichschaltung der Medien. Ab 1935 stellte die Reichsschrifttumskammer schwarze Listen unerwünschter Bücher zusammen, die nicht mehr im Buchhandel verbreitet werden durften.

Nach dem Ende des Zweiten Weltkriegs 1945 wurden in allen deutschen Besatzungszonen eine Lizenzierungspflicht vor allem für Presseprodukte und die so genannten Altverleger eingeführt sowie eine Liste der auszusondernden Literatur erstellt, die aus der NS-Zeit stammte. In den westlichen Besatzungszonen wurde die Lizenzpflicht mit der Verabschiedung des Grundgesetzes 1949 aufgehoben, in der SBZ (Sowjetisch Besetzte Zone), später in der DDR wurde sie als Druckgenehmigungsverfahren von Partei und Staat bis zu ihrem Ende 1989 mehr oder weniger konsequent weitergeführt, obwohl die DDR-Verfassung von 1949 und ihre zwei weiteren Versionen von 1968 und 1974 in ihrem Artikel 27 formal Meinungs- und Pressefreiheit vorsahen. Im Grundgesetz ist Medien- und Meinungsfreiheit im Art. 5 als unverrückbares Menschen- und Grundrecht gesichert. Absatz 2 formuliert drei Einschränkungen hinsichtlich der „Vorschriften allgemeiner Gesetze" – worunter vor allem strafrechtliche Vorschriften rechnen –, des „Schutzes der Jugend" und des „Rechtes der persönlichen Ehre". Sie wie der so genannte Kunstvorbehalt (Art. 5 Abs. 3) waren und sind immer wieder Gegenstand juristischer Auslegungen und Entscheidungen, die für Kritiker wiederholt an die Grenzen informeller Zensur heranreichen.

Im Laufe der bundesdeutsche Geschichte sind auch immer mal wieder Verstöße unternommen worden, die Presse- und Medienfreiheit einzuschränken oder für bestimmte Produkte auszusetzen: Meist geschahen sie unter dem Vorwand politisch-ideologischer Indoktrination etwa in Zeiten des Kalten Krieges (wie bei der Überprüfung von Spielfilmen aus Osteuropa seit 1953), politisch-militärischer Sicherheit (wie etwa bei der *SPIEGEL-Affäre* 1962), zur angeblichen Aufrechterhaltung der sittlich-moralischen Ordnung anlässlich von freizügigen Filmen (wie etwa bei *Die Sünderin* mit Hildegard Knef 1951) sowie gegen aktuelle Gefahrenabwehr und mutmaßliche Rechtsverstöße (zumal im Kontext aufwühlender Terrorismus-Verfolgung), wo Presse-Privilegien wie Information- und Quellenschutz unter der Maßgabe der Strafvereitelung missachtet werden. Die 1985 gegründete internationale (Nichtregierungs) Organisation *Reporter ohne Grenzen* (ROG) – die deutsche Sektion existiert seit 1994 in Berlin –, die jährlich ein Ranking der weltweiten Medien- und Pressefreiheit publiziert, platzierte die Bundesrepublik Deutschland 2012 zusammen mit Jamaika und Zypern auf Platz 16. Finnland, Norwegen, Estland, die Niederlande, Österreich, Island, Luxemburg, Schweiz, Dänemark, Schweden und Irland sind in dieser Reihenfolge als europäische Länder vorweg rangiert. Als Begründung wurde angeführt, dass exekutive Behörden trotz der Wachsamkeit des Bundesverfassungsgerichts über die Medienfreiheit immer wieder journalistisches Material zu beschlagnahmen, undichte Stellen in staatlichen Apparaten ("Whistleblower") zu ermitteln, das Recht auf Zugang zu den Akten öffentlicher Stellen zu behindern suchen sowie Informanten von Journalisten nicht sorgfältig und aktiv genug schützen.

Vor gänzlich neuen Herausforderungen stellt das Internet potentielle Zensurbestrebungen – besonders deutlich, wenn sie mit traditionellen Boykottmitteln bewerkstelligt werden (Zelger 1999; Scholz 2004; Koreng 2010). Denn das Internet bemisst sich nicht nach nationalen Grenzen, Rechtsmitteln und Strafverfolgungen. Seine Einschränkungen rufen sofort den ‚Online-Schwarm' von Kritikern und Helfern hervor, so dass selbst geringfügige Maßnahmen nicht geheim, nicht einmal unkommentiert bleiben: 2002 versuchte beispielsweise der von der SPD in Düsseldorf gestellte Regierungspräsident, Jürgen Büssow, mehreren Internetprovidern in Nordrhein-Westfalen den Zugang zu verschiedenen Seiten auf ausländischen Servern, die rechtsextremistische und nationalsozialistische Inhalte transportierten, sowie den Zugang zur amerikanischen Gore-Seite *rotten.com* zu sperren. Er handelte sich erheblichen Online-Protest ein. Im April 2009 legte die damalige Familienministerin Ursula von der Leyen einen Gesetzentwurf zur Bekämpfung der Kinderpornografie in Kommunikationsnetzen vor. Er sah vor, alle Provider in Deutschland zu verpflichten, vom Bundeskriminalamt inkriminierte Seiten mit strafbaren Angeboten zu sperren. Auch dieser Vorstoß musste bald zurückgenommen werden. Denn erstmals wurde online eine Petition eingebracht, bei der sich über 134.000 Personen gegen eine Sperrung von Internetseiten aussprachen. Im April 2011 entschied die Bundesregierung, das bereits beschlossene, aber nie zur Anwendung gelangte Gesetz wieder aufheben zu lassen; am 1. Dezember 2011 wurde es von einer breiten Mehrheit im Bundestag endgültig kassiert.

6.5.3 Zensur im Internet

6.5.3.1 Weltweite Entwicklungen

Auch für das Internet bestehen mithin Bestrebungen von Staaten und Gruppierungen, Publikation und Verbreitung bestimmter Inhalte zu kontrollieren, zu unterdrücken oder im eigenen Sinn zu steuern. Im Fokus sind dabei vorrangig die öffentlichen Dimensionen des Internets, seine privaten fallen eher unter Bewachung und Strafverfolgung. Zensuriert werden demnach politische, wirtschaftliche, ideologische, aber auch religiöse und erotische Inhalte, je nach den normativen Vorgaben des zensurierenden Regimes. Vielfach werden gesetzliche, aber auch willkürliche Richtlinien angewendet, die auch schon bei den traditionellen Massenmedien praktiziert wurden. Insofern ähneln sich auch die Staaten darin, wie sie Presse- bzw. Medienfreiheit und die Freiheit des Internets garantieren bzw. unterdrücken.

Bei einer Auflistung der „Feinde des Internets 2011", erstellt von der Organisation *Reporter ohne Grenzen* (ROG) (http://Propz.de/wp-content/uploads/2011/02/internet-zensur-weltweis.jpg), fällt auf, dass auch Staaten, die gemeinhin als Garanten der Medienfreiheit gelten oder sich so feiern lassen wie etwa die europäischen, nur das Prädikat „etwas Zensur" erhalten haben. Die Kriterien dafür sind allerdings in den zugehörigen Berichten nicht hinreichend offengelegt und begründet worden – womöglich ein Grund, weshalb ab 2012 nur noch zwischen „Internet-Feinden" und „Staaten unter Beobachtung" unterschieden wird. Unter den letzteren sind solche verzeichnet, die im laufenden Jahr Maßnahmen gegen das Internet, meist gegen bestimmte Teile oder Betreiber wie Hosts ergriffen haben und die nun in ihrem weiteren, womöglich internetfeindlichen Tun beobachtet werden sollen.

Über sie heißt es im Pressebericht von ROG: „Jedem dritten Internetnutzer weltweit bleibt der Zugang zu einem freien Netz verwehrt. In zehn Staaten ist die Überwachung des Internets und die Verfolgung von Bloggern und Internetnutzern so stark, dass sie den Titel ‚Feinde des Internets' verdienen. Das EU-Mitglied Frankreich und die Staaten Libyen und Venezuela stehen in diesem Jahr erstmals ‚Unter Beobachtung'."

Auf der Liste der „Feinde des Internets" stehen wie in den beiden Vorjahren Birma, China, Kuba, Iran, Nordkorea, Saudi Arabien, Syrien, Turkmenistan, Usbekistan und Vietnam. Diese Staaten zensieren das Internet durch massive Filterungen und Sperrungen von Websites, verfolgen kritische Internetnutzer systematisch und instrumentalisieren das Netz für propagandistische Zwecke. Auch weil Internetnutzer in Ländern wie China, Iran und Saudi Arabien zunehmend Programme zur Umgehung von Zensur nutzen, haben viele autoritäre Staaten in den vergangenen Jahren über das Blockieren und Filtern hinausgehende Methoden der Online-Überwachung entwickelt: Staatliche Mitarbeiter oder eine eigens geschaffene Cyberpolizei kontrollieren Inhalte im Netz oder infiltrieren soziale Netzwerkseiten. Blogger werden dafür bezahlt, Kommentare auf gut besuchten Websites zu platzieren. Websites werden durch Cyberattacken oder Spyware lahmgelegt. Mit neuen Gesetzen versuchen die Regierungen Internetnutzer zu zwingen, ihre Anonymität aufzugeben. In Ländern wie Birma war mehrfach zu beobachten, dass die Geschwindigkeiten der Internetverbindungen so stark gedrosselt wurden, dass eine Nutzung des Mediums für die Bevölkerung kaum mehr möglich war. Die Störungen gehen in einigen Ländern bis hin zur Abschaltung des Internets und sind häufig begleitet von Unterbrechungen des Mobilfunks.

16 Staaten stellt ROG in seinem Bericht „Unter Beobachtung". Es handelt sich um Länder, die beunruhigende Zensurmaßnahmen ergriffen haben, die leicht missbraucht werden könnten. In Frankreich stimmte die Nationalversammlung in zweiter Lesung im Februar 2011 dem Online-Gesetzespaket ‚Loppsi 2' (*Loi d'orientation et de programmation pour la performance de la sécurité intérieure*) zu. Das Innenministerium kann jetzt unter anderem ohne gerichtliche Anordnung Provider anweisen, die Webseiten ihrer Kunden nach pädophilen Inhalten zu filtern. Die Schlüsselwörter hierfür sucht eine Regierungsbehörde ohne Kontrolle durch ein „Gericht aus" (ROG 2012).

Die *Open Net Initiative* (ONI), die sich aus Gruppen von Forschern der Universitäten von Toronto, Oxford, Cambridge und der Harvard Law School zusammensetzt, beobachtet eine weltweite Zunahme der Zensur im Internet. Die von der

US-Regierung finanzierte Organisation *Freedom House* kommt im März 2009 in ihrer 15 Länder umfassenden Studie *Freedom on the Net* zu dem Ergebnis, dass in allen untersuchten Ländern Internetinhalte reguliert oder zensiert werden. Mit Ausnahme Großbritanniens sei das Internet allerdings noch insgesamt weniger reguliert als die Presse. Einige Regierungen beschäftigen nach Angaben der Organisation auch sogenannte „Cyberclaqueure" zur Manipulation von Inhalten in Online-Diskussionen. Bei vielen Nutzern stellt sie einen „staatsbürgerlichen Aktivismus" fest, um vermehrt Gegenmaßnahmen zu entwickeln. Allerdings werde ihrer Ansicht nach mit dem Fortschreiten der technischen Entwicklung auch die Zensur in autoritären wie demokratischen Staaten weiter zunehmen. Als bedenklich wird die zunehmende Auslagerung der Zensurmaßnahmen an private Internetdiensteanbieter eingeschätzt.

Generell sind Normen und gesetzliche Regelungen in den Staaten auf der Welt oft nicht kompatibel. Regierungen und staatliche Organe können zwar durch Abschalten von Webseiten, die in ihrem Rechtsbereich liegen, auch Bürger anderer Staaten von diesen Informationen abhalten, jedoch können sie nicht verhindern, dass die Bürger sich Zugang zu illegalen Informationen verschaffen, die im Ausland liegen. Während beispielsweise in den USA erotische und sexuelle Darstellungen relativ schnell geahndet werden, hingegen rassistische und sogar faschistische Aussagen weitgehend toleriert sind und unter die Meinungsfreiheit fallen, sind in Deutschland infolge seiner Geschichte die Verherrlichung der NS-Kriegsverbrechen oder auch die Leugnung des Holocaust verboten. Entsprechend Gesinnte können sich indes ungehindert von den US-Servern bedienen.

In Dubai, auf dem Weltgipfel der *Internationalen Fernmeldeunion* (ITU), starteten im Dezember 2012 autoritäre Staaten wie China und Russland zusammen mit einigen Schwellenländern einen neuen Vorstoß, um der ITU mehr Rechte bei der Verwaltung des Internets zu übertragen und gemeinsame Regeln für Cyber-Sicherheit zu beschließen. Bislang war die ITU, anfangs zuständig für die globalen Funkfrequenzen und Tarife für Ferngespräche, an der Internet-Entwicklung und -Administration kaum beteiligt. In Zeiten, in der Skype-Chats zunehmend Ferngespräche ersetzen, ist die ITU auf der Suche nach neuen Aufgaben. Entsprechend haben die westlichen Länder ihre Mitgliedsbeiträge in den vergangenen Jahren deutlich reduziert; die Schwellenländer die ihren hingegen massiv erhöht, so dass deren Einfluss gestiegen ist. Mittels der ITU soll die Rolle der Nationalstaaten im Internet gestärkt und das Internet international kontrolliert werden, fordert nicht nur Russlands Präsident Wladimir Putin. So können die Zuteilung und Kontrollen von IP-Adressen sowie der Kauf von Domains, die bislang von der Nichtregierungsorganisation ICANN mit Sitz in den USA vorgenommen wird, an die ITU übertragen werden. Im Einzelnen sollen folgende Bereiche nach dem Vorschlag der „Regulierer" in einem neuen ITU-Vertrag fixiert werden:

- Die ITU-Regularien sollen auch Internet-Infrastruktur und Internet-Dienste umfassen. In den Definitionen führt das Dokument als Begriff „nationale Internet-Segmente" ein – also jene Teile der Netzinfrastruktur, die im Hoheitsbereich bestimmter Nationalstaaten liegen.
- Die Nationalstaaten sollen das Netz technisch regulieren. Alle ITU-Mitgliedstaaten sollen „gleiche Rechte" zur Regulierung von Adress- und Namensräumen haben – dieser Passus dürfte darauf zielen, die Position der Internet-Adressverwaltung ICANN zu schwächen.
- Über technische Details hinausgehende Internet-Regulierungen und die Kontrolle über die „nationalen Internet-Segmente" soll den Nationalstaaten obliegen – ein Hinweis auf das Grundrecht auf Meinungs- und Informationsfreiheit fehlt. Der Begriff „public policy on matters of Internet governance" wird nicht weiter ausgeführt und könnte in dieser Breite womöglich auch die Filterung bestimmter Inhalte umfassen (*SPIEGEL-Online* vom 9. Dezember 2012).

Die westlichen Staaten, voran die USA und Deutschland, wollen eine stärkere Internetregulierung durch die ITU und damit durch die Nationalstaaten um jeden Preis verhindern. Sie wollen die zuletzt vereinbarten, sehr allgemein und unverbindlich gehaltenen Regeln namens *International Telecommunications Regulations* (ITR) von 1988 beibehalten und setzten sich auf dem Weltgipfel 2012 noch einmal durch (*SPIEGEL-Online* vom 3. Dez. 2012).

6.5.3.2 Zensur-Tendenzen in Europa

Die EU-Richtlinie 2000/31/EG vom 8. Juni 2000 zum E-Commerce macht Provider für den Inhalt der Webseiten verantwortlich, die sie hosten, und verlangt von ihnen, diese zu blockieren, wenn sie Kenntnis von ihrem illegalen Charakter erhalten. Nach Ansicht der Organisation *Reporter ohne Grenzen* schafft diese Vorgabe eine Art privates Rechtssystem, in dem die Provider und ihre Techniker das Richteramt ausüben. Das Europäische Parlament und der Rat der Europäischen Union haben 2003 der Weiterführung eines Aktionsplans zur sicheren Nutzung des Internets zugestimmt. Es soll stärker gegen illegale und schädliche Inhalte vorgegangen werden.

Weitgehende Übereinstimmung besteht in Europa – inzwischen auch darüber hinaus – beim Verbot kinderpornografischer Seiten bzw. Bilder und der Verfolgung seiner Urheber und Nutznießer: In der Europäischen Union werden mit Unterstützung von Europol die Web-Seiten mit dem *Child Sexual Abuse Anti Distribution Filter* (CSAADF) des CIRCAMP-Projekts, einer Domain Name System-Blockadeliste (DNS), gesperrt. So soll verhindert werden, dass Bilder und Filme missbrauchter Kinder weiterhin im Internet kursieren und sie dadurch erneut zu Opfern werden. Im März 2010 wurde der CSAADF in Dänemark,

Finnland, Italien, Neuseeland, Norwegen, Schweden und der Schweiz eingesetzt. Das Vereinigte Königreich von Großbritannien sperrt diese Internetseiten mit dem Contentfiltersystem Cleanfeed.

Auf der 38. Europäischen Regionalkonferenz der IKPO-Interpol Ende Mai 2009 wurde empfohlen, eine globale „Sperrliste" von Internet-Adressen zu erstellen, die auf Zulieferungen aller Interpol-Mitgliedsstaaten basiert. Damit soll auf internationaler Ebene ein deutliches Zeichen für den Kampf gegen Kinderpornografie im Internet gesetzt und zugleich dem Umstand Rechnung getragen, dass das Internet weltweit eine zentrale Rolle bei der Verbreitung von Kinderpornografie einnimmt. 2009 in Singapur wurden diese Empfehlungen bekräftigt.

Im April 2011 startete auf europäischer Ebene das Projekt *Clean IT*. Es beruht auf dem Konzept der Partnerschaft zwischen europäischen Sicherheitsbehörden und verschiedenen IT-Unternehmen. Dabei sollen Vorgaben für die IT-Industrie entwickelt werden, die die Unternehmenspartner freiwillig einhalten. So soll die „terroristische Nutzung des Internets eingeschränkt" und die „illegale Nutzung des Internets bekämpft" werden. Letztlich wird eine flächendeckenden Kontrolle der Netzinhalte angestrebt, zunächst auf europäischer, später womöglich auch auf globaler Ebene.

6.5.3.3 Zensurmaßnahmen in einzelnen Staaten

Afghanistan: In Afghanistan werden seit Juni 2010 Facebook, YouTube, Twitter, G-Mail und Webseiten, die die Themen Alkohol, Dating/soziale Netzwerke, Glücksspiel und Pornographie beinhalten, gesperrt.

Australien: Die australische Regierung beabsichtigte 2008 mit dem *Plan for Cyber-Safety* den Zugang zu Websites, die auf einer von der Regierung vorgegebenen, nicht öffentlichen Sperrliste stehen, für alle Internetzugänge sperren zu lassen. Dagegen reichten über 120.000 Personen eine Internetpetition ein. Im Mai 2009 wurde von der Telekommunikations-Regulierungsbehörde *Australian Communications and Media Authority* (ACMA) bei einer Anhörung vor dem Senat *Estimates Committee* im australischen Parlament bekanntgegeben, dass die australische Sperrliste 977 Einträge enthielt, davon bezogen sich 32 Prozent auf Kindesmisshandlungen oder sexuellem Kindesmissbrauch. Die ACMA führte seither Gespräche mit der *Internet Watch Foundation* in Großbritannien und korrespondierenden Stellen in den USA über einen Austausch der Sperrlisten und erwägt Optionen für mehr Transparenz und Verantwortlichkeit beim Führen der Negativliste.

China: Die chinesische Regierung zensiert das Internet mit einem Mix aus Zensur-Technik (wie Filter), Ausspähung und Einschüchterung der Anwender und Forderungen an ausländische Internet-Unternehmen. „China ist weltweit das größte Gefängnis für Cyber-Dissidenten mit derzeit 62 Menschen in Haft für Online-Veröffentlichungen", so der Bericht von *Reporter ohne Grenzen* 2011. So sind neben pornographischen Seiten die Auftritte religiöser und politischer Gruppierungen, die die chinesische Regierung als schädlich ansieht, sowie renommierte Nachrichtendienste gesperrt. Dies galt zeitweise für die BBC und ab dem 18. Oktober 2005 für Wikipedia; beide sind inzwischen wieder zugänglich. Wikipedia hatte sich geweigert, politische Einträge für eine chinesische Version zu blockieren. Sehr beliebte Seiten wie YouTube, Twitter und Facebook sind gesperrt. Microsoft, Yahoo und Google zensieren dagegen die Inhalte gemäß den Wünschen der chinesischen Regierung; inzwischen bietet Google keine Suche mehr in China an. Die Seite www.google.cn verweist auf die Google-Suche in Hongkong. In Absprache mit den chinesischen Behörden werden für die chinesische Öffentlichkeit brisante Seiten zu Themen wie Tibet oder Taiwan nicht angezeigt.

Kuba: Internetzugang ist für die heimische Bevölkerung nur mit Einschränkung möglich. Mittlerweile können aber Kubaner Touristenhotels regulär nutzen, müssen hierfür allerdings in Devisen bezahlen. Diese Hotels verfügen überwiegend über einen langsamen Internetzugang, welcher gegen Bezahlung eines Tickets ohne jede weitere Kontrolle zugänglich ist. Die dabei aktiven Sperren betreffen systemkritische Internetseiten primär aus den USA (z. B. von Exilkubanern). Darüber hinaus braucht man eine Spezialgenehmigung für einen privaten Internetzugang, welcher nur sehr restriktiv erteilt wird. Verbreitet sind allerdings private Internetzugänge über das drahtgebundene Telefonnetz ohne Genehmigung, welche aber mit hohen Telefonkosten verbunden sind. Eine massive Erhöhung der Datenübertragungsraten und Reduzierung der Preise steht nun unmittelbar durch ein Internet-Seekabel aus Venezuela bevor.

Indien: Das Land hat eine extrem wachsende Reichweite für das Internet. Ende 2011 waren es ungefähr 100 Millionen Netizens. Insbesondere nehmen mobile Internet-Applikationen zu, da ihr Preis kontinuierlich sinkt. Die nationale Sicherheitspolitik schränkt indes die Meinungsfreiheit und die Privatheit der Internetuser zunehmend ein, weshalb das Land bei ROG „unter Beobachtung" steht. Seit den Bombenanschlägen in Mumbai 2008 hat die Regierung die Onlineüberwachung verschärft. Außerdem wird die Überwachung des Webs erweitert. Auch Google wurde von den indischen Behörden 2010 mehrfach aufgefordert, kritische politische Inhalte, vor allem in Videos, die auf YouTube und in einigen Blogs zu sehen waren, zu unterdrücken. In schätzungsweise mehr als einem Fünftel der 282 Fälle folgte Google der Order (ROG 11. März 2012).

Iran: Das Informationsministerium erklärte, dass es derzeit Hunderttausende von Webseiten blockiert, und zwar sowohl Sex- als auch Nachrichtenseiten. Eine unbekannte Anzahl von Bloggern wurde von Herbst 2004 bis Sommer 2005 verhaftet. Seit 2006 wird das Internet verstärkt zensiert (*SPIEGEL-Online* vom 23. Juli 2006). Eine Zentralstelle für Filtering, die im Sommer 2006 ihre Arbeit aufgenommen habe, bekämpft alle unerwünschten Seiten; sie werden nach bestimmten Schlüsselwörtern blockiert. Außerdem suchen die Mitarbeiter der Zentralstelle im Web gezielt nach Inhalten, die sie zensieren können. Im Zuge der Proteste im Jahre 2009 wurde die Internet-Zensur nochmals verschärft.

Türkei: Seit 2007 können lokale Strafgerichte des Landes Websites wegen pädophiler oder pornografischer Inhalte, Verherrlichung von Drogen, aber auch wegen Beleidigungen des Staatsgründers Atatürk blockieren. Mehrfach wurde wochenlang so die Videowebsite YouTube gesperrt, aber auch *Indymedia*, Google Groups und der Blog-Anbieter *Wordpress* waren von der Zensur betroffen.

USA: Die USA, die bei der Garantie der allgemeinen Pressefreiheit nur auf Platz 47 rangieren, sind explizit nicht wegen staatlicher Einschränkungen nominiert. Dennoch sind immer wieder Initiativen zu vermelden, die in diese Richtung weisen. So veröffentlichte das *Project for the New American Century*, dessen Mitglieder sich in der Regierung Bush wiederfanden, im September 2001 ein Dokument, in welchem dem Internet eine große Bedeutung in der modernen Kriegsführung und Informationspolitik und -beschaffung beigemessen wird. Ferner wird seit 2011 über ein Gesetzesvorhaben diskutiert (*Stop Online Piracy Act*, kurz SOPA), mit dem Google, Ebay, Facebook (mithin quasi alle sozialen Netzwerke), Bezahldienste wie Paypal, Visa und viele andere Seiten mit Kontrollen und Repressionen zu rechnen hätten. Vorderhand soll das Gesetz gegen Internet-Piraterie vorgehen, aber es würde gleichzeitig viele große Seiten einschränken. Denn beim leisesten Verdacht, dass eine Verletzung eines Urheberrechts oder Markenzeichens besteht, könnte der Internetanbieter gezwungen werden, diese Websites zu sperren. Außerdem soll jeder Seitenbetreiber für seine Angebote haftbar gemacht werden.

6.5.4 Informelle Zensurmaßnahmen

Neben der staatlichen, meist offenen Zensur werden wiederholt weltweit rechtlich oder völkerrechtlich fragliche Praktiken und Vorhaben bekannt, die die Meinungsfreiheit im Web bedrohen oder beschränken:

So leisten große Internetanbieter nach Angaben von Menschenrechtsorganisationen Beihilfe zur Zensur in Ländern mit eingeschränkter Meinungsfreiheit. In Myanmar liefert nach Angaben von *Reporter ohne Grenzen* das US-Unternehmen Fortinet die Technologie zur Blockierung von oppositionellen Webseiten.

US-Internetunternehmen wie Yahoo, Cisco Systems, Microsoft und Google werden von *Reporter ohne Grenzen* und *Amnesty International* beschuldigt, mit chinesischen Zensurbehörden zusammenzuarbeiten. Auch in anderen Staaten hat sich Google schon einmal bereitgefunden, politisch und ideologisch heikle Suchergebnisse aus „Rechtsgründen" nicht anzuzeigen, ohne dass die User von diesen Maßnahmen erfahren. Im Februar 2004 blockierte auch der Internetdienstanbieter *Freenet.de* Webseiten, die sich kritisch zu dem Unternehmen äußerten: Nutzer seines Dienstes, die versuchten, die unternehmenskritischen Seiten aufzurufen, wurden auf andere Webseiten umgelenkt. Technisch wurde dies durch einen transparenten Proxy realisiert. Im September 2007 sperrte der deutsche Internetprovider Arcor seinen Kunden den Zugriff auf einige ausländische Internetpräsenzen mit pornografischem Inhalt; als Begründung wurde angeführt, diese Seiten hätten nach deutschem Recht kein ausreichendes Altersverifikationssystem. Am 17. April 2009 schlossen fünf deutsche Internetprovider (Deutsche Telekom, Kabel Deutschland, O2, Arcor und Alice) freiwillige Verträge mit der Bundesregierung ab, um Internetseiten mit Dokumentationen missbrauchter Kinder zu blockieren. Die Verträge sehen vor, dass das Bundeskriminalamt (BKA) täglich aktualisierte, geheime und verschlüsselte Sperrlisten von Webseiten mit problematischen Inhalten an die Provider übermittelt.

Ähnlich einem latenten, weltweiten, oft auch am Rande der Legalität verlaufenden Guerillakampf engagieren sich viele Online-Aktivisten, die sich auch als „Cyberpunks" verstehen (Assange u. a. 2013), gegen aus ihrer Sicht verheerende, geheime Machenschaften, mit denen „neototalitäre" Staaten, Geheimdienste, aber auch IT-Weltkonzerne wie Google und Facebook totale Überwachung und Kontrolle, Datenspeicherung und -missbrauch, Finanztransaktionen, Unterdrückung, Spionage und virtuelle Kriegsführung gegen die ohnmächtige Weltbevölkerung betreiben. Ihnen gelten ihre ebenso geheimen, mitunter riskanten Aktionen gegen die so genannte unkontrollierte „Kryptografie". Gegen sie rufen sie zur „digitalen Revolution" auf, um ein „freies, offenes und universelles Internet" (Ebd., 161) zu erreichen. Bekanntester Pionier ist der in Australien geborene (Mit-)Begründer von WikiLeads, Julian Assange, der seit Sommer 2012 in der ecuadorischen Botschaft in London im politischen Asyl lebt. Die seit 2006 von teilweise unbestimmten Initiatoren eingerichtete Plattform dient der anonymen Enthüllung von geheim gehaltenen Dokumenten und Aktivitäten, um sie der Weltöffentlichkeit publik zu machen und so Kontrolle und Widerstand zu ermöglichen. WikiLeaks firmiert mithin als gänzliches Gegenkonzept gegen jede Zensur und für totale Informationsfreiheit.

Seit Herbst 2009 hatte WikiLeaks sich zu einer zentralen Sammelstelle mit 1,2 Millionen Dokumenten entwickelt. China, Israel, Nordkorea, Russland, Simbabwe und Thailand sperrten den Zugang zu WikiLeaks zumindest zeitweise.

Die USA wähnen sich nach der Publikation von Militärdokumenten durch den seither inhaftierten GI Bradley Manning angegriffen. Seit September 2010 können keine Unterlagen mehr hochgeladen werden, im Oktober 2011 wurde auch die Veröffentlichung von Dokumenten vorübergehend ausgesetzt. Finanzielle Spenden zur Weiterführung des Projektes werden blockiert (Ebd.).

6.5.5 Zur Wirkung von Zensurmaßnahmen

Infolge seiner unbegrenzten Reichweite und der nimmermüden Aktivität seiner engagierten User, die auf jegliche Einschränkung des Inhalte-Angebots und der Meinungsfreiheit allergisch – wenn auch nicht immer angemessen und gerechtfertigt – reagieren, sind Wirkungen von Zensurmaßnahmen fragwürdig. Denn Zensur bedeutet im Internet zwangsläufig Identifikation und Bekanntwerden auch inkriminierter Inhalte. Sie werden dann umgehend von den Zensurkritikern auf anderen Webseiten außerhalb des Zugriffsbereichs des Zensors gespiegelt und zugänglich gemacht, so dass der Zensor zuerst einmal das Gegenteil seiner Absicht erreicht. Er fördert damit die Publikation dessen, was er unterbinden will.

Technische Zugangssperren zu einzelnen Webpräsenzen bzw. IP-Adressen, z. B. durch Content-Filter, sind ferner problematisch, weil dadurch auch der Zugriff auf zusätzliche Inhalte, Websites und E-Mail-Adressen behindert oder gar unterbunden wird. Will man hingegen die Zugangssperre ausschließlich auf die vom Zensor beanstandeten Inhalte fokussieren, ist eine solche Maßnahme technisch aufwändig, kostenintensiv und mit Leistungseinbußen verbunden. Außerdem kann jede Codierung von findigen Hackern überlistet werden; total ist eine solche Sperrung im Netz nie. Bei Sperrungen durch den Internetanbieter sind – je nach technischer Umsetzung der Zugriffssperre – die originären Inhalte meist problemlos weiter abrufbar. Denn oft genug befinden sich die Provider im Ausland. Einige Dienste wie das Tor-Netzwerk und *Anonymizer*, die zum Schutz der Anonymität im Internet entwickelt wurden, fungieren sogar wie Proxy-Server als Überwindung der Zugriffssperren. Eine weitere Möglichkeit, durch Manipulation von DNS-Servern gesperrte Seiten zu erreichen, besteht darin, sie nicht mehr über den Domainnamen, sondern direkt über die entsprechenden IP-Adressen im Browser aufzurufen. Oft genug ist es praktisch gar nicht nötig, den Anwender zu umgehen, weil viele von ihnen regelmäßig ihre Domain-Namen ändern und diese Umbenennung auch den potentiellen Usern durch Newsletter mitteilen. Dann ist die Blockierung komplett ausgehebelt.

Ebenso muss ins Kalkül einbezogen werden, wie die jeweilige Bevölkerung auf Zensur und/oder Blockierung von Webseiten reagiert, wie die Medien zusammen mit der jeweiligen Öffentlichkeit das Thema aufbereiten und aufbauschen – je nach der Tradition und der Brisanz gefährdeter Meinungs- und Medienfreiheit – und damit politische Bewegungen pro oder contra auslösen. Dafür gab es in den vergangenen Jahren etliche Beispiele, z. B. 2012 die gänzlich unterschiedliche Rezeption und Interpretation des dänischen, auf YouTube verbreiteten Videos *Innocence of Muslims*, das in westlichen (christlichen) Ländern als wenn auch drastische Satire akzeptiert oder auch goutiert wurde, während es in islamischen Ländern als unerträgliche Beileidung des Propheten Mohammed wahrgenommen wurde und heftige Protestaktionen auslöste.

6.6 Urheberrecht und Copyright

6.6.1 Zur Entstehung und Verbreitung von Urheberrechten und Copyright

Der Anspruch auf die individuelle Nutzung und Verwertung geistigen Eigentums, ja diese Vorstellung selbst, ist neueren Datums. Es geht nicht wie andere Teile unserer Rechtsdogmatik auf das römische Zivilrecht zurück. Die Antike kannte nämlich kein Urheberrecht. Im Mittelalter fand die Wissensproduktion fast ausschließlich in den Klöstern statt, wo die alten Schriften aufbewahrt, kopiert und kommentiert wurden. Erst im späten Mittelalter versahen die Kommentatoren ihre Arbeiten mit ihrem Namen, machten sich gewissermaßen als ‚Urheber' kenntlich. Mit der Entstehung der Universitäten verlagerte sich die Wissensproduktion in die profanen Studierstuben. Lehrmaterialien wurden dort gegen Bargeld kopiert und gehandelt. Die Erfindung des Buchdrucks Mitte des 15. Jahrhunderts veränderte die Bedingungen für die massenhafte Fertigung von Kopien grundlegend; umfangreiche Schriftstücke konnten allmählich zu bezahlbaren Preisen hergestellt werden. Schnell tauchte auf den neuen Märkten die unliebsame Konkurrenz von Nachdrucke auf, die gerade erst erschienene Bücher billiger nachdruckten und damit die Gewinne der ursprünglichen Drucker drastisch zu senken drohten. Als Lösung dieses Problems erhielten diese ab etwa 1475 sogenannte ‚Druckerprivilegien', d. h. das ausschließliche Recht zum Druck einer bestimmten Schrift für üblicherweise zwei Jahre. Dieses Recht musste aber auch ausgeübt werden – sonst verfiel es, und es galt nur in jenem meist kleinen Land, in dem es zugeteilt worden war (Gehring 2007). Die Zuteilung verlangte überdies die Unterwerfung unter die staatliche Zensur. Belohnt und gefördert wurde also weniger die individuelle Kreativität, sondern die lokale Wertschöpfung oder das politische Wohlverhalten (Hofmann und Katzenbach 2006).

6.6 Urheberrecht und Copyright

Mit der Vermehrung der Druckereien entwickelte sich bald ein reger Buchhandel vor allem auf Messen (etwa in Frankfurt und Leipzig), wo Druckwerke getauscht und erworben wurden. Rechtlich erwarb der Drucker damals nach allgemeiner Auffassung die alleinigen Verwertungs- und Eigentumsrechte. In Deutschland dauerte es wegen der Reformation und Glaubensspaltung sowie der deutschen Kleinstaaterei lange, bis sich ein spezielles Urheberrecht durchsetzte. Schneller ging es andernorts: Als Geburtsstunde des individuellen Urhebers gilt ein englisches Gesetz (*Statute of Anne*) aus dem Jahre 1709/10, das den Schöpfern geistiger Werke ein zeitlich begrenztes Recht auf Kopie und damit Verwertung ihrer Werke zugestand. Ziel dieses Gesetzes war es aber in erster Linie nicht, die Autoren zu begünstigen, sondern – wie es hieß – „das Lernen zu fördern". Die Vereinigten Staaten von Amerika orientierten sich gleich nach ihrer Unabhängigkeit am britischen Vorbild. Ihre Verfassung von 1790 enthielt eine sogenannte ‚Copyright-Klausel', die den amerikanischen Kongress ermächtigte, Autoren und Erfindern für begrenzte Zeit das exklusive Recht an ihren Werken und Erfindungen zuzusichern, um – wie in England – „den Fortschritt in der Wissenschaft und den nützlichen Künsten zu fördern" (Gehring 2007). Etwas anders waren die französischen Regelungen aus der Revolutionszeit (1791–1793): Auch sie sahen ein ausschließliches Verwertungsrecht der Urheber vor, begriffen geistige Werke aber als Ausdruck der Person der Urheber, von denen sie nie getrennt werden können.

Somit entstanden im späten 18. Jahrhundert zwei etwas unterschiedliche Urheberrechtskonzeptionen: Während das angloamerikanische Modell (‚Copyright') das öffentliche Interesse an Wissensproduktion und -verbreitung in den Vordergrund stellte, setzte das französische Recht (später kopiert von den meisten kontinentaleuropäischen Staaten) den Schöpfer und seine Persönlichkeitsrechte ins Zentrum (Deterding und Otto 2008). Das Copyright schützt in erster Linie die wirtschaftlichen Interessen der Verleger vor Verlusten durch billigere Nachdrucke, es erlaubt die vollständige Übertragung der Rechte vom Autor auf den Verleger und die ‚angemessene Verwendung' geschützter Werke für Bildungszwecke oder ähnliches. Auf das Urheberrecht kann jedoch nicht verzichtet werden, der Urheber kann nur Nutzungsrechte einräumen. Teile eines Werkes dürfen unter Hinweis auf den Autor zitiert werden, Vervielfältigungen sind in festgelegtem Umfang erlaubt (‚Privatkopie'). Die Schutzdauer ist in beiden Ansätzen etwa gleich (bis 70 Jahre nach Tod des Autors).

Eine Übersicht stellt die beiden Rechtstypen so einander gegenüber (Abb. 6.2).

In Deutschland erließ zuerst Baden ein Urheberrecht nach französischem Vorbild, Preußen folgte 1837, erst nach der Reichsgründung wurde 1871 ein für das ganze Deutsche Reich einheitliches „Gesetz betreffend das Urheberrecht an Werken der bildenden Künste" verabschiedet. Kurz nach der Wende zum 20. Jahrhundert folgten Gesetze zum Schutz musikalischer Werke, der Fotografie und der bildenden Künste. Diese Gesetze haben im Kern bis heute Bestand (Gehring 2007).

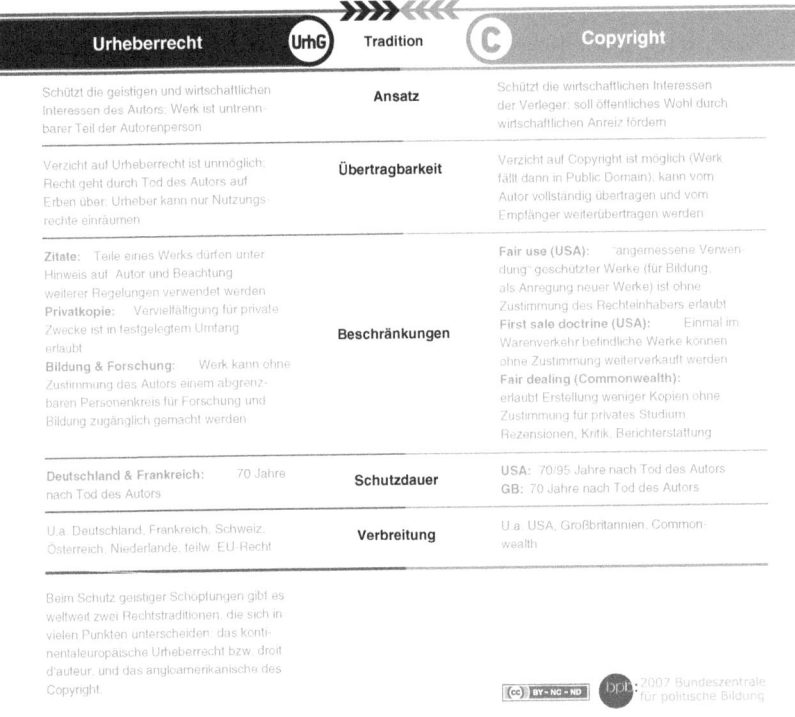

Abb. 6.2 © http://www.bpb.de/gesellschaft/medien/urheberrecht/63355/urheberrecht-und-copyright

Mit diesen und mit späteren Gesetzen wurde der Grundsatz der privaten Eigentumsrechte auf die Welt der Literatur, Musik und der bildenden Kunst übertragen. Später kamen Schutzrechte für werkbezogene Handlungen hinzu, also für Übersetzungen, Inszenierungen und Archivierungen, neuerdings auch für die Entwicklung von Computerprogrammen und die Schaffung von Datenbanken. Diese Regelungen ergingen allerdings ausschließlich im nationalen Rahmen. Werke waren zunächst nur in jenem Land geschützt, in dem sein Urheber Staatsbürgerrechte hatte oder das Werk zuerst veröffentlicht wurde. Für das Werk galt daher auch das entsprechende nationale Recht.

Mit zunehmender Verbreitung der Werke über nationale Grenzen hinweg wurden internationale Regelungen unumgänglich: Im frühen 20. Jahrhundert erfolgten diese mit der Ratifizierung der Berner und Pariser Konventionen, freilich zunächst nur im Kreise der westlichen Staaten. Diese und weitere internationale Verträge werden seit 1974 von einer neu gegründeten Sonderorganisation der Vereinten Nationen, der *World Intellectual Property Organization* (WIPO) mit Sitz in Paris, betreut. Im Rahmen dieser Organisation wurden zwei Zusatzverträge zur Berner Übereinkunft erarbeitet, welche diese an die Bedingungen der neuen Medien anpasste: Der *WIPO Copyright Treaty* über Literatur, Software und Datenbanken und der *WIPO Performance and Phonogram Treaty*, der Musik, Tonträger und Aufführungen schützt. Zuletzt wurde das Urheberrecht im grenzüberschreitenden Handel durch das 1994 vereinbarte *Agreement on Trade-related Aspects of Intellectual Property Rights* (kurz: TRIPS-Abkommen) im Rahmen der neu gegründeten Welthandelsorganisation (*World Trade Organization* [WTO]) geschützt.

6.6.2 Kontroversen um Urheberrecht und Copyright

Das Urheberrecht bzw. das Copyright ist Teil des Rechts am geistigen Eigentum, zu dem auch das Patentrecht, das Marken- und Gebrauchsmusterrecht gehören. Gemeinsames Merkmal dieser Rechte ist, dass dem jeweiligen Inhaber (ob Urheber oder Verwerter) gesetzlich die ausschließliche Befugnis zugestanden wird, das Werk, die Erfindung oder die Marke zu nutzen und Dritte von der unentgeltlichen Nutzung auszuschließen (Hofmann 2006 und Dreyer u.a. 2013). Natürlich werden dadurch die Zugangsmöglichkeiten der Allgemeinheit zum Wissen verringert, monopolähnliche Vorrechte geschaffen und der freie Wettbewerb behindert. Andererseits heben die Befürworter strikter Urheberrechte hervor, dass Produkte geistigen Schaffens den Charakter öffentlicher Güter haben. Ihre Nutzung durch zusätzliche Interessenten setzt ihren Wert nicht herab, und ohne gesetzliche Regelung kann nur schwer jemand von ihrer Nutzung ausgeschlossen werden. Deshalb besteht in einem marktwirtschaftlichen System nur geringer Anreiz, kreativ tätig zu werden (Troy und Werle 2012). Angemessene und faire Urheberrechte werden diese Anreize schaffen und damit den gesellschaftlichen Wohlstand mehren. Allerdings verlangen diese Rechte einen einigermaßen gerechten Ausgleich zwischen den Interessen der Öffentlichkeit am Zugang zu Wissen und Information und denen der Urheber an ausreichendem Schutz und Vergütung ihrer Tätigkeit.

Das war und ist genau der Kern der Kontroverse zwischen den Befürwortern eines möglichst weitgehenden und solchen eines sehr begrenzten Schutzes der Rechteinhaber. Die Zugangsinteressen der Öffentlichkeit werden insoweit berücksichtigt, als etwa die Patenterteilung die Offenlegung der Patentschrift verlangt und Nutzungen, die im öffentlichen Interesse (Rechtspflege, öffentliche Sicherheit und Berichterstattung durch die Presse sowie Zitatrecht) erfolgen, vom Schutz ausgeschlossen sind oder nur den Vergütungsanspruch belassen, also die Vervielfältigung zum privaten Gebrauch ermöglichen. In Deutschland und in etlichen anderen Staaten werden sie durch Pauschalabgaben entgolten.

Nach Ablauf der Schutzfrist (bei Patenten in der Regel 20 Jahre, bei literarischen Produkten 70 Jahre nach dem Tode des Urhebers) kann sich jeder die geschützte Erfindung oder das geschützte Werk aneignen, ohne dass er zuvor den Rechteinhaber um Erlaubnis fragen oder ihn finanziell entschädigen müsste. Diese Rechteinhaber können diese Rechte entweder selbst verwerten oder (und dies ist die Regel) Anderen eine Lizenz zur Verwertung ihrer Werke oder Erfindungen erteilen. Die daraus erzielten Gewinne sollen die Kosten für Erfindung oder Werkschöpfung zumindest kompensieren und damit Anreiz zu ihrer fortgesetzten Produktion bieten. Natürlich ließen sich solche Anreize auch auf andere Weise schaffen, etwa durch staatliche Alimentierung von Künstlern und Erfindern oder durch privates Mäzenatentum; beide Möglichkeiten wurden und werden erprobt, haben sich aber in der modernen Gesellschaft als unzureichend erwiesen.

Wer ohne Erlaubnis eine geschützte Leistung verwertet, kann vom Rechteinhaber auf Unterlassung verklagt werden und haftet für den Schaden, ohne dass ein Verschulden nachgewiesen werden muss. Da dieser Schaden nur selten genau beziffert werden kann, wird normalerweise der Betrag angesetzt, den ein ordnungsgemäßer Lizenznehmer hätte bezahlen müssen.

6.6.3 Urheberechte und Copyright im digitalen Zeitalter

Die Verfügung über und die Nutzung von Wissen war im analogen Zeitalter wenig kontrovers: Bücher konnten gelesen, Filme gesehen und Schallplatten gehört werden, ohne dass sich die Nutzer weiter um die Urheberrechte hätten kümmern müssen. Diese Praxis änderte sich bereits mit der Verbreitung von Fotokopiergeräten, Tonbändern und Videorekordern. Besonders gegen die Verbreitung von Tonbandgeräten wehrten sich die Verwertungsgesellschaften massiv, die deutsche GEMA (*Gesellschaft für musikalische Aufführungs- und mechanische Vervielfältigungsrechte*) wollte diese gar verbieten lassen. Der Bundesgerichtshof urteilte 1964, dass solche Geräte nur vertrieben werden dürften, wenn die Hersteller der Verwertungsgesellschaft eine Geräteabgabe zahlten, welche ihre Verluste aus Privatkopien kompensieren (Gehring 2007).

6.6 Urheberrecht und Copyright

Eine ganz neue Zeit brach mit der Digitalisierung der Produkte geistigen Eigentums an, vor allem für den normalen Konsum von Büchern, Schallplatten und Filmen durch den einzelnen Nutzer. Unter analogen Vorzeichen waren die Urheberechte durch entsprechende Vergütungen bzw. Pauschalabgaben geregelt. Inzwischen tangiert praktisch fast jede elektronische Kommunikation das Urheberrecht, alltägliches Verhalten – etwa das Herunterladen fremder Werke – hat damit rechtliche Relevanz bekommen (Kreutzer 2006). Früher war das Vervielfältigen von Büchern, Tonträgern und Filmen eine aufwändige und teure Angelegenheit, mittlerweile hat die Digitalisierung das beliebige Kopieren von Daten und deren Verbreitung zu einer nahezu kosten- und mühelosen Tätigkeit werden lassen, die auch ohne Qualitätsverlust der Daten von statten geht. Außerdem sind im Internet Tauschbörsen, Internet-Foren, Ebay-Auktionen und anderes entstanden, bei denen CDs und Filme getauscht, versteigert und gekauft werden können. Hier tummeln sich Tausende von mehr oder weniger professionellen und legalen Anbietern. Schließlich verwischen sich auch die einst klaren Grenzen zwischen den Medien und dem Charakter geistiger Werke: Ein ehedem abgeschlossenes, alleinstehendes Produkt mutiert zum Ausgangsmaterial für weitere Gestaltung. Durch diese Entwicklungen werden traditionelle Geschäftsmodelle der Verwerter geistigen Eigentums und deren rechtliche Regelung in Frage gestellt (Dreier und Nolte 2006; Hofmann und Katzenbach 2006).

Der Handel mit Büchern, Schallplatten und Filmen erhält massive Konkurrenz durch digitale Privatkopien oder das Online-Angebot entsprechender Produkte; daher sind die Umsätze konventioneller Geschäftsmodelle rückläufig. Sie sind bei der Musikindustrie – der Hauptbetroffenen von Urheberrechtsverletzungen – von 2001 bis 2010 um nahezu 40 Prozent zurückgegangen, parallel ist die Anzahl der illegalen Downloads zunächst kräftig gestiegen. Doch seit 2005 ist sie wieder deutlich rückläufig. Immer noch lediglich 44,2 Prozent der Nutzer beziehen ausschließlich legale Downloads, obwohl bekannt ist, dass das Anbieten oder Herunterladen von urheberrechtlich geschützten Inhalten nicht zulässig ist (Bundesverband Musikindustrie 2011, 2012). Eine Studie der OECD (2009) bestätigt diese Ergebnisse auch für die anderen Industriestaaten. Branchennahe Studien folgern für die gesamte Kreativwirtschaft einen beträchtlichen Verlust an Einkommen und Beschäftigung. Geschätzte 60 Prozent der Downloads von Büchern sind illegal, bei Filmen gar 83 Prozent (*DIE ZEIT* vom 15.3. 2012).

Ein Unrechtsbewusstsein der betreffenden Nutzer ist nach einer einschlägigen Untersuchung (Bundesverband Musikindustrie 2010) nur begrenzt auszumachen. Das erklärt sich auch dadurch, dass die Verletzung der Urheberrechte ja nicht aus Profitinteresse geschieht, sondern um Inhalte mit Freunden und Bekannten zu teilen. Viele im Internet auftretende Unternehmen haben diese Inhalte zunächst kostenfrei zur Verfügung gestellt, um hinterher (durch Werbung) Gewinne zu machen (WIPO 2002; EU 2009). Im Übrigen ist es wenig erfahrenen Nutzern nur schwer möglich, bei der Vielzahl der Informationsintermediäre zwischen legalem und illegalem Herunterladen von Information zu unterscheiden.

Unter dem Druck der Verwerter häufen sich seit Ende der 1990er Jahren Gesetzesinitiativen zum Schutz geistigen Eigentums, ebenso werden von Seiten der Anbieter Entwicklungen zum Kopierschutz (und gesetzliche Beschränkungen, diese zu umgehen) vorangetrieben sowie Prozesse gegen urheberrechtliche Verstöße geführt. Die Regierungen leiten international koordinierte oder harmonisierte Maßnahmen zur Anpassung der Eigentumsrechte im Internet ein. Die diese Maßnahmen empfehlenden und überwachenden internationalen Organisationen (wie die EU, die OECD und die WIPO) erweisen sich als besonders hartnäckige Verteidiger der Urheberrechte.

Die Diskussion um den Schutz geistigen Eigentums im digitalen Zeitalter ist heftig und kontrovers, nicht nur weil sich (a) die Interessen der Verwerter (indirekt auch der Urheber geistigen Eigentums) an möglichst weitgehender und vergüteter Nutzung von Informationen und (b) der Allgemeinheit an möglichst ungehindertem und kostenfreiem Zugang gegenüberstehen. Vielmehr ist Wissen heutzutage zu einem wichtigen, wenn nicht dem wichtigsten Produktionsfaktor geworden (Stichwort: Informationsgesellschaft [Kübler 2009]). Zugänge zu ihm gelten als wichtige Schlüssel für Wohlstand, gesellschaftliche Teilhabe und politischen Einfluss. Auch nur partieller Ausschluss firmiert als nicht unwesentliches Hindernis. Rechte an geistigem Eigentum und Zugangssperren zu den damit verbundenen Informationen haben also erhebliche Implikationen für die individuelle, aber auch gesamtgesellschaftliche Wohlfahrt.

Schließlich vermittelt das traditionelle Urheberrecht nur begrenzt Schutz wegen

(a) der zunehmenden Konvergenz der Medien (d. h. dem Zusammenwachsen und der Austauschbarkeit von Computern, Fernsehgeräten und Handys),
(b) der Verwischung der traditionellen Rollentrennung von Urhebern, Vermittlern, Vertreibenden und Archivaren,
(c) der Schwierigkeit, Verantwortlichkeit für Regelverstöße festzumachen (ist es der Nutzer, der Provider oder der Betreiber einer Tauschbörse?).
(d) der multifunktionalen Nutzung und Verwertung digitaler Werke, die zu neuen Produkten ergänzt und verändert werden können.

Diese Grenzverwischungen erschweren Gesetzgebung und Rechtsprechung erheblich. Das Urheberrecht ist auch deswegen nur eine begrenzte Hilfe für die

6.6 Urheberrecht und Copyright

Rechteinhaber, weil es trotz aller Harmonisierungsbemühungen – vor allem innerhalb der EU – noch weitgehend nationalen Charakter trägt. Zwar müssen ausländische Rechteinhaber von den Mitgliedern der Union und den Vertragsstaaten der Berner und Pariser Übereinkunft wie Inländer behandelt werden. Doch bestehen beträchtliche Unterschiede in den Rechtsordnungen der einzelnen Staaten – etwa in den Fragen, welche Tatbestände jeweils eine Verletzung des Urheberrechts darstellen, ob diese nach der Zivil- oder Strafprozessordnung zu behandeln sind, welches Gericht bei grenzüberschreitenden Sachverhalten zuständig ist und nach dem Recht welchen Staates Streitfälle zu verhandeln sind. Letzteres ist lediglich innerhalb der EU geklärt (EU 2009).

6.6.4 Relevanz der Kultur- und Kreativwirtschaft für die gesamte Wirtschaftsleistung

Um die Auseinandersetzungen um die Urheberrechte bzw. das Copyright zu verstehen, muss man sich zunächst die wirtschaftliche Bedeutung der sogenannten ‚Kreativwirtschaft' vor Augen führen. Der Begriff Kreativwirtschaft bezeichnet jenen Teil der privaten Wirtschaft, der künstlerische und kulturelle Güter und Ideen schafft oder sie vertreibt; öffentlich geförderte Kultureinrichtungen zählen also nicht dazu. Der Begriff entstand in Großbritannien unter der Regierung von Tony Blair, der die Kulturwirtschaft als Zukunftsbranche der britischen Wirtschaft erkannte. Seine Regierung entwickelte entsprechende sektorspezifische Förderkonzepte. In Deutschland hat sich politisch damit zum ersten Mal die 2005 eingesetzte Enquetekommission des Deutschen Bundestages („Kultur in Deutschland') befasst (Deutscher Bundestag 2007) und ähnliche Förderanreize wie in Großbritannien gefordert. Auch die EU hat sich mit einer 2007 veranstalteten Konferenz zur Kultur- und Kreativwirtschaft dieses Themas angenommen. Die Kultur- und Kreativwirtschaft gliedert sich in elf Teilmärkte, darunter über die schon genannten hinaus in den Architektur-, Presse- und Werbemarkt und in die Designwirtschaft.

Der Anteil dieser Wirtschaftszweige am Bruttoinlandsprodukt betrug 2009 in Deutschland immerhin jeweils 2,6 Prozent (in der EU 2,4 Prozent), also vergleichbar mit dem des Automobilbaus, der chemischen Industrie und dem Maschinenbau. In der EU arbeiteten 2009 ca. 6,3 Millionen Beschäftigte in der Kreativwirtschaft, Deutschland belegte mit einer Million Beschäftigten die Spitze. Umsatzstärkste Einzelbereiche waren der Medienmarkt, die Software-Industrie, der Werbemarkt und die Designwirtschaft. Der Umsatz der Kreativwirtschaft erhöht sich in schnellerem Tempo als der anderer Branchen, freilich nicht die Teilmärkte der Buch-, Film und Musikindustrie, also nicht zufällig jener Sektoren, die am meisten unter legalen oder illegalen Downloads leiden (Bundesministerium für Wirtschaft 2010). In der Kreativwirtschaft dominieren eher kleinere Betriebe. Kunst- und Kulturschaffende, ohne finanzielle Unterstützung durch einen Verwerter und meist auf sich gestellt, werden selten so erfolgreich, dass sie von ihren Einnahmen leben können. Sie brauchen also in der Regel die Mittel und das Know-how der Verwerter. Diese haben das Netz zunächst nicht als relevanten Absatzmarkt betrachtet, zumal anfangs die Möglichkeit fehlte, im Netz zu bezahlen. Daher stellte die Kreativwirtschaft Inhalte zunächst kostenfrei zur Verfügung und finanzierte sich weitgehend durch Werbung. Hinzu kam das Entstehen von Tauschbörsen, bei denen für die Nutzer kaum erkennbar war, ob das Kopieren der zur Verfügung gestellten Inhalte urheberrechtlich zulässig ist. Ein Unrechtsbewusstsein beim (an sich illegalen) Kopieren konnte sich nur schwer entwickeln. Auch waren legale, kommerzielle Downloadangebote zunächst wenig nutzerfreundlich. Dieser Nachteil hat sich mittlerweile aber geändert (Deutscher Bundestag 2011).

6.6.5 Verschärfung der Urheberrechte

Urheber und Rechteinhaber drängen die Gesetzgeber seit einigen Jahren, ihren durch die Verbreitung des Internets bewirkten Kontrollverlust durch Verschärfung des Urheberrechts abzuwehren, und sie hatten damit weitestgehend Erfolg. So berechtigt beispielsweise der Erwerb elektronischer Bücher nach heutiger Rechtslage nicht mehr automatisch dazu, diese auch anderen Lesern zur Verfügung zu stellen (wie beim herkömmlichen Buch); vielmehr muss dieses Recht erst erworben werden. Auch die oben genannten Schrankenbestimmungen des Urheberrechts (Nutzungen, die von der Zustimmung durch die Rechteinhaber befreit sind) werden neuerdings immer enger definiert. Ferner wurde der Schutz auf immer mehr Werkarten, etwa auf Computerprogramme und Datenbanken, ausgedehnt. Vorreiter dieser Reformen waren die WIPO mit ihrem 1996 verabschiedeten *Copyright Treaty* und dem gleichzeitigen *Performances and Phonograms Treaty*. Sie verpflichten alle Unterzeichner, ihr nationales Urheberrecht an die WIPO-Verträge anzupassen und Maßnahmen zur Umgehung technischer Schutzmaßnahmen zu ergreifen. Die einschlägige Richtlinie der EU, welche eine möglichst einheitliche Umsetzung der WIPO-Verträge im europäischen Binnenmarkt schaffen sollte, ist eher noch restriktiver: Sie begrenzt die Breite nationaler Schrankenbestimmungen und erlaubt keine spätere Ausdehnung der einmal gewählten Ausnahmen (Kreuzer 2006).

6.6 Urheberrecht und Copyright

Die deutsche Gesetzgebung ist gehalten, sich an den Vorgaben der WIPO und der EU zu orientieren. Daher fanden die Stellungnahmen der Buch-, Musik- und Filmindustrie bei der Novellierung des Urheberrechts von 2003 gebührend Gehör, entsprechend fiel der Gesetzestext aus. Er untersagt ebenfalls, von den Rechteinhabern installierte technische Kopierschutzmaßnahmen (*Technical Data Management*, TDM, und *Digital Rights Management*, DRM) zu umgehen. Problematisch an dieser Bestimmung ist, dass sie nicht nur die unbefugte Nutzung der Werke verbietet, sondern auch die ihr vorgelagerten Handlungen. Außerdem untersagt sie bei eingebauten Zugangssperren die nach dem traditionellen Urheberrecht mögliche „private" Nutzung der Werke. Das Recht auf private Nutzung kann von den Rechteinhabern jeweils eingefordert werden, etwa dadurch dass Entschlüsselungsprogramme zur Verfügung gestellt werden. Ihm muss aber nicht zwingend stattgegeben werden. Ähnlich restriktiv wurde die Verwendung geschützter Werke durch Wissenschaft und Lehre geregelt.

Mit dem sogenannten „Zweiten Korb" der Urheberrechtsform (von 2007) wurden die Rechte der Urheber nochmals über die Vorgaben der EU hinaus gestärkt. Die Bestimmungen schränken die Wiedergabe von elektronisch verfügbaren Werken durch Bibliotheken weiter ein: Eine Nutzung dieser Werke von außerhalb (nicht an eigenen elektronischen Leseplätzen) ist verboten, der Fernversand von Artikeln wird stark eingeschränkt. Auch der Tausch von urheberrechtlich geschützten Inhalten über Peer-to-Peer-Netzwerke oder Tauschbörsen ist untersagt, Privatkopien sind nicht von technischen Schutzmaßnahmen der Rechteinhaber ausgenommen, dürfen also nicht umgangen werden. Privatkopien von „offensichtlich rechtswidrig" online gestellten Dateien sind nun ebenfalls unzulässig. Überdies wurde die ursprünglich geplante Bagatellklausel, welche die Vervielfältigung privater Kopien zum eigenen Gebrauch straffrei gestellt hätte, gestrichen (Rehbinder 2010). Allerdings wurde das Recht auf Privatkopien nicht – wie vor allem von der Musikindustrie gefordert – gänzlich abgeschafft, hätte diese Regel doch für die Künstler erhebliche Einbußen gebracht, weil sie keine pauschalen Zuweisungen durch die GEMA oder die Verwertungsgemeinschaft Wort mehr erhalten hätten. Diese Pauschalgebühren werden nun aber nicht mehr vom Gesetzgeber festgelegt, sondern von den betroffenen Parteien (Gerätehersteller und Verwertungsgesellschaften) in einem festgelegten Verfahren ausgehandelt (Kreutzer 2007).

Ein noch im Verfahren befindlicher „Dritter Korb" soll das Recht auf Privatkopien noch weiter einschränken und ein Leistungsschutzrecht für Presseverleger bringen (s.u.). Der Medienwirtschaft gehen selbst diese Änderungen noch nicht weit genug; der Interessenverband der Phonographischen Industrie fordert die generelle Abschaffung eines Rechts auf Privatkopien und die Verschärfung des Strafmaßes gegen Rechteverletzer. Der Börsenverein des Deutschen Buchhandels will das Lesen digitaler Kopien an elektronischen Leseplätzen weiter eingeschränkt wissen. Ganz offenkundig war die Bundesregierung bereit, dem Druck der Medienbranche auf Kosten der Nutzer nachzugeben.

6.6.6 Technische Schutzmechanismen

Technische Schutzmechanismen (Technical Protection Measures, TPM) zur Wahrnehmung der Rechte von Urhebern und Verwertern und digitales Rechtemanagment (Digital Rights Management, DRM) haben sich seit 1990 entwickelt; die erste größere Produktentwicklung war das pdf-Format, das durch seine Sicherheitseinstellungen erlaubt, den Druck und/oder die Speicherung eines Dokumentes, seine Veränderung und die Anbringung von Kommentaren zu verhindern. Analoge Schutzmechanismen wurden in den späteren 1990er Jahren für DVDs, noch später für Handys (Klingeltöne) und MP3-Player entwickelt. Das Problem dieser Mechanismen und der digitalen Aufzeichnung des Umfangs jeder einzelnen Werknutzung ist, dass sie die Nutzung der Werke verteuern, das Recht auf anonymen Medienkonsum aushöhlen und das im Urheberrecht noch zugestandene Recht auf Privatkopien zugunsten der Verwerter praktisch beseitigen. Nutzer, die sich den Zugang zu kostenpflichtigen Informationen nicht mehr leisten können, werden gewissermaßen weggeschlossen (Grassmuck 2006).

Abmahnungen wegen Verstöße gegen das Urheberrecht im Netz – also Hinweise der Rechteinhaber auf illegale Handlungen des Nutzers mit der Aufforderung, diese künftig zu unterlassen – sind zu einem Massenphänomen geworden. Es sind außergerichtliche Maßnahmen, die das deutsche Urheberrecht ausdrücklich vorsieht. Sie werden erleichtert durch die Pflicht der Informationsvermittler, die IP-Adressen (sowie Name und Anschrift des Besitzers) preiszugeben, von denen aus illegale Downloads erfolgen. Massenabmahnungen sind offenbar für viele Anwaltskanzleien zu einem lukrativen Geschäftsmodell geworden. Etliche Unternehmen verdienen ihr Geld allein damit, im Internetverkehr mittels automatischer Programmroboter Rechtsverstöße aufzuspüren. Es ist daher nicht verwunderlich, dass das Abmahninstrument bei den Internetnutzern stark in Verruf geraten ist. Auch schon erstmalige Abmahngebühren bei einfach gelagerten Rechtsverstößen sind nicht unbeträchtlich, sie belaufen sich zur Zeit auf ca. 500 €. Hinzu kommen Ärger und Aufwand für die Beteiligten. Insgesamt ist die Rechtslage recht diffizil, und es ist immer noch wenig klar, was einfach gelagerte Fälle sind, wie Nutzer stets sicher sein können, dass sie keine fremden Rechte verletzen, wie weit die Verantwortung der Provider zur Unterbindung des illegalen Downloading reicht. Außerdem beschädigt jede Nachforschung nach Urheberrechtsverletzungen im Netz wiederum das Recht auf den Schutz persönlicher Daten, zumal die Zugänge für eine längere Zeit rückwirkend erfasst werden müssen. Schließlich – und das betrifft auch die anschließend zu behandelnden Verfahren zur Sanktionierung unrechtmäßiger Nutzung – werden manche Internet-Anschlüsse von mehr als einer Person genutzt, möglicherweise ohne Wissen des eigentlichen Besitzers (etwa durch Hacker). Mögliche Gegenmaßnahme ist dann nur die Verschlüsselung des Zugangs (Internet Society 2011).

6.6.7 Sanktionen gegen Verstöße und Rechtsverletzer

Um die Verfolgung und Ahndung von Urheberrechtsverstößen zu vereinfachen, werden in manchen Staaten neue Sanktionsverfahren geplant bzw. bereits umgesetzt, welche nach Warnungen an den Besitzer des Internetanschlusses diesen bei Wiederholung schlicht – jedenfalls für eine gewisse Zeit – sperren. In Frankreich wurde mit einem Gesetz von 2010 eine Behörde eingerichtet (Hadopi = [*Haute Autorité pour la diffusion des oeuvres et la protection des droits sur l'Internet*]), die Warnungen an Rechtsverletzer ausspricht und nach zwei erfolglosen Warnungen sie vor Gericht bringt. Ihnen drohen Geldstrafen und die Unterbindung des Netzzuganges für bis zu einem Jahr. Ein ähnliches Gesetz existiert in Schweden und in Großbritannien. In Irland und Neuseeland stehen diese Vorhaben noch an oder harren der Umsetzung. Es ist keine Frage, dass diese sogenannten *three strike*-Modelle einen beträchtlichen Eingriff in die Informationsfreiheit der Betroffenen darstellen, zudem ist auch ihre Wirkung umstritten. Die französische Behörde hat seit Inkrafttreten des Gesetzes täglich 25.000 Warnungen an Nutzer versendet, die angeblich ihr Verhalten dadurch stark verändert haben; in Schweden ist eine ähnliche Reaktion zu beobachten. Allerdings sind die Nutzer teilweise entweder auf andere Internetzugänge ausgewichen oder haben neue Kommunikationskanäle genutzt wie Streaming-Dienste oder *One-Click-Sharehoster* (Deutscher Bundestag 2011). Haben früher die Nutzer zumeist sogenannte Peer-to-Peer-Netzwerke verwendet, um Inhalte herunterzuladen – Daten, bei denen Rechner miteinander verbunden werden und die auszutauschenden Dateien direkt übertragen werden –, speichern sie heute die Daten nicht mehr auf dem Rechner, sondern beziehen sie aus Streaming-Netzwerken in Echtzeit oder zeitversetzt. Bekanntestes, einschlägiges Portal dafür ist YouTube. Die Musikindustrie fordert konsequenterweise ein Verbot der von diesen Portalen genutzten Aufnahmesoftware.

Neben der Sperrung des Internet-Zugangs sind andere Maßnahmen denkbar, um das illegale Herunterladen geschützter Daten zu verunmöglichen oder zu erschweren. So hat die britische Regierung 2009 vorgeschlagen, die Menge der herunterladbaren Daten zu limitieren, um insbesondere den Peer-to-Peer

(P2P)-Datentausch, eine wesentliche Quelle für die Verletzung der Urheberrechte, zu behindern. Man könnte auch daran denken, die Übertragungsgeschwindigkeit solcher Datenübertragung künstlich zu reduzieren. Schwierig wäre es freilich, legale von illegaler Datenübertragung im P2P-Datentausch zu trennen, will man diese nicht für alle Nutzer erschweren. Mit ähnlichen Schwierigkeiten sind Problemlösungen behaftet, den Zugang zu bestimmten Internetadressen, bestimmten Protokollen (etwa P2P) oder spezifischen Websites zu blockieren (Internet Society 2011), ganz abgesehen von datenschutzrechtlichen Problemen.

Im Medium Internet schalten sich zwischen Inhalt und Endnutzern verschiedene Intermediäre (Access-Provider, Service-Provider). Diese können an sich am wirkungsvollsten illegales Herunterladen von Dateien verhindern. Access-Provider sind aber mit gutem Grund durch das bundesdeutsche Telemediengesetz davor geschützt, für die von ihnen transportierten Inhalte verantwortlich gemacht zu werden. Andernfalls müssten sie den Datenverkehr flächendeckend kontrollieren und auf seine rechtliche Zulässigkeit beurteilen. Bei Plattformbetreibern, die Dritten ermöglichen, Inhalte zu veröffentlichen (und davon profitieren), steht die urheberrechtliche Verantwortung zur Zeit noch zur Diskussion (Deutscher Bundestag 2011).

6.6.8 Internationale Initiativen und Regelungen

Bekanntlich ist das deutsche Urheberrecht in internationale Vereinbarungen eingebunden. Die wichtigsten sind das *Agreement on Trade-Related Aspects of Intellectual Property Rights* (TRIPS), das alle Mitglieder der Welthandelsorganisation (WTO) ratifizieren müssen. Es formuliert ein verbindliches und vergleichsweise hohes Schutzniveau für alle WTO-Mitglieder (also für fast alle Staaten der Erde). Insbesondere enthält es Regelungen zum Schutz der Urheber, zur Festlegung der Schutzdauer, zum Prinzip der Gleichstellung von in- und ausländischen Rechteinhabern. Verstöße gegen das Abkommen können durch Handelssanktionen geahndet werden. Im Gegensatz dazu sind die einschlägigen Verträge der WIPO vergleichsweise wirkungslos. Der einschlägige *Copyright Treaty* der WIPO wurde auf der Konferenz der WIPO-Mitgliedsstaaten im Jahr 1996 vereinbart; er ergänzt die Berner Übereinkunft und sollte diese an die Erfordernisse des digitalen Zeitalters anpassen. Er schließt erstmals den Schutz von Computerprogrammen und Datenbanken ein und verpflichtet die Vertragsstaaten, Maßnahmen gegen die Umgehung technischer Zugangssperren zu ergreifen (Internet Society 2011). International ist jedoch die Universalisierung des Urheberrechts durch TRIPS und die WIPO-Verträge keinesfalls unumstritten; die Entwicklungsländer sehen sich durch den ihrer Meinung nach exzessiven

Schutz des geistigen Eigentums erheblich benachteiligt und in ihrer Entwicklung behindert. Daher dürfte eine oftmals angemahnte umfassende Reform dieser internationalen Verträge an den konfligierenden Interessen der beteiligten Staatengruppen scheitern.

Eine Initiative ohne die Entwicklungsländer, um das geistige Eigentum mit einem internationalen Standard zu schützen, ergriffen die USA und Japan mit dem sogenannte *Anti-Counterfeiting Trade Agreement* (ACTA). Ziel des Abkommen sollte es sein, die Standards des Urheber- und Markenrechts sowie zum gewerblichen Rechtsschutz zu vereinheitlichen, um so gemeinsam gegen Verletzungen dieser Rechte vorgehen zu können. Im Entwurf kam dem Internet ein wichtiger Stellenwert zu. Provider sollten zur Kooperation (offenkundig durch die Kontrolle der versendeten Datenpakete) verpflichtet werden, und illegales Herunterladen sollte strafrechtliche Konsequenzen nach sich ziehen. Diese Absicht sowie der damit verbundene Eingriff in die Grundrechte entfachten Anfang 2012 einen regelrechten Sturm der Entrüstung in interessierten Bevölkerungskreisen der europäischen Länder, dem sich auch viele Abgeordnete des Europäischen Parlaments anschlossen. Denn der geplante Schutz von Immaterialgütern wäre gegenüber den WIPO- und TRIPS-Verträgen massiv verschärft worden, ohne dass Vorgaben für den Schutz von Nutzerinteressen formuliert worden wären. Ohnedies waren die Verhandlungen hinter verschlossenen Türen geführt worden, so dass das Verfahren des Abkommens als recht geheim getadelt wurde. Kritiker fürchteten daher, dass mit ihm der freie Fluss von Informationen im Internet stark behindert und eine Zensurinfrastruktur geschaffen würde. Sie wäre zwar aus geschäftlichem Interesse eingerichtet worden, könnte aber auch politischen Zwecken dienen. Als Ergebnis dieser Proteste wurde das Vertragswerk von der deutschen Bundesregierung vorerst nicht unterzeichnet, vier andere europäische Staaten schlossen sich an. Auch das Europäische Parlament lehnte schließlich die Beschlussfassung ab (*Süddeutsche Zeitung* v. 11./12.2.2012).

6.6.9 Neuere Entwicklungen und Ausblick

Gegen die Ausweitung der Urheberrechte lassen sich offenbar nur Etappensiege erzielen: Im August 2012 wurde im Bundeskabinett das 7. Gesetz zur Änderung des Urheberrechtsgesetzes verabschiedet, das nun auch ein Leistungsschutzrecht für Presseverlage zum ersten Mal in der deutschen Geschichte einschließen soll. Suchmaschinenbetreiber wie Google und andere sollen danach künftig für ihren Zugriff auf journalistische Inhalte Gebühren bezahlen, wenn sie nicht nur einen Zeitungsartikel verlinken, sondern auch eine Artikelzusammenfassung oder einen teilweisen Abdruck im Netz bieten. Nicht vom Gesetz erfasst werden sollen andere Nutzer wie Blogger, Verbände und Privatunternehmen. Auch gegen diese Gesetzesinitiative brach ein Sturm der Entrüstung los, zumal Deutschland hier einen Alleingang vorlegt, der allerdings einen baldigen Nachahmer (Frankreich) gefunden hat. Gegner aus den Oppositionsparteien argumentieren, der Entwurf drohe hilfreiche Suchmaschinen und den legitimen Informationszugang der Bürger einzuschränken, Befürworter hingegen weisen darauf hin, dass etwa Google mit Inhalten Geld verdiene, die von Presseverlagen und Journalisten mit viel Aufwand produziert werden (*Frankfurter Allgemeine Zeitung* vom 1.12. und 4.12.2012).

Google fordert in einer gegen diese Initiative gerichteten Kampagne seine Nutzer im Netz auf, dessen Freiheit und freiheitlichen Zugang zu verteidigen. Tatsächlich hat der Konzern sein Monopol und die daraus erzielbaren Einnahmen im Blick. Nicht nur ehrenwert ist auch die Argumentation der Presseverlagshäuser, die vor allem ihr überkommenes Geschäftsmodell retten wollen; es leidet bekanntlich unter rückläufigen Werbeeinnahmen. Denn sie wollen die Nutzung ihrer Inhalte durch Google & Co. den eigenen Bedingungen (durch Indexierung) unterwerfen. Aber sie profitieren selbst davon, wenn ihre Inhalte von Suchmaschinen gefunden werden. Natürlich argumentieren beide Seiten mit dem gerne zitierten Allgemeinwohl für ihre je unterschiedlichen materiellen Interessen.

Der Deutsche Bundestag hat am 1. März 2013 gegen den vehementen Protest vieler Aktivisten den genannten Gesetzesvorschlag ohne größere Änderungen verabschiedet; eine kleinere Änderung betraf die Lizenzfreiheit „einzelner Wörter oder Textausschnitte", sehr zum Verdruss der Presseverlage, die sich schon aus der Nutzung von Überschriften und (Artikel-)Vorspännen durch Suchmaschinen erhebliche Einkünfte versprochen hatten. Wie aber legale, lizenzfreie ‚Textausschnitte' zu definieren sind, dürfte erhebliche juristische Probleme bergen. Kritiker (aus Reihen der Grünen) meinten daher, einziger Profiteur der Reformen seien wohl die Rechtsanwälte, die Reform des Leistungsschutzrechts sei „der größte Schwachsinn aller Zeiten", das Gesetz werde all die Apps und Dienste in Deutschland veröden lassen, die es für den Nutzer so einfach und spannend machten, Medien zu konsumieren (*Frankfurter Allgemeine Zeitung* vom 2.3.2013; *Spiegel-online* vom 1.3.2013). Wenig später passierte das Gesetz auch die Hürde des Bundesrats, trotz Drohung der Opposition mit Blockade.

Schlussendlich lässt sich das Urheberrecht im digitalen Zeitalter nur mit hohem Aufwand und ständigem rechtlichem Verfolgungsdruck retten. Seine Anpassung rennt zwangsläufig technischen Innovationen hinterher, die das illegale Herunterladen immer weniger zuordnungsfähig machen (Streaming, Cloud Computing). Zu Recht argumentiert ein Beitrag im *SPIEGEL*, dass die Einhegung dieser Entwicklungen Anstrengungen, Eingriffe und Überwachungsmaßnahmen erfordere, die irgendwann einmal auch die Idee des liberalen Rechtsstaates in Mitleidenschaft ziehen würden. So musste allein die Deutsche Telekom im Jahr 2010 2,4 Millionen Adressen zur Verfolgung von Urheberrechtsverletzungen preisgeben, die eine halbe Million Abmahnungen nach sich zogen (*DER SPIEGEL* vom 21.5.2012). Dieser ganze Aufwand nützt den eigentlichen Urhebern, die von den Verwertern immer gerne als Leidtragende zitiert werden, nur wenig.

Denn selbständige Künstler verdienen in Deutschland und andernorts im Durchschnitt bedrückend wenig: Schriftsteller laut einer einschlägigen Studie von 2007 gerade einmal 12.000 € im Jahr, in Deutschland noch weniger als in Großbritannien. Daher benötigen 60 Prozent der Schriftsteller einen Zweitjob, um zu überleben, und alle haben letztlich kaum oder keinen materiellen Gewinn durch die digitale Nutzung ihrer Werke (Kretschmer und Hardwick 2007). Um das Einkommen von bildenden Künstlern ist es noch schlechter bestellt (Kretschmer u. a. 2011). Für die meisten, weniger prominenten Künstler drücken nicht die Tauschbörsen ihr Einkommen, sondern die harte Marktkonkurrenz, das Fehlen jedweden tarifrechtlichen Schutzes sowie die Tatsache, dass sie sich in Vertragsverhandlungen mit den Medien und der Kreativindustrie in einer strukturell schwachen Position befinden. Begreiflicherweise hat diese an der Veröffentlichung solcher Informationen kein Interesse. Die Rede vom Schutz der kreativen Künstler durch das Urheberrecht oder das Copyright ist also oft nur ein Rauchvorhang vor den wirtschaftlichen Interessen der dominanten Verwerter.

Gibt es zu immer weiter getriebenen Ermittlungen gegen illegale Downloads – die Musik- und Filmlobby drängt auf eine sogenannte „Deep-Packet-Inspection" für professionelle Datenspeicher und die Meldung von Urheberechtsverletzungen durch die Provider – eine Alternative? Aus den USA kommt die Idee des „fair use", die Eingriffe in das Urheberrecht erlaubt, wenn kein wirtschaftlicher Schaden angerichtet oder das Verbot unverhältnismäßig wäre; es ist aber mit dem deutschen und europäischen Recht nur schwer vereinbar (Deutscher Bundestag 2011, 22). Leichter wäre es, Vergütungsregelungen für Kopien nach dem Muster der GEMA oder der VG Wort für alle Inhalte im Internet umzusetzen. So darf in Deutschland jeder ohne Erlaubnis Musik abspielen, wenn er dafür eine Gebühr an die GEMA entrichtet. Auch darf jeder Publikationen vervielfältigen, für welche der Copyshop oder der Gerätehändler per Abgabe eine Gebühr an die VG Wort entrichten. Die Probleme dieser pauschalen Erhebung (flat rate) sind, dass Gebühren auf jedes Gerät erhoben werden, gleichgültig, wie stark es zum Kopieren genutzt wird. Außerdem fließt ein erheblicher Teil der Gebühren ans Ausland ab, und diese Art der Gebührenerhebung macht dann keinen Sinn mehr, wenn die Verwerter mehrheitlich aufwändige Kopierschutzeinrichtungen installieren.

Die Partei der Grünen arbeitet an dem Modell einer Internet-Flatrate für das private Herunterladen von Filmen und Musik, die an die Verwertungsgesellschaften abzuführen wäre. Dieses Modell wird meist als „Kultur-Flatrate" tituliert, seinen Befürwortern gilt es als ein zeitgemäßes Modell, das sowohl die Interessen der Nutzer wie der Urheber wahre. Kritiker dieses Modells bemängeln die pauschale Erfassung des Wertes kulturellen Schaffens, die Kostenbelastung auch von Gerätebesitzern, welche die Inhalte gar nicht nutzen, und die Aushebelung des Marktes durch eine Behörde zur Festsetzung und Verteilung der Gebühren, welche erheblichen Einfluss auf das kulturelle Schaffen bekäme (Deutscher Bundestag 2011).

Nutzer sind nach Untersuchungen durchaus bereit, für komfortable, attraktive und qualitativ hochwertige Möglichkeiten zum Download geschützter Werke zu bezahlen; das zeigt der steigende Umsatz mit entsprechenden privatwirtschaftlichen Modellen. Um sie haben die Verwerter lange einen weiten Bogen gemacht (zur Freude von Google, YouTube & Co.); diese Downloads könnten auch mit Werbung kombiniert werden, um weitere Einnahmen zu generieren. Es könnten auch einfachere und kostenfreie Dienste mit kostenpflichtigen Zusatzangeboten gekoppelt werden. Inzwischen haben sich auch Flatrateangebote als Alternativen etabliert. Sie ermöglichen gegen Zahlung einer monatlichen Gebühr unbeschränkten Zugriff auf definierte Inhalte. Kurzum, zur um sich greifenden Abmahnpraxis auf der Basis stets restriktiver gestalteter Urheberrechte gibt es offenkundige Alternativen.

In Teilbereichen kommt die Verbreitung von Kultur und Wissen mittlerweile auch ohne das Urheberrecht aus. Aus der Wissenschaft heraus entwickelt sich seit Jahren der sogenannte „Open Access", der sich am Beispiel der Open-Source-Bewegung orientiert. Ziel des Open Access ist die bessere Versorgung von Wissenschaftlern mit kostenfreien, aktuellen Forschungsergebnissen. Die finanzielle Krise der meisten wissenschaftlichen Bibliotheken, bedingt auch durch die rasant steigenden Preise wissenschaftlicher Zeitschriften, war dabei ein wesentliches Beschleunigungselement. Viele Wissenschaftler schreiben zunehmend Aufsätze in Fachzeitschriften, welche die Bibliotheken aus Geldnot bereits abbestellt haben. Deshalb findet die Idee zunehmend Anklang, Artikel entweder nach kurzer Schutzfrist kostenlos im Internet zur Verfügung zu stellen oder gleich in reinen Internet-Zeitschriften zu veröffentlichen. Die Verlage stehen dieser Idee ablehnend gegenüber und starten Kampagnen, um gesetzliche Regeln gegen den Open Access durchzusetzen oder doch zumindest deren Förderung zu verhindern. In Deutschland haben sie damit begrenzten, in Großbritannien und den USA keinen Erfolg. Dort haben sich die Forschungsförderungsorganisationen dafür eingesetzt, die Vergabe von Fördermitteln an den offenen Zugang der Forschungsergebnisse zu binden (Gehring 2008).

Die Ziele der Open-Content-Bewegung sind weiter gespannt. Sie will das kostenlose Kopieren, das Bearbeiten und die Verbreitung von urheberrechtlich geschütztem Material für nicht kommerzielle Zwecke fördern. Eine der prominentesten Organisationen in diesem Bereich ist *Creative Commons* (gegründet 2001). Sie bietet Standard-Lizenzverträge an, mit denen ein Urheber der Öffentlichkeit kostenfrei und auf einfache Weise unterschiedlich weit gehende Nutzungsrechte an seinem Werk einräumen kann, das Urheberrecht aber nicht aufgehoben wird. Diese Lizenzen bezogen sich zunächst auf das amerikanische Copyright, sind aber mittlerweile auch auf andere Rechtssysteme ausgedehnt. Eine solche Lizenz wird etwa von *Wikipedia* verwendet, genutzt werden solche Lizenzen aber auch vom NDR und der BBC (Filmarchiv). Eine ähnlich arbeitende Organisation ist die *Open Content Alliance*, ein Konsortium von Unternehmen, nicht gewinnorientierten und staatlichen Organisationen, welche das Ziel verfolgt, ein frei zugängliches Archiv von Texten und Multimediainhalten zu erstellen. Im Rahmen dieser Allianz hat das Projekt *Open Library* bereits über eine Million Bücher digital erfasst und ins Netz gestellt.

6.7 Datenschutz und Persönlichkeitsrechte

6.7.1 Zu Aufgaben und Herausforderungen des Datenschutzes

Datenschutz und Persönlichkeitsrechte sind wie kein anderes Politik- und Aktionsfeld mit dem Internet – inzwischen auch im alltäglichen Bewusstsein – verknüpft (Schmidt und Weichert 2012): Das Internet und die mit ihnen möglichen Transaktionen fordern kontinuierlich dazu heraus, den Schutz der Persönlichkeitsrechte und der persönlichen Daten zu stärken und zu erweitern. Denn sie gelten primär als Instrumente und Risiken, die den Schutz persönlicher Daten gefährden oder zum Missbrauch für kommerzielle, politische, aber auch kriminelle Absichten anstiften. Dabei lässt sich eine signifikante Verlagerung der Beobachtungs- und Verdachtsfelder sowie der Stoßrichtungen des Schutzes registrieren: Galt früher der Staat und seine Instanzen, insbesondere seine geheimen Behörden und ihre Aktivitäten, als zentrale Objekte des Misstrauens und der Einschränkung, wie es hierzulande in den heftigen Protesten gegen die 1981 geplanten Volkszählung zum Ausdruck kam, die 1983 zu dem grundlegenden Urteil des Bundesverfassungsgerichts zur informationellen Selbstbestimmungen des einzelnen Bürgers führte, gerieten mit der Verbreitung und intensiveren, vielfältigen Nutzung des Internets eher private und kommerzielle Profite des Datenmissbrauchs ins Visier kollektiven Argwohns und staatlich-juristischer Aufsicht. Mit diversen Gesetzen und zuständigen Instanzen des Datenschutzes – etwa die Beauftragten des Datenschutzes im Bund und in den Bundesländern – avancierte der Staat zum vorrangigen Beschützer und Verteidiger der persönlichen Daten, so dass die von ihm lancierten potentiellen Beeinträchtigungen oder Verletzungen weniger Beachtung finden. Sie werden zwar von den unabhängigen Datenschutzbeauftragten in öffentlichen Berichten ebenfalls regelmäßig moniert, aber erst wenn sie in der medialen Öffentlichkeit breit aufgegriffen und kritisiert werden, finden sie Eingang in öffentliche Diskurse.

Gleichwohl bleibt der Schutz persönlicher Daten die Basis für die Akzeptanz des Internet-Verkehrs. Ziel des Datenschutzrechts ist die informationelle Selbstbestimmung der Nutzer, also die Kontrolle über den Umgang mit Daten und Informationen, die den Nutzer selbst betreffen (Deutscher Bundestag 2012). Personenbezogene Daten werden nach dem deutschen Datenschutzgesetz definiert als „Einzelangaben über persönliche oder sachliche Verhältnisse einer bestimmten oder bestimmbaren natürlichen Person", mithin praktisch jede Information, die mit einer natürlichen Person in Verbindung gebracht werden kann. Als persönliche Merkmale zählen etwa Identifikationsmerkmale, äußere Merkmale, aber auch Meinungen, als sachliche werden Beziehungen zu Dritten und zur Umwelt (z. B. Besitz, Vertragsbeziehungen) erachtet. Die Regulierung dieser Daten umfasst nach geltendem Recht die Erhebung dieser Daten, ihre Verarbeitung im engeren Sinn (Speicherung, Übermittlung, Sperrung und Löschung personenbezogener Daten) und ihre Nutzung. Ein erhöhtes Schutzniveau genießen die so genannten sensiblen Daten wie rassische oder ethnische Zugehörigkeit, politische Meinungen, weltanschauliche Überzeugungen, die Zugehörigkeit zu bestimmten Verbänden und gesundheitsbezogene Daten (Absatz 9 Bundesdatenschutzgesetz).

Die früheren Menschenrechtspakte und -abkommen beinhalten kein eigenes Datenschutzgrundrecht, schützen aber das Privat- und Familienleben, die persönliche Kommunikation und die Privatwohnung, damit implizit auch die Kommunikation mittels Email oder Internettelefonie. Der Datenschutz wird mithin als ein Element der Privatsphäre betrachtet. In neueren Übereinkommen der Vereinten Nationen wird aber die informationelle Selbstbestimmung ausdrücklich thematisiert.

Der Schutz personenbezogener Daten vor unzulässiger Erhebung, Speicherung, Verarbeitung und Weitergabe an Dritte ist seit Beginn der Computernutzung von großem öffentlichem Interesse (Zürn und Mayer 2010). Er stellt ein größeres Problem als der Schutz anderweitiger gespeicherter Daten dar, weil erstens computergestützte Daten auch von unbedeutenden Akteuren gespeichert, miteinander abgeglichen und übertragen werden können. Zweitens kann daraus relativ einfach ein Profil individuellen Verhaltens, von Konsumgewohnheiten und Kreditwürdigkeit erstellt werden, das einen nicht unbeachtlichen kommerziellen Wert darstellt. Es kann von interessierten Unternehmen oder auch von staatlichen Instanzen (etwa zur steuerlichen Erfassung) genutzt werden kann. Drittens sind in einer Welt, die durch zunehmende Verflechtung der Märkte für Güter, Dienstleistungen und der damit einhergehenden Datenströme gekennzeichnet ist, nationale Datenschutzbestimmungen relativ wertlos, weil Daten durch Mausklick in eine andere nationale Jurisdiktion verschoben werden können (Gunasekura 2007). Nationale Datenschutzbestimmungen, sofern sie für die internetgestützte Datenübertragung überhaupt existieren – viele weniger entwickelte Staaten arbeiten allenfalls daran –, können dadurch ausgehöhlt werden.

Die einschlägigen Bestimmungen differieren nach Umfang, Regulierungsmodus (staatlich oder durch Selbstverpflichtung der beteiligten Firmen) sowie der Schärfe der zu erwartenden Sanktionen bei Regelverletzung recht deutlich. Es bietet sich daher für interessierte Firmen oder Sicherheitsapparate von Staaten an, Daten dort zu speichern oder abzufragen, wo der Datenschutz besonders niedrig ausfällt. Risiken für den Einzelnen sind die möglicherweise exzessive Datensammlung und Weitergabe durch staatliche Instanzen – zur Abwendung sicherheitsrelevanter Gefahren (z. B. internationaler Terrorismus) oder schlicht zur politischen Kontrolle ihrer Bürger und zum Verkauf oder Tausch persönlicher Daten zwischen Unternehmen zum Zwecke effizienterer Bewerbung der Klienten, zur Abschätzung ihrer Kreditwürdigkeit etc. Da aus der Fülle der Daten, die Einzelne im Netz zwangsläufig zur Verfügung stellen, durch Verkoppelung der Informationen relativ unaufwändig Profile ihrer Konsumgewohnheiten, Interessen, Beziehungen und Bewegungen im geografischen Raum zusammengestellt werden können, ist vielfach schon die Gefahr eines drohenden Orwellschen Überwachungsstaates, zumindest aber die Ausschlachtung persönlicher Daten zum Zwecke kommerzieller Nutzung an die Wand gemalt worden.

6.7.2 Anforderungen an den Datenschutz

Als notwendige Anforderungen an ein modernes Datenschutzrecht gelten:

(a) die klare Setzung eines Erlaubnisvorbehalts, d. h. der Umgang mit personenbezogenen Daten verlangt die (freiwillig erlangte und wirksame) Einwilligung des Betroffenen, es sei denn, die Erhebung und Weitergabe dieser Daten ist gesetzlich legitimiert. Verlangt ist auch die notwendige Information der Betroffenen über Sinn und Zweck der Erhebung und die Bedeutung der Datenfreigabe;

(b) die Beschränkung der Datenabfrage und -weitergabe auf das zum Erreichen des Ziels notwendige Minimum;
(c) ein klar definierter Mindestschutz persönlicher Daten im Netz, der festlegt von wem, wann, welche Daten erhoben, gespeichert und übermittelt werden dürfen;
(d) eine internationale Angleichung diesbezüglicher Normen, um die Gefahr von Umgehung des Datenschutzes durch Auslagerung der Datensammlung und -übertragung in Jurisdiktionen mit niedrigem oder fehlendem Schutz zu umgehen, damit einhergehend
(e) strenge Auflagen für die grenzüberschreitende Weitergabe persönlicher Daten sowie möglicherweise
(f) eine Behinderung oder gar Unterbindung des „datamining" also der kommerziell motivierten Sammlung von Konsumenteninformationen durch spezialisierte Firmen und Agenturen und ihr Verkauf an interessierte Nutzer.

Diese Erfordernisse wurden schon früh erkannt; im nationalen Vergleich spielten Schweden, Deutschland, Frankreich und später die Vereinigten Staaten die Vorreiter eines effektiven Schutzes persönlicher Daten, eine hervorgehobene Pionierfunktion nahm in den letzten Jahren bei der Weiterentwicklung des Datenschutzes im Internetverkehr die *Europäische Union* ein.

6.7.3 Datenschutz in der Bundesrepublik Deutschland

Besonders weitgehend ist der Schutz persönlichkeitsbezogener Daten im deutschen Bundesdatenschutzgesetz geregelt, bedingt auch durch einschlägige Urteile des Bundesverfassungsgerichts, das diesen Schutz geradezu zum Verfassungsrang erhob und die „informationelle Selbstbestimmung" schon im Urteil zur Volkszählung (1983) durch die Erstellung von Nutzerprofilen als gefährdet ansah. Das Bundesdatenschutzgesetz umfasst Grundsätze der Sparsamkeit der Datenerhebung und -verarbeitung (so wenig wie nötig), die gesetzliche oder persönliche Ermächtigung dieser Erhebung, die notwendige Information der Betroffenen über die Erhebung, der Identifikation des dabei handelnden Akteurs, des Nutzungszwecks und des Einverständnisses der Betroffenen. Unzulässig ist die Übermittlung der Daten an Instanzen und Staaten ohne ein ausreichendes Datenschutzniveau. Schließlich sind Verfahren automatisierter Verarbeitung vor Inbetriebnahme den zuständigen Aufsichtsbehörden zu melden (Der Bundesbeauftragte für den Datenschutz 2010). Natürlich räumt auch dieses Gesetz dem Bürger keine totale informationelle Selbstbestimmung, also die uneingeschränkte Herrschaft über seine Daten, ein. Aber es definiert recht klar und erkennbar den Umfang der Beschränkungen.

Eine Besonderheit des deutschen Datenschutzrechts ist, dass es zwischen Datenschutz im öffentlichen und nicht-öffentlichen Bereich unterscheidet. Für die Datenverarbeitung im staatlichen Bereich sind engere Grenzen gesetzt als im privaten. Zudem spielt die föderale Ordnung der Bundesrepublik eine Rolle, es gibt Datenschutzbeauftragte auf der Ebene des Bundes und der Länder. Beide zusammen üben die Kontrolle über den staatlichen Bereich aus, für den privaten sind nur die Landesbeauftragten zuständig (Deutscher Bundestag 2012). Die besondere Stellung des Datenschutzes im öffentlichen Bereich ergibt sich vor allem aus dem Schutz der Grundrechte. Viele staatliche Stellen sammeln gleichwohl besonders sensible personenbezogene Daten; Eingriffe in die Persönlichkeitsrechte müssen stets gesetzlich legitimiert sein. Allerdings ermöglicht die wachsende informationstechnische Durchdringung der öffentlichen Verwaltung immer mehr die Erstellung umfassender Datenprofile der Bürger, die weder diesen noch den Gesetzgebern (Parlamenten) immer hinreichend bekannt und transparent sind (zu den Probleme und neueren Entwicklungen beim Datenschutz im privaten Bereich s.u.).

6.7.4 Datenschutz in Europa und der OECD

Die Harmonisierung der Datenschutzbestimmungen innerhalb der gesamten entwickelten Welt war bereits das Ziel der *Guidelines on the Protection of Privacy and Trans-Border Flow of Personal Data* (OECD 1980), die keine gesetzliche Regelung, sondern nur eine Empfehlung an die Mitgliedsstaaten war. Diese 1980 vereinbarten Richtlinien streben an, Datenschutz, den freien Fluss von Informationen und den freien Verkehr von Gütern und Dienstleistungen miteinander in Ausgleich zu bringen. Dabei verlangen sie – ähnlich wie die später verabschiedeten Gesetze der Mitgliedsländer – die Sparsamkeit und Zweckbindung der Daten, die Information der Betroffenen, den Schutz der erhobenen Daten gegen unerlaubten Zugang und Weitergabe, den Zugang der betroffenen Personen zu ihren Daten und das Recht auf Entfernung falscher Angaben. Außerdem werden die Mitgliedsstaaten zu einschlägiger und sanktionsbewehrter Gesetzgebung, zum Austausch untereinander über die jeweilige Umsetzung dieser Richtlinien sowie zur Ermittlung und Verfolgung von Verstößen aufgerufen. Die Leitlinien unterscheiden zwischen sensitiven und trivialen Angaben, von denen keine Gefahr ausgeht und die daher ausgenommen werden können. Auf unangemessen hohe Datenschutzregelungen, die den grenzüberschreitenden Datenverkehr behindern, soll verzichtet werden. Selbstregulierung statt staatlicher Regulierung wird ermutigt. Außerdem beabsichtigen diese Richtlinien nicht nur den Schutz der Persönlichkeit, sondern auch die Gewährleistung eines möglichst ungehinderten Informationsflusses zwischen den Mitgliedsstaaten. Dieser Anspruch wurde nur begrenzt erreicht: Die Grundsätze der einzelstaatlichen Datenschutzregelungen innerhalb der OECD-Welt orientierten sich zwar weitgehend an dieser (recht allgemeinen) Vorlage, bei der Umsetzung sind allerdings beachtliche Unterschiede festzustellen (Gunasekera 2007).

Im Gegensatz zu den OECD-Richtlinien verpflichtete die Datenschutzkonvention des Europarates von 1981 die Unterzeichnerstaaten, einen bestimmten Katalog von Grundsätzen einzuhalten. Persönliche Daten müssen nach Recht und Glauben und auf rechtmäßige Weise beschafft und verarbeitet werden. Die Speicherung und Verwendung ist nur für festgelegte Zwecke statthaft, ferner müssen die Daten nach der Zweckerfüllung anonymisiert werden. Schließlich muss für sensible Daten ein besonderes Schutzniveau erfüllt werden. Ein Zusatzprotokoll von 2001 verlangt die Einrichtung unabhängiger Kontrollstellen und beschränkt die Datenweitergabe an Nichtmitgliedsstaaten auf solche Länder, die über ein solch angemessenes Schutzniveau verfügen.

Ähnlich wie in Deutschland, aber durchaus doch unterscheidbar, wird der Datenschutz in nahezu allen Mitgliedsstaaten der *Europäischen Union* gehandhabt. Solche Differenzen bereiten bei zunehmendem transnationalem Datenverkehr allen Beteiligten durchaus Probleme; sie mindern bei den Bürgern das Vertrauen und erhöhen bei Unternehmen die Anpassungskosten. In Europa sind schon frühzeitig Bemühungen erkennbar, den Datenschutz in der Union zu harmonisieren bzw. zu vereinheitlichen. Einschlägig hierfür ist die *Richtlinie des Europäischen Parlaments und des Rates zum Schutz personenbezogener Daten* von 1995. Sie wurde mit besagtem unterschiedlichem Schutz in der Union begründet, der ein starkes Hindernis für die grenzüberschreitende Übermittlung von Daten und damit die weitere Entwicklung des europäischen Binnenmarktes darstellte. Verlangt wird daher ein gleichwertiges Schutzniveau innerhalb der EU. Die Richtlinie bestimmt, dass jede nationale Datenschutzbehörde Regelungshoheit über die Datenverarbeitung beanspruchen kann, die innerhalb ihres eigenen Territoriums durch ein einschlägiges, in diesem Staat niedergelassenes Unternehmen geschieht oder zur Bearbeitung Mittel benutzt, die sich dort befinden. Die Verarbeitung personenbezogener Daten hat dem angestrebten Zweck zu entsprechen und darf nicht darüber hinausgehen; sie darf nicht ohne Einwilligung der betroffenen Person erfolgen. Die Richtlinie definiert personenbezogene Daten (*alle* Informationen über eine Person) *und* Datenverarbeitung (*jeden* Vorgang der Erhebung und Speicherung personenbezogener Daten) sehr breit und zwingt die nationalen Behörden in der EU zur Zusammenarbeit, um die Mehrfachbehandlung strittiger Fälle zu unterbinden. Problematisch an dieser Regelung ist freilich, dass die Datenverarbeitung im Internet geografisch nur

6.7 Datenschutz und Persönlichkeitsrechte

schwer zu lokalisieren ist, Verarbeitung und Nutzung getrennt werden und auswärtige Websites auch ohne Infrastruktur im Binnenmarkt verbreitet sein können. Artikel 25 der Richtlinie bestimmt weiterhin, dass der Transfer von Daten in Drittstaaten nur dann gestattet ist, wenn diese ausreichenden Datenschutz gewähren (sogenanntes „Safe Harbor-Prinzip"). Damit wird praktisch Druck auf diese Drittstatten ausgeübt, ihren Rechtsschutz entsprechend anzupassen (Europäische Gemeinschaft 1995; Kuner 2010a, b; Maier 2010).

Zudem wurde der Datenschutz bei gerichtlicher oder polizeilicher Zusammenarbeit in Strafsachen von diesen Regelungen ausgenommen – weil diese Bereiche vor dem Vertrag von Lissabon nur begrenzt vergemeinschaftet waren. Dennoch bekam mit diesem Vertrag der Datenschutz gleichsam Grundrechtscharakter innerhalb der EU, er ermächtigte auch das *Europäische Parlament* und den *Rat der EU*, Gesetze mit supranationaler Wirkung im Bereich des Datenschutzes zu beschließen.

6.7.5 Unterschiedlicher Datenschutz in den USA und in Europa

In den Vereinigten Staaten hat sich das Datenschutzrecht andersartig als etwa in Europa entwickelt. Dies betrifft vor allem die Regulierung des privatwirtschaftlichen Sektors, in dem Daten im Wesentlichen durch Selbstverpflichtungen der Unternehmen geschützt werden sollen. So entstand eine Art Flickenteppich einzelstaatlicher und bereichs- bzw. gruppenspezifischer Regelungen (Batnasan 2010; Busch 2012). Deshalb existiert keine nationale Datenschutzbehörde zur Untersuchung individueller Beschwerden wie praktisch überall sonst. Diese Unterschiede haben sich zu einem gravierenden Problem in den europäisch-amerikanischen Beziehungen, den beiden bislang weltweit wichtigsten Territorien im internationalen Datenverkehr, entwickelt. Denn mit zunehmendem Outsourcing ihrer Bearbeitung fließen persönliche Daten auch in Länder, die lange Zeit oder immer noch gesetzlich keinen zureichenden Schutz verankert haben. Immerhin haben sich mittlerweile einige größere Entwicklungsländer (z. B. Indien und Argentinien) entsprechende Gesetze gegeben, schon allein, um wirtschaftlich nicht abgehängt zu werden.

Im europäisch-amerikanischen Verhältnis entzündete sich zunächst am Verbot der Datenübertragung an Staaten mit nicht adäquatem Schutz ein lang anhaltender Konflikt. Die EU vertrat die Ansicht, dass nur formelle gesetzliche Regelungen und die Einrichtung einer entsprechenden Aufsichtsbehörde in den USA ein angemessenes Schutzniveau sicherstellen könnten. Die USA wollten weiterhin auf unabhängige Zertifizierungsstellen zum Schutz der Privatsphäre setzen. Allerdings unterwarfen sich nur wenige Unternehmen dieser Zertifizierung.

Schließlich wurde ein Kompromiss insoweit gefunden, als sich amerikanische Unternehmen auf sieben durch das amerikanische Handelsministerium festgelegte und mit der EU vereinbarte Datenschutzprinzipien im Datenverkehr mit der EU verpflichten mussten und bei Nichteinhaltung rechtlicher Verfolgung ausgesetzt würden. Dieses sogenannte „Safe-Harbor-Abkommen" von 2000 wurde als erfolgreiches Modell für die Lösung künftiger Konflikte angesehen, aber es wurde durch die nachfolgenden politischen Ereignisse überrollt.

In der Nachfolge der Terroranschläge vom 11. September 2001 beschloss die US-Regierung, elektronisch gespeicherte Flugpassagierdaten – welche auch Telefonnummern, Kreditkartendetails, Kontaktdaten für den Notfall etc. enthalten – für ihren Kampf gegen den internationalen Terrorismus zu nutzen. Falls der Zugang zu diesen Daten nicht gewährt würde, drohten die USA europäischen Fluggesellschaften mit dem Entzug der Landerechte. Die amerikanische Seite war in den Verhandlungen mit der EU bestrebt, relativ dauerhaften, vollständigen und unkontrollierten Zugang zu diesen Daten zu erhalten. Die Vertreter der EU lehnten dies als inakzeptabel ab, gaben aber später weitgehend nach. Gegen das entsprechende Abkommen von 2004 klagte daher das *Europäische Parlament* vor dem *Europäischen Gerichtshof*, der das Abkommen zwei Jahre später für nichtig erklärte.

Der nächste Konflikt folgte umgehend, als sich die amerikanische Regierung Zugriff zu den Daten über globale Finanztransaktionen durch eine Genossenschaft der Finanzindustrie (*Society for Worldwide Interbank Financial Telecommunication*, SWIFT) verschaffte – ebenfalls zum Zweck der Terrorismusbekämpfung und ohne dass SWIFT ihre Teilhaber über die Datenüberlassung informiert hätte (Kuner 2010b). Auch hier intervenierte das Europäische Parlament, verlangte vollständige Information über die Vorgänge und kritisierte die damit verbundene Aushöhlung des Schutzes personenbezogener Daten. Die europäisch-amerikanischen Konflikte um die Speicherung der Fluggastdaten und der Zugriff auf die Finanztransaktionen halten bis heute an. Ein neues, vorläufiges Abkommen über die erstgenannte Datengruppe kam den USA weit entgegen (in Bezug auf Speicherfrist und Zahl der zugriffsberechtigten amerikanischen Behörden), wurde aber vom Europäischen Parlament ebenso abgelehnt wie jenes über den Transfer der SWIFT-Daten. Die Nachbesserung nahm dann das Parlament vor. Die Kritik an der Umsetzung – insbesondere in Bezug auf die zu großzügige Überlassung von Daten an die amerikanische Seite – hält dagegen an, ein umfassendes transatlantisches Abkommen zum Datenschutz steht noch aus (Busch 2012).

Nicht nur in den USA – auch in europäischen Staaten gibt es ja durchaus Bestrebungen, die Vorratsdatenspeicherung zum Zwecke der Bekämpfung organisierter Kriminalität, politischen Extremismus und des Terrorismus voranzutreiben – zeigt sich eine Tendenz staatlicher Instanzen, den Schutz personenbezogener Daten aus sicherheitspolitischen Interessen auszuhebeln. In den

USA gingen diese Bestrebungen aber besonders weit. So gab es zum Beispiel ein umfangreiches Projekt des Pentagon (namens *Terrorism Information Awareness*), das große, aus dem Privatsektor abgefragte Datenmassen zu einer Datenbasis zusammenführen sollte, um Vorhersagen über terroristische Aktivitäten treffen zu können. Die Finanzierung dieses Programms ist zwar mittlerweile eingestellt worden, einzelne Behörden setzen aber das „datamining" (Datenschürfen) durchaus fort (Gunasekera 2007). Der *Patriot Act* von 2001 senkte die Schwellen für den Datenzugang durch das FBI kräftig, öffnete den Zugang zu den Daten von einer großen Zahl privater Unternehmen und forderte Organisationen auf, verdächtige Aktivitäten zu melden. Das Gesetz bezog auch alle ausländischen Filialen amerikanischer Unternehmen ein. Ähnliche, freilich stärker garantiebewehrte Gesetze wurden in Kanada und Neuseeland erlassen (Ebd.).

6.7.6 Jüngste Entwicklungen des Datenschutzes in Europa

Im Jahr 2007 forderte die OECD in ihren Empfehlungen für eine bessere Zusammenarbeit beim grenzüberschreitenden Datenschutz ihre Mitgliedsstaaten erneut auf, die nationalen Vorkehrungen für den Schutz persönlicher Daten zu verbessern, Mechanismen für die internationale Durchsetzung des Datenschutzes zu entwickeln, einander dabei durch Information, Beschwerdeüberstellung und Ermittlungen zu unterstützen (OECD 2007). Unlängst hat sie geprüft, inwieweit diese Empfehlungen umgesetzt wurden. Das Ergebnis ist teilweise ernüchternd: Zwar wurde ein Netzwerk zur Einhaltung des Datenschutzes von 22 Behörden aus 16 Staaten und von Kontaktstellen zur Zusammenarbeit bei nahezu allen Mitgliedsländern eingerichtet und die Mitgliedsstaaten der *Asia-Pacific Economic Cooperation* (APEC), der die USA, die ost- und südostasiatischen Staaten, einige lateinamerikanische Länder und Russland angehören, schlossen sich diesem Verfahren 2009 an. In dem Prüfbericht der OECD wird aber auch festgehalten, dass etliche Datenschutzbehörden (z. B. in Kanada und den Niederlanden) noch immer keine Strafen für Datenschutzverletzungen verhängen können und dass die möglichen Höchststrafen für den Regelverstoß vergleichsweise niedrig bleiben. Generell hapert es wohl noch beträchtlich an der grenzüberschreitenden Zusammenarbeit bei der Durchsetzung des Datenschutzes, trotz einiger positiver Beispiele bilateraler Kooperation (etwa zwischen den USA und Kanada) (OECD 2011c).

Die *Europäische Kommission* hat 2012 eine umfassende Reform der Datenschutzbestimmungen von 1995 vorgeschlagen, weil der technische Fortschritt und die Globalisierung die Datenerhebung und -verwendung massiv erhöht und grundlegend verändert hat – gemeint sind vor allem digitale soziale Netzwerke, smart cards und „cloud computing" (die Speicherung von Daten auf entfernten Servern statt auf PCs) –, weil die Mitgliedsstaaten die Richtlinie von 1995 unterschiedlich umgesetzt haben und diese Divergenzen erhebliche Kosten für die Unternehmen verursachen. Denn alle gesetzlichen Datenschutzerfordernissen der Mitgliedsstaaten müssen eingehalten werden, in denen Geschäfte getätigt werden. Außerdem monierte die *EU-Kommission*, dass die Fragmentierung des Datenschutzes das Vertrauen der Konsumenten in den Online-Verkehr schmälere. Schließlich verstärke auch der Vertrag von Lissabon das Recht auf den Schutz persönlicher Daten und definiere diesen nun als Grundrecht (Europäische Kommission 2012a, b).

Eine neue Regelung soll einen gleichwertigen Datenschutz in allen Mitgliedsstaaten schaffen und damit den freien Fluss von Informationen im Binnenmarkt ermöglichen. Sie soll den Austausch von persönlichen Daten zwischen polizeilichen und gerichtlichen Instanzen in Europa fördern, den Verwaltungsaufwand für die am Internet-Verkehr beteiligten Unternehmen durch die Eliminierung unnötiger Meldepflichten verringern und ihnen dadurch erhebliche Einsparungen ermöglichen. Der Vorstoß der Kommission sieht ein EU-weites Gesamtregelwerk vor, das die unverzügliche Meldung schwerer Datenschutzverletzungen an die nationalen Aufsichtsbehörden, den leichteren Zugriff der Bürger auf ihre eigenen Daten, die Einbeziehung aller außerhalb der EU erfolgende Bearbeitung von personenbezogenen Daten, stärkere Unabhängigkeit der Datenschutzbehörden und schärfere Strafen (bis zu 1 Mio. €) gegen Verstöße beinhaltet. Klarer werden auch die Frage des anzuwendenden nationalen Rechts und damit die Verantwortlichkeit von Internetprovidern und Datenanbietern bzw. -verarbeitern geregelt. Denn an die Stelle des leicht umgehbaren Niederlassungsprinzips (des Anbieters) soll das Marktortprinzip treten, mithin soll das Recht jenes Staates gelten, in dem die wesentlichen Management-Aufgaben des Unternehmens stattfinden. Sofern der Datenanbieter und -verarbeiter nicht in der EU ansässig ist, aber Personen in der EU Produkte und Dienstleistungen offeriert, soll er ebenfalls den zitierten Auflagen unterliegen. Der Datenverarbeitung soll zudem von den Nutzern ausdrücklich zugestimmt werden müssen, statt diese Genehmigung nur vorauszusetzen. Alle Bürger sollen auch das Recht erhalten, ihre eigenen Daten löschen zu lassen, wenn keine legitimen Gründe für deren Vorhaltung bestehen. Profilbildung der Nutzer ist ausdrücklich untersagt (European Commission 2012b).

Der Vorstoß der Kommission unterscheidet überdies zwischen den Pflichten von Groß- und Kleinbetrieben, letztlich auch zwischen belangloser und unbedenklicher Datenverarbeitung. Warum sollte ein kleiner Handwerker, der Kundendaten verarbeitet, den gleichen Meldepflichten (und der Pflicht zur Einsetzung eines Beauftragten für den Datenschutz) unterliegen wie Internetportale, die jede Menge sensibler Nutzerdaten sammeln, verarbeiten und weiter geben? Fraglich ist natürlich auch, wie und wer harmlose Verarbeitungen von sensiblen unterscheiden soll und darf.

6.7 Datenschutz und Persönlichkeitsrechte

Erstmals soll der europaweite Datenschutz auf die bisher ausgenommene Verarbeitung und grenzüberschreitende (nicht innerstaatliche) Übermittlung personenbezogener Angaben durch die Behörden bei der Verhütung, Aufdeckung und Verfolgung von Straftaten ausgedehnt werden, wobei die Rechte der Betroffenen hierbei stärkeren Einschränkungen unterliegen – insbesondere was die Auskunftspflichten der Daten erhebenden Behörden oder die Übermittlung der Daten an Staaten mit nicht gleichwertigem Schutzniveau anbetrifft (vgl. Europäische Kommission 2012b).

Dem neuen Vorstoß der *EU-Kommission* ging eine umfassende Prüfung der Wirkungen der Richtlinie von 1995 voraus. Dabei ergab sich, dass die unterschiedliche Umsetzung und Durchsetzung der Richtlinie von 1995 den beteiligten Unternehmen vermeidbare Kosten in Höhe von 3 Mrd. € pro Jahr verursache und letztlich doch – wegen des stark angewachsenen transnationalen Datenverkehrs – den Schutz persönlicher Daten unterhöhle. Vor allem kleine Unternehmen haben Schwierigkeiten, mit den national differierenden Auflagen zum Datenschutz zurechtzukommen. Beträchtliche Unterschiede ermittelte die Überprüfungsstudie in der Auslegung der Zustimmung zur Erhebung und Bearbeitung persönlicher Daten, zur Definition besonders sensitiver Angaben (biometrischer Art, zur kriminellen Karriere, zur ethnischen Zugehörigkeit etc.), zum Erfordernis, die Methoden der Datenerhebung den Datenschutzbehörden zu melden (mit unterschiedlichen Ausnahmeregelungen), zur Weitergabe der Daten an Drittstaaten und zur Durchsetzung der Richtlinien. Etliche nationale Datenschutzagenturen seien finanziell und personell zu schwach ausgestattet, und sie verfügen über unterschiedliche Kompetenzen (etwa bei der Unterbindung nicht richtlinienkonformen Datentransfers). Zuletzt sei auch die Kooperation dieser Agenturen stark verbesserungsfähig (European Commission 2012a).

Viel hatten die Harmonisierungsbemühungen der EU bis zum erneuten Vorstoß im letzten Jahr also offensichtlich nicht erbracht. Auch beim Schutz personenbezogener Daten im Rahmen der polizeilichen und justiziellen Zusammenarbeit in Strafsachen war und ist das Schutzniveau innerhalb der EU noch recht unterschiedlich. In manchen Mitgliedsstaaten werden den Betroffenen gar keine Auskünfte erteilt, in manchen gibt es keine oder nur ungenügende Kontrollstellen für die Datenverarbeitung und -übermittlung (Europäische Kommission 2012c)

Gleichwohl ist das durch die neue EU-Initiative angezielte Schutzniveau weltweit fraglos ohne Beispiel, auch wenn man berücksichtigen muss, dass die Zielbestimmung ja nicht nur die Stärkung der Abwehrrechte des Einzelnen gegen informationelle Übergriffe des Staates und von Privatunternehmen ist. Sie zielt natürlich erstens darauf, den freien Fluss von Informationen, Dienstleistungen und Waren im europäischen Binnenmarkt zu erleichtern, soll also die *Europäische Union* in ihrer internationalen Konkurrenzfähigkeit stärken helfen. Die

Kommission verfolgt mit dieser Initiative zweitens das Ziel, ihre Kompetenzen in diesem Bereich zu steigern, handelt also auch aus institutionellem Eigeninteresse. Freilich zeigt der Kommissionsvorschlag auch, dass die Mitgliedsländer der EU-Kommission dabei schon Zügel angelegt haben. Nicht umsonst unterscheidet der Vorschlag Datenschutz im öffentlichen und privaten Bereich: Die Mitgliedsstaaten verneinen nämlich einen noch stärkeren Harmonisierungsbedarf im öffentlichen Bereich, dort sei in vielen Bereichen (etwa im Polizei- oder im Steuerrecht) der Datenschutz gar nicht mehr vom Fachrecht zu trennen, die Zusammenarbeit in Europa schon weit fortgeschritten (Rogall-Grothe 2012). Die Wirtschaft aber sei aus Gründen der Wettbewerbsgleichheit auf eine stärkere Harmonisierung des Datenschutzrechts angewiesen. Es geht – neben der möglichen sachlichen Richtigkeit dieser Argumente – natürlich auch darum, den Eingriff von Brüssel in besonders sensible Bereiche staatlicher Souveränität abzuwehren.

6.7.7 Anhaltende Probleme und Desiderate des Datenschutzes

Bleibt die Frage, ob selbst hohe gesetzliche Schutzbestrebungen für die Erfassung und die Verarbeitung personenbezogener Daten nicht zwangsläufig der technischen Entwicklung und ihrer staatlichen bzw. vor allem kommerzieller Nutzung hinterher laufen. Durch die zunehmende Vernetzung, die Möglichkeit der Verknüpfung von personenbezogenen Daten zu Persönlichkeitsprofilen und die Weiterentwicklung der Datenerfassungssysteme erhöht sich die Gefahr für die Persönlichkeitsrechte beständig. Dieses Risiko besteht nicht nur im Verhältnis des Bürgers zum Staat, sondern auch in seinem Verhältnis zu Mitbürgern oder zu Privatunternehmen. Der Erfolg von Google und einschlägigen sozialen Netzwerken beruht ja gerade darauf, dass diese gigantische informationelle Infrastrukturen bereithalten (Gurlitt 2010). Als problematisch erweisen sich im Verkehr des Bürgers mit dem Staat vor allem die informationstechnische Umstellung eines Großteils der öffentlichen Verwaltung, die zunehmende Umstellung des Schriftverkehrs der Bürger mit staatlichen Stellen auf elektronische Medien, die Zunahme zentraler, bereichsübergreifender Datenbestände verschiedener Behörden. Beides wird oft unter das Stichwort „E-Government" subsummiert. Solche Tendenzen verschärfen sie noch mit der abzusehenden Auslagerung von Behördendaten auf zentrale Rechner (Cloud-Computing) (Deutscher Bundestag 2012).

Im Verhältnis von Bürgern zu privaten und/oder IT-Unternehmen werden zwangsläufig personenbezogene Daten gesammelt, die sich potentiell zu

6.7 Datenschutz und Persönlichkeitsrechte

einem Gesamtbild des Nutzer- und Käuferverhaltens addieren lassen, das wiederum passgenaue Werbung ermöglicht und sich gewinnträchtig anbieten und vermarkten lässt. Der Nutzer wird damit zu einem Wirtschaftsgut, dessen digitales Spiegelbild kommerziellen Nutzen abwerfen kann. Viele Anbieter im Netz lassen sich ihre Dienste mit über sogenannte Cookies (beim Aufruf bestimmter Webseiten auf dem Computer des Nutzers gespeicherte Datenfolgen) gesammelte Informationen über ihre Nutzer bezahlen. Diese Daten haben durchaus ihren Marktwert und werden daher massenhaft weiter verkauft. Suchmaschinen können überdies ein umfangreiches Bewegungsprofil der Anwender bereitstellen, Nutzer von sozialen Netzwerken und anderen Plattformen geben viele, auch sensible Daten preis. Diese Praxis kann wohl auch unter die Rubriken „informationelle Selbstbestimmung" und „Meinungsfreiheit" gefasst werden – vorausgesetzt die Nutzer wurden über die Verwendung ausreichend informiert, explizit um Einwilligung gebeten und die Vorgänge sind ausreichend transparent.

Problematisch wird es aber schon dann, wenn dies nicht oder nur begrenzt der Fall ist und nicht simple Tatbestände, sondern Meinungen, Einstellungen und Lebensstile abgefragt werden (Beispiele: *Gefällt-mir*-Button, politische Selbsteinschätzung). Am ergiebigsten sind diesbezüglich natürlich die sozialen Netzwerke, voran Facebook erlaubt es dem Nutzer, jederzeit über seinen Standort Bescheid zu geben. Handys geben ohnedies heutzutage immer den Standort des Nutzers an; konsequenterweise bietet eine ganze Reihe von Firmen ihre Ortung an (*DER SPIEGEL* 2/2011). Mittlerweile sind im Internet etliche mehr oder weniger honorige Firmen mit dem Zusammenkratzen (scraping) persönlicher Details aus Diskussionsforen beschäftigt, Spezialfirmen durchsuchen Emails und Telefonverbindungsdaten von Firmenmitarbeitern nach Anzeichen von Bestechlichkeit oder Verrat von Betriebsgeheimnissen. Die Liste ließe sich noch verlängern.

Für die Vertreter einschlägiger Plattformen stellt sich die Sache ganz einfach dar; mögliche Belästigungen durch das Ausspähen würden durch das einfache Drücken der Lösch-Taste vermieden. So ihre Verteidigung. Doch diese Option hindert freilich nicht daran, dass „Freunde", die bisher mit persönlichen Daten versorgt wurden, diese auch danach noch verbreiten können. Bei der Einsicht in die gesammelten Daten geben die sozialen Plattformen wegen angeblicher Überlastung auch nur sehr zögerlich Antwort, die gesetzlich geforderte Transparenz ist daher kaum gegeben (*DER SPIEGEL* 43, 2011, 157). Schließlich sind die Regelungen anderer Staaten und von der europäischen Ebene wirkungslos, wenn die sozialen Netzwerke von nicht einbezogenem Ausland operieren.

So erklärt sich der genannte, erneute Vorstoß der *Europäischen Kommission* zum Datenschutz als weiterer Schritt der Harmonisierung im Binnenmarkt; er wird begleitet von einer geplanten „Grundrechte-Charta" für den Datenschutz der US-amerikanischen Regierung. Sie räumt Internetnutzer mit einem Klick ein zu verhindern, dass Unternehmen ihre Spuren im Netz aufzeichnen und für personalisierte Werbung nutzen (*DIE WELT* vom 24.2.12). Letztlich wird der Anspruch auf volle Anonymität aber wohl auch in Zukunft nur einlösbar sein, wenn man auf einschlägige Netzdienste völlig verzichtet.

6.8 E-Commerce und Online-Shopping

6.8.1 Begriffliche Einordnungen

Unter den Begriff E-Commerce fallen Transaktionen, bei denen ein Wirtschaftsgut gegen Entgelt auf elektronischem Wege angeboten wird und der Bestellprozess und die Kundenbetreuung auf elektronischem Wege erfolgen (BITKOM 2009). Die erbrachten Leistungen können materieller oder immaterieller Natur (z. B. im Auftrag eines Kunden durchgeführte Arbeiten und Tätigkeiten, die Gewährleistung von Nutzungsrechten an Software und Inhalt) sein. Immateriellen Leistungen kommt im E-Commerce eine besondere Bedeutung zu, weil diese einfach und kostengünstig zu erbringen sind, oft nicht die Erzeugung und den Transport von Dokumenten erzwingen. Im Gegensatz zum klassischen Handel mit direktem Kontakt zwischen Händler und Kunden und der physischen Präsentation der Produkte oder – wie beim Versandhandel – in einem Katalog findet die Präsentation der Produkte und Leistungen auf einer Webseite statt ebenso wie der Bestelldialog. Kunden registrieren sich und pflegen ihre Daten selbst. Bezahlt wird überwiegend mit der Kreditkarte, seltener über PayPal oder Geldkarten.

Häufig ist es nötig, Mitglied auf einer Webseite zu werden, um etwas einkaufen zu können. Oft ist es auch möglich, den Artikel, den Versand, den Kontakt zum Verkäufer und den Verkauf an sich zu bewerten und zu kommentieren, viele Anbieter stellen diese Kundenbewertungen zur Verfügung. Dadurch werden die Nachteile, die daraus erwachsen, dass das Produkt nicht „angefasst" werden kann, teilweise kompensiert. Das gilt auch für den zwangsläufig größeren Mangel an Vertrauen, den Kunden einem unpersönlichen Kaufvorgang entgegenbringen.

6.8.2 Umfang und Probleme des E-Commerce

Der E-Commerce befindet sich seit Jahren in einem raschen Aufstieg. Das hat vor allem mit der Zunahme der Internet-Nutzer und der Bequemlichkeit

6.8 E-Commerce und Online-Shopping

des Kaufvorganges zu tun. Die im Internet angebotenen Produkte und Dienstleistungen sind oft billiger, Preise der verschiedenen Anbieter können schnell miteinander verglichen werden, die gekauften Waren werden rasch geliefert und – noch bedeutsamer – mit der Ausdehnung des Internet-Nutzerkreises und der anbietenden Unternehmen hat sich das Angebot an Waren und Dienstleistungen nachhaltig verbreitet. Der Kunde hat letztlich Zugang auf Produkte weltweit.

So ist es kein Wunder, dass sich der elektronische Handel seit Jahren über Wachstumsraten im hohen, zweistelligen Bereich erfreut. Der Anteil der Kunden, die Käufe über das Internet getätigt haben, ist im Jahre 2008 in den westlichen Industrieländern auf 35 Prozent gestiegen, in der EU (2009/10) auf 37 Prozent (European Commission 2011c, 2012c; OECD 2009). Allerdings darf dabei nicht vergessen werden, dass sich erstens das Wachstum des E-Commerce international etwas abgeflacht hat (Bundesministerium für Wirtschaft und Technologie 2009), zweitens die Nutzung nach Ländern sehr unterschiedlich entwickelt und drittens der Anteil dieses Handels am Gesamtumsatz doch noch vergleichsweise bescheiden ausfällt. Haben in Norwegen und Schweden schon über 60 Prozent der Erwachsenen im Jahr 2008 Internetkäufe getätigt, so waren es in Deutschland über 50 Prozent, im EU-Durchschnitt aber nur etwas über 30 Prozent und in Italien, Portugal und Griechenland nur etwas über zehn Prozent (ebenda, vgl. Abb. 6.3).

Zudem stagniert dieser Anteil seit 2008 mehr oder weniger. Beim Umsatzanteil im Einzelhandel lag der E-Commerce aber selbst in den USA (als Marktführer) bei gerade einmal vier Prozent (in der EU im Durchschnitt 3,5 Prozent), während dort der Anteil beim elektronischen Handel zwischen Unternehmen immerhin auf 27 Prozent geklettert war. Auch ist die Nutzung nach sozialen und Altersgruppen sowie bestimmten Sektoren unterschiedlich: Die größte Erfahrung mit E-Commerce haben Angehörige der Altersgruppe von 20 bis 29 Jahren; für Ältere sinkt der Anteil drastisch (auf 20 Prozent für Kunden über 54 Jahren). Besser Gebildete sind deutlich aktiver (BITKOM 2009). Über das Internet werden hauptsächlich Bücher, Kleidung, Videos, DVDs, Spiele, Bahn- und Flugtickets sowie Elektronik geordert, viele andere Dinge also eher weniger (Bundesministerium für Wirtschaft und Technologie 2009). Auch die Bereitschaft der Konsumenten, grenzüberschreitend per Internet zu bestellen, hält sich in Grenzen. In der EU tätigten 2010 immerhin 37 Prozent der Konsumenten Internetkäufe, aber nur sieben Prozent von Verkäufern in anderen EU-Staaten (European Commission 2011c). Ausgeprägt ist dieses Missverhältnis vor allem bei den größeren Staaten der EU. Selbst von den europäischen Händlern verkauft nur etwas über ein Fünftel an Kunden außerhalb des Landes. Das alles muss Gründe haben. Einschlägige Internationale Organisationen wie die *OECD* und die *Europäische Union* haben

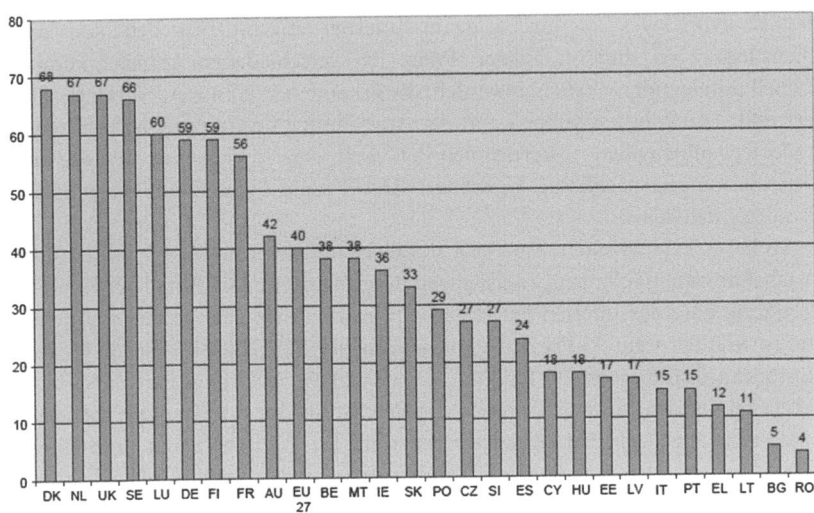

©Source: Eurostat, Information society statistics (2010). Data extracted on 14 April 2010.

Abb. 6.3 Anteil der Personen, die Produkte oder Dienstleistungen im Internet für den privaten Gebrauch bestellt haben (2010)

diese Divergenzen schon seit längerem veranlasst, sich Sorgen um das unausgeschöpfte Potential dieses Handels zu machen (OECD 2003; EC 2004a). Vor allem die *Europäische Union* macht sich Sorgen um die Wachstumsverluste aus mangelnder Nutzung des E-Commerce und beziffert diese – unter der Voraussetzung einer möglichen Verdoppelung dieses Verkehrs – auf immerhin 1,7 Prozent des europäischen Bruttoinlandsprodukts (European Commission 2012c: 2).

Hauptgrund für das unausgeschöpfte Potential war und ist mangelndes Vertrauen vieler Konsumenten in die Sicherheit entsprechender Käufe, also Zweifel an der Wirksamkeit des Konsumentenschutzes bei Internetgeschäften allgemein und vor allem bei Käufen aus dem Ausland. Ganz unbegründet ist dieses Misstrauen nicht, wie die tabellarische Übersicht (Abb. 6.4) über die bei Internetkäufen auftretenden Probleme demonstriert.

Nicht richtig begründet ist aber das größere Misstrauen gegenüber Käufen bei ausländischen im Verhältnis zu inländischen Anbietern im Internet (vgl. European Commission 2011c). Die Kunden sorgen sich hierbei noch stärker um die Sicherheit bei der Bezahlung der Waren und Dienstleistungen, in zweiter Linie um die Sicherheit bei der Belieferung, die Verlässlichkeit der Produktinformation, eventuelle Rückerstattungen und die Rücktrittsbedingungen bei Kaufverträgen (EC

6.8 E-Commerce und Online-Shopping

2004a). Bei Erhebungen in der EU gaben 59 Prozent der Befragten an, sich Sorgen über die Behandlung von Problemen und Beschwerden im/beim grenzüberschreitenden Internetkauf zu machen, ebenso viele fürchteten Opfer von Betrügereien zu werden und 47 Prozent fürchteten um die tatsächliche Auslieferung und Zustellung der Waren (European Commission 2011). Empirisch sind freilich die Beanstandungen beim transnationalen E-Commerce nicht häufiger als bei heimischen Internet-Käufen; die kritischere Sicht von Auslandskäufen ist also nicht berechtigt, ist eher ein Spiegel des generellen Misstrauens in solche Geschäfte, das mit der geografischen Distanz emotional zunimmt.

Immerhin 16 Prozent der Käufer hatten Probleme 2009/10 beim Internetkauf bei inländischen Anbietern (in Bulgarien 31 Prozent); der größere Teil von ihnen beschwerte sich beim Anbieter darüber, war aber zur Hälfte mit der Reaktion nicht oder gar nicht zufrieden, ein Anteil der sich gegenüber früher kaum verändert hat. Dieser Anteil war in den weniger entwickelten EU-Staaten (aber auch in Deutschland) besonders hoch. Die Hälfte der Käufer gab nach erfolgloser Beschwerde auf, nur circa sieben Prozent bemühten einen Rechtsanwalt (European Commission 2011c). Ein Sechstel der Kunden wurde nicht rechtzeitig beliefert, sechs Prozent überhaupt nicht, immerhin 61 Prozent der Konsumenten beklagten sich über unerwünschte oder

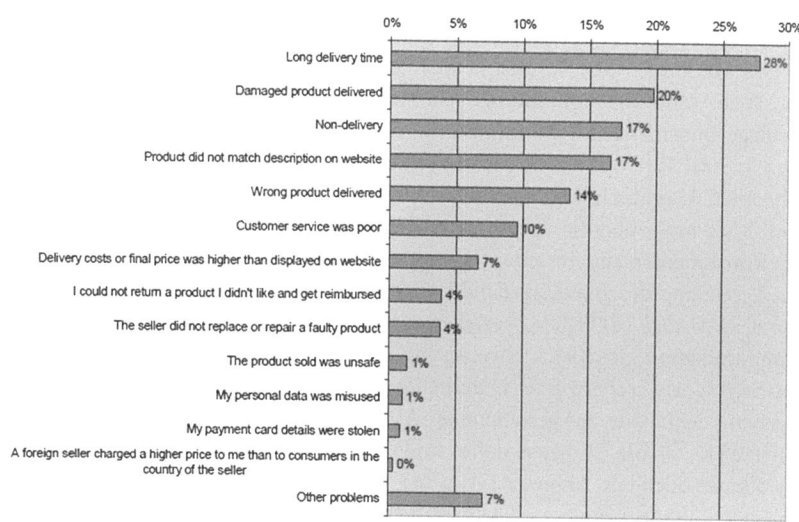

© Source: Civic Consulting (2011). "Consumer market study on the functioning of e-commerce".

Abb. 6.4 Aufgetretene Probleme beim Online-Kauf (2011)

betrügerische Anzeigen und Angebote. Nicht unbeträchtlich war auch der Anteil der Kunden, der mit beschädigten oder nicht passenden Geräten beliefert wurden, wobei diese Probleme bei der Belieferung mit elektronischen Gütern am höchsten ausfiel. Groß war auch der Anteil der Bestellungen, die versteckte Kosten aufwiesen oder diese nicht korrekt auswiesen (The European Consumers Centre Network 2012). Da ist es allenfalls beruhigend, dass die große Mehrzahl der Konsumenten Vertrauen in die unabhängigen nationalen Verbraucherschutzbehörden zeigte und ein etwas geringerer Teil – mit national großer Varianz – den Verbraucherschutz für ausreichend hielt (European Commission 2011).

Probleme beim transnationalen Internethandel empfinden offenbar auch die Verkäufer/Unternehmen. Deutlich weniger als die gelisteten Firmen sind offenbar überhaupt bereit, sich auf entsprechenden Handel einzulassen, hauptsächlich wegen der schwierigen und international sehr unterschiedlichen Vertragsbedingungen und der Unkenntnis über die einschlägigen Regelungen in anderen Ländern (European Commission 2012d). Im übrigen befleißigte sich in der EU nur ein Teil der Verkäufer, ihre Verträge den Erfordernissen der EU-Regelungen anzupassen, informierten die Käufer nicht über ihr Rücktrittsrecht, die Regelungen im Streitfall oder z. T. nicht einmal über die Auftragsdetails (Ebd.). Nachdenklich muss auch stimmen, dass die Zahl der Konsumentenbeschwerden im Internethandel nicht abnimmt (OECD 2006), was natürlich auch damit zusammenhängt, dass die Anzahl der Käufer im Internet stetig zunimmt.

Das Misstrauen der Kunden beim Internetkauf ist also nicht ganz unberechtigt, auch wenn die Befürchtungen hierbei möglicherweise größer sind, als der Sachlage angemessen. Es kommt ja auch vor, dass bei normalen Käufen im Einzelhandel die Ware sich oft als schlechter herausstellt, als vom Verkäufer behauptet, Umtausch und Rückforderungen nicht immer leicht durchzusetzen sind. Man muss überdies sehen, dass die Möglichkeit im Internet einzukaufen, den Konsumenten andererseits ja zumindest partiell ermächtigt hat, ohne gleich in den Lobgesang des *Bundesverbandes Informationswirtschaft, Telekommunikation und neue Medien* (BITKOM) verfallen zu müssen, der aus der Digitalisierung der Kommunikation gleich eine Nivellierung der bisherigen Informationsasymmetrie zwischen Verbrauchern und Unternehmern und einen Machtzuwachs Ersterer gegeben sieht, die zu gestaltenden Akteuren des Wirtschaftsverkehrs würden (BITKOM oJ). Indizien dafür sind für den Bundesverband das Auftreten der Käufer auch als Anbieter (etwa bei ebay), die Möglichkeiten verschiedene Angebote online prüfen und vergleichen zu können, auch auf der Basis von Erfahrungsportalen, elektronischen Produktratgebern und Rating-Webseiten, kurzum: Dem mündigen Verbraucher erwachse aus der Nutzung des neuen Mediums „digital consumer power" (Ebd.). Konsequent setzt der Verband auch vornehmlich auf Verbraucherverantwortung und -Kompetenz, weniger auf seine „Bevormundung" durch eine „unsachgemäße" Fülle von gesetzlich geregelten Informationspflichten durch die Unternehmen, die zur Verteuerung von Produkten führten. Das zielt vor allem auf die Bemühungen der EU (s.u.), der unternehmensfeindliche Regelungswut unterstellt wird. Ohne dies weiter zu vertiefen, darf man die Ermächtigung des Konsumenten nicht übertreiben; nur ein Teil konsultiert die genannten Ratgeber und Rating-Webseiten, bevor sie Käufe tätigen (vgl. Civic Consulting 2011), die überdies oftmals ausländische Produkte nicht oder nur begrenzt berücksichtigen, nicht immer die billigsten Produkte zuerst nennen und nicht alle Endpreiskomponenten berücksichtigen (Ebd. und European Commission 2012b). Zwei weitere, ganz wesentliche Vorteile des Kaufs im Internet sollte man nicht verschweigen: Die Preise dort sind meist günstiger als im normalen Handel, durchschnittlich nach einer Schätzung der Europäischen Kommission um 6,7 Prozent (European Commission 2012c). Überdies ist natürlich auch das Angebot bei allen Produktkategorien – vor allem beim Einbezug ausländischer Anbieter – sehr viel größer als im stationären Einzelhandel.

6.8.3 Ansätze zur Regulierung

Tatsache bleibt aber, dass das Konsumentenvertrauen in Internet-Käufe nicht sonderlich hoch ist – in den letzten Jahren auch nicht signifikant zunahm – und es zudem faktische Probleme beim Kauf gibt und dass vor allem der grenzüberschreitende E-Commerce ein bislang recht kümmerliches Dasein fristet. Aus diesen Gründen sahen sich die einschlägigen Internationalen Organisationen schon recht frühzeitig aufgefordert, sich dieser Problemlage anzunehmen. Die OECD verabschiedete bereits auf ihrer Sitzung in Ottawa (1998) Kernprinzipien zum Konsumentenschutz beim Internethandel. Sie verlangen unter anderem faire Geschäfts-, Werbe- und Marketingpraktiken, die klare Information der Konsumenten über die Identität des anbietenden Unternehmens, die Produktqualität und die Kaufbedingungen, sichere Bezahlungswege, faire und rasche Konfliktschlichtung und den Schutz persönlicher Daten. Dazu kommen als öffentliche Aufgabe die Unterrichtung der Geschäftspartner, die Anpassung des Konsumentenschutzes an die Bedürfnisse des elektronischen Handels und die geforderte Zusammenarbeit bei der einschlägigen Rechtsdurchsetzung (OECD 1999). Später wurden weitere Richtlinien verabschiedet, 2003 jene zum Schutz der Konsumenten vor betrügerischen Praktiken im grenzüberschreitenden Handel (OECD 2003), eine Empfehlung zur Zusammenarbeit bei der Bekämpfung von Spam (2006) und eine Empfehlung zu Konsumentenbeschwerde und -entschädigung (2007).

Die Erfolge dieser und weiterer Bemühungen fallen vergleichsweise gemischt aus; die OECD möchte diese natürlich im günstigen Licht darstellen. Es fällt aber auf, dass nicht alle OECD-Staaten den Konsumentenschutz an die Erfordernisse des E-Commerce angepasst haben (und sich dabei durchgängig an den OECD-Richtlinien orientieren), ganz zu schweigen von den Entwicklungsländern, die bislang meist nur über dürftigen Rechtsschutz verfügen. Die Zusammenarbeit der nationalen Behörden beim Verbraucherschutz hat sich moderat verbessert; es gibt Abkommen zur einschlägigen informationellen Zusammenarbeit zwischen den USA, Kanada und Australien, auch zwischen den USA und Mexiko und natürlich auch in der EU. Nahezu alle OECD-Staaten haben zumindest Kontaktstellen für Konsumentenbeschwerden mit transnationalem Charakter benannt. Schwachpunkte bei der Verfolgung von Verstößen bleiben die mangelnde internationale Kooperation der Ermittlungsbehörden und die Sanktionierung der Schädigung ausländischer Internet-Kunden durch inländische Stellen. Besser sieht es mit der Befolgung des Bildungsauftrages an Regierungen und Unternehmen hinsichtlich des Konsumentenschutzes im Internethandel aus; diese Aktionen sind allerdings politisch harmlos und kaum kontrovers (Übersicht in OECD 2006, 2009).

Natürlich sind auch andere internationale Organisationen aktiv geworden: Die *EU-Kommission* legte bereits 1998 einen Vorschlag für eine Richtlinie über bestimmte Aspekte des elektronischen Geschäftsverkehrs im Binnenmarkt vor, die im Jahr 2000 in Kraft trat. Ihr Ziel war es, die Errungenschaften des Verbraucherschutzes auch im E-Commerce zur vollen Anwendung zu bringen. Die wichtigsten Punkte betreffen die gegenseitige Anerkennung (in den Mitgliedsstaaten) der für Teledienste geltenden einzelstaatlichen Vorschriften, die uneingeschränkte Zulassungsfreiheit für Anbieter von Telediensten in der EU, bußgeldbewehrte Transparenzpflichten für die Anbieter zum Schutze der Verbraucher und die Verantwortlichkeit der Diensteanbieter für fremde Informationen im Internet. Die Richtlinie lässt den Mitgliedsstaaten freie Hand in der Ausgestaltung der Anforderungen an ihre inländischen Diensteanbieter, solange diese den Vorgaben der Richtlinie entsprechen. Misslich an dieser Richtlinie war (und ist weiterhin), dass sie keine spezifischen Regelungen für die Zuständigkeit nationaler Gerichte trifft, dies sich nach dem europäischen Handelsrecht richtet, der Kunde also eventuell im Niederlassungsstaat des ausländischen Anbieters klagen muss, was die Rechtsdurchsetzung erschwert und verteuert.

Kurz nach der Umsetzung dieser Richtlinie legte die *Europäische Kommission* ein Grünbuch vor, das die bestehenden Defizite im grenzüberschreitenden Verbraucherschutz beim E-Commerce darlegte. Dies fand ein gemischtes Echo; die meisten Mitgliedsstaaten befürworteten zwar eine weitere Harmonisierung der nationalen Bestimmungen, aber keine Vereinheitlichung.

Hierfür sprachen sich im privaten Bereich vor allem die Verbraucherverbände aus, die Unternehmervereinigungen blieben naturgemäß zurückhaltender. Fortschritte wurden denn auch erst einmal nicht erzielt, auf dem Gebiet des Verbraucherschutzes allgemein ging es aber mit einer neuen Richtlinie von 2005 vorwärts. Auch dort werden im Vorspann die unterschiedlichen nationalen Regelungen als Problem und als Hemmnis für das ordnungsgemäße Funktionieren des europäischen Binnenmarktes hervorgehoben. Die neue Richtlinie will daher eine weitergehende Angleichung der nationalen Rechtsvorschriften über unlautere Geschäftspraktiken erreichen. Die Richtlinie legt eine Anzahl von Basisinformationen fest, die der Verbraucher benötigt, um eine informierte geschäftliche Entscheidung zu treffen. Den Mitgliedsstaaten ist es wiederum erlaubt, weitergehenden Schutz des Konsumenten zu verlangen, als es dieser Richtlinie entspricht. Sie untersagt unlautere Geschäftspraktiken, d. h. solche, die der beruflichen Sorgfaltspflicht widersprechen und das wirtschaftliche Verhalten der Konsumenten (durch Werbung) wesentlich beeinflusst. Untersagt sind auch Geschäftspraktiken, die irreführende oder falsche Angaben machen oder wichtige Informationen unterschlagen.

Eine neue Richtlinie der EU von 2011 verspricht jetzt die Vollharmonisierung der einzelstaatlichen Regelungen beim Online-Shopping. Zusätzlich räumt sie den Verbrauchern ein europaweit gleichwertiges 14-tägiges Widerrufsrecht beim Fernabsatz ein, fordert EU-einheitliche Informationspflichten für Unternehmen gegenüber den Kunden (v.a. Kontaktdaten), verbietet Voreinstellungen bei Online-Bestellungen (z. B. Häkchen, mit denen dem Verbraucher Zusatzleistungen untergeschoben werden) und verlangt die ausdrückliche Bestätigung des Endpreises durch den Verbraucher (European Union 2011).

In Deutschland wurden die EU-Bestimmungen zum E-Commerce in die Vorschriften zum Verbraucherschutz des Bürgerlichen Gesetzbuches integriert; die technische Seite des E-Commerce wird dagegen im Telekommunikationsgesetz (von 2007) geregelt. Bemerkenswert ist an diesem Gesetz vor allem, dass es bei Schutzrechtsverletzungen im Internet die Möglichkeit eröffnet, dass Internet-Diensteanbieter von praktisch überall her verklagt werden können (Bundesministerium für Wirtschaft und Technologie 2007).

6.8.4 Modelle der Selbstregulierung

Zusätzlich zu staatlichen oder gemeinschaftlichen Regelungen gibt es Bemühungen der Unternehmen, den Konsumentenschutz durch Selbstregulierung zu verbessern. Die Europäische Union lancierte bereits im Jahr 2000 eine *e-confidence-initiative*, an der sich eine ganze Reihe von Unternehmen und Verbraucherverbänden beteiligte und die zur Schaffung von Vertrauenssigeln führen sollte; allerdings verlief sie weitgehend im Sande (European Commission 2004a). In den USA hat das *Better Business Bureau* einen *Code of Online Business Practices* erarbeitet und vergibt Sigel an die sich daran orientierenden Firmen; etwas Ähnliches wurde von der Werbewirtschaft für die Online-Werbung gestartet. Die Privatwirtschaft einiger anderer Industriestaaten zog nach. An regionalen Initiativen ist ein EU-Euro-Label *Shop with Confidence* hervorzuheben, welches das Vertrauen der Konsumenten in die Verlässlichkeit der im Internet gehandelten Produkte garantieren, redliche Produktpräsentation, Kostentransparenz, eine seriöse Rückabwicklungspraxis und die Einhaltung von Datenschutzbedingungen bieten soll. Gleiches gibt es mittlerweile auf globaler Ebene mit der Lancierung der *Global Trustmark Alliance*.

Die einschlägigen Wirtschaftsverbände favorisieren schon seit langem den stärkeren Verlass auf Selbstregulierung. Sie argumentieren, der zunehmende Wettbewerbsdruck im Internethandel werde schon für stärker kundenfreundliche Vertragsbedingungen sorgen, eine zu starke staatliche oder regionale/internationale Regulierung belaste vor allem die kleineren und mittleren Unternehmen, die ohnedies mit geringer Kapitaldecke und Gewinnmargen arbeiteten und übermäßige Regelung gefährde die Wettbewerbsfähigkeit von Standorten. Es soll nicht weiter thematisiert werden, inwieweit diese Behauptungen die üblichen, politisch wirksamen Argumente (Arbeitsplätze) auffahren, um die Interessen auch der Großen in der Branche zu vernebeln. Nicht plausibel erklärt werden kann aber, wie bei der Vielzahl der schon jetzt laufenden Unternehmensinitiativen mit unterschiedlich strikten und breiten Anforderungen der Verbraucher noch den Überblick behalten und verstärkt Vertrauen in den Internethandel entwickeln soll, zumal die Menge der Beschwerden gegen Firmen, die sich solchen Initiativen angeschlossen haben, (relativ) kaum geringer ausfällt als beim Rest (vgl. European Commission 2011c).

6.8.5 Was bleibt zu tun?

Irrtümlich wäre die Ansicht, der gesamte grenzüberschreitende Internethandel wäre schon zu allgemeiner Zufriedenheit geregelt. Dagegen sprechen schon die Differenzen der jeweiligen nationalen Regulierungen, insbesondere bezüglich des Konsumentenschutzes. Manche Länder verfügen über einen spezifischen Schutz im Internethandel, andere verlassen sich auf generelle Regeln zum Schutz der Konsumenten. In Frankreich gibt es ein Spezialgesetz (*Loi Chatel* 2008), das den Anbieter zur Nennung seiner Kontaktdaten, zur Information über fehlende

6.8 E-Commerce und Online-Shopping

Widerrufsrechte und den Lieferzeitpunkt der Ware verpflichtet. In Norwegen hat der *Consumer Ombudsman* einen Standardvertrag entwickelt, an den sich alle Online-Händler halten müssen. Nicht einmal innerhalb der EU, geschweige denn international, hat sich bislang eine befriedigende Harmonisierung des Verbraucherschutzes im E-Commerce durchsetzen lassen, der einschlägige Bericht der Kommission zeigt erhebliche Lücken bei der Umsetzung der europäischen Regelungen und Richtlinien, ein immer noch starkes Auseinanderdriften nationaler Regelungen (gefördert durch unterschiedliche aktive nationale Rechtsprechung) und eine mangelnde Befolgung selbst etablierter Regelungen durch die Anbieter (European Commission 2012d).

Ein nicht kleiner Anteil der Verkaufsplattformen wies nach einer europaweiten Umfrage Mängel bei der Information über die Konsumentenrechte, in Bezug auf die gesamten (Brutto-)Kosten der Ware sowie defizitäre Kontaktdaten auf (Rapid 2009; European Commission 2012d). Auch bei der Abwicklung der Zahlungsvorgänge gibt es offenbar noch erhebliche Mängel (OECD 2009). Beschwerden fallen immer wieder hinsichtlich so genannter individualisierter, also auf den individuellen Konsumenten maßgeschneiderter Werbung an. Einschlägige Daten werden aus früherem Kauf- und Suchverhalten gewonnen. Dadurch wird der persönliche Datenschutz tangiert, wenn nicht beeinträchtigt.

Größte Probleme des Internethandels ist die Furcht der Konsumenten, dass die Ware nicht rechtzeitig oder beschädigt ankommt und bei der Bezahlung der Ware oder Dienstleistung ihre Daten ausgespäht werden könnten – eine Furcht, die durch spektakuläre Hackerangriffe auf Kundenlisten von Online-Händlern nicht gerade gemindert wurde. In vielen Ländern begrenzen allerdings Gesetze und Verordnungen die Kundenverantwortung für nicht autorisierte Käufe, freilich in recht unterschiedlichem Maße und oft für grenzüberschreitende Transaktionen weniger als für solche im nationalen Rahmen. Was die Verlässlichkeit der Lieferung, ihre Qualität und eventuelle Rückerstattungen anbetrifft, waren nach einer Übersicht der EU die Probleme im Internethandel tatsächlich nicht gering, es gab aber keine signifikanten Unterschiede zwischen Lieferungen aus dem In- und solchen aus dem Ausland (European Commission 2012c).

Schließlich gibt es auch bei der Rechtsdurchsetzung gegenüber Internet-Geschäftspartner im Ausland noch Probleme, schon allein deswegen, weil die Standorte der Internet-Verkäufer mitunter nur schwer lokalisiert werden können. Der diesbezügliche Informationsaustausch hat sich aber verbessert; dabei sind die Behörden der USA vorangeschritten. Sie treiben Entschädigungen mittlerweile auch für ausländische Konsumenten ein, die von einem US-Internetverkäufer materiell beeinträchtigt wurden. In der EU gibt es zwar ein System zur gegenseitigen Information, es leidet aber offenkundig unter zu schwacher personeller

Ausstattung der Verfolgungsinstanzen (OECD 2009: 30). Seit Ende 2006 gibt es auch ein EU-Netzwerk zum Verbraucherschutz (unter Einschluss von Island, Liechtenstein und Norwegen), das regelwidriges Verhalten stoppen soll; es hat bislang 1800 Webseiten vor allem aus dem Bereich des Handels mit elektronischen Produkten und Dienstleistungen inspiziert und in den meisten (aber nicht allen) Fällen für Abhilfe gesorgt (European Commission 2012c).

Zuletzt muss bedacht werden, dass die Regelungen des E-Commerce eingebettet sind in nationale Vertragsrechte und Vertriebswege. Hier aber sind die Regelungen sehr unterschiedlich, selbst innerhalb der EU. Die Union konnte bisher nur bei der Bestimmung des jeweils anzuwendenden nationalen Rechts Fortschritte erzielen, nämlich bei der Harmonisierung der Informationspflichten, der Rücktrittsrechte und einigen Mindeststandards (etwa unfaire Geschäftspraktiken), nicht aber beim großen Rest. So ist der Verbraucherschutz insgesamt, wie die Kommission feststellt, immer noch ein Flickenteppich 27 verschiedener Regelwerke. Die oben geschilderte neue EU-Richtlinie von 2011 wird hier teilweise Abhilfe schaffen, muss aber erst Ende 2013 in nationales Recht umgesetzt werden. Bei einem für die Zukunft wichtiger werdenden Faktor, der elektronischen Ausweisung, Identifikation und Unterschrift, gibt es bislang keine Einigung, die Harmonisierung der Regeln für die Bezahlung per Internet und die Angleichung/Begrenzung der Gebühren hierfür befindet sich erst noch im Diskussionsstadium. Gleiches gilt für die Regelung der Probleme bei der Auslieferung durch die Post oder vergleichbare Dienste (European Commission 2012d). Es gibt also noch viel zu tun.

So wird zwar bei Internetkäufen generell und bei solchen aus dem Ausland empirisch kaum mehr Unheil angerichtet als bei simplen Käufen über den Ladentisch. Das muss aber nicht so bleiben, wenn der E-Commerce seine Aufwärtsbewegung fortsetzen sollte. Es ist außerdem verständlich, dass bei einem weitgehend anonymen Geschäft im Netz die Anforderungen an eine transparente und sichere Beziehung höher sind als beim Ladenkauf, wo die Ware zumindest angesehen, befühlt oder auch begrenzt getestet werden kann. Es ist aber nicht nur das mangelnde Verbrauchervertrauen, das den elektronischen Handel hemmt, sondern zumindest ebenso stark die Scheu der Verkäufer/Anbieter, sich darauf – vor allem grenzüberschreitend – einzulassen, weil die nationalen Unterschiede der Vertragsrechte, der Mehrwertsteuersätze und ihrer Erhebung sowie des Copyright-Schutzes ihnen diese Art der Geschäfte als zu mühselig erscheinen lassen. Der E-Commerce bleibt damit, was vor allem die EU und die OECD beklagen, deutlich unter seinem Potential, seine Chancen für die Steigerung von Wachstum und Wohlstand werden damit nur begrenzt ausgenutzt.

6.9 Inter- oder Cyber-Kriminalität

6.9.1 Kriminalität im nationalen und internationalen Kontext

Kriminalität bezeichnet alle beabsichtigten oder schon durchgeführten Verstöße gegen eine bestehende Rechtsordnung. Ist sie hinreichend durch Verfassung und Gesetze legitimiert, besteht ein Rechtsstaat, falls nicht, handelt es sich um einen Unrechtstaat in autokratischen Regimen; dennoch ist die bestehende Rechtsordnung für den Einzelnen bindend und kann nur bei Gefahr für Leib und Leben bekämpft werden. Diese Verstöße werden durch das Strafrecht geahndet. Kriminalität definiert sich somit in einem durch bestimmte staatliche Konstituenten – z. B. Territorium, Staatsgebilde, Staatsvolk, Gesetzgeber – definierten Rechtsrahmen. Daher sind die Befugnisse des jeweiligen Staates, seine Rechtsordnung mittels Gesetze zu schützen und durch Polizei und Justiz Verstöße zu verfolgen, eindeutig und klar zugeordnet. Darüber definieren sich wesentlich die staatliche Souveränität und das Gewaltmonopol (Ostendorf 2010). Internationale Instanzen haben gemeinhin keine Exekutiv- und Sanktionsgewalt und bekommen nur in Ausnahmefällen Kompetenzen der Strafgerichtsbarkeit übertragen, soweit sie Straftaten zwischen bzw. gegen Staaten betreffen. Beispiele sind der Internationale Strafgerichtshof im holländischen Den Haag und der Internationale Seegerichtshof in Hamburg (Esser 2013).

1998 beschloss die UNO, einen Internationalen Strafgerichtshof einzurichten, der seit 1. Juli 2002 als eine unabhängige internationale Organisation arbeitet. Seine Hauptaufgabe ist die Verfolgung und Bestrafung von Verbrechen von internationaler Bedeutung. Im Unterschied zum Internationalen Gerichtshof, vor dem Konflikte zwischen verschiedenen Staaten verhandelt werden, wird vor dem Internationalen Strafgerichtshof gegen einzelne Verantwortliche für solche Verbrechen verhandelt und geurteilt. Dazu gehören Völkermord, Verbrechen gegen die Menschlichkeit und Kriegsverbrechen.

Ein internationales Gericht ist auch der Internationale Seegerichtshof (ISGH), der auf der Grundlage des Seerechtsübereinkommens der Vereinten Nationen von 1982 errichtet wurde. Seine Aufgabe ist die Verfolgung und Ahndung aller für die Seefahrt relevanten Verstöße; unter bestimmten Voraussetzungen kann er auch von Privatpersonen und internationalen Organisationen angerufen werden, nicht nur von den Vertragsparteien des Seerechtsübereinkommen.

6.9.2 Cyber-Kriminalität – traditionelle und neue Aktivitäten

Aus philosophischer und kulturkritischer Sicht wird das Internet im Vergleich zur realen Wirklichkeit vielfach als parallele, virtuelle Welt oder auch als Cyberspace bezeichnet. Daraus folgen dann weitere Kombinationen wie Cyber-Kriminalität, Cyber Intelligence (Spionage) oder Cyber Security. Sachlicher dürfte der Terminus Internet-Kriminalität sein (Wernert 2011; Glenny 2012; Hilgedorf und Valerius 2012). Mit diesen Begriffsschöpfungen soll signalisiert werden, dass sich Strukturen, Situationen und Handlungen, wie sie in der realen Welt gegeben sind, auch in der digitalen Welt wiederfinden; aber auch, dass sich dort neue, spezielle Optionen herausbilden und möglichweise Probleme für das Zusammenleben und die Rechtsordnungen ergeben. Deshalb plädieren manche dafür, ein eigenes, vor allem vollständiges Internet-Recht für dieses Paralleluniversum zu entwickeln und nicht nur die bestehende Rechtskonstrukte der realen Welt bei Bedarf anzupassen, zumal die Internetwelt ja global und ohne konkrete Bezüge zu territorialen und kulturellen Eigenschaften der Nationalstaaten besteht. Allerdings fehlt dafür eine zuständige, vor allem anerkannte und durchsetzungsfähige Instanz, die nur auf der Ebene der UNO angesiedelt werden könnte.

Die Weiterentwicklungen rechtlicher Normen in verschiedenen Ländern führen zwangsläufig dazu, dass es keine Übereinstimmung in Bezeichnungen und Handlungsfelder für Internet-Kriminalität gibt. So bezeichnet die *Cybercrime Convention* des Europarats von 2002 Verbrechen wie Datenmissbrauch und Urheberrechtsverletzungen als "Cyberkriminalität" (Krone 2005). Seit März 2010 engagiert er sich mit einem Aktionsplan zur EU-weiten Bekämpfung von Cybercrime und treibt die Entwicklung eines Filters zur Sperrung von Webseiten voran. Sperrmaßnahmen sollen aber auch Glücksspielangebote, gewaltverherrlichende, rechtsextreme oder urheberrechtlich bedenkliche Webseiten und Filesharing-Netzwerke erfassen, wie dies Frankreich mit eigenen Spezialgesetzen bereits umsetzt. Andere Definitionen (Zeviar-Geese 1997–1998) sind umfassender und schließen Aktivitäten wie Betrug, unerlaubten Zugriff, Kinderpornografie und Online-Belästigung ein. Im *Handbuch zur Vorbeugung und Kontrolle von Computerverbrechen* der Vereinten Nationen vom März 2010 werden ebenfalls Betrug, Fälschungen und unerlaubten Zugriff unter Cyberkriminalität gefasst.

Ausreichend und vor allem vollständig sind solche Tatbestandsaufzählungen gewiss nicht. Eine umfassende, aber auch reichlich abstrakte Definition legt das internationale Sicherheitsunternehmen *Symantec* vor: Jedes Verbrechen, das mit Hilfe eines Computers, Netzwerks oder Hardware-Geräts begangen wird, kann Cybercrime genannt werden. Der Computer oder das Gerät kann dabei Agent, Vermittler oder Ziel des Verbrechens sein. Daher sei hier der analytische Versuch unternommen, drei Typen von Internet-kriminalität zu unterscheiden; sie sind heuristisch gemeint und können sich überschneiden (Symantec 2009):

1. Rechtsverstöße und Strafhandlungen, die in der realen Welt vorkommen und sich nun auch – mit der anhaltenden Verlagerung von Handlungen und sozialen, geschäftlichen Beziehungen ins Internet – in der digitalen Welt wiederfinden. Sie können analog zu ‚realen' Vergehen geahndet werden und werden es auch bereits. Darunter sind etwa Täuschung, Fälschung, Betrug, Diebstahl, etc., wie sie vor allem im E-Commerce geschehen, zu fassen, aber auch (Kinder)Pornografie, illegales Glückspiel, Drogen- und Waffenhandel, Erpressung, Spionage sowie andere Strafrechtsverletzungen zu rechnen.
2. Rechtsverstöße und Strafhandlungen, die infolge der besonderen Bedingungen des Internets neu und speziell sind; sie lassen sich zwar aus analogen Vergehen in der realen Welt ableiten, doch erhalten sie mit den globalen und vernetzenden Potentialen des Internets neue Qualität. Dazu zählen alle Formen des Datenmissbrauches bis hin zu Datendiebstahl (E-Mail-Accounts und Onlinekonten), Adressen- und Profileverkauf sowie andere Datenschutzverletzungen; auch Urheberrechtsverletzungen, illegale Downloads von Software und Daten – Formen digitalen Diebstahls ‚geistigen Eigentums' – haben mit den Scan- und Verbreitungskapazitäten des Internets an Macht und Schärfe zugenommen. Verbreitet sind auch, nicht zuletzt unter Kindern und Jugendlichen, öffentliche Anprangerungen, Beleidigungen, Belästigungen, falsche Beschuldigungen und generell Rufmord, als Cyber-Mobbing und -Stalking gebrandmarkt. Die Anonymität des Netzes verleitet oft auch zu sexuellen Übergriffen, zumal von sich tarnenden Erwachsenen gegenüber Kindern und Jugendlichen, Cyber-Grooming genannt. Besonders verlockend und lukrativ sind natürlich alle Online-Aktivitäten, bei denen die Daten für finanzielle Werte wie bei Online-Banking und Online-Finanztransfers firmieren.
3. Rechtsverstöße und Strafhandlungen, die sich besonders oder ausschließlich gegen das Internet als neuem Instrument der Kommunikation, des Datenverkehrs und Programmaustauschs, des virtuellen öffentlichen Raums, als Interaktionsforum, Geschäftsmodell und Publikationsplattform richten; sie zielen auf Manipulation, Störung oder Verhinderung der digitalen Kommunikation, beispielhaft durch Hacken und virtuelle Einbrüche in Intranets, der Infiltration von Virenprogrammen, Würmern und Trojanern.

6.9.3 Internetspezifische Vergehen

Für die letztgenannte Kategorie von Verstößen seien exemplarisch aufgeführt (Gercke und Brunst 2009):

1. Am populärsten ist Hacken, nicht zuletzt durch eine öffentlich sehr verbreitete, von den Medien bisweilen sogar kultisch überhöhte Subkultur, die durch attraktive, gut vermarktbare Protagonisten wie etwa den *Chaos Computer Club* (CCC) in Hamburg verkörpert wird. Hacken bedeutet das (meist illegale, aber oft politisch legitimierte) Eindringen in Computersysteme über Netzwerke oder eben auch nur das ständige, zeitaufwändige Befassen mit Computerprogrammen und ihren Konstruktionen. Ein besonders prominentes Beispiel ist „WikiLeaks" (vgl. Abschn. 6.5).

Beim Hacken werden sowohl gezielt mittels technischem Know-how oder auch ausdauerndem Experimentieren (,trial and error') Zugangscodes und Passwörter geknackt, mithin virtuelle Einbrüche verübt, um ein bislang geheimes Datenkontingent oder internes Netzwerk zu öffnen oder auch zu manipulieren. Die Schutzbehauptung von Hackern ist oft, man wolle Sicherheitslücken (etwa bei Kernkraftwerken, Banken und militärischen Einrichtungen) aufzeigen, sie beseitigen und die Cyber-Security steigern.

Häufig werden dabei auch störende oder schädliche Virenprogramme infiltriert, die Systeme manipulieren, verändern oder gar zerstören können. Werden sie getarnt und geheim implantiert und führen andere Funktionen aus, als die tatsächlich eingegebenen, ohne dass es die Nutzer merken, spricht man von einem „trojanisches Pferd" oder auch kurz von einem „Trojaner". Im Alltag werden sie häufig mit Computerviren gleichgesetzt sowie als Oberbegriff für *Backdoors* und *Rootkits* verwendet, sind aber von ihnen klar zu unterscheiden.

Denn ihre Kriminalitätsgrade sind unterschiedlich: *Backdoors* (auch *Trapdoor* oder Hintertür) sind nämlich (oft vom Autor eingebaute) Softwareteile, mit denen die Benutzer unter Umgehung der normalen Zugriffssicherung Zugang zum Computer oder einer sonst geschützten Funktion eines Computerprogramms erlangen. Weit verbreitet ist etwa das Knacken von Passwörtern, also das Aufdecken und illegale Benutzen einer persönlichen Codierung. Hingegen sind *Rootkits* (englisch etwa: „Administratorenbausatz"; root ist bei unixähnlichen Betriebssystemen der Benutzer mit Administratorrechten) Sammlungen von Softwarewerkzeugen, die nach dem Einbruch in ein Softwaresystem auf dem manipulierten System installiert werden, um zukünftige Anmeldevorgänge (*logins*) des Eindringlings zu verbergen und Prozesse und Dateien zu verstecken.

Botnets sind Netzwerke, die aus vielen solch infizierter Privatcomputern bestehen; sie können von ihren Betreibern – großenteils von ferngesteuerten *Botnet*-Rechnern – mit Werbemails (*Spams*) vollgestopft werden; außerdem lassen sich damit auch Adressen und Webseiten lahmlegen, wenn unzählige Adressen gleichzeitig beschickt werden. So genannte *Keylogger* sind Spionageprogramme, die auf fremden Rechnern heimlich aus der Ferne installiert werden, um alles zu protokollieren, was ein Nutzer eintippt, zum Beispiel Passwörter oder Kreditkartennummern. Diese Daten im Hintergrund gehen an den Angreifer; das Opfer merkt diese Manipulation erst, wenn sich an seinen Daten nicht von ihm erwirkte Transfers manifestieren, beispielsweise automatische Abbuchungen.

2. Eine der häufigsten Formen von Kriminalität im Internet ist das so genannte *Phishing*. Dabei sucht man an persönliche Daten und Passwords eines Internet-Nutzers wie WWW-Adressen, Links in E-Mails oder Kurznachrichten heranzukommen, um seine Identität zu entschlüsseln, mithin arglistige Täuschung zu verüben. Nach dieser Decodierung lassen sich Daten umleiten, Konten plündern, Geschäftsgeheimnisse aufdecken und für eigene illegale Zwecke nutzen.

Nach den heute gebräuchlichen Varianten werden die Zugangsdaten von einer Schadsoftware im Hintergrund ohne eine Mitwirkungshandlung des Nutzers abgefangen (so genannter Trojaner). Denkbar ist aber auch, dass die *Phisher* die Internetknotenrechner scannen und von dort einen so genannten *Man-in-the-Middle-Attac* planen. Dabei wird besonders häufig und intensiv auf die vermeintliche persönliche Nähe sozialer Netzwerke gesetzt, eine Art social engineering praktiziert. *Phisher* geben sich als vertrauenswürdige Personen aus und versuchen, durch gefälschte elektronische Nachrichten an sensible Daten wie Benutzernamen und Passwörter für Online-Banking oder Kreditkarteninformationen zu gelangen. *Phishing*-Nachrichten werden meist per E-Mail oder Instant-Messaging versandt und fordern den Empfänger auf, auf einer präparierten Webseite oder am Telefon geheime Zugangsdaten preiszugeben. Versuche, der wachsenden Anzahl an *Phishing*-Attacken Herr zu werden, setzen unter anderem auf geänderte Rechtsprechung, Anwendertraining und technische Hilfsmittel.

3. *Pharming* (oder auch *DNS-Spoofing*) hat sich als Oberbegriff für verschiedene Arten von Angriffen auf das *Domain Name-System* (DNS) eingebürgert. Dabei geht es um die latente Manipulation von Verbindungen von einer Webseite auf die andere, ohne dass es der Nutzer merkt. Eine Methode ist etwa die lokale Manipulation der Host-Datei; mittels eines Trojaners oder eines Virus wird so gezielt manipuliert, dass gefälschte Websites angezeigt werden, obwohl die Adresse korrekt eingegeben wurde. Benutzer können so beispielsweise auf täuschend echt nachgebildete Seiten einer Bank geleitet werden. Durch aktuell gehaltene und richtig konfigurierte Sicherheitssoftware (aktive

Hintergrundwächter, aktive Firewalls) lassen sich solche Manipulationen verhindern.
4. Als „Königsdisziplin" (Rosenbach und Schmundt 2011, 34) in der angewandten Internet-Kriminalität gilt das *Carding*, der Kreditkartenklau, weil bei diesem Vergehen alle Techniken und Branchen der digitalen „Untergrundökonomie" zusammenarbeiten: „Die komplizierte Transaktion beginnt mit einer Spam-Mail zum Beispiel aus Russland, die einem Empfänger in Deutschland vortäuscht, dass mit seiner Kreditkarten etwas nicht stimmt. Am Ende, nach Einsatz diverser *Phishing*- oder *Keylogger*-Instrumente, hat das Opfer oder das Geldinstitut oft viele tausend Euro verloren" (Ebd.).

6.9.4 Empirische Ausmaße von Internet-Kriminalität

Kriminelles Eindringen in und Manipulieren von Netzen ist deshalb besonders sensibel und risikoreich, da moderne Staaten, Unternehmen, Wissenschaft und Gesellschaft nicht mehr ohne digitalen Datenverkehr auskommen und daher extrem anfällig bzw. verletzbar sind. Entsprechend vermehren sich die Maßnahmen zur Sicherheitsvorkehrung – primär mittels Programme, aber auch mittels Hardware- und Systemkomponenten – und natürlich die Kosten.

In seinem Lagebericht *Cybercrime 2010* rechnet das Bundeskriminalamt (BKA) mit rund 60.000 Internetstraftaten im engeren Sinne, zum Beispiel Passwortklau – was ein Zuwachs von 19,1 Prozent im Vergleich zum Vorjahr bedeutet, auf 2011 sollen es acht Prozent gewesen sein. Insgesamt hat das BKA 2010 sogar 247.000 Fälle erfasst, in denen das Internet als Tatmittel eine Rolle spielt (Rosenbach und Schmundt 2011, 30). Allein in Nordrhein-Westfalen wurden im Jahr 2010 mehr als 48.000 Straftaten registriert, bei denen die Tat über das Internet begangen wurde (*Neue Westfälische* vom 27. Juli 2011). Allerdings schwanken die Angaben auch von offiziellen Stellen recht stark, je nach Definition und Einordnung der Vergehen. Mit über 180.000 Fällen machten 2010 Betrügereien im Internet den größten Anteil der Interkriminalität aus. Das *Phishing* – also das illegale Ausspähen von Daten – stieg mit 9.300 Fällen stark an. Die Verbreitung kinderpornografischer Fotos und Texte stellte prozentual einen eher kleinen Anteil dar (*Hamburger Abendblatt* vom 1. Juni 2011). Der finanzielle Schaden stieg in Deutschland zwischen 2009 und 2010 um zwei Drittel: auf 61,5 Millionen Euro (Rosenbach und Schmundt 2011, 37).

Deutschland ist bei den Cyber-Kriminellen, besonders bei den Botnet-Betreibern, sehr beliebt, weil das Netz hier leistungsstark ist und viele User mit ihren Flatrates oft und lange im Netz sind. So werden sie zu leichten Zielobjekten der Angriffe. Nach einer aktuellen Studie der internationalen Virenschutz-Firma *Symantec* nimmt Deutschland bei verseuchten Computern einen Spitzenrang ein: Denn rund 22 Prozent aller Internetnutzer hatten – laut der Erhebung des europäischen Statistikamtes (Eurostat) – binnen eines Jahres mit gefährlichen Computerinfektionen zu kämpfen. Nach einer Umfrage des Branchenverbandes BITKOM aus dem Jahr 2010 fühlten sich 85 Prozent der Deutschen von Internet-Kriminalität bedroht; bei sieben Millionen User wurden bereits Zugangsdaten etwa zu E-Mail-Diensten oder Bankkonten ausgespäht; das sind fast doppelt so viele wie 2009.

Aber nicht nur oft hilflose Privatnutzer werden zu Geschädigten; auch Weltkonzerne zumal aus der Elektronik- und Bankbranche sind vor Angriffe nicht gefeit: 2011 traf es zuerst den japanischen Elektronikriesen Sony, dem die Daten von über 100 Millionen Kunden gestohlen wurden, dann meldete die Citigroup mehr als 360.000 geklaute Datensätze, schließlich erwischte es Nintendo und Hotelketten. Auch Google wurde überfallen. Bislang nicht identifizierte Hacker knackten zum wiederholten Male den von Millionen Menschen genutzten E-Mail-Dienst *Gmail* und drangen in die Konten von US-Regierungsbeamten und chinesischen Aktivisten ein (Ebd.). Spätestens seit der Computervirus *Stuxnet 2010* das iranische Atomprogramm erfolgreich verzögerte, müssen auch Staaten mit virtuellen Angriffen auf ihre Infrastrukturen rechnen. Es geht um mächtige ökonomische Interessen, riesige Datentransfers bei Finanzen und sozialen Instanzen, militärische und politische Geheimnisse, nationale Sicherheit wie um die diverser Netze (etwa für Elektrizität, Verkehr). So warnte schon Anfang 2011 das amerikanische Verteidigungsministerium, dass Cyber-Attacken ab einer bestimmten Größenordnung und mit nationalen Folgen künftig als Kriegserklärung betrachtet und mit militärischen Mittel beantwortet würden (Cyberwar) (Abb. 6.5).

6.9.5 Bekämpfung der Internet-Kriminalität

Zur Bekämpfung der Internet-Kriminalität arbeiten in den USA Geheimdienste, Polizei, Hightech-Konzerne, Banken und Universitäten vornehmlich unter der Federführung des FBI eng zusammen. Schon 1997 wurde die *National Cyber-Forensics & Training Alliance* gegründet, heute ein Zusammenschluss von 15 Behörden und 40 Unternehmen. Potentielle Verbrechen und Kriminelle lassen sich mit wenigen Mausklicks identifizieren und registrieren, Unternehmen und Behörden tauschen schnell ihre Erkenntnisse, um virtuelle Spuren rasch zu verfolgen. Besonders das FBI greift auch zu unkonventionellen Methoden: Rund ein Viertel alle Hacker in den USA seien Informanten des FBI, vermutet das Szenemagazin *2600*. Etliche Online-Schwarzmärkte seien von *Special Agents* unterwandert (Ebd.).

Abb. 6.5 © Cyber-Kriminalität 2010 (aus: Rosenbach und Schmundt 2011, 37)

In Deutschland wurden zentrale Maßnahmen zur Bekämpfung von Internet-Kriminalität erst kürzlich ergriffen. Im Juni 2011 wurde vom Bundesinnenministerium ein neues *Nationales Cyber-Abwehrzentrum* in Bonn mit noch wenigen Mitarbeitern eingesetzt. Es soll mögliche Angriffe auf staatliche Einrichtungen verhindern helfen, aber auch schwere Fälle von Internet-Kriminalität analysieren (Ebd.). Infolge ihrer Polizeihoheit verfolgen die Bundesländer eigene Strategien. So hat Nordrhein-Westfalen in seinem Landeskriminalamt (LKA) ein eigenes *Cybercrime Zentrum* etabliert. Rund hundert Polizisten, Wissenschaftler und IT-Techniker sollen selbst gegen IT-Rechtsverstöße ermitteln oder Ermittler vor Ort unterstützen (*Neue Westfälische* vom 27.7. 2011).

Täter-Identifikation und Strafverfolgung gestalten sich enorm schwierig: Ständig liefern sich Cyber-Kriminelle und Verfolger einen Wettlauf um die modernste Technik, die neuesten raffiniertesten Programme und effizienteste Tarnung bzw. Aufdeckung. Und da die erforderlichen Ressourcen oft genug ungleich, zum Nachteil der öffentlichen, staatlichen Verfolger, verteilt sind, gewinnen sie meist nicht die Oberhand. Adressen und Daten lassen sich anonymisieren und laufen über Server auswärtiger Staaten, die oft keine Rechtsabkommen mit den westlichen Internet-Nationen haben, so dass die Identifikation von Tätern und die Lokalisierung ihrer Computer langwierig, oft genug aussichtslos verlaufen. Die Dunkelziffer ist daher extrem hoch. Vor allem Wirtschaftsunternehmen scheuen das Licht der Öffentlichkeit fast ebenso wie die Dunkelmänner im Netz – auch aus Imagegründen, wie die Sicherheitsbehörden immer wieder beklagen. Ohnehin können die Täter nur im geltenden nationalen Rechtsrahmen als persönlich Verantwortliche identifiziert und ihre Straftaten verfolgt werden. Meist gelingt dies nur, wenn der oder die Täter in die analoge, reale Welt ‚zurückkehren' und dort die ‚Früchte' ihres Vergehens ernten wollen: meist in Form von finanziellen Leistungen.

Auf die Initiative der EU-Staaten und 20 weiteren Ländern, darunter den USA, Kambodscha, Thailand, Vietnam und den Philippinen, soll ein „weltweites Bündnis" gegen Kinderpornografie, unter der Schirmherrschaft der belgischen Königin Paola ins Leben gerufen werden. Die teilnehmenden Staaten wollen sich verpflichten, die Aufklärung der Verbrechen, die Verfolgung der Täter, den Schutz der Opfer und das Erschweren des Zugangs zu pornografischen Darstellungen im Netz voranzutreiben und zu koordinieren. Viele der Verbrechen werden in Asien begangen, und meist stehen die Server in den USA und in Ländern ohne rechtliche Abkommen. Schätzungen zufolge zirkulieren schon jetzt mehr als eine Million Bilder von sexuell missbrauchten Kindern im Internet. Jährlich kommen laut UNO rund 50.000 Fotos dazu (*Neue Westfälische* vom 5. Dezember 2012).

Die EU-Kommission beobachtet die Entwicklung der Cyber-Kriminalität, vor allem die in Milliardenhöhe steigenden Verluste für die europäische Wirtschaft mit großer Sorge und Aufmerksamkeit und fordert die Mitgliedsstaaten zu verstärkten Zusammenarbeit und Abwehr auf. Im Februar 2013 verabschiedete sie eine Mitteilung über Cyber-Sicherheitsstrategien und präzisierte ihre bereits 2010 vorgebrachten Richtlinien für *Eine allgemeine Politik zur Bekämpfung der Cyber-Kriminalität*. Die erforderlichen Maßnahmen erstrecken sich auf verstärkte Zusammenarbeit bei der Strafverfolgung, Verschärfung der strafrechtlichen Sanktionen und öffentlich-private Partnerschaften.

Die wichtigste Neuerung des Vorschlags ist die Kriminalisierung des Einsatzes, der Produktion und des Verkaufs von Werkzeugen (*Botnets* genannt) zu Angriffen auf Informationssysteme. Der Vorschlag wird nun im Europäischen Parlament und im Europäischen Rat erörtert. Schon im März 2012 wurde innerhalb von Europol das europäische *Cybercrime-Zentrum* eingerichtet, das im Januar 2013 seinen Betrieb aufgenommen hat. Im Kern nimmt es vier Funktionen wahr:

1. Es dient als europäische Anlaufstelle für alle Informationen zu Cybercrime;
2. Es stellt einschlägige Expertise zur Unterstützung der Mitgliedstaaten bereit;

3. Es unterstützt die Mitgliedsstaaten in ihrer Abwehr gegen Cyberkriminalität durch eigene Untersuchungen;
4. Es fungiert als kollektive Stimme der europäischen Cybercrime-Ermittler in der Strafverfolgung und der Justiz.

Die EU-Kommission will für diese konzertierte Abwehr auch mit dem privaten Sektor in Dialog treten und gemeinsame Strategien für die operative Zusammenarbeit entwickeln. Die *European Network and Information Security Agency* (ENISA) beteiligt sich an diesen Austauschprozessen zwischen und in den EU-Staaten (http://ec.europa.eu/dgs/home-affairs/what-we-do/policies/organized-crime-and-human-trafficking/cybercrime/index_en.htm).

6.10 Cyberwar und Internetkrieg

6.10.1 Neue Formen von Krieg

Zwischen phantastischen Vorstellungen aus Science Fiction-Welten einerseits, wo *Kriege der Sterne*, automatische Kämpfe von Drohnen, Androiden und Computersystemen toben, und dem nüchternen Ermessen von Größenordnungen krimineller bzw. militärischer Attacken, das sich in einer zunehmend militanten Sprache ausdrückt, oszilliert der ebenfalls künstliche Begriff des Cyberwar (zu deutsch: Informations-, Internet- und/oder digitaler Datenkrieg). Nach dem Völkerrecht bezeichnet Krieg organisierte, militärische Konflikte zwischen Staaten, der so genannte Bürgerkrieg bezieht sich auf inländische Auseinandersetzungen in einer Nation. Werden sie von ungleichen Kontrahenten geführt, spricht man von asymmetrischer Kriegführung. Neuerdings kommen transnationale Konflikte wie die durch den internationalen Terrorismus hinzu (Jäger und Beckmann 2011).

Mit der Industrialisierung wurden technische Waffen (Panzer, Flugkörper und Raketen) entwickelt, die nicht nur die physische Eliminierung des feindlichen Heeres, der Soldaten, zum Ziel hatten, sondern die gegnerische Zivilbevölkerung und deren Wohnterritorien in die Kriegsführung einbezogen und einbeziehen. Ihre Verletzung bzw. Beschädigung und Zerstörung durch Bombardements und andere Fernangriffe wurden zunehmend zum Kern moderner Kriegsführung. Um sie zu steuern, bedarf es leistungsfähiger, flexibler Informations- und Kommunikationsinstrumente, weshalb die Erfindung und Entwicklung aller modernen Medien und Technologien durch militärische Impulse vorangetrieben

6.10 Cyberwar und Internetkrieg

wurden: Fernmeldetechnik/Telegrafie, Telefon, Radio, Fernsehen, Computer und endlich das Internet haben militärtechnische Ursprünge (Flichy 1994).

Spätestens seit dem Ersten Weltkrieg, in dem Telegrafie, Radio und Film schon einflussreiche Funktionen zur symbolischen, psychologischen Kriegsführung bei den Feinden, in der Weltöffentlichkeit, aber auch bei der eigenen Zivilbevölkerung und nicht zuletzt bei den eigenen Soldaten als Propaganda, Loyalitätsparolen und Durchhalteappelle übernommen haben, fungieren (Massen)Medien als immer wichtiger werdende Waffen (Paul 2004; Thiele 2009). Mit Fotografie und Film wurden Kriege und ihre Gräuel in immer eindrücklicheren, auch schockierenden Bildern dokumentiert und publiziert. In Deutschland erwuchs daraus die Gründung der damals größten Filmproduktionsgesellschaft, der UFA (Kreimeier 2002): Moderne Kriege werden mehr und mehr inszeniert, sie sind stets auch Medien- und Informationskriege, in denen – wie eine gebräuchliche Einsicht lautet – die Wahrheit zuerst stirbt. Sie müssen auch kommunikativ und symbolisch gewonnen werden, nicht nur auf den Schlachtfeldern.

Mit der anhaltenden Digitalisierung, die die Steuerung der zivilen wie militärischen Infrastruktur, der Datentransfers und Versorgungssysteme auf Computer und Internet verlagert, rückt ihre Beschädigung und Ausschaltung ins Zentrum der militärischen Strategien: Computer kämpfen gegen Computer (Wetzel 2012). Außerdem können mit elektronischer Ausspähung und Anpeilung Angriffe immer zielgenauer ausgerichtet werden, Flächenbombardements sind militärisch kaum mehr nötig. Manche sehen darin sogar die Chance, Kriege ‚sanfter' und ‚humaner' zu führen, da die Zivilbevölkerung und ihre physischen Schutzräume (wie Gebäude und Straßen) einigermaßen geschont werden könnten. Andere verweisen hingegen auf die enorme Schlagkraft solcher digitaler Angriffe, die nicht nur ganze Länder, sondern ganze Kontinente lahmlegen oder der Erpressung durch den Feind aussetzen können. Für die Kriegsführung selbst ergeben sich Potentiale der unbemannten Fernsteuerung, so dass eigene Soldaten im Kriegseinsatz geschont werden können, wie es die USA derzeit mit Drohnen in Pakistan und Afghanistan vorexerzieren. Computerspiele und digitale Kriegsführung nähern sich einander an und werden zum Training von Soldaten auch schon so eingesetzt. Werden noch biochemische Kampfstoffe zur Auslösung von Epidemien oder Gehirn-Manipulationen genutzt, erwachsen daraus Horrorvisionen.

Mit der digitalen Konvergenz (Verschmelzung) der traditionellen Massen- mit den digitalen Medien übernehmen die neuen Systeme gewissermaßen beide Funktionen: die der Kriegsführung, aber auch die der positiven, propagandistischen Berichterstattung, auch direkt vom Kriegsgeschehen vor Ort, wie etwa die letzten Irak-Kriege seit 2003 gezeigt haben. Sowohl an den militärischen Steuerungszentrale wie – gezielt – an die Öffentlichkeit und Medien werden die ‚Effizienz' und Treffgenauigkeit der Waffen rapportiert (Ulrich 2012).

6.10.2 Digitaler Krieg: Cyberwar

Cyberkrieg ist zum einen die kriegerische Auseinandersetzung im und um den virtuellen Raum, den Cyberspace, vorwiegend mit Mitteln der Informationstechnik. Die Kriegsführung kann sich sowohl gegen Staaten als auch gegen terroristische Gruppierungen richten. Zum anderen steht der Begriff generell für alle hochtechnisierten Formen des Krieges, die auf der Computerisierung, Elektronisierung und Vernetzung aller militärischer Bereiche und Belange basieren (Clarke 2011; Falkner 2011; Gaycken 2012).

Etwa seit Mitte der 1980er werden in den USA – nur dort öffentlich, nicht aber in der Sowjetunion und China – Konzepte ventiliert, die „den Wert und die systematische Nutzbarkeit von Daten und Informationen" in Konfliktfällen einbeziehen (*Strategic Defense Initiative* [http://de.wikipedia.org/wiki/Strategic_Defense_Initiative]). Die eingesetzten Waffen sind infiltrierte Computersoftware; sie greifen rechnergestützte Verbindungen an, um die Kommunikation des Feindes zu unterbinden. Komplexere Angriffe erobern die Kontrolle über die feindlichen Computersysteme. Umgekehrt muss jeder Gegner eigene Computersysteme haben und beschützen, um seine Kommunikations- und Kommandostrukturen aufrechtzuerhalten sowie die gegnerischen Angriffe auf sie abzuwehren. Dabei können auch physische Kampfmittel – etwa Strahlenemissionen – zum Einsatz kommen.

Übliche Strategien des Cyberkrieges sind:

- Spionage: also das Eindringen in fremde Computersysteme zum Zwecke der Informationsgewinnung;
- Defacement: also Veränderungen am Inhalt einer Website, um etwa Propaganda zu schalten;
- diverse Formen von Social Engineering;
- Einschleusen von kompromittierter Hardware, die bewusst fehlerhaft arbeitet oder Fremdsteuerung erlaubt;
- Denial-of-Service-Attacken, um feindliche Dienste zu stören oder vollständig zu unterdrücken;
- Materielle Angriffe (Zerstören, Sabotage, Ausschalten) von Hardware (z. B. Kabel-, Antennen- und Satellitenverbindungen)" (Wikipedia [http://de.wikipedia.org/wiki/Cyberkrieg]).

6.10 Cyberwar und Internetkrieg

Seit den 1990er Jahren erfolgte zumindest in der *USA* der gezielte Auf- und Ausbau der Kapazitäten für digitale Kriegsführung: 1992 wurde die geheime Direktive *TS-3600.1* des Pentagon zum *Information Warfare* erstellt. 1993 eröffnete die US-Luftwaffe in San Antonio (Texas) das *Air Force Information Warfare Center* mit damals bereits 1000 Mitarbeitern. 1994 wurde in Washington die *School for Information Warfare and Strategy* ins Leben gerufen. Ein Jahr später absolvierten die ersten Soldaten, die in Informationskriegsführung ausgebildet worden waren, an der *National Defence University* in Washington ihre Offizierslehrgänge. Im Januar 1995 entwickelte die US-Navy die Instruktion OPNAVINST 3430.26 zur Umsetzung des Informationskriegs. Ab demselben Jahr begannen die US-Militärs das Konzept des *Network Centric Warfare* zu entwickeln; dessen Ziel ist es, Dominanz in IT-Technik und Informationsmanagement unmittelbar in militärische Überlegenheit umzusetzen. Unter Federführung des FBI gründeten 1998 verschiedene US-Behörden das *National Infrastructure Protection Center* (NIPC), das mit Privatfirmen kooperiert und zur Aufgabe hat, den Schutz relevanter Infrastrukturen zu koordinieren und zu organisieren.

Ab 1999 baute das Pentagon unter der Leitung des damaligen USSTRATCOM ein Infowar-Team, das offensive Waffen für den Cyberkrieg konzipierte. 2002 ordnete der damalige US-Präsident George W. Bush in der *National Security Presidential Directive 16* an, Strategien auszuarbeiten sowie Richtlinien für die Führung eines Cyberkriegs festzulegen. Im Juli 2002 wurde durch die Bush-Regierung das direkt dem *Executive Office of the President* im Weißen Haus unterstellte *Office of Global Communications* (OGC) ins Leben gerufen. Seine Aufgaben sind, „Botschaften für ein ausländisches Publikum zu formulieren und zu koordinieren" sowie „die Darstellung der Außenpolitik der USA zu koordinieren und ihr Image im Ausland zu überwachen".

Die *National Cyber Security Division* (NCSD), die ihre Arbeit am 6. Juni 2003 als eine Abteilung des *Office of Cyber Security & Communications* aufnahm, koordinierte bereits seinerzeit mehrere Institutionen und war seitdem für die zivile Cyberverteidigung der Vereinigten Staaten zuständig. Bis zum Jahr 2005 wurde das *Joint Functional Component Command for Network Warfare* (JFCCNW) etabliert, das der *National Security Agency* zugeordnet ist. Für die Aufklärung und Informationsgewinnung ist hingegen das *Joint Information Operations Warfare Command* (JIOWC) verantwortlich. Am 31. Oktober 2010 nahm das *United States Cyber Command* seinen Dienst auf. Dieser neu geschaffene Teil des US-Militärs, der auch mit der *National Security Agency* (NSA), dem größten Geheimdienst der USA, assoziiert ist, setzt sich mit Strategien und Möglichkeiten des Cyberkriegs auseinander. Beide Behörden, der *Cyber Command* des Pentagons und die NSA arbeiten eng zusammen und haben derzeit denselben Chef (Wikipedia [http://de. wikipedia.org/wiki/Cyberkrieg]; Darnstädt u. a. 2013).

Noch im November 2012, vor seiner Wiederwahl, befasste sich US-Präsident Barack Obama mit der Computersicherheit der Vereinigten Staaten. Er unterzeichnete die geheime *Presidential Policy Directive 20*, die angeblich die bisher bestehenden Abwehrkapazitäten der US-Behörden im Kampf gegen Cyberkriminalität und -terrorismus erweitert. Während bislang die amerikanische Cyber-Abwehr primär das eigene Netzwerk, also etwa die technologisch gestützte Infrastruktur des Landes, schützen sollte, sollen nun auch Angriffe auf Netzwerke in anderen Ländern erlaubt sein. Denn die neue Direktive betont, dass auch offensive Aktionen der Abwehr dienen können und zulässig sind, sofern die digitale Sicherheit des Landes bedroht ist (*SPIEGEL online* vom 16. November 2012).

In den kommenden Jahren will das US-Pentagon die Zahl seiner Spezialisten für digitale Kriegsführung von jetzt 900 auf 4900 mehr als verfünffachen, berichten im Januar 2013 übereinstimmend die *New York Times* und die *Washington Post* (*SPIEGEL online* vom 20. Februar 2013). Anstoß für diese Entscheidung hätte die Netzattacke gegen das Netzwerk der Ölfirma *Saudi Aramco* im August 2012 gegeben, bei der 30.000 Computer der saudi-arabischen Firma mit einem Virus infiziert wurden. Die US-Militärs befürchten massive Bedrohungen durch iranische, russische und chinesische Netzangriffe sowie durch IT-ausgerüstete Extremistengruppen; sie können sich gegen US-Formen, staatliche Administrationen, Banken, Netzwerke und Versorgungssysteme richten.

Daher sollen im *Cyber Command* drei Typen von Netzkampfgruppen agieren:

- National Mission Forces: Sie sollen die Computer und Netzwerke schützen, von denen die nationale Infrastruktur der USA abhängt, also beispielsweise Stromnetze und Kraftwerke.
- Cyber Protection Forces: Diese Truppe dient dazu, die Netzwerke des Verteidigungsministeriums und der Streitkräfte zu schützen.
- Combat Mission Forces: Experten, die Streitkräften im Ausland bei der Planung und Durchführung von Angriffseinsätzen zur Seite stehen; mithin eine klar auf Offensivmaßnahmen spezialisierte Einheit (Ebd.).

Für die *NATO* wurde am 14. Mai 2008 das dem Verteidigungsbündnis zuarbeitende, aber nicht zu seiner formalen Organisation gehörende *Cooperative Cyber Defence Centre of Excellence* (CCD CoE) in Tallinn, Estland, gegründet. Am 28. Oktober 2008 wurde es als eines von nunmehr insgesamt zehn „Centers of Excellence" von der NATO offiziell akkreditiert. Das Personal umfasste anfangs 30 Personen (Stand: April 2009). Zu den Aufgaben des *Kooperationszentrums für*

6.10 Cyberwar und Internetkrieg

Cyberverteidigung zählen Erkenntnisse, Hilfestellungen und Fachinformationen zu alle Dimensionen der Thematik für die NATO bereitzustellen. Dazu gehören Konzeptionierung, Training und Übungen für einschlägige Strategien, die Publikation von Forschungsergebnissen sowie die Entwicklung eines rechtlichen Rahmens für die, wie es beim CCD CoE heißt, noch „unreife Disziplin" Cyberverteidigung (Wikipedia http://de.wikipedia.org/wiki/Cyberkrieg).

Auf dem NATO-Gipfel in Bukarest im April 2008 wurde die Bereitschaft der Allianz unterstrichen, die „Fähigkeit zu bieten, Bündnismitglieder auf Verlangen bei der Abwehr eines Cyberangriffs zu unterstützen". Die erste *CCD CoE Conference on Cyber Warfare* fand vom 17. bis 19. Juni 2009 statt. Das CCD CoE will, wie es hieß, so rasch wie möglich auch ein Lexikon zum Cyber Warfare herausgeben. Vom 9. bis zum 11. September 2009 fand ebenfalls in Tallinn die *Cyber Conflict Legal & Policy Conference 2009* statt, gemeinsam veranstaltet vom *George Mason University Center for Infrastructure Protection* (CIP[26]) und dem *CCD CoE*.

Im März 2013 ist in Tallinn das *Handbuch des internationalen Rechts für die Cyber-Kriegsführung* erschienen, deshalb auch *Tallin-Manual* genannt. Führende Völkerrechtler unter dem Vorsitz eine Pentagon-nahen US-Militärjuristen haben Regeln für den digitalen Krieg der Zukunft in dem angeblich schmalen Brevier fixiert. NATO-Vertreter bezeichnen es als das „wichtigste rechtliche Dokument der Cyber-Ära". Primär sei die Entscheidung, was als Angriff auf den Staat zu werten bzw. wann der Verteidigungsfall und das völkerrechtliche Prinzip der staatlichen Selbstverteidigung gegeben seien. Laut der neuen Doktrin sind „nur solche Angriffe […] von völkerrechtlichem Gewicht, die an ihrem Ziel beim Gegner physische Schäden oder Personenschäden, aber nicht virtuelle Schäden auslösen. Der Ausfall eines Rechners oder der Verlust von Daten allein reicht nicht, von einem ‚bewaffneten Angriff' zu sprechen." Allerdings können Angriffe oder sogar präventive Erstschläge getätigt werden, wenn die potentiellen Schäden in Ökonomie und Infrastruktur als „katastrophal" eingeschätzt werden. Letztlich entscheidet jeder Staat selbst darüber, ob, wie und wann solche Ausmaße eintreten können oder eingetreten sind – weshalb Kritiker diese Ermessensklausel als „Dammbruch" für das völkerrechtliche Gewaltverbot bewerten und tadeln (Darnstädt u. a. 2013).

In *Deutschland* unterhält die Bundeswehr seit 2006 in der Tomburg-Kaserne in Rheinbach bei Bonn die Abteilung *Informations- und Computernetzwerkoperationen*, die zum Kommando *Strategische Aufklärung* zählt und mit ca. 7.000 Bediensteten das größte der Bundeswehr ist. Die Mitarbeiter der Computerabteilung rekrutieren sich in erster Linie aus Absolventen der Fachbereiche für Informatik an den Bundeswehruniversitäten. Das Kommando *Strategische Aufklärung* hatte im Dezember 2008 offiziell das satellitengestützte Spionagesystem *SAR-Lupe* in Dienst genommen. Mit fünf Satelliten kann die *SAR-Lupe*, die als eines der modernsten

Systeme dieser Art gilt, unabhängig von Tageslicht und Wetter Bilder mit einer Auflösung von weniger als einem Meter liefern. Damit sei nahezu jeder beliebige Punkt auf der Erde „aufklärbar", hieß es: „Es beschafft, sammelt und wertet Informationen über die militärpolitische Lage in einzelnen Ländern und Bündnissen des potentiellen oder tatsächlichen Gegners und über seine Streitkräfte aus" (Ebd.). Das satellitengestützte Kommunikationssystem der Bundeswehr *SATCOMBw* nahm mit der Aussetzung des Satelliten *COMSATBw-1* im Weltraum Anfang Oktober 2009 seinen Teilbetrieb auf. Der zweite Satellit, *COMSATBw-2*, wurde am 21. Mai 2010 ins All befördert und erreichte nach einer Woche seine vorhergesehene Position in der Erdumlaufbahn. Die Satelliten decken jeweils die östliche und die westliche Hemisphäre des Planeten ab. 2001 hatte die Bundeswehr in einem Planspiel, an dem sich auch das Bundesinnenministerium beteiligte, erstmals einen maßgeblich über das Internet geführten Krieg simuliert; am 1. April 2002 wurde das *Bundesamt für Informationsmanagement und Informationstechnik* (IT-AmtBw) gegründet.

Ebenfalls im Jahr 2001, als die Pläne der Militärs für künftige Kriege wie auch die Gefahren im Netz einer breiteren Öffentlichkeit bekannt wurden, forderten *Die Grünen* im Deutschen Bundestag vor dem Hintergrund der Furcht vor einem digitalen Wettrüsten eine „Cyber-Friedenspolitik". In Berlin hatten sie im Juni ihre Initiative *Für eine friedliche Nutzung des Cyberspace* präsentiert (Ebd.). Die Bundeswehr wappnet sich weiterhin gegen Cyber-Attacken und verfügt seit Dezember 2011 über Experten, die selbst Angriffe im Internet starten können. Der Einsatz der Armee im Cyberspace unterliegt dabei den gleichen verfassungsrechtlichen Voraussetzungen wie jeder andere Streitkräfteeinsatz.

Im Oktober 2012 erklärte die Bundesregierung, sie behalte sich grundsätzlich das Recht vor, auf schwere Cyber-Attacken mit Waffengewalt zu reagieren. „Je nach Eigenart kann ein Cyber-Angriff im Einzelfall als bewaffneter Angriff auf einen Staat zu werten sein", zitiert die Nachrichtenagentur *Reuters* aus einem vertraulichen Bericht der Bundesregierung, der zwischen Innenministerium, Auswärtigem Amt, Bundeskanzleramt und Verteidigungsministerium abgestimmt ist. Staaten seien bei bestimmten Cyber-Angriffen berechtigt, „ihr naturgegebenes Recht auf individuelle oder kollektive Selbstverteidigung auszuüben", heißt es in dem Bericht. Dies gelte insbesondere dann, wenn die Souveränität des angegriffenen Staates bedroht sei oder die Wirkung der Cyber-Attacke sich mit der Wirkung herkömmlicher Waffen vergleichen lasse. Das Verteidigungsministerium bestätigte auf Anfrage, dass ein entsprechender Bericht existiert. Er sei am 21. September 2012 den Mitgliedern des zuständigen Ausschusses des Bundestages zugegangen. Zum Inhalt äußerte sich das Ministerium unter Verweis auf die Geheimhaltungsstufe „VS – nur für den Dienstgebrauch" nicht (*SPIEGEL online* vom 12. Oktober 2012).

Grundsätzlich nehme die Bedrohung durch staatlich gesteuert Cyber-Attacken zu. Die Angriffe könnten auch über bewegliche Datenträger ausgeführt werden. „Damit sind selbst bislang vom (offenen) Internet als sicher abgetrennt vermutete IT-Systeme wie Industrieproduktionsstätten, kritische Infrastrukturen oder grundsätzlich auch militärische waffensystemspezifische Netze verwundbar", stellt der Bericht fest. Schädliche Software habe sich auch schon vor Jahrzehnten über Disketten verbreitet, daher sind Angriffe über „bewegliche Datenträger" nicht sonderlich neu. Allerdings haben die Attacken des *Stuxnet*-Wurms, den US Hightech-Krieger auf Anordnung des amerikanischen Präsidenten 2010 in iranische Atomanlagen einschmuggelten, gezeigt, dass Schadprogramme per USB-Stick erfolgreich in abgeschirmte Netze gebracht werden können.

„Dem Cyber-Raum wird somit zunehmend operative Bedeutung bei militärischen Auseinandersetzungen aller Art zukommen." Ausschließlicher Austragungsort eines Krieges werde das Internet auf absehbare Zeit allerdings nicht sein. Gleichwohl könnten Cyber-Angriffe in Kombination mit konventionellen Mitteln eine sehr hohe Bedrohung darstellen, auf die sich die Bundeswehr einstellen müsse. Die Armee nutze großenteils kommerziell verfügbare Systeme wie Microsoft, deren Schwachstellen ein Angreifer ausnutzen könne. Auch menschliches Fehlverhalten und extremistische Innentäter stellen eine Gefahr dar (Ebd.).

6.10.3 Initiativen gegen Cyberwar

Gegen solche Planungen und Abwehrmaßnahmen von Cyberwar argumentiert das *Forum Informatiker und Informatikerinnen für Frieden und gesellschaftliche Verantwortung e. V.* (FIfF) mit konsequenten Gegenvorschlägen:

„Für das potenzielle Schlachtfeld im Cyberspace wurde eine neue gefährliche Rüstungsspirale in Gang gesetzt. Sie zieht ihre Motivation aus dem Auf- und Ausbau von militärischen Cyberwar-Einheiten, der hohen Verletzlichkeit der digitalen Gesellschaften mit ihren global vernetzten IT-Systemen und dem vermeintlich geringen Risiko für den Angreifer, identifiziert und für sein Tun sanktioniert zu werden. Es ist höchste Zeit, dass die in Gang gesetzte Rüstungsmaschinerie wieder gestoppt wird. Das FIfF als Teil der Friedensbewegung ist in besonderer Weise gefordert, seine fachliche Expertise dafür zu nutzen. Die folgenden Forderungen sollen zu einer Deeskalation und Vermeidung von Cyber-Kriegen beitragen:

1. Verzicht auf Erstschlag und Offensive im Cyberspace: Staaten sollen öffentlich darauf verzichten, Cyber-Waffen präventiv oder zum Angriff einzusetzen.

2. Reine defensive Sicherheitsstrategie: Staaten sollen sich verpflichten, keine Offensivwaffen für den Cyberwar zu entwickeln oder gar einzusetzen.
3. Digitale Genfer Konvention: Für die Zivilbevölkerung lebenswichtige Infrastrukturen wie Wasserversorgung, Gesundheitsversorgung etc. dürfen nicht angegriffen werden. Eine Verletzung dieses Grundsatzes soll als Kriegsverbrechen gelten.
4. Anerkennung eines Grundrechts auf zivilen Ungehorsam und Online-Protestformen im Internet: Derartige Aktionen dürfen nicht kriminalisiert werden, geschweige denn als Kriegsgrund herhalten.
5. Wirtschaftliche Interessen, wie ein Verstoß gegen Intellectual Properties, sind kein legitimer Kriegsgrund.
6. Konventionelle Waffen dürfen nicht als Antwort auf eine Cyber-Attacke eingesetzt werden.
7. Staatliche Stellen müssen zur Offenlegung von Schwachstellen verpflichtet werden (ableitbar aus dem Grundrecht für Integrität, das der Staat schützen muss).
8. Betreiber kritischer Infrastrukturen müssen verpflichtet werden, sich selbst zu schützen, bzw. IT-Systeme sicher zu gestalten, zu implementieren und zu betreiben, anstatt nach dem Staat oder gar Militär zu rufen. Kompetente, transparente Prüfungen und Tests müssen Voraussetzung für eine Betriebserlaubnis sein. Wir fordern Entnetzung und Dezentralisierung kritischer Infrastrukturen (wie z. B. *DE-CIX* [heißt *Deutscher Commercial Internet Exchange (Deutscher Commercial Internet Exchange)*, ein Internet Exchange Point in Frankfurt]).
9. Abrüstung der politischen Sprache: Klare Trennung von Cyberwar, Cyberterror, Cybercrime, Ethical Hacking, politischen Protestformen.
10. Demokratische Kontrolle, Gewaltenteilung, Parlamentsvorbehalt für Cyber-Sicherheitsstrategien und deren Umsetzung.
11. Transparenz beim Aufbau jeglicher Cyber-Zentren.
12. Klare friedenspolitische Ausrichtung der Cyber-Zentren.
13. Die Trennung von Polizei und Geheimdiensten und Militär in Cyber-Abwehrzentren muss gewährleistet werden.
14. Cyberpeace-Initiative: Verpflichtung zur Förderung von Friedensforschung zur Entwicklung von Strategien zur Befriedung des Cyberspace" (FIfF-Kommunikation 1/12, 44ff.).

Solche Forderungen hören sich (noch) recht idealistisch an, wenn man sie mit den beschriebenen militärischen Vorbereitungen konfrontiert. Realisiert werden könnten sie ohnehin nur durch supranationale Vorgehensweisen, auf Druck zivilgesellschaftlicher Gruppierungen, zunächst wohl als kollektive Selbstverpflichtungen der Staaten und IT-Konzerne. Aber diese Forderungen illustrieren auch, dass isolierte, partielle Maßnahmen gegen die potentielle Universalität der digitalen Kriegsführung nicht ausreichen.

6.11 Digital Divide (Digitale Spaltung)

6.11.1 Ungleiche Diffusion

An das und mit dem Internet sind seit seiner Entstehung, seiner rasanten Entwicklung und Diffusion, vor allem seit der Einführung des WWW seit Anfang der 1990er Jahres und damit seiner wachsenden, künftig noch stärker anhaltenden Kommerzialisierung und praktischen Gebrauchsfähigkeiten viele Erwartungen und Prognosen geknüpft. Sie richten sich auf die wirtschaftliche Wertschöpfung („new economy" Ende der 1990er Jahre, heute: digitale Wirtschaft), auf die Potentiale technischer und wissenschaftlicher Innovationen sowie auf politische Machtverteilung in der globalisierten Welt. Strategisch gemünzt heißt dies: Die so genannten Internet-Nationen – und das waren und sind vornehmlich die Industrienationen des Nordens – bauen mit dem Internet ihre wirtschaftlichen, technologisch-wissenschaftlichen und politischen Vorsprünge noch weiter aus, während die auch in der Internet-Diffusion nachhinkenden Regionen und Nationen des Südens – vor allem des afrikanischen Kontinents – zurückbleiben. Allerdings sind für manche Regionen wie Asien und Südamerika territoriale Differenzierungen angebracht; mindestens die boomenden Mega-Cities in den so genannten Schwellenländern dort weisen in ihren Dienstleistungszentren eine vergleichsweise entwickelte digitale Infrastruktur auf (Castells 2001, 2002, 2003) (Abb. 6.6).

Solche ungleiche Entwicklung und Verteilung des Internets sowie die damit verbundenen Folgen, Prognosen und Befürchtungen werden seit Mitte der 1990er Jahre mit dem pauschalen Schlagwort von digital divide (digitale Spaltung) oder digital gap (digitale Kluft) belegt. Seine Herkunft ist unklar oder lässt sich auf etliche Urheber und Quellen zurückführen (Marr 2005; Zillien 2009). Jedenfalls erreichte die dem *US-Department of Commerce* unterstellte *National Telecommunications & Information Administration* (NTIA) mit ihren Berichten von 1998 und 1999, in dem sie „disparities in access to telephones, personal computers (PCs), and the Internet across certain demographic groups" pauschal als „digital divide" charakterisierte, eine beachtliche Resonanz und schuf ein diesbezügliches Problembewusstsein (zit. nach Marr und Zillien 2010, 262).

Auch die inhaltliche Dimensionierung des „digital divide" ist recht unterschiedlich, wenn nicht willkürlich; sie ist natürlich auch davon abhängig, wie sich die einschlägigen Entwicklungen über die Zeit darstellen bzw. wie sie registriert werden und mit welchen Maßstäben sie gemessen werden:

1. Anfangs und vorrangig sind die technischen und infrastrukturellen Dimensionen (Konnektivität) gemeint: also die Verbreitung, die Verfügbarkeit und damit die Zugänglichkeit des Internets (Zugangsklüfte). Diese Konditionen

204   6 Handlungsfelder von Internet Governance

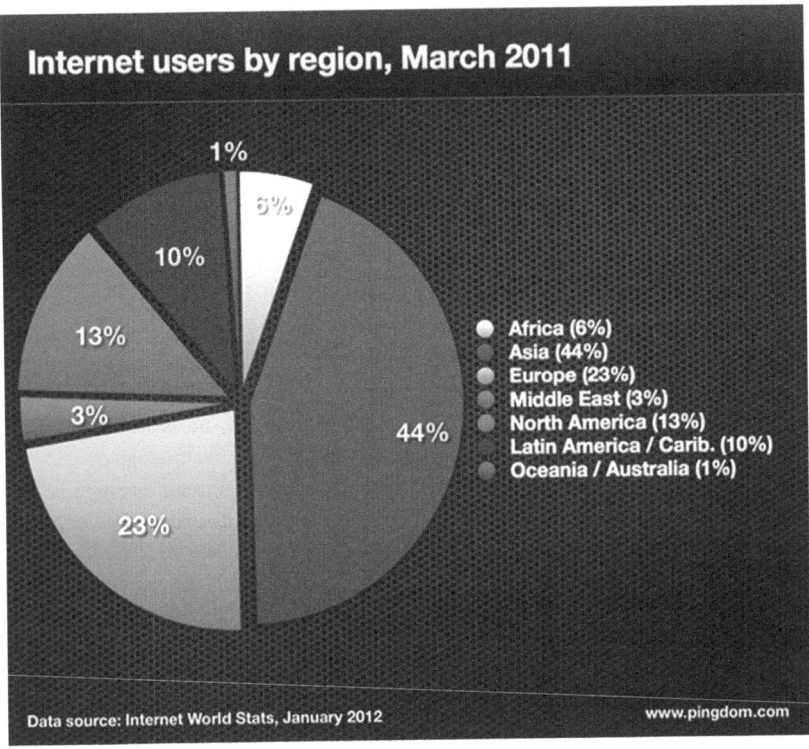

Abb. 6.6 © Internet-User in den Kontinenten Grafik (http://royal.pingdom.com/2012/01/17/internet-2011-in-numbers)

setzen die Existenz und Verfügbarkeit von stationären wie mobilen Netzen sowie Elektrizität voraus, was nicht überall – zumal nicht in weniger entwickelten Gebieten – gegeben ist. Mit den steigenden Übertragungsvolumina müssen die Kapazität und die Leistungsfähigkeit der Netze mitwachsen, so dass alle Nutzer die (multimedialen) Dienste in der vorhandenen Vielfalt, Vollständigkeit, Schnelligkeit, Qualität und Kostengröße nutzen können; ist dies nicht der Fall, wird über Priorisierungen und Kostenabstufungen debattiert (siehe Abschn. 6.2 Netzneutralität).

2. Davon ausgehend, lassen sich in subjektiver Hinsicht Unterschiede der Internet-Nutzung registrieren und deren Ursachen explizieren (Pohl 2007). Sie ergeben

sich zum einen aus besagter verschiedenartiger Infra- und Angebotsstruktur, zum anderen aus den Nutzungsoptionen und -kompetenzen der Populationen (Nutzungsklüfte). Wie stark das Internet genutzt wird, wie Daten zur Nutzungshäufigkeit und -frequenz ausgewiesen werden, wird davon bestimmt, welche kommunikative und gesellschaftliche Relevanz und Funktionalität das Internet in der jeweiligen Gesellschaft hat, wie viele Ressourcen die Individuen zur Nutzung des Internets haben und welche Kompetenzen sie dafür vorweisen (können). Die viel beschworene Medien- und Internetkompetenz verkörpert also nicht ausschließlich subjektive Optionen, sondern wird auch von objektiven Bedingungen des Nutzungsbedarfs wie der Nutzungschancen konstituiert. Ihre jeweilige Ausgestaltung und damit Definition konkretisieren sich danach, wie die objektiven Gegebenheiten subjektiv effizient und ertragreich bearbeitet und angeeignet werden. Besonders den Generationen, die mit Computer und Internet aufgewachsen sind, wird die Selbstverständlichkeit und Umstandslosigkeit des Umgangs mit der digitalen Welt attestiert, die die analoge oder physische Welt mehr und mehr verdrängt, eingängig paradigmatisiert in der Bezeichnung als „digital natives" (Kübler 2012).

3. Schließlich rechnen dazu auch inhaltliche Aspekte, wie sie in der internationalen bzw. transkulturellen Kommunikations- und Medienkomparatistik schon mindestens seit den 1970er Jahren thematisiert werden (MacBride-Bericht der UNESCO 1981): nämlich als Vorherrschaft des gemeinhin angloamerikanischen und westlichen Mainstreams in Content, Sprache, Kultur und der Benachteiligung, wenn nicht Unterdrückung weniger dominanter Kulturen und Sprachen (Inhaltsklüfte). Dass Computer und Internet Englisch zur globalen lingua franca befördert haben und mit ihr den American ‚Way of life', lässt sich kaum leugnen – auch wenn sich zwischenzeitlich durch den raschen Auf- und Ausbau namentlich von Schwellenländern in Asien und Südamerika Relativierungen abzeichnen. So monierte 2003, auf dem Weltinformationsgipfel in Genf, der damalige UN-Generalsekretär Kofi Annan die inhaltliche Kluft (content divide): „Vieles im Netz geht an den wirklichen Bedürfnissen der Menschen vorbei. Und 70 Prozent der weltweiten Internetseiten sind auf Englisch und verdrängen die regionalen Stimmen und Sichtweisen" (Wikipedia [http://de.wikipedia.org/wiki/Digitale_Kluft]).

Das Risiko der digitalen Spaltung und Wege zu ihrer Überwindung waren für die UNO und die UNESCO primär Anlass und Ziel, zwei spektakuläre UN-Weltgipfel zur Informationsgesellschaft (WSIS) 2003 in Genf und 2005 in Tunis abzuhalten. Diese Thematik fand bei den teilnehmenden Vertretern der Zivilgesellschaft breite

Resonanz und beherrschte die offiziellen Dokumente. Dass diese Meetings globaler Internet Governance danach keine angemessene Fortsetzung fanden, vielmehr in weniger Aufsehen erregende Arbeitskreise (WSIS) verlagert wurden, wird unterschiedlich gedeutet: zum einen als allmähliche Nivellierung, mindestens wachsende, unübersichtlich werdende Ausdifferenzierung der technischen Komponenten, zum anderen als die Erfordernis, „digital divide" breit und gründlich zu erkunden und ihre vielfältigen Ursachen aufzuspüren, und schließlich auch als anstehende (Re)Integration der Internet-Problematik in die Gesamtheit von sozialer Ungleichheit, Unterentwicklung und Benachteiligung. Denn wie bei allen anderen Kommunikations- und Medienfragen erweisen sich vermeintlich evidente, monokausale Kausalitätsannahmen als irreführend und falsch; sie müssen jeweils in der gesamte Interdependenz von Gesellschaft, Wirtschaft, Kultur, Bildung und subjektiver Lebensführung integriert werden (Zillien 2009; Marr und Zillien 2010).

6.11.2 Wissensklüfte und Medienwirkungsforschung

Inhaltliche Komponenten des „digital divide" sind kommunikationswissenschaftlich bereits in den 1970er Jahren als so genannte Wissensklüfte (knowledge gaps) thematisiert worden; dabei sind erste empirische Erhebungen über ihre Ursachen durchgeführt worden. Heute werden sie auch als Vorläufer der breiter gefassten ‚digital divide' verstanden (Wikipedia [http://de.wikipedia.org/wiki/Digitale_Kluft]).

In der Medienforschung wuchs spätestens seit den 1970er Jahren die analytische Erkenntnis, dass die vielfältig positiven Erwartungen, die man gemeinhin an demokratische Medien und an ihre digitalen Entwicklungen richtet, nicht unbedingt, jedenfalls nicht überall und bei allen eintreten, vielmehr sich auch unerwünschte, dysfunktionale Folgen zeigen. Denn die strukturellen Chancen wie die subjektiven Kompetenzen, in der steigenden Informationsflut die jeweils wichtigen und richtigen Informationen zu bekommen, sind im Publikum ungleich verteilt. Offenbar reproduzieren sich in der Informationsversorgung und -aufnahme die allgemeinen ungleichen und hierarchischen Verhältnisse einer Gesellschaft, insbesondere die unterschiedlichen Bildungsvoraussetzungen und -chancen. Diese (wohl nicht ganz neue) Einsicht diskutiert die Medienwirkungsforschung mittlerweile unter der anerkannte Hypothese von den wachsenden Wissensklüften (die im amerikanischen Original unterschiedlich als „differential growth of knowledge", „information gaps" oder „increasing knowledge gaps" bezeichnet werden). In die deutschsprachige Forschung ist dieser Ansatz vor allem von den Zürcher

6.11 Digital Divide (Digitale Spaltung)

Kommunikationswissenschaftlern Ulrich Saxer und Heinz Bonfadelli eingebracht worden (Bonfadelli 1994, 2002).

Erstmals 1970 haben die Kommunikationsforscher Philip J. Tichenor, George A. Donohue und Clarice N. Olien (1970) von der Minnesota-University die davor optimistische (oder auch naive) Annahme der Diffusionsforschung explizit dahingehend relativiert, dass die täglich verbreiteten Informationen der Medien nicht unbedingt und gleichmäßig zu einer allgemeinen Erhöhung des Wissensstandes der Menschen führen. Vielmehr haben sie und einige andere Forscher aufgezeigt, dass die Diffusion von Informationen unterschiedlich verläuft, und zwar entsprechend vielerlei Konditionen, die sowohl von den Modalitäten der Verbreitung (wie Art des Mediums, Thema bzw. Informationsobjekt, Zeitspanne) als auch von den subjektiven Dispositionen des Publikums (wie Medienkonsum, soziostrukturelle Faktoren, Interessen, Bildungsvoraussetzungen, Kognition und Motivation etc.) bedingt sind – im Grunde keine epochal neue Erkenntnis in der medialen Wirkungsforschung, deshalb auch schon als „nichtlinearer, selbstverstärkender" „Matthäus-Effekt" apostrophiert (Merten 1994, 323). Diese Erkenntnisse haben die amerikanischen Forscher in folgender, hier auf deutsch wiedergegebenen Sentenz beispielhaft resümiert und damit besagte neue Forschungsperspektive begründet:

„Wenn der Informationszufluss von den Massenmedien in ein Sozialsystem wächst, tendieren die Bevölkerungssegmente mit höherem sozioökonomischem Status und/oder höherer formaler Bildung zu einer rascheren Aneignung dieser Information als die status- und bildungsniedrigeren Segmente, so dass die Wissenskluft zwischen diesen Segmenten tendenziell zu- statt abnimmt" (zit. nach Bonfadelli 2002, 567).

Im Kern spezifiziert diese Hypothese mithin allgemeine Erkenntnisse über Ungleichheiten und Benachteiligungen in modernen Gesellschaften für die Distribution und Diffusion von (über Medien vermittelter) Information und (medialem) Wissen, wie sie die Soziologie in ihren Status- und Schichtmodellen, die Erziehungswissenschaft als ungleiche Verteilung von Bildungschancen und die Linguistik als sprachliche Defizite oder Differenzen sprachlicher Kompetenzen thematisiert. Dementsprechend müssten sich Zusammenhänge oder gar Abhängigkeiten zwischen diesen verschiedenen Disparitäten, zwischen den „information haves" und den „information have nots" (Schiller 1996), finden lassen, aber so gründlich und übergreifend sind die Studien bislang nicht vorgegangen. Nach fast dreißig Jahren empirischer Forschung (Bonfadelli 1994, 2002) weisen die meisten Studien Wissensklüfte nur bei relativ kurzfristigen, exakt begrenzbaren und gezielten ‚Informations'-Kampagnen (z. B. bei Werbung, der Verbreitung eines bestimmten Sujets oder der Bekanntmachung einer Person) in einer – selten genügend repräsentativ gewählten – Population auf, wie auch eine amerikanische Übersicht nach 25 Jahren „Knowledge Gap Hypothesis" bilanziert (Viswanath und Finnegan 1996). Meist stellen sich die untersuchten Informationen als zeitversetzt und ungleich verteilt heraus, aber die vielfältigen Faktoren, die – außer den evidenten der Medien und der (vornehmlich politischen) Themen – dafür mutmaßlich auch verantwortlich sind, sind gemeinhin höchst unzureichend berücksichtigt worden, so dass bei vielen Studien erhebliche methodische Mängel zu monieren sind. Wie in der Medienwirkungsforschung üblich, neigen die meisten Studien zu singulären, linearen, wenn nicht monokausalen Faktoranalysen und damit zu ebensolcher Identifikation möglicher Ursachen. Nur wenige Untersuchungen sind langfristig, also über die einmalige Erhebung hinaus angelegt; doch auch sie zeitigen inkonsistente Resultate: Die eine Hälfte bestätigt, dass sich Wissensklüfte verstärken, die andere Hälfte stellt konstante oder gar rückläufige Wissensdisparitäten fest (Bonfadelli 1994, 223). Doch wie Wissen auf vielerlei Weise – und nicht nur über Medien – entsteht und fixiert wird, können auch diese Studien nicht hinreichend dokumentieren.

Besonders gravierend fällt ins Gewicht, dass die Wissenskluftforschung seit ihrem Bestehen auch keinen theoretisch begründeten und hinreichenden Wissensbegriff entwickelt hat. Vielmehr wird er lediglich in den empirischen Studien pragmatisch anhand diverser Indizes vorausgesetzt, bleibt also – wie sonst auch – vage, disparat und unbefriedigend (Bonfadelli 1994, 81; Wirth 1997, 94ff.). Zwar sind inzwischen einfache Dichotomien – wie etwa die übliche Unterscheidung in „knowledge about" („Kenntnis von") und „knowledge of" („Wissen über") – weiter differenziert worden, und es werden Typen wie Themen- und Faktenwissen einerseits sowie Struktur- und Hintergrundwissen andererseits unterschieden (Bonfadelli 2002), die von den Medien entsprechend unterschiedlich verbreitet werden – von den Printmedien etwa mehr Hintergrund und Struktur, vom Fernsehen mehr Fakten, Themen und assoziative Bilder. Um die Konzipierung eines „integrierten" Wissensbegriffs hat sich etwa der Kommunikationswissenschaftler W. Wirth (1997) bemüht, allerdings beschränkt er sich ebenfalls auf das durch die Medienrezeption erwerbbare politische Wissen. Wie aber Menschen generell diverse Wissensformen je unterschiedlich aufnehmen, behalten und artikulieren, welchen Einfluss ihr – wie immer erworbenes – ‚Vorwissen' auf Lernen, Verstehen, Erinnern und Anwenden hat und welche Gründe und Motive dafür jeweils verantwortlich sind, dafür liefern die Studien der Wissenskluftforschung nur unzureichende Erklärungen. Mit den dafür zuständigen Forschungszweigen, der Kognitionswissenschaft und der Lernforschung, sind sie noch kaum abgeglichen. Außerdem gerät die Wissenskluftforschung wie alle empirische Forschung unweigerlich in das Dilemma kontingenter Relativierung bzw. nur noch kasueller Validität, wenn sie ihren Untersuchungsbereich weiter differenziert: Was in der einen Situation, mit dem einen Thema unter diesen Bedingungen mit der einen Population gilt, braucht noch lange nicht für die anderen Erhebungen mit differierenden Konditionen zu gelten (Kübler 2009, 118ff.).

Daher plädiert K. Merten (1990) dafür, diverse Vermittlungsprozesse nach funktionalen Gegebenheiten zu differenzieren und auf den Kommunikationszusammenhang hin zu relativieren: Denn „ein bestimmtes Wissen (Inhalt) kann nicht nur informieren, unterhalten oder meinungsbildend sein, sondern es kann im Prinzip unendlich viele Funktionen haben" (Ebd., 31) – und dafür verantwortlich sind sowohl das Medium, das Thema, dessen soziale Relevanz für verschiedene Publikumsgruppen als auch die diversen Dispositionen und Attribute der Rezipienten, die Situation, die Dauer und Facettierung der Verbreitung etc. Folglich kann es keine unilineare, eindeutige Vermittlung geben, die vom Kommunikator stringent geplant ist und verursacht wird. Die „Wissensvermittlung" via Medien impliziert mithin alle Optionen und Nuancen, die auch sonst für die Wirkungsforschung virulent sind (Wirth 1997, 113ff.). Deshalb müssen, so Bonfadelli (1994, 231), die Studien weitere Kontextuierungen des Untersuchungsfeldes und langfristige methodische Perspektiven vornehmen, um sich überhaupt alltäglichen Prozessen analytisch anzunähern. Denn häufig seien die erfragten, über Medien verbreiteten Themen zumal für ohnehin sozial und bildungsmäßig unterprivilegierte Populationen von geringer sozialer Relevanz. Deshalb fordert Bonfadelli (1994) „ganzheitlich" ausgerichtete Studien, in denen außer der sozialen Relationierung und Relevanzprüfung des Wissens auch die Relativierung des Medienkonsums für den Wissenserwerb und die Wissensreproduktion berücksichtigt werden (auch Wirth 1997, 296ff.).

Sie konzentrieren sich zunehmend auf die Funktionalität und Nützlichkeit von Wissensrepertoires, mithin auf die „Lebensdienlichkeit des Wissens" (Bonfadelli 1994, 148). Dessen Verwendung und Brauchbarkeit ist kaum universell und statisch gegeben, sondern unterliegt situativen, motivationalen und subjektiven Gegebenheiten, die sich jeweils wandeln und neu konstituieren können. Der breit registrierte Defizitstatus wird mehr und mehr von verschiedenartigen Differenzbereichen abgelöst, die auch bei der Wahl von Medien von Belang sind. Ein wissenschaftliches oder auch nur ein Sach-Buch lässt nun einmal andere Wissensangebote und -aneignungsweisen erwarten als eine Unterhaltungsshow im Fernsehen. Allerdings dürfen die Differenzansätze nicht zur gänzlichen Nivellierung von Wissensbeständen führen; denn nach wie vor sorgen objektive, gesellschaftliche Wertungen für gewisse Kanonisierungen des Wissens und sie spiegeln auch soziale Ungleichheiten bzw. eingeschränkte Lernchancen wider; und auch die Medien folgen mehr oder weniger erkennbaren Gewichtungen – wiewohl sie etwa in ihren Ratenseiten und (Quiz)Shows abseitige, wenn nicht abstruse Wissensrepertoires – etwa dann als außergewöhnliche Hobbys stilisiert – hofieren. Nach wie vor steht mithin die Erforschung von Zusammenhängen über Mediennutzung und ungleichen Wissenserwerb „erst am Anfang", so ein Resümee der Wissenskluftforschung, die mittlerweile weniger intensiv betrieben wird (Bonfadelli 2002, 598). Erkennbar sei immerhin schon, „dass vor jeder Mediennutzung das soziale Umfeld bezüglich Pluralität oder Konflikt einerseits, andererseits das durch die Medien oder Informationskampagnen zugänglich gemachte Informationsangebot von Relevanz sind" (Ebd.).

6.11.3 Digitale Spaltungen

Mit der Entwicklung und Verbreitung des Internets – vor allem seit der Jahrhundertwende – fokussierte sich die Debatte weitgehend auf das Internet – zumal ihm zwischenzeitlich die am weitesten reichenden Wirkungspotentiale unterstellt werden. Unter dem Fokus des Zugangs (Marr und Zillien 2010, 264ff.) werden zunächst

- allgemeine Diffusionsraten und -tempi von Computern und Internet in territorialen, soziokulturellen Verteilungen registriert und nicht selten auch als gesamtgesellschaftliche Indikatoren für Innovation und Fortschrittlichkeit gewertet; sodann werden
- solche Daten für verschiedene Bevölkerungsgruppen gemessen, die nach den üblichen soziodemografischen Kriterien wie Alter, Geschlecht, Einkommen, Bildung, beruflichem Status unterschieden werden, und mit ihnen bekommt man Daten über ihre Netzaffinität, -interessen und -kompetenzen. Ihre Unterschiede bzw. Diversitäten lassen sich – zusammen mit allgemeinen Mediennutzungsdaten – zu diversen Medien(nutzungs)typologien clustern, ihre relativen Unterschiede als Grade ‚digitaler Spaltung' bzw. Zugangsklüfte interpretieren; schließlich werden
- strukturelle und subjektive Ursachen für die Verteilung von Internetaffinitäten, krasser noch: für die Polarisierung von Onlinern und Offlinern erkundet und erörtert.

Überprüfen lassen sich etwa allgemeine Modelle der Innovationsforschung, etwa Dispositionen und Phasen der Adoption von Neuheiten und die unterschiedlich verteilte Bereitschaft, sie anzunehmen und zu forcieren. Sie lassen sich in

6.11 Digital Divide (Digitale Spaltung)

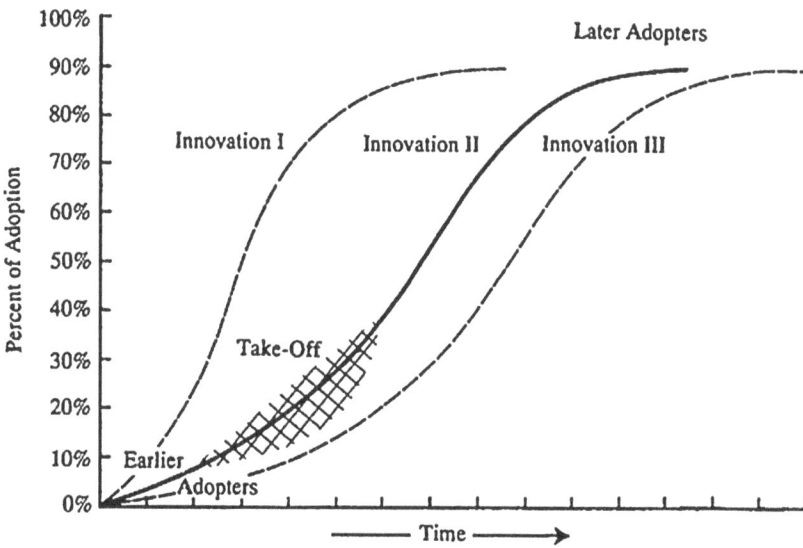

Abb. 6.7 © Verlaufskurven der Medien-Diffusion (aus: Rogers 1983, 11 [hier: Bonfadelli 2004, 151])

Übernehmertypologien fassen, wovon die von Rogers (1983) die gängigste ist: Für Personen – mithin in subjektiver Hinsicht – lassen sich identifizieren a) die Innovatoren bzw. earlier adopters (5 %), b) die frühen Übernehmer, c) die frühe Mehrheit d) die späte Mehrheit e) die Nachzügler bzw. later adopters (Bonfadelli 2004, 151) (Abb. 6.7).

Nach den entwickelten Maßstäben muss eine Innovation nicht nur bekannt, akzeptiert und ausprobiert sein; vielmehr muss ihre Inanspruchnahme auch habitualisiert, wenn nicht routinisiert, d. h. in den alltäglichen Lebensvollzug gewohnheitsmäßig integriert sein und als weitgehende Selbstverständlichkeit ausgeführt werden.

Diese Kriterien scheinen vom Internet trotz vieler gegenteiliger Behauptungen längst noch nicht (bei allen) erreicht; hierbei unterscheiden sich kommunikationswissenschaftliche Studien (Marr und Zillien 2010, 265) von eher journalistischen oder kursorisch-deskriptiven (Beckedahl und Lüke 2012) deutlich, zumal die verfügbaren empirischen Daten infolge unterschiedlicher Erhebungsmethoden Unterschiedliches messen und zu unterschiedliche Größenordnungen anzeigen.

Als ‚social divide' bezeichnete Norris (2001) im Unterschied zum ‚global divide' strukturelle, soziale und auch individuelle Unterschiede des Internetzugangs und der

Nutzung sowie ihre Gründe innerhalb der einzelnen Gesellschaften. Mitunter werden sie noch weiter in 'age divide' bzw. 'gaps', 'gender gaps' und 'status gaps' differenziert, je nachdem, welche Faktoren für die jeweiligen Unterschiedlichkeiten für maßgeblich gehalten werden. Generell lässt sich konstatieren, dass nach einer sprunghaften Verbreitung des Internets am Anfang keine vollständige Sättigung erreicht ist und nach wie vor gut ein Drittel der bundesdeutschen Bevölkerung offline bleibt – und dies obwohl viele Faktoren seine Diffusion nachhaltig begünstigt haben. Anführen lassen sich etwa sinkende Zugangskosten, wachsende Benutzerfreundlichkeit, hohe Prestigezuweisung, verbunden mit Prognosen und Versprechungen seiner Vorteile in Ausbildung, Beruf und Privatleben (bis hin zur Exklusion nicht online möglicher Dienste), mithin generell große öffentliche Aufmerksamkeit oder Zunahme massenattraktiver Webangebote (Marr und Zillien 2010, 265). Auch in anderen entwickelte Länder zeigen sich ähnliche Verhältnisse, selbst die USA mit einer Durchdringungsquote des Internets bei Dreiviertel der Bevölkerung. In den letzten Jahren hat sich ohnehin die weitere Verbreitung des Internets deutlich verlangsamt, so dass eine Vollzugänglichkeit noch länger auf sich warten lässt.

Von analytischem Belang ist, welche Gruppen welche Zugang und welche Nutzung des Internets aufweisen. In den Gründerjahren waren es die jungen, gebildeten, sozial aufstrebenden, technikaffinen Männer, die die Prototypen des Internethypes, die so genannten Onliners, verkörperten. Inzwischen haben sich die Proportionen weitgehend dem Bevölkerungsdurchschnitt angeglichen und werden es auch weiterhin tun, so dass eher die so genannten Offliners besonders markiert werden: Sie definieren sich vor allem durch ein höheres Alter, das weibliche Geschlecht, geringeren Bildungsgrad und einfache Berufstätigkeiten oder den Hausfrauenstatus (Ebd. 266; Kübler 2012). Neben solchen objektiven Faktoren der Erschwerung oder gar Behinderung des Internet-Zugangs ergeben sich bei intensiverer Betrachtung der Offliner auch Konstellationen der willentlichen Ablehnung – entweder im Vorfeld der Entscheidung oder aber auch nach zeitweiliger praktischer Nutzung und dann erfolgender Abkehr. Im Jahr 2006 (Riehm und Krings 2006) wurde etwa die Hälfte der aktuellen Onliner zu den so genannten Internet-Dropouts gezählt. Ihre Motive fallen ganz unterschiedlich aus: von finanziellen Einschränkungen über andere Kommunikationskonzepte bis hin zu nicht ersichtlichen Nützlichkeit des Internets, häufig auch im Vergleich zu den anderen Medien. Nach Zillien (2008) ergeben sich fünf wirksame Faktoren und Motive für die Nichtnutzung des Internets: „(1) materielle Barrieren (2) mangelnde Kompetenzen zur Nutzung des Internets, (3) Zweifel an der Zweckmäßigkeit der eigenen Internet-Nutzung, (4) fehlende Motivation und (5) explizite Ablehnung des Internets" (nach Marr und Zillien 2010, 267).

6.11.4 Global Digital Divide

Ungleich disparater und auch unsicherer fallen Verbreitungs- und Zugangsraten von Internet im globalen Vergleich aus. Zwar gibt es umfangreiche und kontinuierliche Datensammlungen durch die Berichte der *International Telecommunication Union*, doch auf welche Art von nationalen Daten sie rekurrieren, lässt sich kaum verifizieren, zumal die Situation insbesondere in den Entwicklungsländern sehr unübersichtlich und unterschiedlich ist. Viele verfügen über keine nationalen Statistiken, sondern berufen sich auf Schätzungen. Daher ist die Datenlage am sichersten, je höher der Entwicklungsstand und damit auch der Grad der Computerverbreitung ist – wodurch sich freilich positive Überschätzungen ergeben können. Verbreitung und Nutzung von Telefonen, Computern und Internet-Zugängen werden von insgesamt 154 Staaten zu einem so genannten *ICT Development Index* (IDI) verdichtet; anschließend werden die Länder entsprechend dem Index-Maß in vier Gruppen eingeteilt.

Nach der Erhebung für 2007 können sich von 154 Ländern 66 zu den beiden Gruppen rechnen, die eine überdurchschnittliche ICT-Verbreitung haben. Sie repräsentieren allerdings nur 27 Prozent der Weltbevölkerung. Noch deutlicher wird die globale Spaltung, wenn man als einzelnen Indikator den Anteil der Haushalte mit Internet-Zugang herausgreift: Danach weisen nur 22 der 154 Länder mehr als 60 Prozent auf, wohingegen in 57 Länder weniger als fünf Prozent aller Haushalte ans Internet angeschlossen sind (Marr und Zillien 2010, 267). Für die Entwicklung signifikant ist, dass zwischen 2002 und 2007 die Proportionen in den extremen Gruppen sich kaum verändert haben, wenn auch leicht angestiegen sind; immerhin haben sich die Wachstumsraten in den mittleren Segmenten beschleunigt, so dass sich geringe Annäherungen nach oben abzeichnen.

Für die Identifikation und Erklärung der Ursachen dieser Entwicklungsdisparitäten wird primär der ökonomische Entwicklungsstand eines Landes angeführt. Dafür werden zusätzliche Indikatoren in makrotheoretischen Modellen aufgeführt, die verschiedene Erklärungskraft haben. Zusätzlich werden als Faktoren das Ausmaß der Deregulierung des Telekommunikationsmarktes und der dadurch ausgelöste Wettbewerb, die Investitionen eines Landes in den Bereichen Forschung und Entwicklung, die bestehende telekommunikative Infrastruktur und die kulturellen Werthaltung einer Nation angeführt (Ebd., 268). All diese Erklärungsversuche signalisieren, dass sich unterschiedliche Entwicklungstempi und -qualitäten gerade in den Bereichen Kommunikation und Medien nicht allein ökonomisch erklären lassen; sie zeigen mithin die beachtliche Bandbreite intervenierender Faktoren, aber auch die Anforderungen, potentiellen Wandel gründlicher anzugehen.

Solche Differenzierungen sind besonders für die genauere Registrierung der Internet-Nutzung, mithin der Modalitäten und Motive verschiedener Usergruppen, angebracht; die simple Unterscheidung zwischen On- und Offlinern reicht dafür natürlich nicht aus, wie vielfach kritisiert wird. Allerdings dürften sich solche Differenzierungen kaum mehr unter die etwas grobschlächtige Dichotomie der digitalen Spaltung fassen lassen, wenngleich sich auch dafür noch strukturelle wie auch subjektive Faktoren anführen lassen und ihre ungleiche Verteilung auch schon als „second-level digital divide" (Hargittai 2002) bezeichnet wurde. Für die Nutzung des Internets ist überhaupt maßgeblich, ob private Haushalte eine Internet-Ausstattung bzw. -zugänglichkeit haben und welche Qualität in technischer Hinsicht sie hat, auch für die einzelnen Familienmitglieder. Anderenfalls sind noch Nutzungsmöglichkeiten bei Freunden und in öffentlichen Einrichtungen (wie Internet-Cafés), in der Schule, Ausbildung und am Arbeitsplatz einzubeziehen. In entwickelten Nationen haben sich die Kosten der Nutzung durch Flatrates enorm minimalisiert, in Entwicklungsländern dürften sie nach wie vor Nutzungszeiten und -frequenzen bestimmen.

Zugänglichkeit und Nutzungshäufigkeit beeinflussen sicherlich auch die subjektive Qualität der Nutzung, sowohl hinsichtlich der technischen Kenntnisse über Computer, Internet, ebenso hinsichtlich der informatorischen über Datenbanken, Browser und Suchmaschinen als auch hinsichtlich der Vielfalt und Fähigkeiten des Umgangs – all diese Komponenten werden meist mit dem pauschalen Begriff der Kompetenz für Medien und Internet angesprochen, im Angelsächsischen mit dem der Media- oder Computer-Literacy (Deutscher Bundestag 2011a; Gapski und Tekster 2012). Von objektiver Seite sind ferner die Pluralität und das Niveau des Webangebots zu berücksichtigen. Solche Fähigkeitskonglomerate lassen sich beliebig unterteilen, womit nicht selten eine scheinbare Profilierung erreicht wird, die aber, recht besehen, nur künstlich ist. So werden aus der Allensbacher Computer- und Technikanalyse sekundäranalytisch folgende Komponenten für die digitale Kompetenz gewonnen:

(1) „Technische Bedienkompetenzen, die operationale Fertigkeiten von der Bedienung der Maus über das Abspeichern von Dateien bis hin zum Herstellen einer Internet-Verbindung umfassen,
(2) internetbezogenes Wissen zweiter Ordnung, das sich als Kombination aus Differenzierungs-, Selektions-, Orientierungs- und Evaluationskompetenz zusammenfassen lässt,
(3) Nutzungserfahrung, die als fortlaufende Anwendung von Computertechnologien den gängigsten Weg zum Erlernen relevanter Kenntnisse darstellt und sich aus der Dauer und dem Umfang der individuellen Computernutzung zusammensetzt und

(4) Computeraffinität der sozialen Umgebung, die die Aus- und Weiterbildung digitaler Kompetenzen beispielsweise durch die konkrete Unterstützung im Anwendungsfall, den Vorbildcharakter, die Möglichkeit der informellen Nachfrage und den informellen technischen Support beeinflusst" (Zillien 2009; Marr und Zillien 2010, 270).

Rasch wird ersichtlich, dass etliche Wissens- und Fähigkeitsaspekte, die für den Umgang mit dem Internet unbedingt nötig sind – etwa Kenntnisse über Browser, Datenbank und Suchmaschinen – bei dieser Aufstellung nicht angesprochen sind; andere hingegen – (wie die unter (4)) – rechnen nicht zu den subjektiven Dispositionen des einzelnen User im engeren Sinne, sondern gehören zu den sozialen und situativen Voraussetzungen seiner Internetnutzung überhaupt.

Noch immer sind auch die soziodemografischen Indikatoren für das Ausmaß, Frequenz, Vielfalt und Qualität der Internetnutzung von Belang, wie sie von standardisierten Nutzungserhebungen ermittelt werden. Führend für die bundesdeutschen Verhältnisse ist die ARD/ZDF-Online-Studie, die seit 1997 jährlich durchgeführt wird und damit inzwischen mehr als ein Jahrzehnt Entwicklung und Modalitäten der Internet-Nutzung in Deutschland verzeichnen kann. Da sie nach wie vor in persönlichen, computergestützten Interviews ein umfangreiches Set an Handlungsweisen, Motiven, Themen und Bedingungen erhebt, liefert sie obendrein ein breit gefächertes Bild dieser Entwicklungen, wie es keine der anderen Studie tut (Klumpe 2011); zeitweilig parallel wurden auch die Gepflogenheiten der so genannten Offliner befragt, um so beide Seiten abzubilden. Diese Erhebung wurde 2009 eingestellt, da die Gruppen immer kleiner und weniger aussagekräftig wurden, so die Begründung.

Nach wie vor sind bei solchen Erhebungen Alter, Geschlecht, formale Bildung und sozialer Status maßgebliche Faktoren der Internetnutzung – auch wenn sie im Einzelnen immer weniger Gewicht haben. So ist der Anteil der über 60-jährigen unter den Internet-Nutzern in den letzten Jahren überproportional gewachsen, nur bei den über 80-jährigen bleibt die Zahl gering. Diese Entwicklung dürfte nicht zuletzt damit zusammenhängen, dass viele, die nun in Rente sind oder gehen, noch in ihren aktiven beruflichen Phase das Internet kennengelernt und genutzt haben und diese Gewohnheit in Ruhestand fortsetzen (Kübler 2012). Auch bei den Frauen jüngeren und mittleren Alters steigt der Anteil der Internet-Nutzerinnen; ebenso diskriminiert der Bildungsgrad immer weniger grundsätzlich, wohl aber hinsichtlich der Qualität der Nutzung. Es ist nun mal ein Niveau-Unterschied, ob man via Internet Computerspiele betreibt oder für eine anspruchsvolle wissenschaftliche Arbeit recherchiert. Aber solche Differenzierungen signalisieren auch, dass sich die Internetnutzung zunehmend in die Alltagsverrichtungen und Lebensvollzüge integriert und dann eben kaum mehr als etwas ganz Spezielles und Separates wahrgenommen wird.

Schließlich bleibt zu berücksichtigen, dass der Begriff Internet ja recht pauschal für viele Anwendungen steht, die sich obendrein ständig wandeln. Die Dynamik dafür wird immer schneller und mannigfaltiger. Mit ihr müssen sich auch die Kompetenzen und Anwendungen der User fortwährend ändern, so dass alle Erhebungen nur Momentaufnahmen sind und rasch veralten. Stets wird behauptet, Innovationen machten die Handhabung einfacher und bequemer, zugleich aber auch vielfältiger – was oft genug die Komplexität erhöht und den Nutzern neue Anstrengungen abverlangt. Ziel ist es vorrangig, möglichste viele Dienstleistungen und Anwendungen auf einer Plattform anzubieten, um den Nutzer möglichst auf der eigenen Plattform zu halten und der Werbung zuzuführen. Gleichwohl sind Alltagsnähe und Nutzeraffinität vordringliche Ziele bei den Innovationen. So macht seit etwa 2006 das so genannte Web 2.0 mit seinen Mitmach-Funktionen (user generated content) und sozialen Netzwerken, Communities, Wikis, Weblogs und Twitter von sich reden. Aber etliche Plattformen und Netzwerke wie „Myspace", „SchülerVZ" und „StudieVZ" sind bereits wieder in Nischen abgetaucht oder ganz verschwunden, da „Facebook" alle Konkurrenten übertrumpft hat, aber auch der gegenwärtige Erfolg dieser sozialen Plattform wird schon mitunter relativiert und dürfte nicht für alle Zukunft anhalten.

6.11.5 Zu potentiellen Wirkungen von ‚Digital Divide'

‚Digital Divide' wurde vor allem deshalb so massiv und lange apostrophiert, weil damit vielfältige Wirkungen verknüpft werden. Vielfach steht die Internetentwicklung für Wirtschafts- und Wohlstandswachstum, Innovationsfähigkeit, technischen Fortschritt und kulturelles Niveau. In allgemeinen Entwicklungskonzepten werden historische Abfolgen von Gesellschaftsformationen konstruiert, die etwa von der Industrie- über die Dienstleistungs- bis zur Informations- und Wissensgesellschaft gehen (Kübler 2009), und für sie werden eingeführte Indikatoren wie Umsatz-, Wertschöpfungs- und Arbeitsplatzraten für die jeweiligen Wirtschaftssektoren genutzt. Die Digitalisierung, also die Transformation möglichst vieler physischer, materieller Prozesse und Aktivitäten in virtuell-symbolische, wie sie mit Computer und Internet bewerkstelligt werden, wird als zentraler Motor und Anreiz für den Übergang zur Informations- und Wissensgesellschaft erachtet. Wo sie gegeben sind, werden positive Entwicklungen prognostiziert, wo nicht, eher stagnierende oder negative. Werden die Innovationen der Informationstechnologien mit anderen ebenso epochalen Welttendenzen wie der anhaltenden Globalisierung, dem demografischen Wandel (dem weltweiten Bevölkerungswachstum und der Überalterung in den Industrienationen), der weiteren Verwissenschaftlichung und Technisierung, der Mediatisierung bzw. Medialisierung, aber auch mit dem sich beschleunigenden Klimawandel, der fortschreitenden Umweltzerstörung und Ausbeutung der natürlichen Ressourcen, den Finanz- und Wirtschaftskrisen sowie den Kriegen um Rohstoffe, die sich vor allem in den ärmeren Regionen der Welt häufen, zusammen betrachtet, relativieren sich mindestens monokausale Wirkungsannahmen und eröffnen sich vielfältige, sehr komplexe Interdependenzkonstellationen (Hepp u. a. 2005; Kübler 2011).

Auf Analyseebenen geringer Reichweite werden Wirkungszusammenhänge unterschiedlicher Internetnutzung in empirischen Studien etwa hinsichtlich der Arbeitsmarktintegration, der politischen Information des bürgerschaftlichen Engagements und der politischen Partizipation sowie der Gesundheitskommunikation (Marr und Zillien 2010, 272ff.) untersucht. Auch bei solchen Dimensionen ergeben sich gemeinhin die bekannten Effekte, wonach sich die üblichen sozialen Ungleichheiten verstärken, die von Bildung, sozialem Status und Einkommen Begünstigten auch bei den Angeboten und Vorteilen der Informationstechnologien eher profitieren als die Benachteiligten. In der Medienforschung wird diese Disproportion als „Matthäus-Effekt" („Wer hat, dem wird gegeben.") bezeichnet (Merten 1990).

6.11.6 Governance für ‚Digital Divide'

Überblickt man die unter ‚Digital Divide' angesprochene soziale Realität, stellt sich der Terminus eher als attraktives, kaum hinreichend differenziertes, aber politisch brauchbares Schlagwort heraus. Denn weder schafft die Diffusion und Zugänglichkeit des Internet gänzlich neue Ungleichheiten, noch lässt sich seine Existenz auf allein internettechnologische Ursachen reduzieren. Vielmehr fügen sich viele Aspekte in die strukturellen Kausalitäten von sozialer Ungleichheit ein; sie können sie allerdings verstärken oder pointieren sie zumeist in der einen oder anderen Richtung.

Entsprechend sind die zu ergreifenden Maßnahmen unterschiedlich: Sicherlich wären eine Hebung der allgemeinen Wirtschaftskraft und des allgemeinen Wohlstandes, der Ausbau der Infrastruktur und die Erhöhung des Bildungsniveaus in den benachteiligten Ländern die effektivsten Maßnahmen auch zur Beseitigung von digitaler Spaltung. Denn auch und gerade das Internet manifestiert und formt Kommunikation. Einzelne Maßnahmen können den Ausbau der Infrastruktur betreffen, technisch die Verfügbarkeit von Elektrizität, die Reichweite und das Vorhandensein von Netzen, von Servern und Providern. Um Verbreitung und Nutzungskompetenz zu erhöhen, sind etwa mehrere Konzepte entwickelt und Programme aufgelegt worden, um so genannte Einfach-Laptops zumal unter

Jugendlichen breit zu streuen. Subjektiv müssen über Bildungsprogramme die Voraussetzungen für Media-Literacy und Medienkompetenz geschaffen werden. Oft genug beginnen sie mit grundlegenden Lese- und Schreib- sowie Sprachkenntnissen und reichen zu besagtem computer- und internetspezifischem Know-how. Vom Grad der Integration in eine Staatengemeinschaft und von der Verteilung öffentlicher Mittel hängt es ab, ob diese Aufgaben allein von einem Staat, von einer Staatengruppen oder von internationalen Organisationen unterstützt und finanziert werden.

6.12 Jugendmedienschutz

6.12.1 Geschichte und Grundlagen des deutschen Jugendmedienschutzes

Sorge um Kinder und Jugendliche und ihr Schutz vor physischen, vor allem sittlichen Gefährdungen – und zwar in der Öffentlichkeit, also durch staatliche und gesellschaftliche Instanzen, jenseits der anerkannten Privatheit der Familie – entwickeln sich erst mit der Anerkennung von Kindheit und Jugend als eigenständige Lebensphasen, mit der Erkenntnis und Respektierung von Kindern und Jugendlichen als besondere, noch nicht genügend resistente, damit gefährdete und schützenswerte Individuen; zuvor galten Kinder als kleine, noch nicht voll ausgereifte Erwachsene. Dem Kind wurde eher dieser biografische Sonderstatus eingeräumt, der ‚Jugendliche' folgte erst mit der Sozialgesetzgebung im frühen 20. Jahrhundert, zusammengefasst als ‚die Jugend'. Wegbereiter waren Humanismus und Aufklärung, die Erziehung und Pädagogik als soziale Flankierung bzw. Gestaltung des Schonraumes „Jugend" konstruierten, wie sie Jean-Jacques Rousseau (1712–1778) in seinem berühmten Erziehungsroman *Emilie oder über die Erziehung* (1762) exemplifizierte. Institutionelle Konsequenz war die Einführung der allgemeinen Schulpflicht: erstmals in einem Territorium der Welt (und damit auch Deutschlands) im Herzogtum Pfalz-Zweibrücken wurde sie 1592 eingeführt, Preußen folgte erst 1717.

Bezeichnenderweise wurden die ersten Schutzbestimmungen für Kinder und Jugendliche in Preußen 1839 erlassen. Mit ihnen sollte Kinderarbeit für die unter Neunjährigen verboten, für die Älteren zeitlich eingeschränkt werden, um die hohe Sterblichkeit, aber auch die wachsende Wehrdienst-Untauglichkeit der Heranwachsenden zu reduzieren. Um ihre Einhaltung musste mit den Unternehmern das gesamte Jahrhundert über gerungen werden. Hernach folgten Schutzbestimmungen gegen öffentliche Gefährdungen – wie Beschränkungen des

6.12 Jugendmedienschutz

Besuchs von Gaststätten, Spielhallen und anderen bedenklichen Etablissements, des Ausübens von Glück- und Automatenspielen, des Genusses von Alkohol, Nikotin und anderer Drogen sowie ganz generell des Aufenthalts im Freien –, wie es beispielsweise in der Bundesrepublik das *Gesetz zum Schutz der Jugend in der Öffentlichkeit* (JÖSchG) von 1951 vorsah; es wurde 2002 in das *Jugendschutzgesetz* (JuSchG) überführt.

Auch den Medien, zunächst den gedruckten, wurden seit ihrem Aufkommen Mitte des 15. Jahrhunderts Gefährdungen von Moral, Religion, der geltenden Ordnung und herrschenden Obrigkeiten vor allem von der katholischen Kirche, den feudalen Häuptern und ihren Administrationen zugschrieben. Deshalb wurden seit dem ersten päpstlichen Index von 1559 jeweils Listen verbotener oder zumindest verdächtiger Schriften, Bücher und Zeitschriften angefertigt, die für die gesamte Bevölkerung galten und deren Nichtachtung als Straftaten geahndet wurden – weshalb vielfach eine gemeinsame düstere Tradition von Zensur und Jugendmedienschutz unterstellt wird (Dickfeldt 1979; Kommer 1979; Breuer 1990). Dieser Zusammenhang ist indes zumindest formal in Demokratien mit ihrer verfassungsrechtlich garantierten Meinungs-, Medien- und Pressefreiheit und dem Verbot von Zensur – gemeint ist die Vorzensur von Staats wegen – nicht gegeben. Denn der Jugendmedienschutz blockiert und selegiert nicht Medien, bevor sie auf den Markt kommen, sondern schränkt nur ihre Zugänglichkeit für junge, noch nicht volljährige Altersgruppen ein. Allerdings haben sich die dafür angeführten Begründungen und damit die daraus folgenden Maßnahmen im Laufe der Zeit immer wieder geändert, sie sind jeweils recht willkürlich, vage, zeitabhängig und damit weitgehend beliebig ausgefallen, so dass Eindrücke von sittlich-moralischer Überbehütung, wenn nicht gar Heuchelei oft nicht von der Hand zu weisen sind.

Mit der Entwicklung und Verbreitung neuer Massenmedien, zuerst des Films und seiner Abspielstätten (anfangs Jahrmärkte, Läden, Kneipen), rückten die Gefährdungen der Medien ins Visier der Beschützer und begründeten allmählich einen eigenen Jugendmedienschutz. Diskutiert wurde etwa zu Beginn des 20. Jahrhunderts, ob und wie minderwertige Bücher und Filme – damals als „Schmutz und Schund" diffamiert – die allerorten steigende Jugendkriminalität beförderten. Nach etlichen vergeblichen Anläufen, die nicht zuletzt an den anderen Notwendigkeiten des Ersten Weltkrieges scheiterten, wurde in der Weimarer Verfassung von 1919 im Art 118 Abs. 2 die verfassungsrechtlichen Voraussetzungen „zur Bekämpfung der Schund- und Schmutzliteratur sowie zum Schutze der Jugend bei öffentlichen Schaustellungen und Darbietungen" geschaffen und dafür gesetzliche Maßnahmen für zulässig erklärt (Dickfeldt 1979, 34). Prompt folgte am 29. Mai 1920 das so genannte *Reichslichtspielgesetz*, eine Sonderregelung für den Film, obwohl die Zensur gemeinhin von der Weimarer Verfassung verboten worden war.

Das Gesetz richtete sich vor allem gegen Sitten- und Aufklärungsfilme, die seit 1918 produziert worden waren; aber auch politisch verdächtigte Filme wie etwa Sergej Eisensteins *Panzerkreuzer Potemkin* (1925) konnten zumindest zeitweise verboten oder mit Auflagen versehen werden. In Berlin und München wurden Prüfstellen eingerichtet; von ihnen musste jeder Film, der öffentlich vorgeführt werden sollte oder zu diesem Zweck in den Verkehr gebracht wurde, zugelassen werden. Gründe für das Verbot eines Films oder die Herausnahme einzelner Szenen waren die „Gefährdung der öffentlichen Ordnung und Sicherheit", die „Verletzung des religiösen Empfindens", die „entsittlichende und verrohende Wirkung" auf das Publikum oder die Gefährdung des deutschen Ansehens im Ausland. Die exekutive Einhaltung des Gesetzes oblag der Polizei (Ebd. 46ff.).

Außerdem verabschiedete der Reichstag am 18. Dezember 1926 das spezielle *Gesetz zur Bewahrung der Jugend vor Schund- und Schmutzschriften* – gewissermaßen als erste Maßnahme des Jugendmedienschutzes. Eine Schrift, die von den Prüfstellen als „Schund und Schmutz" klassifiziert wurde, unterlag einem Herstellungs- und Verbreitungsverbot. Allerdings enthielt das Gesetz keine Definition, was „Schmutz und Schund" sei, so dass die Spruchpraxis der Prüfstellen hierzu allmählich Leitsätze entwickelte: Schriften mit erotischem Charakter („gemeine geschlechtliche Lüsternheit") sowie mit kriminalistischen Inhalten wurden fast unausweichlich indiziert, da sie (bzw. ihre „'verwerfliche' Wertlosigkeit") als „jugendgefährdend" galten oder ihnen die mögliche Verursachung von Jugendkriminalität unterstellt werden konnte (Ebd.).

Mit dem Erlass der *Verordnung des Reichspräsidenten zum Schutze des Deutschen Volkes* vom 4. Februar 1933, nach deren § 7 Druckschriften, „deren Inhalt geeignet ist, die öffentliche Sicherheit und Ordnung zu gefährden", von der Polizei beschlagnahmt und eingezogen werden konnten, verloren die Bestimmungen des „Schund- und Schmutzgesetzes" faktisch ihre Bedeutung. Formal wurden sie erst durch das Reichsgesetz vom 10. April 1935 mit der Begründung außer Kraft gesetzt, dass die Gesetzgebung zur Reichskulturkammer bereits vom September 1933 die Jugend besser, umfassender und wirksamer schütze. Schon 1934 wurde das Reichslichtspielgesetz von 1920 durch eine nationalsozialistische Fassung abgelöst, mit der Film und Kino gänzlich kontrolliert und in den NS-Propaganda-Apparat eingefügt wurden.

In der Bundesrepublik wurde dem JÖSchG nach dem Weimarer Vorbild bereits 1953 das *Gesetz über die Verbreitung jugendgefährdender Schriften* (GjS) hinzugesellt, wie es Art 5 Abs. 3 GG als Einschränkung der Meinungs- und Pressefreiheit („gesetzliche Bestimmungen zum Schutz der Jugend") vorsieht (Ebd., 144ff.). Das GjS enthielt neben der Generalklausel, nach der „Schriften, die geeignet sind, Jugendliche zu gefährden", in eine öffentliche Liste aufzunehmen sind, u. a. dazu Ausführungs- und

6.12 Jugendmedienschutz

Verfahrensbestimmungen, Regelungen für die Bundesprüfstelle sowie Strafvorschriften gegen zuwider handelnde Gewerbetreibende. Beauftragt mit der Durchführung wurde die 1954 eingerichtete *Bundesprüfstelle für jugendgefährdende Schriften* (heute *Medien*) als Bundesbehörde, die zunächst dem Innenministerium, heute dem Ministerium für Familien, Senioren, Frauen und Jugend unterstellt ist. Ihre Prüforgane beurteilen auf Antrag, ob ein Werk „jugendgefährdend", d. h. „desorientierend" und „die Entwicklung von Kindern und Jugendlichen beeinträchtigend", oder „schwer jugendgefährdend" (und damit auch strafrechtlich relevant) ist. Bezeichnenderweise waren die ersten beiden Werke, die von der Bundesprüfstelle indiziert wurden, die Comics *Der kleine Sheriff* und *Jezab, der Seefahrer*, und auch in den folgenden Jahren waren Comics die am häufigsten indizierte Gattung – weshalb man sie auch als Instrument für die verbreitete Anti-Comic-Einstellung beargwöhnte. Als Begründung für die erste Indizierung wurde angeführt, die Bildstreifen würden auf Jugendliche „nervenaufpeitschend und verrohend wirken" und sie „in eine unwirkliche Lügenwelt versetzen". Derartige Darstellungen seien „das Ergebnis einer entarteten Fantasie" (Dolle-Weinkauff 1990, 99ff.).

Der Jugendschutz für Film und Kino wurde mit einer Zugangskontrolle zum Kino bzw. einer Altersfreigabe von Filmen geregelt, die der Staat schon 1949 an die *Freiwilligen Selbstkontrolle der Filmwirtschaft* (FSK), eine Einrichtung, die von der *Spitzenorganisation der Filmwirtschaft* (SPIO) in Wiesbaden getragen wird, delegierte. Dafür verpflichtete sich die SPIO, nur Filme öffentlich aufzuführen, die von der FSK geprüft sind. Ihre Gremien, in der auch Vertreter der staatlichen Jugendhilfe mitarbeiten, versehen jeden Film mit einem Prüfsiegel (FSK) und einer Freigabe oder Alterskennzeichnung. Gesetzliche Grundlage dafür war das JÖSchG § 6 Abs. 3. Beide Gesetze wurden im Laufe der Zeit modifiziert bzw. novelliert, je nach den medialen Gegebenheiten. So geriet etwa in den 60er Jahren die Jugendpostille *Bravo* mit ihren Rubriken und Bildgeschichten zur Sexualaufklärung mehrfach auf den Index (Knoll und Stefen 1978). Mit der Verbreitung von fragwürdigen, als jugendgefährdend erachteten Videofilmen und Computerspielen wurde die (freiwillige) Verpflichtung zur Altersfreigabe 1985 auf „Videofilme und vergleichbare Bildträger" ausgeweitet, um auch diesen Markt zu beobachten und zu kontrollieren. Dafür schloss sich *Bundesverband Video e.V.* der FSK an und übertrug ihr die Aufgabe der Alterskennzeichnung. Ebenso wurden im selben Jahr die Altersfreigaben zum Schutz der Jugend erstmals gesetzlich vorgeschrieben.

Auch auf das Fernsehen wurden diese Altersfreigaben übertragen; dort werden sie als Einschränkungen der Sendezeit definiert (was angesichts des meist recht unkontrollierten Fernsehkonsums von Kindern und Jugendlichen und diverser Aufzeichnungsoptionen allenfalls nur noch als deklamatorisch bewertet werden kann; aber andere Möglichkeiten schließt die Meinungs- und Medienfreiheit aus):

Sendungen und Filme mit einer Freigabe bis zwölf Jahren können zu jeder Tages- und Nachtzeit ausgestrahlt werden; dabei soll allerdings „dem Wohl jüngerer Kinder Rechnung getragen werden" (Jugendmedienschutz-Staatsvertrag § 5 Abs. 4 S. 3). Die Altersfreigabe der FSK ab 16 Jahre verlangt eine Sendezeit ab 22 Uhr sowie einen Warnhinweis, die ab 18 Jahre eine Sendezeit ab 23 Uhr. Die Sender können jeweils einen Ausnahmenantrag stellen, um die Bindung an die FSK-Freigaben zu lösen (Seufert und Gundlach 2012, 249). Üblicher sind bei anstößigen Szenen Schnitte, die von Gutachtergremien empfohlen werden, um bessere, sprich: breitere FSK-Kennzeichnungen zu bekommen. Während die öffentlich-rechtlichen Rundfunkanstalten die Beachtung des Jugendmedienschutzes durch ihre Gremien und ihre Jugendschutzbeauftragten als gegeben ansehen, haben sich die privat-kommerziellen Fernsehbetreiber – 2011 sind es 28 Veranstalter (Ebd.) – 1993 zur *Freiwilligen Selbstkontrolle Fernsehen e.V.* (FSF), einem gemeinnützigen Verein, zusammengeschlossen, um die Richtlinien des Jugendmedienschutzes nach der jeweiligen Fassung des Jugendmedienschutzstaatsvertrags in ihren Programmen einzuhalten. Dafür werden die Programme von beauftragten Gremien aus Wissenschaft, Kultur und Medienpädagogik einer Vorkontrolle unterzogen, Sendezeiten festgelegt oder Empfehlungen für Schnitte ausgesprochen. Im Jahr 2003 wurde die FSF von der *Kommission für Jugendmedienschutz der Landesmedienanstalten* (KJM), die seit 2003 laut dem *Staatsvertrag über den Schutz der Medienwürde und den Jugendschutz in Rundfunk und Telemedien* (JMStV) verantwortlich ist und sich dazu auch der Einrichtungen der Freiwilligen Medienselbstkontrolle bedient, mit der Auflage anerkannt, dass sich ihre Gremien an den gemeinsamen Jugendschutz-Regelungen orientieren (Ebd., 248f.).

1994 folgte als weitere Einrichtung der Medienselbstkontrolle die *Unterhaltungs-Software-Selbstkontrolle* (USK) für Video- und Computerspiele. Sie wird getragen von Unternehmen und Verbänden zur Entwicklung, Produktion und zum Vertrieb solcher Spiele, besonders vom *Bundesverband Interaktive Unterhaltungssoftware* (BIU) und dem *Bundesverband der Entwickler von Computerspielen* (G.A.M.E). Ihre Prüfverfahren vergeben Altersfreigaben analog denen der FSK sowie gemäß den rechtlichen Bestimmungen von JuSchG und JMStV, wobei die Kriterien den medienspezifischen Besonderheiten der Computerspiele angepasst sind. Auf Antrag der KJM werden auch Online-Spiele geprüft.

Schließlich kam 1997 die *Freiwillige Selbstkontrolle Multimedia-Diensteanbieter e.V.* (FSM) hinzu, die die Einhaltung der Jugendschutzrichtlinien in Online-Diensten beobachtet und die dortige Verbreitung rechtswidriger und jugendgefährdender Inhalte verhindern soll. Dazu hat sie in Anlehnung an den JMStV einen Verhaltenskodex entwickelt, in dem strafrechtliche und auf den Jugendschutz bezogene Vorschriften sowie die anerkannten journalistischen Grundsätze enthalten sind.

6.12 Jugendmedienschutz

Zu deren Einhaltung (selbst)verpflichtet sich jedes Mitglied, also vor allem Server, Provider und Plattformen. Auch sie ist von der KJM als Selbstkontrolleinrichtung anerkannt (Ebd., 303). Allerdings endet die operative Wirkungsweise an den deutschen Grenzen. Werden unzulässige Inhalte aus dem Ausland angeboten, kann die FSM die Beschwerde nun an die jeweils zuständige Organisation weiterleiten.

Die zwischenzeitlich erreichte Vielzahl von (Selbstkontroll-)Gremien und Zuständigkeiten ist wenig überschaubar und letztlich auch nicht sehr effizient. Sie folgt zum einen dem verfassungsrechtlichen Gebot der Meinungs- und Medienfreiheit, das direkte staatliche Eingriffe (Zensur) ausschließt, sowie der föderalen Struktur der Bundesrepublik, die die Medienpolitik weitgehend noch als Kompetenz der Länder bestimmt. Zum anderen trägt sie den differenzierten Strukturen, Aktivitäten und Geschäftsmodellen in der Medienbranche Rechnung, die noch nicht völlig konzentriert ist – wiewohl sich allenthalben größere Oligopole zeigen. Und sie bietet damit den Jugendschutzverantwortlichen, vor allem der KJM, Optionen, um die Einhaltung des Jugendmedienschutzes nicht zuletzt über die Maximen des Wettbewerbs und der Imagepflege, also eher informell und lautlos, zu erreichen. Eine brauchbare, grafische Übersicht sieht aktuell so aus (Abb. 6.8).

Um der wachsenden Vernetzung und Konvergenz der Medien durch das Internet, die zumal zwischen den Rechtsträgern Bund und Bundesländer immer wieder Kompetenzrangeleien hervorrufen – der Bund war ursprünglich gemäß der weiteren technischen Auslegung seiner ausschließlichen Gesetzgebungskompetenz für die Post und das Fernmeldewesen (Art 73, S. 7 GG) für die so genannten (Online)-Telemedien zuständig, die Bundesländer nach wie vor für den Rundfunk (Hörfunk und Fernsehen) samt seinen fortschreitenden digitalen Erweiterungen –, aber auch um der aufgeregten öffentlichen Diskussion nach dem Amoklauf eines Jugendlichen in Erfurt, dessen Motivierung nicht zuletzt durch den exzessiven Konsum von gewalthaltigen Computerspielen vermutet wurde, Rechnung zu tragen, wurden 2002/03 die Jugendschutzbestimmungen, die früher im Rundfunkstaatsvertrag und im Staatsvertrag über Mediendienste enthalten waren, zusammengefasst und einer gemeinsamen Aufsicht unterstellt. Die neue Systematik übertrug den Ländern mehr Kompetenzen: Im Juli 2002 wurde das neue Jugendschutzgesetz mit Wirkung zum 1. April 2003 verabschiedet, gleichzeitig trat der *Staatsvertrag über den Schutz der Medienwürde und den Jugendschutz in Rundfunk und Telemedien* (JMStV) zwischen allen Bundesländern in Kraft. In beide Regelwerke sind die früheren Bestimmungen zu den traditionellen Medien eingearbeitet und mithin auf das Hypermedium Internet übertragen.

Das JuSchG regelt vor allem den Jugendschutz in der Öffentlichkeit und bestimmt die Zugangs- und Verbreitungsbeschränkungen von jugendgefährdenden

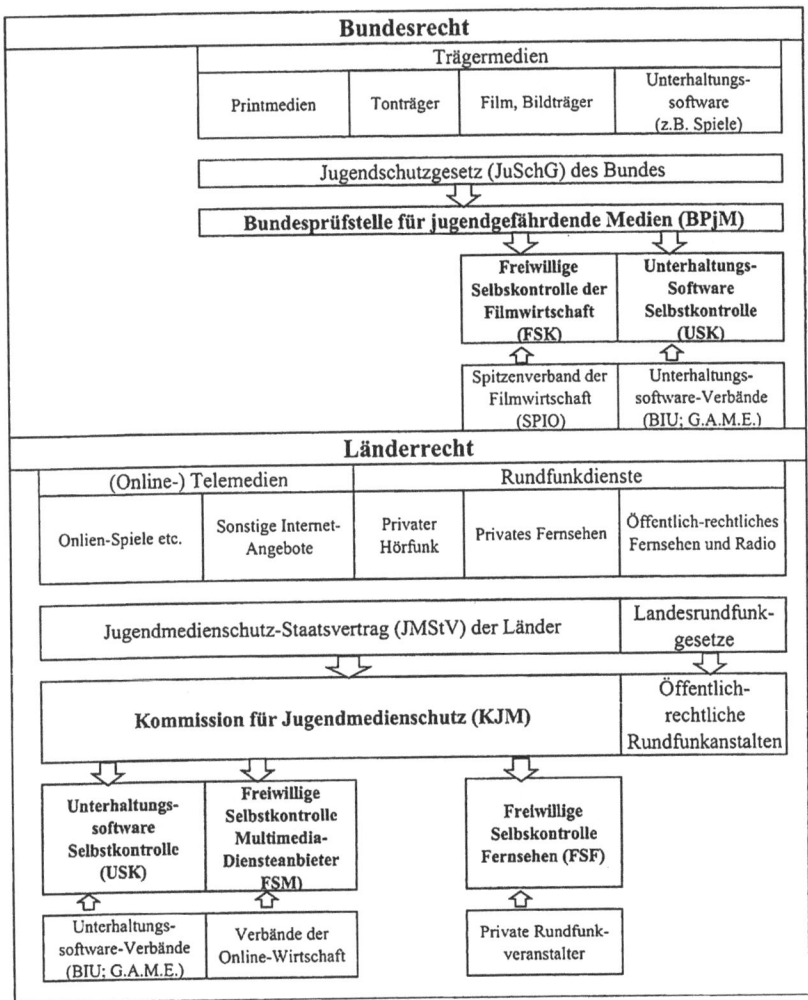

Abb. 6.8 © Kompetenzen, Akteure und Rechtsfelder des Jugendmedienschutzes (Seufert und Gundlach 2012, 196)

Trägermedien (Printmedien, Videos, CD-ROMs, DVDs usw.). In seiner Neufassung sind die verstreuten Vorschriften, die sich bislang im Rundfunkstaatsvertrag (RStV) und Mediendienstestaatsvertrag (MDStV) fanden, gebündelt. Insbesondere ging dabei auch der Regelungsgehalt des „Gesetzes über die Verbreitung jugendgefährdender Schriften und Medieninhalte (GjSM)", zuletzt bekanntgemacht am 12. Juli 1985 (Bundes-Gesetz-Blatt I, 1502ff.), im Jugendschutzgesetz auf.

Gemäß der Rundfunkhoheit der Bundesländer enthält der JMStV die Bestimmungen zu Rundfunk und den so genannten Telemedien. Um die Menschenwürde und strafrechtlich geschützte Rechtsgüter zu schützen, geht der JMStV deutlich über den Jugendschutz hinaus. Dabei rekurriert er auf die Selbstkontrolle der Medien; er ist vorrangig an deutsche Betreiber von Internetseiten – etwa zehn Prozent der in Deutschland verfügbaren Seiten – adressiert und belegt unfreiwillig die Grenzen des nationalen Jugendmedienschutzes.

Die Einhaltung des JMStV wird durch die zuständige Landesmedienanstalt bzw. durch die gemeinsame, von allen Landesmedienanstalten getragene *Kommission für Jugendmedienschutz* (KJM) überprüft (vgl. §§ 14 ff. JMStV). Dabei wird sie durch das Unternehmen *jugendschutz.net* unterstützt (vgl. § 18 JMStV). Zusätzlich überwachen Einrichtungen der Freien Selbstkontrolle (z. B. die FSM) die Einhaltung der staatsvertraglichen Bestimmungen (vgl. § 19 JMStV). Anlässlich der geplanten Neufassung des Rundfunkstaatsvertrages als so genannte 14. Änderung beschlossen die Ministerpräsidenten der Länder am 10. Juni 2010 auch eine Novellierung des JMStV. Das Änderungsgesetz, das zum 1. Januar 2011 in Kraft treten sollte, wurde kontrovers diskutiert, vor allem hinsichtlich der Einführung einer Alterskennzeichnung auch von Inhalten im Internet, analog den anderen Medien; doch sie wurde von Kritikern für nicht praktikabel und für wenig rechtssicher gehalten. Die Befürworter sahen hingegen in der Alterskennzeichnung eine willkommene Stärkung der Selbstregulierung durch Selbstklassifizierung und einen für Online-Anbieter geeigneteren Mechanismus als die Sendezeitbeschränkungen und Jugendschutzprogramme. Am 16. Dezember 2010 lehnte der nordrhein-westfälische Landtag einstimmig die Novellierung des JMStV ab; sie ist damit gegenstandslos und muss neu verhandelt werden. Bis zur Neuregelung bleibt der seit 2003 bestehende Jugendmedienschutz-Staatsvertrag weiterhin in Kraft. Auch nach ihm müssen alle Betreiber von Websites ihre Inhalte einschätzen und gegebenenfalls die in § 5 Abs. 3 in Verbindung mit § 11 JMStV genannten Maßnahmen ergreifen. Die Alterskennzeichnung wäre hier nur ein zusätzliches Mittel gewesen.

Eine weitere Neuerung ist, dass in beiden Gesetzen bestimmte Inhalte benannt werden, die auch ohne Indizierung oder Altersfreigabebeschränkung nicht verbreitet werden dürfen. Allerdings gelten sie für Telemedien in einem anderen Ausmaß als für Trägermedien, auch sind die Folgen bei Verstößen unterschiedlich. Diese Inhalte sind „den Krieg verherrlichende Trägermedien" (§ 15 Absatz 2 Nr. 2 JuSchG), ferner Medien, die „Kinder und Jugendliche in unnatürlich geschlechtsbetonter Körperhaltung darstellen" (§ 15 Absatz 2 Nr. 4 JuSchG), sowie Medieninhalte, die „Menschen, die sterben oder schweren seelischen Leiden ausgesetzt sind oder waren, in einer die Menschenwürde verletzenden Weise darstellen und ein tatsächliches Geschehen wiedergeben, ohne dass ein überwiegendes berechtigtes Interesse gerade an dieser Form der Berichterstattung vorliegt" (§ 15 Abs. 2 Nr. 3 JuSchG und § 4 Abs. 1 S. 1 Nr. 8 JMStV). Außerdem regelt das JuSchG den Vertrieb von Computer- und Videospielen schärfer; sie müssen, wenn sie an Minderjährige verkauft werden sollen, der USK vorgelegt werden. Die von ihr festgelegten Alterskennzeichnungen müssen deutlich auf dem Produkt angebracht werden.

Nach längerer Debatte wurde mit Wirkung zum 1. Juli 2008 die Kennzeichnung von Trägermedien weiter verschärft und ein so genanntes Killerspielverbot eingeführt: Medien, die „besonders realistische, grausame und reißerische Darstellungen selbstzweckbehafteter Gewalt beinhalten, die das Geschehen beherrschen" (§ 15 Abs. 2 Nr. 3a), gelten nach der neuen Gesetzeslage automatisch (d. h. auch ohne ein Tätigwerden der BPjM) als „schwer jugendgefährdend", mit der Folge, dass sie unter anderem nicht an allgemein zugänglichen Verkaufsstellen oder im Versandhandel angeboten und nicht öffentlich beworben werden dürfen. Ferner wurde die BPjM ermächtigt, in die Liste jugendgefährdender Medien auch solche Medien (mit den gleichen genannten Rechtsfolgen) aufzunehmen, die (§ 18 Abs. 1 Nr. 1)

- Gewalthandlungen wie Mord- und Metzelszenen selbstzweckhaft und detailliert darstellen oder
- Selbstjustiz als einzig bewährtes Mittel zur Durchsetzung der vermeintlichen Gerechtigkeit nahelegen.

All diese gesetzlichen Bestimmungen und Maßnahmen zielen darauf ab, den Medienmarkt um des Schutzes von Kindern und Jugendlichen willen zu beschränken und ihnen Medien, die sie desorientieren und zum antisozialen Verhalten verleiten, die ihre Entwicklung beeinträchtigen oder gar schädigen, vorzuenthalten. Dazu gehört auch ein Werbe- und Zur-Schau-Stellungsverbot. Da viele Medien dadurch in einem auf öffentliche Aufmerksamkeit, ungehinderten Zugang oder sogar auf lautstarke Promotion angelegten Markt ihre Absatzchancen und damit die erwünschten Umsätze einbüßen, sind die Betreiber und Vermarkter daran interessiert, möglichst nicht unter die Restriktionen des Jugendmedienschutzes zu fallen und nehmen lieber inhaltliche Auflagen in Kauf.

Dieser auf Markt und Produzenten gerichtete Jugendschutz wird vielfach auch als *repressiver*, polizeilicher oder zumindest restriktiver Jugendschutz bezeichnet, weil er primär das Versteck, die Ausschließung, Sanktionierung oder gar das Verbot von Medien intendiert. Doch mit der Vervielfältigung, gar der Privatisierung und Anonymisierung von Vertriebswegen wird diese Rechtskonstruktion ständig poröser und unglaubwürdiger; sie entspricht auch nicht mehr dem aktuellen Verständnis der ebenfalls tangierten Kinder- und Jugendhilfe, deren wichtigste Aufgabe ist, Kinder und Jugendliche in ihrer Entwicklung zu eigenverantwortlichen und gemeinschaftsfähigen Persönlichkeiten zu fördern und ihre Rechte in Familie und Gesellschaft zu garantieren. Hinsichtlich der Medien hat sich eingebürgert, diese Aufgaben als Förderung und Weiterentwicklung einer vielschichtigen und weit reichenden Medienkompetenz zu sehen, damit Kinder und Jugendliche mit den Medien konstruktiv und kreativ umgehen lernen und sie für ihre kommunikativen Bedürfnisse und Belange effektiv nutzen können. Diese Intentionen werden inzwischen als *präventiver* oder erzieherischer Jugendschutz bezeichnet und sie sollen aus der Sicht vieler Jugendschutzvertreter gleich-, wenn nicht sogar vorrangig zu den Sanktionen des Jugendmedienschutzes treten. Entsprechende Formulierungen finden sich in etlichen Zielkonzepten und Ausführungsbestimmungen. In der Praxis treffen sich diese Intentionen mit den Maßnahmen und Projekte von Medienpädagogik – sie können sich unmittelbar an jugendliche Adressaten, aber auch an pädagogische Multiplikatoren und Eltern richten –, wobei sich der präventive Jugendmedienschutz vorzugsweise auf die außerschulische oder freie Kinder- und Jugendarbeit konzentriert. Häufig lässt sich auch beobachten, dass sich dieser Jugendschutz eher in der allgemeinen Orientierung und Beratung, in der Koordination oder gar Finanzierung von größeren Maßnahmen engagiert, weniger in der praktischen Arbeit vor Ort. Dazu zählen hinsichtlich des Internets auch Ratgeber-Plattformen wie *klicksafe.de* (im Auftrag der Europäischen Kommission), *watch your web* (von der Bundesregierung zusammen mit Facebook, *Schuelervz.net*, *Lokalisten.de*, *Viva* und *t-online*), *internet abc* (von den Landesmedienanstalten der Evangelischen Kirche, der *Initiative D 21, Stiftung Digitale Chancen* und dem Deutschen Kinderschutzbund e.V.), *internauten* (vom Deutschen Kinderhilfswerk e.V., der Freiwilligen Selbstkontrolle Multimedia-Anbieter e.V. und von Microsoft Deutschland), *juuuport* (von der Niedersächsischen Landesmedienanstalt) und *netzdurchblick* (von der Medienanstalt Hamburg Schleswig-Holstein) (Kübler 2011a; Krause 2012). Allerdings lassen etliche Plattformen die funktionale, mitunter auch strukturelle Nähe zur Medienbranche erkennen, die bei engagierten Pädagogen auf Misstrauen stößt.

6.12.2 Jugendmedienschutz in anderen europäischen Ländern – eine kursorische Übersicht

Kaum ein Jugendmedienschutz in anderen Ländern dürfte so kompliziert und komplex sein wie der in Deutschland, so dass ihn nur noch Fachjuristen beherrschen (Bellut 2012). Darin drückt sich zum einen der deutsche Hang zur juristischen Überregulierung aus, zum anderen aber auch die verbreitete

Skepsis gegenüber Medien und reichlich überzogene Ängste über ihre möglichen Wirkungen. Schließlich gilt es auch, die unterschiedlichen gesetzlichen Kompetenzzuschreibungen in einem förderalen Staat zu berücksichtigen.

Ein Vergleich mit anderen europäischen Ländern zeigt deutlich andere gesetzliche Bestimmungen, unterschiedliche Aufgabenkonzepte und mediale Tatbestände – welche Kinder und Jugendliche sind vor welchen Inhalten in welchen Medien wie zu schützen? – und erst recht andere operative Maßnahmen und Instanzen (von Gottberg 2011). Zwar werden Medienangebote und -vernetzungen ständig inter- und transnationaler, wenn nicht global, so dass nationale Besonderheiten nur noch in wenigen Segmenten, meist in Nischen zu unterscheiden sind, aber für die Jugendschutzbestimmungen ist eine hinreichende Harmonisierung noch weit entfernt.

Weitgehende Übereinstimmung scheint in Europa zu bestehen, dass Darstellungen physischer Gewalt in den Medien von Kindern und Jugendlichen fernzuhalten sind (Ebd., 23). Doch kontrovers werden schon die Beurteilungskriterien und damit die Vorgehensweisen betrachtet: Während die einen Kinder und Jugendliche generell vor mutmaßlich aggressions- und gewaltsteigernden Themen und Darstellungen schützen wollen, neigen andere zu Abschreckungskonzepten und wollen Gewalt und ihre Folgen möglichst wirklichkeitsecht und detailliert zeigen. Kritiker halten solche Strategien für makabre ‚schwarze Pädagogik', wenn sozial erwünschtes Verhalten durch Angstmache erreicht werden soll. In allen europäischen Ländern beziehen sich Jugendschutzmaßnahmen zunächst auf Kinofilme, die unter der Prämisse der Öffentlichkeit stehen, die Rezeption von DVDs und Fernsehen wird vielfach als privat erachtet und unterliegt damit nicht der Zuständigkeit des Staates. Allerdings variieren die Altersbeschränkungen in den einzelnen Ländern erheblich: Weder gibt es übereinstimmende Kriterien für bestimmte Perioden des Heranwachsens (Kleinkind, Kind, Jugendlicher, junge Erwachsener) noch werden sie beim jeweiligen Medienprodukt (Film) identisch angewendet.

Solche Divergenzen durchziehen sämtliche gesetzliche Bestimmungen, ihre Begründung und legitimatorische Ableitung, wie ein kursorischer Überblick über die Jugendschutzbestimmungen in Europa belegt (Ebd., 20ff.):

- *Frankreich*: Die Vorführung eines Kinofilms ist nur gestattet, wenn er über eine Freigabe der staatlichen *Commission de Classification des Oeuvres Cinématographiques* verfügt. Die Freigabepraxis ist allerdings äußerst liberal: Filme gelten als Fiktion und Kunst und sind grundsätzlich frei. Über 90 Prozent alle Filme werden ohne Altersbeschränkung zugelassen. Schon eine Freigabe ab 12 Jahren wird als Einschränkung erachtet, eine ab 16 Jahren fast als Zensur. Die Freigabe ab 18 Jahren steht zwar noch im Gesetz, ist aber in den letzten Jahren nur einmal ausgesprochen worden. Bei dargestellter Gewalt reagiert man auf zwei Themen, die die französischen Gesellschaft aufrütteln, besonders sensibel: bei der Darstellung von Selbstmorden von Jugendlichen und von Jugendbanden im Umfeld der Großstädte. Für die DVDs müssen die Alterskennzeichnungen der Filme übernommen werden, eine gesetzliche Regelung existiert aber nicht. Das Fernsehen beaufsichtigt der *Conseil supérieur de l'audiovisuel* (CSA), der auch für den Jugendschutz zuständig ist. Er setzt vornehmlich auf Zuschauerinformation, die im Programm eingeblendet werden; da es keine gesetzliche Regelung gibt, beruht diese Praxis auf Vereinbarungen des CSA mit den Sendern. Zwar wären besagte Alterskennzeichnungen auch als Beschränkung möglicher Sendezeiten umzusetzen, aber da sie für Spielfilme kaum getroffen werden, sind sie auch für die Sendepraxis unerheblich.

- *Großbritannien*: Filme werden durch das *British Board of Film Classification* (BBFC) geprüft; es ist eine Art gemeinnützige GmbH, die von angesehenen Personen getragen wird. Finanziert wird sie von Gebühren für die Filmvorführung. Für Kinofilme gibt es kein gültiges Gesetz, zuständig sind grundsätzlich die Kommunen im Rahmen der Aufrechterhaltung der öffentlichen Ordnung und Sicherheit. In Europa vergibt das BBFC die strengsten Altersbeschränkungen, knapp dahinter folgt die deutsche FSK. Um zu verhindern, dass die Freigaben in den Kommunen und Regionen unterschiedlich ausfallen, sind die Filmverleiher an nationalen Vorgaben interessiert, die von den Kommunen übernommen werden sollen.

  DVDs unterliegen einer gesetzlichen Prüfpflicht, die aufgrund einer Vereinbarung mit dem Innenministerium ebenfalls vom BBFC durchgeführt wird. Oftmals werden Kinofilme weniger streng eingestuft als Videofilme, da – so die kaum haltbare Begründung – diese mehrfach angeschaut werden können. Die relativ hohe Jugendkriminalität in Großbritannien wird nicht zuletzt von der Darstellung der Planung und Durchführung von Verbrechen in den Videofilmen stark beeinflusst gesehen, sie wird mithin als Nachahmung gewertet. Besonders sensibel reagiert man auch auf eine vulgäre Sprache, da sie als Herabwürdigung von Menschen klassifiziert wird.

- *Niederlande*: Die Freigaben von Filmen sind weitgehend den Anbietern übertragen; dementsprechend soll die Medienindustrie auch bald die Kosten für die Kennzeichnung tragen. Den vom *Nederlands Instituut vor de Classificatie van Audiovisuelle Media* (NICAM) entwickelten Fragebogen füllen speziell geschulte Mitarbeiter der Anbieter selbst aus und senden ihn online an das NICAM, das aus den Angaben mit einem computergesteuerten Verfahren die Freigabe errechnet. Das NICAM ist für die Einhaltung der gesetzlichen Jugendschutzbestimmungen zuständig, die für Kinofilme, DVDs und

Fernsehen gelten; über eine Erweiterung auf das Internet wird nachgedacht. Zur Orientierung der Eltern werden die Trägermedien mit kleinen Piktogrammen versehen, die aufzeigen, wo mögliche Probleme des Films liegen könnten.

- *Österreich*: Jedes Bundesland hat ein eigenes Jugendschutzgesetz, das die Altersstufen teils unterschiedlich festschreibt. Da es in den Bundesländern indes oft keine eigene Institution gibt, die die Altersstufen fixiert, übernehmen die meisten Freigaben die in Wien ansässige Bundesfilmkommission. Diese Kommission beschließt nicht nur Freigaben, sie veröffentlicht auch Altersempfehlungen.
- *Die Schweiz*: Auch dort ist der Jugendschutz Sache der Kantone, die über jeweils unterschiedliche Bestimmungen verfügen.
- *Schweden*: 2011 wurde eine neue gesetzliche Grundlage geschaffen: Die bislang vom Staat (Kulturministerium) vergebene Freigabe (Höchststufe: frei ab 15 Jahre) wurde an eine neu zu gründende Kommission übergeben, um damit den Verdacht einer möglichen Zensur vorzubeugen.
- *Spanien*: Altersfreigaben werden von einer Kommission des Kulturministeriums vergeben, aber sie gelten nur als Empfehlung.
- *Portugal*: Kinder, deren Alter eine Stufe unter der Freigabe liegt, können den Film besuchen, wenn ihre Eltern dabei sind – eine Regelung, die auch in *Dänemark* und mittlerweile auch in *Deutschland* gilt.
- *Norwegen*: Gehalthaltige Filme werden sehr scharf geprüft; auch wenn sie sie ironisch oder lustig darstellen – was andere Länder als Distanzierungsoption werten –, erfolgt eine strenge Sanktion.

6.12.3 Kindersicherungen für den PC als mechanischer Jugendmedienschutz

Über die Landesgrenzen hinaus werden von interessierter Seite – etwa von der schon 1999 von Microsoft, AOL-Europe, T-Online und Bertelsmann gegründete Vereinigung *Internet Content Rating Association* [ICRA]), die auf Selbstregulation des Anbieters basiert, von EU-Geldern unterstützt und im deutschsprachigen Raum von der Bertelsmann-Stiftung vertreten wird – Sicherungssysteme für den häuslichen PC und Internetzugang angepriesen. Solche Programme ermöglichen die Festlegung von Zeitlimits für die Nutzung und die Steuerung des Zugriffs auf Webinhalte, Programme oder Systemeinstellungen. Die Zeitlimits lassen sich für jeden Wochentag einzeln festlegen. Sperrzeiten sorgen dafür, dass der PC oder das Internet zum Beispiel erst nach den Hausaufgaben genutzt werden können. Auch Pausenzeiten können für einzelne Programme erzwungen werden. Sind die

Limits erreicht, wird der Rechner nach entsprechender Vorwarnung heruntergefahren oder in den Standby-Modus geschickt. Auch Belohnungen (Gutscheincodes [TANs]) können eingebaut werden, wenn Kinder nur bestimmte Programme nutzen oder die fixierten Nutzungszeiten unterschreiten. Eltern ersparen diese Maßnahmen nervige Diskussionen, so die einschlägige Werbung.

Mit der Internetsteuerung können bestimmte Homepages und Webseiten gesperrt werden, die bedenkliche Schlüsselwörter wie „Sex und Pornografie" oder „Alkohol, Drogen" enthalten. Auch andere anstößige Seiten wie „Chat-Dating" können ausgeschlossen werden. Ferner greifen die Systeme in Deutschland auf den Filter der *Bundesprüfstelle für jugendgefährdende Medien* (BPjM) zu. Noch zuverlässigeren Schutz bietet eine Positivliste („Whitelist"), mit der Kinder ausschließlich auf Internetseiten surfen können, die als unbedenklich eingestuft wurden. Eine solche Liste bezieht das Programm automatisch, beispielsweise von der Brancheninitiative *FragFinn.de*.

Außerdem kann der Start von Filesharing-Software komplett verhindert werden. Ebenso lassen sich manuell eingetragene Programme und der Zugriff auf Systemeinstellungen untersagen oder einfach alle Downloads unterbinden. All diese Steuerungen können entsprechend den Benutzern in der Familie individuell getrennt für (fast) alle Zugriffe detailliert geregelt und ständig mittels automatisch erzeugter Listen überprüft werden. Dass damit auch mögliche finanzielle Risiken durch teure Downloads verhindert werden, versteht sich. Pädagogen warnen hingegen davor, dass solche Maßnahmen bei Kindern und Jugendlichen Misstrauen und das Gefühl permanenter Überwachung hervorrufen, wodurch ein vertrauensvoller und offener Umgang mit den IT-Geräten in den Familien beeinträchtigt, wenn nicht unterminiert wird und ihr Wunsch nach selbst verfügbarer Gerätschaft wächst.

6.12.4 Jugendmedienschutz der Europäischen Union

Seit Ende der achtziger Jahre ist der Jugendmedienschutz als grundsätzliches politisches Ziel in der Europäischen Gemeinschaft (EG) bzw. Europäischen Union (EU) anerkannt. Allerdings handelt es sich vorwiegend um Verlautbarungen appellativen Charakters, da Medien- und Jugendpolitik hauptsächlich in die Kompetenz der Mitgliedsländer fällt. Zunächst sind Regelwerke zu europäischen Standards für Fernsehen und Videospiele entstanden.

1989 verabschiedete die EG die Fernsehrichtlinie (*Television without frontiers*), die seit 2007 in einer dritten überarbeiteten Fassung vorliegt. Ihr Ziel ist unter anderem die Durchsetzung von Mindeststandards, die für nationale Jugendschutzmaßnahmen verbindlich sein sollen. Die knapp formulierten Auflagen untersagen die Ausstrahlung von Programmen, „die die körperliche, geistige und sittliche Entwicklung von Minderjährigen ernsthaft beeinträchtigen können, insbesondere solche, die Pornographie oder grundlose Gewalttätigkeiten zeigen" (Richtlinie 2007/65/EG Art. 22 (1)). Derartige Inhalte dürfen nur zu Sendezeiten ausgestrahlt werden, zu denen keine Minderjährigen vor dem Fernseher zu erwarten sind, sie müssen durch akustische Zeichen angekündigt oder durch optische Mittel während der gesamten Sendung kenntlich gemacht werden. Ersatzweise können technische Sperren eingesetzt werden. Diese Grundsätze sollen grenzüberschreitende Rundfunkausstrahlungen ermöglichen, da ihre Unterbindung für jedes Land erhebliche technische und finanzielle Probleme bergen würde (Kückner 2006, 12ff.).

2003 wurde das so genannte *Pan European Game Information System* (PEGI) eingeführt. Da mit ihm erstmals eine europaweite Standardisierung erreicht wurde, kommt ihm eine Vorreiterstellung im europäischen Jugendmedienschutz zu. Das System wurde vom holländischen NICAM entwickelt und operiert nach denselben Prinzipien wie die niederländische Film- und Fernsehklassifizierung. Die Software-Anbieter selbst kennzeichnen ihre Produkte nach den Alters- und Inhaltskategorien für diesen Medientyp. In Portugal und Großbritannien mussten kleine Anpassungen an das nationale Recht vorgenommen werden, doch wird das System ansonsten europaweit einheitlich genutzt. Die einzige Ausnahme ist Deutschland. Hier findet die Prüfung von Video- und Computerspielen durch die Freiwillige Selbstkontrolle Unterhaltungssoftware (USK) statt.

Über die einzelnen Medien hinaus liegen von der EG bzw. EU Empfehlungen vor, die Grundsätze zur Darstellung von Gewalt und Diskriminierungen enthalten, ähnlich denen der *Fernsehrichtlinie* (vgl. Empfehlung Nr. R (97) 19, 20, 21). Sie gelten für audiovisuelle Mediendienste und enthalten spezielle Bestimmungen zum Schutz von Minderjährigen. Ergänzt werden sie durch Empfehlungen aus den Jahren 1998 und 2006 über den Jugendschutz und den Schutz der Menschenwürde. Ferner fördert das *Safer Internet Programme* die sichere Nutzung des Internets und neuer Online-Technologien, vor allem durch Kinder. Seit 2004 existiert dafür die Plattform *klick-safe.de*; sie gibt dafür konkrete Ratschläge, lädt zu Erprobungen und Spielen ein, fördert die Medien- und Internetkompetenz und informiert über alle aktuelle Entwicklungen. In Deutschland wird das *Safer Internet Programme* durch den Verbund *Saferinternet DE* umgesetzt. Diesem gehören neben dem *Awareness Centre klicksafe* die Internet-Hotlines *internet-beschwerdestelle.de* (durchgeführt von *eco* [Verband der deutschen Internetwirtschaft e.V] und FSM) und *jugendschutz.net* sowie das Kinder- und Jugendtelefon von *Nummer gegen Kummer (Helpline)* an. *klicksafe"* ist von der Europäischen Kommission 2004 angestoßen worden, wird seither finanziert und in Deutschland als gemeinsames Projekt der Landeszentrale für Medien und Kommunikation (LMK) Rheinland-Pfalz (Projektkoordination) sowie der Landesanstalt für Medien Nordrhein-Westfalen (LfM) getragen. Mit der von Olsberg u. a. (2003) durchgeführten Studie strebte die Europäische Kommission erstmals an, Grundlagen zur Harmonisierung des Jugendmedienschutzes für Kino, Fernsehen und Video zu erreichen. Verglichen wurden die zuständigen Institutionen, Vertreter der Filmindustrie sowie Verbraucherschützer wurden befragt. Als künftige Option des Jugendmedienschutzes schälte sich heraus, traditionelle Restriktionen wie Indizierungen und Schnitte zugunsten präventiver wie beratender Funktionen der Jugendschutzinstitutionen zu reduzieren. Dafür müssten Selbstregulierungen der Medienbetreiber verstärkt werden, um dem wachsenden Medienmarkt mit seinen vielen medialen Varianten besser Rechnung zu tragen. Neben den Niederlanden gehen auch Dänemark, Finnland und Portugal in diese Richtung. Außerdem helfen dabei die schon entwickelten Alterskennzeichnungen, deren verschiedene nationale Versionen aneinander angeglichen werden müssten – nicht zuletzt um Kosten zu sparen (zit. nach Kückner 2006, 35ff.).

Im April 2009 wurden innerhalb des *Safer Internet Aktionsplans (Safer Internet Programme)* der Europäischen Kommission auf einem Treffen des Runden Tisches acht Leitsätze zur Verbesserung des Jugendmedienschutzes und ein unverbindliches Toolkit (oder auch Toolbox, das ist eine Sammlung für Hilfsmittel zum Programmieren) veröffentlicht. Damit sollte eine gemeinsame Sprache zwischen den Generationen, Wohlfahrtsarbeitern und Technikern angestrebt werden. Jährlich wird jeweils in der ersten Februar-Woche der *Safer Internet Day* mit zahlreichen Veranstaltungen, Aktionen und Initiativen von vielen beteiligten Instanzen und Gruppierungen begangen. In Deutschland initiiert und koordiniert *klicksafe* die nationalen Aktivitäten mit dem Ziel, möglichst viele Akteure und Institutionen für eine Beteiligung in eigener Regie zu gewinnen.

Am 28. September 2009 empfahl die Parlamentarische Versammlung des Europarates (PACE) ihren Mitgliedsstaaten in einer Resolution, sich für ein kinderfreundliches, die bestehenden sozialen und kulturellen Grenzen überwindendes Internet einzusetzen und für Minderjährige angemessene Internet- und Online-Medien-Dienste anzubieten. Deshalb sollten die Inhalteanbieter mehr rechtliche Verantwortung für illegale Inhalte übernehmen, die in einem weiteren Zusatzprotokoll der Konvention zu Cyber-Verbrechen (*Convention on Cybercrime*) genauer definiert sind. Außerdem sollten sichere und beschränkte Intranets (so genannte „Gated Communities") entwickelt werden. Insgesamt sollten diese Ziele vom *Internet Governance Forum* (IGF) und vom *Europäischen Dialog* zur Internet Governance unterstützt werden.

Künftige Tendenzen von Internet und Internet Governance 7

7.1 Generelle Trends und grundlegende Perspektiven

In den letzten drei Jahrzehnten hat sich das Internet – wie nur von wenigen prognostiziert – von einem experimentellen Netzwerk von Forschungsinstitutionen in den USA zu einer globalen technischen Infrastruktur entwickelt, die nahezu alle Aktivitäten in Handel und Wirtschaft, Finanzen und Verkehr, Politik und Verwaltung, Kultur, Kommunikation, Medien und Kunst tangiert, bestreitet und transformiert – und zwar auch ohne dass dies jeweils spezifisch geplant worden wäre. Vielmehr wurden diese Entwicklungen durch unendlich viele und unterschiedliche Faktoren und Akteure vorangetrieben. Dies dürfte auch weiterhin so von statten gehen – gleich ob sich schon manche Prozesse in Bezug auf das Internet abzeichnen, die meisten aber noch ihrer Entfaltung harren (*DIE ZEIT*, Nr. 9, 21. Februar 2013, S. 30).

Die unübersichtliche Komplexität des Internets beschränkt – über die ohnehin prinzipielle Unsicherheit sozialer Prognosen hinaus – die Validität von Voraussagen in Bezug auf die künftigen Entwicklungstendenzen. Allenfalls Schätzungen sind möglich, die gleichwohl in den jeweils gängigen Geschäftsmodellen und Marketingstrategien mit möglichst attraktiven und vielversprechenden Überschriften versehen wurden – man denke nur an das zufällige Label *Web 2.0!* – und sicherlich auch künftig werden: So zirkulieren derzeit neben *Web 3.0* bzw. *SemanticWeb* noch *BigData* (der große Datenhaufen) und *Internet of things*. Allerdings mutieren sie unversehens zu sich selbst erfüllenden Prophezeiungen, da die Entwicklung des Internets und seiner Anwendungsoptionen nicht nur Produkte, sondern im

Zusammenwirken mit anderen Megatrends oder „Metaprozessen" (Krotz 2007, 27) gewissermaßen in dialektischer Wechselwirkung zugleich Faktoren und Motoren dieser Entwicklung sind. Dadurch verkomplizieren sich künftige Tendenzen zusätzlich, denn Trends firmieren gleichermaßen als Folgen wie als Antriebe (Tenscher und Vierig 2010, 8ff; Hepp 2011, 48ff; Kübler 2012a). Dies sei an folgenden Megatrends erläutert:

1. Globalisierung ist sicherlich der am häufigsten angesprochene, wohl auch grundlegendste und einschneidendste globale Trend, ohne dass er hier über die üblichen Verweise auf die anhaltende Zunahme, Verdichtung und Integration weltweiter Wirtschaftsbeziehungen hinaus im Detail dargestellt werden soll und kann (Giddens 1996; Beck 1997; Deutscher Bundestag 2002; Hepp 2004, Varwick 2011). Ohne leistungsfähige, schnelle, interaktive Netze zum Austausch von Daten, Informationen und Bildern, also ohne wachsende Konnektivität (Hepp 2006), wäre Globalisierung nicht nur kaum denkbar, sondern erst recht nicht entwicklungsfähig. Denn die Netze eröffnen, beschleunigen und generieren selbst Globalisierungsprozesse, weil mit digitalisierten Daten überall – möglichst an verfügbaren und kostengünstigen Standorten – produziert, gehandelt und abgerechnet werden kann. Viele Wertschöpfungskomponenten (in Entwicklung, Produktion und Distribution), vor allem im nahezu überall zunehmenden Anteil des Dienstleistungssektors am Sozialprodukt zirkulieren ständig rund um den Globus.

2. Technische Voraussetzungen für Computer und Internet sind bekanntlich die Digitalisierung, d. h. die Transformation aller analogen, physischen Daten in binäre Codes, und damit die Entgegenständlichung und Virtualisierung der codierten, gespeicherten ‚Welten'. Mit den anhaltend wachsenden Speicher- und Steuerungskapazitäten der Computer und Netze sind diese Prozesse längst noch nicht beendet, sondern erfassen weitere und noch komplexere Gegenstandsfelder, die vor allem in Produktion und Dienstleistung, in Verkehr und Finanzen, Kultur und Medien ständig neue Optionen ermöglichen und damit weitere Automatisierungsprozesse antreiben. Dadurch können bislang nur physische Verbindungen ‚intelligent' und reflexiv gestaltet werden; d. h. sie steuern, modifizieren und optimieren sich selbst: etwa Netze für die Energieversorgung, Produktion, Distribution und Konsumtion, für Finanzen, soziale Beobachtung und Beratung, für medizinische Versorgung, Handel und Konsum. Allerdings steigen auch ihre Risiken bei Ausfall, Missbrauch, Störung oder bei willentlicher Manipulation, Spionage und Schädigung.

3. All diese Prozesse sind ohne ökonomische Konsequenzen nicht möglich; sie binden Kapital und generieren auch Gewinne. Entsprechende Zusammenhänge

7.1 Generelle Trends und grundlegende Perspektiven

werden allerdings unter verschiedenen Vorzeichen und mit wechselnden Paradigmen analysiert: Pauschal lassen sie sich als wachsende Ökonomisierung oder Kommerzialisierung beschreiben, weil immer mehr Segmente gesellschaftlichen Lebens in den kapitalistischen Verwertungsprozess einbezogen werden: etwa die medizinische Versorgung und Pflege, die Partnersuche und Familie, Kultur und Freizeit, soziale Beziehungen, Bildung und Kunst. Auch die Umwandlung von öffentlicher Daseinsvorsorge in private Dienstleistungen rechnet zu diesen Veränderungen, die auch von der notorischen Knappheit öffentlicher Haushaltsmittel angetrieben wird. Aus der Perspektive der technischen Vermittlung wird von fortschreitende Mediatisierung oder Medialisierung (Krotz 2007; Meyen 2009) gesprochen, weil zunehmend ehedem direkte, persönliche Kommunikationsprozesse durch Medien bewerkstelligt, aber auch verändert und vervielfältigt werden, so dass die Medienoptionen nicht nur neue, meist lukrative Märkte generieren, sondern auch die moderne Gesellschaft als ganze prägen. Gängig ist dafür die Kennzeichnung als Mediengesellschaft geworden (Saxer 2012; Kübler 2009, 27f), ob und wie berechtigt sie auch ist. Mediale Kommunikation rekurriert zu maßgeblichen Anteilen auf kommerzieller Werbung, das mächtigste und wirkungsvollste Ferment von Medialisierung, denn sie finanziert größtenteils den expandierenden Medienmarkt, ja sie ist konstitutive Basis für ihn, wie sie umgekehrt die Medien nach ihren Strategien ausprägt und ständig neue Mediengenres und -formate kreiert. Als primärer wie auch als sekundärer Verwertungsmarkt verbindet sie alle anderen Marktsektoren, beschleunigt und potenziert unablässig die Warenzirkulation.

4. In der Wirtschaft selbst, in der so genannten realen wie in der sie flankierenden Finanzwirtschaft, erzeugen Globalisierung und Wettbewerb Tendenzen der weiteren wirtschaftlichen Konzentration, betriebsintern solche der anhaltenden Verdichtung, Beschleunigung und Komplexitätsexpansion. Sie verlangen jeweils höheren logistischen, Steuerungs- und Kontrollaufwand, der nur durch weitere Vernetzung, Technisierung, Informatisierung und Automatisierung bewältigt werden kann. Außerdem motiviert die stete Sättigung neuer Märkte die Entwicklung ständig neuer, noch speziellerer Dienstleistungen, um die Märkte weiter zu differenzieren und zu fragmentieren. All diese Erfordernisse werden inzwischen mit dem mysteriösen Begriff *BigData* umschrieben – in den 1980er Jahren knüpfte man schon ähnliche Erwartungen an die so genannten „künstliche Intelligenz" (Dreyfus 1985; Michie und Johnston 1985), die womöglich bald wieder eine Renaissance erleben wird (Russell und Novrig 2012). Umrissen werden mit *BigData* noch recht vage die zu entwickelnden Kapazitäten sämtlicher Wirtschaftszweige, die ständig anfallenden und wachsenden Datenmassen – und zwar jedweden Formats und Mediums – gezielt, rational und effizient zu sortieren,

zu selegieren und zu klassifizieren, dass sie für die jeweils gesteckten Ziele, Zwecke und Problemlösungen vollständig, transparent, aber auch erfolgversprechend eingesetzt werden können. Künftige Entwicklungen scheinen sich mithin auch hier zu differenzieren: Nicht mehr die unbedachte Sammlung und Speicherung von riesigen Datenmengen ist vorrangig gefragt, sondern ihre Filterung und Aufbereitung zur Verfügbarkeit für je konkrete Aufgaben. Allenfalls Bruchteile der vorhandenen Daten seien – so jüngste Schätzungen – dafür nötig, vor allem aber ihre speziellen Verknüpfungen und Interpretationen, so dass die zu bewältigenden Zwecke sicher, schnell und wirksam vonstatten gehen können. Zahlreiche große Konzerne – in Deutschland beispielsweise die Allianz-Versicherung, die Drogeriemarkt-Kette *dm* und der Automobilherstelle BMW–, wagen sich inzwischen an *BigData*-Projekte, aber ihre Erfolgsaussichten sind noch recht unsicher, viele der Investitionen daher riskant (Fischermann und Hamann 2011).

5. Zwei weitere Entwicklungen flankieren und verstärken die beschriebenen Trends: zum einen die fortschreitende Mobilisierung, zum anderen die anhaltende Personalisierung und Intimisierung der Kunden bzw. Verbraucher. Mit der Einführung und Verbreitung flächendeckender digitaler Mobilfunknetze (D-Netz Ende 1980er und Anfang 1990er Jahre in Deutschland, Österreich und der Schweiz) – vulgo: Handy – begann die bis heute anhaltende Mobilisierung medialer Kommunikation, also ihre Ablösung von stationären Geräten durch Smartphones, IPads und Tablet PCs und die permanente Verfügbarkeit digitaler Information bzw. die ebensolche Erreichbarkeit ihrer Nutzer. Sie korrespondieren mit den schon umschriebenen Prozessen der Globalisierung und Medialisierung, wie sie umgekehrt diese weiter befördern und beschleunigen. Arbeiten und Kommunizieren an jedem Ort, zu jeder Zeit, möglichst mit der ganzen Welt, ungeachtet von Kulturen und Traditionen, Reisen überall hin – dies kennzeichnet den globalisierten, mediatisierten Weltbürger, dem territoriale und personale Bezüge entschwinden (Meckel 2011; Schirrmacher 2013): Physische, soziale und emotionale „Deterritoralität" (Hepp 2011, 103ff) wird kompensiert durch Vernetzung und ‚connectivity' (Hepp 2006), fokussiert auf die gerade benutzte Plattform, den jeweiligen Kommunikationszweck und die jeweils nützlichen Partner. Dadurch verwandeln sich sicherlich menschlichen Beziehungen und Interaktionen, sie werden in jedem Fall pragmatischer, eindeutiger, weniger risikoreich, aber sie verlieren auch wichtige soziale und emotionale Komponenten. Inzwischen kursieren schon etliche Warnungen über die Folgen der digitalen Beziehung(slosigkeit)en und der unentwegten Erreichbarkeit, wie berechtigt sie auch immer sind (Gaschke 2009; Meckel 2011; Pauer 2012; Schirrmacher 2013).

6. Mit der Masse von kommunikativen Optionen, Dienstleistungen und Daten wird die präzise Vermessung der Adressaten und Verbraucher immer wichtiger und für Absatz wie Adressierungen dringlicher. Die verfügbaren Daten ermöglichen zudem seine Profilierung bis in seine intimsten Eigenschaften hinein. Mehr und mehr produzieren dafür automatische Programme – so genannte *Filter Bubbles* (Pariser 2012) – exakte Angaben, ergänzen und modifizieren sie selbstständig und treten so mit dem Kunden in fiktive Dialoge, so dass er sich in einer vermeintlichen Face-to-face-Situation wähnt. Sie schafft Vertrauen und motiviert so eher zum Kauf und – auf Dauer – zur Konsumgewohnheit. Wenn aus allgemeiner soziologischer Perspektive für die (post)modernen Gesellschaften ein anhaltender Trend zur Individualisierung des bzw. der Einzelnen, d. h. zu seiner bzw. ihrer zunehmenden Herauslösung aus traditionellen Vergemeinschaftungsformen wie Klasse, Sippe und Familie und zur komplementären Bildung funktionaler Gruppen in Beruf, Ausbildung, Nachbarschaft, politischer und kultureller Betätigung diagnostiziert wird (Beck 1986, 205ff), dann korrespondiert mit dieser neuen Art der – wie auch immer begründeten – Vergesellschaftung die zweckrationale, kommerzielle Personalisierung durch Medien, Werbung und Dienstleistung: Sie hofiert und umgarnt das wirtschaftlich verwertbare Ich ungleich eindringlicher und vielversprechender, suggeriert ihm Pseudo-Individualität durch Waren und mediales Charisma und entschädigt ihn zumindest symbolisch für etliche reale soziale Entbehrungen: „Erzähle Dein ganzes Leben", warb Facebook im Februar 2012 bei der Einführung des neuen Formats *Facebook-Chronik* – und stelle es aus, hätte noch dazugehört, so dass es alle kennen und wohl auch (be)nutzen können.

Weitere Geräte werden den Usern buchstäblich auf oder gar unter die Haut rücken: Experimentiert wird mit Uhren, die alle individuellen Daten – auch Blutdruck, Puls, chronische Medikamenteneinnahme und Untersuchungsergebnisse etc. – registrieren und vorhalten. In Bruchteilen könnten Kliniken, Ärzte, Versicherungen, Polizei und andere Stellen die wichtigen, womöglich lebensrettenden Daten abrufen und mit ihren Systemen vergleichen; aber auch Missbräuche und illegale Anwendungen könnten dabei wohl nicht vermieden werden (Koller 2012). Solchen noch äußerlichen und kontrollierbaren Geräten könnten später subkutane Chips folgen, die unter der Haut platziert werden. Für manche Handicaps wie Hörschäden, Sehverlust und Blindheit oder auch Störungen der Bewegungsabläufe infolge von Krankheit könnten solche künstlichen, digitalen Steuerungshilfen sicherlich willkommen und nützlich sein; doch auch diese digitalen Krücken sind nicht gefeit vor Zweckentfremdung und Manipulation.

Mit diesen Entwicklungsskizzen sind sicherlich nicht alle grundlegenden Trends (post)moderner Gesellschaften umrissen; allein die hier aufgeführten signalisieren jedenfalls, wie komplex und kontingent, nämlich abhängig von einer unübersehbaren Vielfalt von Faktoren und Zusammenhängen, sie ausfallen (können) und wie schwierig bis unmöglich Übersichten oder gar Gewichtungen sind, weshalb J. Habermas (1985) schon frühzeitig die strukturelle „Unübersichtlichkeit" als essentielles Kennzeichen der (post)moderne Gesellschaft gekennzeichnet hat. Auch bleibt zu beachten, dass sich solcher Wandel in den Regionen der Erde, erst recht infolge ihres Entwicklungsstandes und ihres Transformationspotentiale ganz unterschiedlich herausstellt; die gängige Einteilung in (entwickelte) Industriestaaten, Schwellen- und Entwicklungsländer ist nur ein recht schlichter Versuch der groben Typisierung. Über globale Entwicklungstrends lässt sich mithin wenig Seriöses und Verlässliches prognostizieren; auch die selbstsichersten Entwürfe (Bolz 2001; Beck 2007) stellen sich meist schnell als kurzatmige und komplexitätsreduzierende Momentaufnahme heraus.

7.2 Disziplinäre Perspektiven

Ungeachtet der Identifizierung und auch der Konstruktion solcher Megatrends werden die künftigen Entwicklungen des Internets auch aus konventionellen disziplinären Blickwinkeln vorgenommen: also als technische, ökonomische, soziale, politische, kulturell-kommunikative und als noch etliche andere Dynamiken – wobei diese nicht gänzlich isoliert werden können, sondern vielfach verzahnt sind. Auch dafür sind alle möglichen Modelle und Ableitungen denkbar: von einigermaßen seriösen, aber wenig spektakulären Fortschreibungen von Trends über einigermassen methodisch kontrollierte Szenarien bis hin zu kühnen, visionären Entwürfen.

Aus *ökonomischer* Sicht geht es primär um weitere Verwertungsoptionen des Internets und die Schaffung neuer Märkte von Medien, Werbung, personaler und gewerblicher Kommunikation. Sie werden realisiert durch die Entwicklung und den Verkauf jeweils neuer Geräte (hardware) und Programme (software). Dabei kommt es nicht nur zur Kreation neuer Produkte, Genres und Formate, vielmehr finden auch Wettbewerbs- und Verdrängungsprozesse zwischen ‚alten', meist weniger technisierten und komplexen, ‚neuen' Versionen statt, wie es sich gegenwärtig für Print- und alle physischen Produkte (z. B. Spiel) beobachten lässt. Jeweils müssen neue Geschäftsmodelle konzipiert werden, weshalb die meisten internationalen Kommunikations- und Medienkonzerne crossmedial operieren und ihre Kommunikationsofferten wie Inhalte multicodal und multipel vermarkten können.

Die sekundäre Vermarktung erweist sich als weitere Verdichtung, Expansion und Effektivierung sämtlicher Informations- und Datenprozesse in allen Branchen, Produktions- und Dienstleistungssegmenten. Dazu müssen digitale Technologien weiter in Produkte und Transaktionen integriert werden und dort möglichst automatisch wie reibungslos funktionieren: also in Kühlschränke und Küchen, in Autos und Logistik, in Laborexperimenten, Produktionsabläufen und im Zahlungsverkehr. Netze und Systeme müssen dafür leistungsfähiger, stabiler, aber auch flexibler, geeigneter für vielerlei Anwendungen, auch möglichst störungsfrei werden. Dies sind Herausforderungen und Aufgaben für die Technik, jedoch auch für die Politik und die private Gefahrenabwehr.

In *technischer* Hinsicht müssen die Systeme und Netze ständig optimiert werden, den jeweiligen An- und Verwendungen gewachsen sein, weiter dezentralisiert, differenziert und spezifiziert, aber auch gesichert und robust werden. Diese Anforderungen werden unter den genannten Schlagworten diskutiert: *BigData* als neue Strategien der optimierten Datenauswertung, *Web 3.0* oder *Semantic Web* als wachsende Fähigkeit der Netze, sich den Aufgabenanforderungen durch Bedeutungs- und Bilderkennung anzupassen, gewissermaßen zu lernen, ‚intelligenter' zu werden, weitgehend automatisch weitere Komponenten zu erschließen und selbsttätig zu bewältigen, „cloud computing" als zunehmende Auslagerung von Infrastrukturen, Plattformen, Programmen und Daten in flottierende Netzwerke, um einerseits die Mobilität und Flexibilität zu erhöhen und um andererseits die Verarbeitungskapazität stark zu erhöhen. Mögliche Risiken wie die enorme Anfälligkeit solcher Netzressourcen durch Spionage, Hacking und Manipulation, können nur erahnt werden (Fischermann und Hamann 2011; 2011a). Optimierungen sind auch die bereits begonnene Umstellung auf ein neues Internet-Protokoll, nämlich auf *IPv6* (ohne dass die User etwas merken sollen), die kontinuierliche Steigerung der Rechnerkapazitäten bis zum Hundertfachen des heute Möglichen, genannt *Exaflop*-Rechner, sowie die ebenfalls ständige Expansion der Netzkapazitäten durch Komprimierung, aber auch Erweiterung. Konzipiert sind auch die Dezentralisierung und Aufteilung des Internets nach der Qualität und Sensibilität der Daten, ihrer Sicherheit und nach möglichen Nutzerkreisen.

Wie in den Kapiteln vorab ausgeführt, stellen sich die *politischen* Fragen nicht minder vielschichtig. Weitgehend verflogen sind vorerst die ursprünglichen Visionen, mit dem Internet und mit den es tragenden zivilgesellschaftlichen Gruppierungen ließen sich gewissermaßen schleichend neue, kollaborative Strukturen in der Welt insgesamt durchsetzen, da das Netz weder Territorien und Grenzen noch Regime und institutionelle Machtverhältnisse kennt oder braucht (Eisel 2011). Inzwischen behauptet sich wieder eine stärker national ausgerichtete Netzpolitik. Damit werden Netz-Regulierungen wieder von der Beschaffenheit des jeweiligen politischen Regimes und seines Selbstverständnisses abhängig und weniger von den speziellen Erfordernissen des Netzes und seiner User. Wenn sich politische Verfasstheiten von Gesellschaften typisieren lassen – etwa in demokratische, autoritäre und totalitäre mit jeweils einigen Subtypen (Tenscher und Viehrig 2010, 16ff) –, finden sich deren allgemeine Normen, Strategien und Maßnahmen auch als spezielle im Umgang mit dem Netz: In demokratisch-marktwirtschaftlichen Gesellschaften dürfte das Internet zusammen mit anderen Faktoren die weitere Expansion der Märkte, also die fortschreitende Einvernahme bislang nicht ökonomisierter zivilgesellschaftlich oder öffentlich verfasster Bereiche etwa durch soziale Netzwerke forcieren – eine Tendenz, die bereits als Ökonomisierung und/oder Kommerzialisierung skizziert wurde. In autoritären Regimen komplettiert und perfektioniert es die institutionelle Überwachung und Kontrolle innerhalb der nationalen Grenzen. Da es aber prinzipiell grenzüberschreitend und subversiv nutzbar ist, trotz aller rigider Zensur- und Überwachsungsapparaturen, verhilft es auch nonkonformistischen und oppositionellen Gruppierungen zur Kommunikation und Publikation und befördert so deren gesellschaftliche Potentiale – mindestens insoweit, dass sie vor der Weltöffentlichkeit nicht mehr verheimlicht werden können. Außerdem lässt sich keine Bevölkerung mehr total von den international kursierenden Informationen und Bilder abschotten und nur mit den erlaubten, konformistischen Ideologien abspeisen; kollektive Bewusstseinsmanipulation und totalitäre Gehirnwäsche funktionieren mithin nicht mehr uneingeschränkt, zumal wenn auch die weitere Steigerung des Bildungsniveaus wirtschaftlich erforderlich ist. Allerdings scheinen überschwängliche Hoffnungen auf die positiven Kräfte des Internets zu verstummen: Ob und inwieweit die künftige digitale Information und Kommunikation via internationale Netze für die überkommenen Strukturen und Machtverteilungen in den Nationalstaaten, für die Erosion von Ideologien und die Zuspitzung oder Abschwächung von Konflikten positive oder negative Wirkung entfaltet, dürfte sich jedenfalls nicht in absehbarer Zeit entscheiden. Auch die noch jüngst als Handy- und Internet-Revolutionen gelobten Umwälzungen in den arabischen Ländern sind mittlerweile wieder in Bahnen traditioneller Auseinandersetzungen zurückgekehrt und haben ihre ursprüngliche Dynamik weitgehend eingebüßt (Steinschaden 2012).

Eine schleichende Umwälzung scheint die *soziale* Dimension – mindestens in den entwickelten Gesellschaften – durch Internet und digitale Mobilgeräte erfahren zu haben, allen voran durch Handy und heute Smartphones: Soziale

Netzwerke – wie die Plattformen inzwischen euphemistisch heißen – bestreiten einen Großteil der davor noch unmittelbar, persönlich, „lebensweltlich" (Habermas 1982, II, 229ff) und nichtkommerziell getätigten Beziehungen und Interaktionen (Ebersbach u.a. 2008; Emmer u.a. 2011): Soziale Kontakte, Gruppenbildung, Identitätskonstrukte, Selbstdarstellungen und Fremdpräsentationen, Diskussionen, Partnersuche, Sehnsüchte und Phantasievorstellen über das Zusammenleben, viele sonstige Verrichtungen des Alltags, aber auch Firmenwerbung, Unternehmenskommunikation, Bewerbungen, gewerbliche Informationen werden mittlerweile über die sozialen Netzwerke – allen voran Facebook – abgewickelt, verdrängen und ersetzen überkommene Kommunikationsformen, schaffen sicherlich neue Optionen, aber auch infolge ihrer tendenziell allen verfügbaren und nicht individuell mehr beeinflussbaren Zugänglichkeit neue Risiken (Meyen und Jaff-Rüdiger 2009; Weissensteiner und Leiner 2011). Denn all diese Systeme haben – schon systemlogisch bedingt – die mächtige Tendenz, immer mehr Funktionen und Aufgaben sich einzuverleiben und die Kunden an sich zu binden. Unter soziologischer Prämisse werden vorrangig Nutzungsprozesse, ihre Muster, Motive und ihre soziale Verteilung untersucht, wie sie unter dem Schlagwort „digital divide" angesprochen sind. Allerdings ist eine wirksame, digitale Sozialpolitik noch kaum entwickelt; allein ein noch unzureichender Verbraucherschutz kümmert sich um die Gefahren möglicher Manipulation und Betrügerei. Und auch die Bildungspolitik besitzt umfassende, zeitgemäße Konzepte für die ‚Internet-Generation', allenfalls in Modellversuchen und Experimenten werden sie erprobt (Kammerl u.a. 2011; Deutscher Bundestag 2011b; Dittler und Hoyer 2012).

Vorderhand transformieren die Entwicklungen des Internets die überkommene mediale *Kommunikation* und die etablierten, professionellen Medien. Aus kommunikationstheoretischer Sicht lässt sich eine Verschmelzung (Konvergenz) der durch die technischen Medienentwicklung seit der Erfindung des Buchdrucks entstandene Trennung von personaler und Massenkommunikation diagnostizieren, allerdings eine, die weitgehend auf digitaler Technik beruht. Dadurch werden technische Produktions- und Verbreitungsoptionen tendenziell für alle zugänglich und verfügbar, die publizistischen Professionen de-professionalisieren sich und Laien-Journalismus breitet sich aus, wie an Twitter, Blogs, Foren, Websites und anderen Hobby-Produkten erkenntlich wird. Doch die digitalen Medien ergänzen nicht nur die überkommenen, sie verdrängen sie auch zusehends, wie es besonders der gesamte Printbereich inzwischen zu spüren bekommt (Ruß-Mohl 2009; Neuberger und Quandt 2010). Prognostizierte man anfangs jene Konvergenz, also die Verschmelzung ‚alter' und ‚neuer' Medien unter digitalen Hybrid-Konstruktionen, zeichnen sich inzwischen eher Absorptionsprozesse ab, die – wenn sie gelingen – essentielle Geschäftsfelder (wie etwa Annoncen,

Werbung, Public Relations, aber auch Spiele und Unterhaltung) ins Netz verlagern und die herkömmlichen Geschäftsmodelle beeinträchtigen. Auch bei aller demonstrativ gezeigten Aufgeschlossenheit der etablierten Anbieter: Bislang reüssieren kaum kombinierte Angebote und Einnahmestrukturen. Noch wird bei Buch und Print, bei Radio, Kino und Fernsehen die größere Akzeptanz und der höhere Umsatz mit den traditionellen Formaten – die selbstverständlich in Produktion und Verbreitung schon partiell digitalisiert sind – erzielt, während die neuen digitalen Offerten bislang noch eher Nischenstatus haben und quersubventioniert werden müssen.

Denn auch die Nutzungsgewohnheiten prägen die weitere Entwicklung (Schweiger 2010; Engel und Mai 2010; van Eimeren und Frees 2012): Zwar hat die Internetnutzung zumal der jüngeren Bevölkerungsgruppen zwischenzeitlich ein beachtliches Maß erreicht und differenziert sich – je nach den diversifizierten Angeboten – weiter aus, aber die klassischen Massenmedien sind noch nicht abgeschrieben, jedoch erfahren Presse und Buch erhebliche Einbußen. Allerdings müssen für ihre Nutzung größerer Aufwand und auch höhere, über Bildung vermittelte Kompetenzen aufgebracht werden, so dass Mediennutzung nach wie vor sozial differenziert ist. Da alle Medien weitgehend um die Befriedigung ähnlicher Motive buhlen, mindestens was Unterhaltung, Entspannung und Spiel angeht, müssen die Anbieter, um Aufmerksamkeit, Akzeptanz und damit Einkünfte zu erzielen, verstärkte Anstrengungen in Eigenwerbung, Attraktivität und Publikumsorientierung stecken. Vieles ist zwar präsent und publik, wird aber immer weniger wahrgenommen und rezipiert: Rezipienten und User werden mithin fortwährend umworben oder auch vereinnahmt, was die vorgebliche freie Wahl berührt. Je nach Bildung und Medienkompetenz werden die versierten Nutzer ihre bevorzugten Angebote finden, auch in den Nischen des Angebots, während das eher unbedarfte Publikum bei den lauten und schrillen Mainstream-Offerten hängenbleibt. Somit könnten sich neue Divergenzen oder Spaltungen auftun, die sich entlang der überkommenen Bildungs- und Kulturschranken ziehen.

Auch Nutzungsmodalitäten ändern sich, was vielfach schon an dem sich verbreitende Habitus des Surfens, des alinearen Link-Hoppings und der Ex-und-Hopp-Mentalität kulturkritisch angemerkt wird: Häufige Internet-User seien nicht mehr fähig, einer längeren, ruhigen Textfolge oder Aufführung zu folgen, sondern übertragen ihre Hektik und Ungeduld auf Lektüre, Film und Fernsehen. Hinzukommt die simultane Nutzung mehrerer Medien, von Lektüre und Fernsehen, von Musik und Computer, Fernsehen und Internet. Die versierten Anbieter reagieren auf und stimulieren diese Nutzungsmultiplikationen mit immer ebenfalls multicodal aufgerüsteten Offerten: zusätzliche Laufbänder und eingeblendete Zusatzbilder im herkömmlichen Fernsehen, weitere begleitende Informationen und Hinweise über Links im digitalen TV, vielfach auch zu Werbezwecken genutzt. Außerdem kann die individualisierte Adressierung durch IP(*Internet-Protokoll*)-basierte Cookies forciert werden, wie auch das Nutzungsverhalten durch solch personalisierte Messung präziser erhoben wird. Schließlich dürfte auch die Fernsehnutzung dem allgemeinen Trend der Mobilisierung folgen: Auf Displays von Smartphones, iPads und Tablet-PC wird unterwegs fern- und/oder vedio gesehen, allerdings mit geringeren Qualitätsansprüchen und ganz kurzen Sequenzen, worauf sich die Bilderproduktion schon einstellt. Nur zu Hause, auf einem überdimensionierten Bildschirm, werden Spielfilme in HD- und 3D-Qualität genossen.

7.3   Einige konkrete Entwicklungen

Formuliert man zusammenfassend zentrale Dimensionen, so lässt sich konstatieren: In einer relativ kurzen Zeitspanne ist das Internet zu einem wesentlichen Bestandteil der globalen Wirtschaft geworden. Weltweit nutzten es 2011 ca. zwei Milliarden Menschen, beruflich und privat (Margetts 2009; OECD 2011), mit steigender Tendenz an Anzahl der User und Nutzungszeiten. Die Internet-Wirtschaft kommt schon für einen beachtlichen Teil der Wirtschaftsleistungen in den Industriestaaten auf (mehr als 8 Prozent), mehr noch zum Wachstum von Dienstleistungen und Beschäftigung. In einigen Industriestaaten ist der Wachstumsbeitrag der Investitionen in die Kommunikationsnetze bereits ebenso groß wie der aller übrigen Investitionen, das gleiche gilt für das Wachstum der Arbeitsproduktivität. Schließlich konzentriert sich ein wachsender Anteil der Forschungsausgaben und der erlangten Patente auf die Kommunikationstechnologien (OECD 2011b). Gleichzeitig hat diese spektakuläre Entwicklung und wirtschaftliche Bedeutungszunahme neue Befürchtungen hinsichtlich der Verlässlichkeit, Sicherheit und Offenheit des Internetverkehrs genährt (OECD 2008). Wenn die Vernetzung der Produzenten, Lieferanten und Kunden von der Sicherheit des Netzes abhängt, verursachen Störungen natürlich entsprechenden Schaden.

Trotz seines erheblichen Wachstums stecken das Internet und seine Nutzung aber eher noch in den Kinderschuhen: Nur ein Teil der weltweiten Bevölkerung – etwa ein Drittel – hat es überhaupt jemals genutzt, der größere Teil (über 80 Prozent) davon wiederum nicht regelmäßig (CISCO und GBN 2010). Nur ein kleiner Teil der weltweiten wirtschaftlichen Transaktionen findet digital statt, davon entfällt wiederum nur ein Bruchteil auf den Austausch zwischen Einzelhändlern und ihren Kunden.

Ausgehend von diesen bereits existenten Dimensionen zeichnen sich folgende weitere Entwicklungen ab, die gleichwohl angesichts der bereits beschriebenen Trends und Prognoseprobleme nur als weitgehend heuristische zu begreifen sind:

1. Der internationale Wettbewerb zwischen Wirtschaftsstandorten wird sich erheblich intensivieren; dabei wird es auch gerade darum gehen, Anteile am globalen Datenverkehr, der Datenbearbeitung und der internet-basierten Wirtschaft zu ergattern. Zudem wird sich, wenn sich die Dynamik dieser Regionen so fortsetzt, der weltwirtschaftliche Schwerpunkt voraussichtlich stark in den asiatischen Raum und in andere Schwellenländer verlagern. Sie weisen im Durchschnitt eine deutlich jüngere Bevölkerung und eine wachsende, zunehmend konsumstarken Mittelschicht auf. Sie verfügen zudem über beträchtliche Wachstumsreserven, da bislang dort ein noch relativ hoher Anteil der Beschäftigten in der Landwirtschaft und in anderen, weniger produktiven Sektoren beschäftigt ist. Die Verstädterungsrate ist ebenfalls noch vergleichsweise niedrig. Mit dieser wirtschaftlichen Schwerpunktverlagerung wird sich das Nutzerprofil im Internet stärker zu diesen Ländern bzw. Gruppen verlagern, während die Nutzer in den alten Industriestaaten nur noch begrenzt zunehmen werden. Nach Schätzungen von CISCO und GBN (2010) wird die Hälfte des Internet-Verkehrs 2025 in den sogenannten aufstrebenden Volkswirtschaften stattfinden. Nach einer neuen Schätzung des *Entwicklungsprogramms der Vereinten Nationen* ist schon heute die Zahl der Internet-Nutzer in Entwicklungs- und Schwellenländern genau so groß wie in den alten Industrieländern (UNDP 2013).
Diese etablierten Industriestaaten, am stärksten die Mitgliedsländer der Europäischen Union, haben daher erhebliche Sorge, den Anschluss an die neue Zeit zu verlieren. So führt die Europäische Kommission aus, dass der Sektor der Informations- und Kommunikations-Technologien (IKT) gesamtwirtschaftlich zunehmend an Gewicht gewinnt, jedoch noch stärker zur gesamtwirtschaftlichen Produktivitätssteigerung beiträgt – Schätzungen reichen bis zu 50 Prozent – und zur Änderung der Lebensstile (Europäische Kommission 2010a). Im Wettrennen um einen größeren Anteil an den rasch expandierenden digitalen Märkten sieht die Kommission Europa bislang nicht sonderlich gut positioniert: Andernorts (genannt werden China, Korea und die USA) haben sich Hochgeschwindigkeits-Glasfasernetze viel rascher verbreitet als in Europa; es gibt dort große, einheitliche, nicht durch nationale Flickenteppiche geprägte Märkte und eine effizientere und breitere Nutzung der Online-Dienste. Außerdem wird deutlich mehr in zukunftsorientierte IKT-Forschung investiert (Ebd. und European Commission 2012d). Die digitalen Dienste in Europa arbeiten nicht so gut zusammen, wie es

möglich wäre. Zu wenig wird in digitale Forschung und Entwicklung investiert. Vor allem existiert ein gravierender Mangel an IKT-Fachkräften trotz starker und steigender Nachfrage. Kurzum, die Kommission hat die zur Behebung der genannten Mängel entworfene *Digitale Agenda für Europa* zu eine der sieben Leitinitiativen der *Strategie Europa 2020* erhoben, mit der die Mitgliedsländer für den globalen Wettbewerb fit gemacht werden sollen. Über die Erfolgschancen der europäischen Strategie braucht nicht weiter spekuliert zu werden; klar ist aber, dass die Konkurrenz nicht schläft – entsprechende strategische Entwürfe gibt es auch in den USA und bei sämtlichen Schwellenländern – und sich der digitale Wettbewerb verschärfen wird.

2. Die Zahl der „digital natives", also derjenigen, für die das Internet zu einem alltäglichen Kommunikationsmedium geworden ist, wird deutlich zunehmen, möglicherweise auch ihr Umgang mit vergleichsweise anonymen Kontaktpartnern im Netz und mit persönlicher Information. Im Maße, wie diese „natives" in Unternehmen einrücken, werden sich diese auf netzbasierte Geschäftskommunikation, Vertrieb, Forschung, Zahlungsvorgänge (etwa mobile Geldbörsen) verlassen. Viele Dinge des täglichen Lebens sollen künftig intelligent vernetzt sein. Im *Internet der Dinge* sollen Handys, Autos, Kühlschränke und Fahrkartenautomaten miteinander kommunizieren. Die Nutzer können sich dabei zunehmend einer breiteren Palette von mobilen, internetfähigen Geräten bedienen, die alle miteinander kommunizieren. Mobilgeräte sollen ihren Besitzern künftig abgespeicherte Artikel oder Bücher vorlesen können, künftige iPods werden die Musik direkt aus dem Internet laden und abspielen. Die Techniken dazu sind schon weitgehend entwickelt. Die Nutzung wird freilich von verfügbaren Breitbandnetzen, der Fähigkeit der Geräte und Standards zur Interoperabilität und – last not least – von ausreichenden finanziellen Mitteln zum Erwerb zusammenhängen. Eine digitale Kluft wird vermutlich bestehen bleiben – freilich in ganz unterschiedlichen kulturellen und sozialen Ausprägungen. Flächendeckend werden Technologien für die elektronische Identität und die Authentifizierung (andere als Passwörter) zum Einsatz kommen, der Verkehr mit den öffentlichen Behörden wird weitestgehend über das Netz abgewickelt werden. Die bisher üblichen Zugangswege zum Netz (über das Keyboard) werden vermutlich durch eine Kombination von Stimm-, Gesten- und Bioerkennungsfazilitäten ersetzt. Das wird den Zugang für neue, auch technisch relativ unbedarfte Nutzergruppen erleichtern.

Intelligente Suchmaschinen (*Web 3.0*) brauchen einheitliche, aber offene Standards für die Beschreibung und Verknüpfung von Informationen und für die Kommunikation in natürlicher Sprache. An diesen wird bereits intensiv gearbeitet (Schibrowski 2011). Das „semantische Netz" bietet Lösungen für die unüberschaubare Datenfülle im Netz, etwa die Integration von Informationen aus verschiedensten Quellen. Ein aktuelles Beispiel ist *Travel IQ*, ein Dienst, der auf Reise-Webseiten alle verfügbaren Flüge, Hotels und Mietwagen zusammensucht und sie nach den Bedürfnissen des Anfragers sortiert. Maschinen werden künftig vollautomatisch Nachrichten und Börsenreports schreiben können. Ein entsprechendes Programm für Sportnachrichten (der US-amerikanischen Firma *Statsheet*) arbeitet schon (*Die Welt* vom 2.5.2012). Klassische Suchmaschinen könnten dadurch überflüssig werden, selbst Google kann nicht so viel Manpower bereitstellen, „who would help to create those ontologies for the large set of knowledge domains that Wikipedia covers". Allerdings bleiben Fragen offen wie: Wer entscheidet, welche Informationen bzw. Verknüpfungen für den Endbenutzer relevant sind? Wie unterscheidet man selbst dann noch zwischen guter und schlechter Information? Und sie stellen sich erneut, wenn so genannte künstlicher Intelligenz weitere Aktivitäten übernimmt.

3. Da die meisten Institutionen – sind sie erst einmal eingeführt und haben sich einen Anhang (von Produzenten/Nutzern) geschaffen, für die Änderungen Kosten bzw. Verluste bringen – ist es nicht sehr wahrscheinlich, dass sich am bisherigen Modell der Internet Governance schnell und entscheidend etwas ändert, was nicht ausschließt, dass es – bedingt durch Hacker-Angriffe und Cyber-Kriminalität – nicht immer wieder Bestrebungen zu einer stärkeren staatlichen Kontrolle des Netzes geben wird. Staaten beanspruchen geographische Namen und die Repräsentation ihrer Sprachen im Netz; auch sind sie bestrebt, das Netz (offensiv) zur Abwehr von Sicherheitsgefährdungen zu nutzen oder Inhalte zu filtern und zu zensieren. Damit lassen sich Cyber-Kriminalität bekämpfen und die Vertragsdurchsetzung in der digitalen Wirtschaft gewährleisten. Die gesellschaftliche Selbstorganisation im Netz findet darin ihre Schranken. Genauso unwahrscheinlich ist es aber auch, dass die künftige Internet Governance gänzlich zu einer durch staatliche Grenzen und staatliche Instanzen bestimmten Struktur zurückkehren wird (Mueller 2010). Voraussichtlich wird es mehr oder weniger beim bestehenden ‚Multi-Stakeholder'-Ansatz von Internet Governance bleiben – ein zugegebenermaßen recht unpräzises Konzept. Staaten werden aber nicht Gleiche unter Gleichen sein (wollen), sondern durch ihre Machtressourcen, wirtschaftlichen Ressourcen und ihren Einfluss auf internationale Institutionen die dominanten Akteure bleiben.

4. Mit der Zunahme der Breitbandnutzung werden voraussichtlich neue Nutzerpreismodelle Einzug halten werden, welche die verfügbare Netzkapazität zeit- und nutzerbezogen stärker staffeln werden. Bisher spielt die differenzierte Preisgestaltung beim Zugang zu Daten noch kaum eine Rolle; dies wird sich mit

7.3 Einige konkrete Entwicklungen

Sicherheit ändern. Aber schnellerer und verlässlicher Zugang wird tendenziell mehr kosten (CISCO und GBN 2010)).

5. Mit der weiteren Optimierung und Expansion des Internets werden sich die Optionen zur Kontrolle, zur Filterung und Blockierung von Datenströmen verfeinern und vertiefen. Eine neue Technologie (*Deep packet inspection*) ermöglicht die umfassende und vor allem rasche Überwachung und Differenzierung der durch das Internet geschickten Datenpakete. Bei flächendeckender Anwendung könnten Internet Service Provider (ISP) und natürlich auch staatliche Stellen den ihnen nun bekannten Datenverkehr ihrer Nutzer prüfen, verlangsamen oder beschleunigen, filtern oder blockieren. ISP könnten damit auch viel stärker als bislang für den Transport illegaler bzw. unerwünschter Daten verantwortlich gemacht werden. Das hätte umfangreiche Auswirkungen auf den Datenschutz und die Informationsfreiheit im Netz – vorausgesetzt, der Einsatz dieser Technologie wird nicht durch die bisherigen Regularien beschränkt (Bendrath und Mueller 2011).
6. Immer billiger werdende digitale Datenspeicherung erlaubt vor allem autoritären Systemen die komplette Ausspähung ihrer Bürger, auch ihrer Vergangenheit. Das Netz macht zwar die Organisation politischer Rebellionen einfacher, die Unterdrückung der daran Beteiligten aber eben auch. So wird es bei vertretbaren Kosten für solche Regime künftig möglich sein, die Aufenthaltsorte von all ihren Bürgern (über Mobiltelefone, GPS-Empfänger) minutenschnell zu identifizieren, ihre sämtlichen Anrufe, SMS und E-Mails jahrelang zu speichern und das alles miteinander abzugleichen. Die Begeisterung über die politische Ermächtigung von Dissidenten durch das Netz könnte also rasch umschlagen (Villasenor 2011).
7. Die Verbreitung des Internets und die damit erfolgende Verfügbarkeit von Nachrichten, Werbung, TV-Sendungen usw. haben bekanntlich ältere Medien bereits in Mitleidenschaft gezogen – eine Entwicklung, die sich zweifelsohne weiter verstärken wird. In vielen Industrie-, auch schon in manchen Schwellenländern befinden sich die Zahl der Tageszeitungen, ihre Auflage, Redaktionsstärke, Leserschaft und Anzeigeneinnahmen bereits seit wenigen Jahren im Sinkflug (insbesondere in den USA und Großbritannien). Insolvenzen von Tageszeitungen häufen sich (OECD 2010). Vor allem jüngere Nutzer (Spitzenreiter ist die Gruppe der 25- bis 34-jährigen) informieren sich zunehmend durch meist noch kostenfreie, aktualitätsorientierte Online-Medien. Die Frage stellt sich natürlich dann, ob mit dem Absterben alter Medien nicht zwangsläufig ein journalistischer Qualitätsverlust einhergehen wird, zumal die Online-Quellen aus der Verbreitung ihrer Nachrichten bislang nur bescheidene Einnahmen generieren. Umgekehrt sind Tageszeitungen durch schrumpfende Abonnentenzahl

umso mehr auf Anzeigenerlöse angewiesen, was ihre Unabhängigkeit weiter untergraben könnte. Ihr Rekurs auf weniger und schlechter ausgebildete Mitarbeiter beeinträchtigt die Qualität der Berichterstattung, ein wesentliches Element informierter, demokratischer Gesellschaften. Klar ist damit, dass neue und alte Anbieter von Nachrichten neue Geschäftsmodelle für ausreichende ertragsstarke und verlässliche Berichterstattung brauchen.

7.4 Einige Maßnahmen künftiger Internet Governance

Bereits 2011 wurden unter Wissenschaftlern weltweit Debatten und Konzepte für ein neues Internet ventiliert, das nicht mehr allein der Maxime „Einfach weiter so" folgt (Fischermann und Hamann 2011a). Folgende „Forderungen ans nächste Netz" (Ebd.) sind aufgestellt worden; realisiert sind sie bislang nicht:

1. Die Überladung und Überlastung des (einen) Netzes muss gestoppt werden; der Datenverkehr im Netz muss differenziert werden, oder – besser noch – mehrere Netze für diverse Daten müssen geschaffen werden: „Kraftwerke und Stromumspannanlagen, Verkehrsleitsysteme und lebenswichtige Computer in Krankenhäusern, Flughafeneinsatzzentralen und alle möglichen Arten großer, schwerer Gerätschaften und Industrieanlagen" (Ebd.) – sie alle haben Zugang zum Internet und wickeln darüber ihre Aktivitäten ab. Dadurch entstehen erhebliche Gefahren und Risiken, die nur mittels spezieller, interner Netze mit besonderen Sicherheitsstandards eingedämmt werden können und so für Missbrauch nicht ‚knackbar' sind. Solche sensiblen Bereiche müssen vom Internet getrennt werden, ebenso wie die persönlichen Daten jedes Einzelnen besser geschützt werden sollten.
2. Bei Datenverlust und Vergehen gegen den Datenschutz sollte das Verursacherprinzip ähnlich dem Umweltrecht eingeführt werden. Unternehmen müssen für Nachlässigkeiten und Schäden haftbar gemacht und mit pauschalen, hohen Schadenssummen belegt werden können. Dadurch werden ökonomische Anreize für höhere Vorsicht und konsequentere Schadensabwehr geschaffen. Voraussetzung dafür sind absolute Transparenz und eine internationale Gerichtsbarkeit, bei der die Kunden ihren Verlust oder Schaden einklagen können.
3. Die ständige Anhäufung persönlicher Daten muss reduziert und ihre dadurch nicht mehr gewährleistete Sicherheit gestärkt werden. Persönliche Daten sollten nur dort erfragt und erhoben werden, wo es unbedingt erforderlich ist; bei

anderen Online-Tätigkeiten wie Shopping genügen weit weniger gefährliche Angaben: Statt „Identifikation" nur „Authentifizierung" der Akteure, wobei sie sich nur mit einem Zahlencode „ausweisen" müssen.
4. Daten sollten dort gespeichert werden, wo sie entstehen. „Dann kann jeweils die nationale Gesetzgebung [– in Europa auch die europäische –] greifen, dann gibt es die Grundlage dafür, dass rechtsstaatliche Aufsicht wirklich durch die jeweiligen Nationalstaaten [– oder internationalen Instanzen –] ausgeübt wird" (Ebd.). Ob diese Maxime noch für die transnationale und -kulturelle Beschaffenheit angemessen und zeitgemäß ist, darf allerdings bezweifelt werden.

Für die nationale, also deutsche Situation ist schon mehrfach von Experten eine erhöhte Beachtung und vor allem Koordination der einschlägigen (Netz- und Medien-)-Politiken gefordert worden, die bislang noch in Rundfunk-, Medien-. und Telekommunikationsrecht aufgeteilt, sowie am besten ihre Bündelung in einer Instanz (Schiphorst u. a. 2012): „Die Medienpolitik gehört wieder in die erste Reihe der politischen Prioritäten und nicht in Expertenrunden hinter verschlossen Türen. Die vernachlässigten Aufgaben der digitalen Gesellschaft müssen entschlossen angegangen werden […]" (Ebd.).

Im Einzelnen werden folgende Initiativen und Maßnahmen gefordert (Holznagel und Schumacher 2012):

1. Für den Cyberspace müssen grenzübergreifende Grundwerte geschaffen und propagiert werden: Da infolge des grenzüberschreitenden Charakters des Internets rechtliche Fragen und Regulierungen nicht ausschließlich oder gar vorrangig in nationaler Reichweite geregelt und durchgesetzt werden können, müssen bestehende Grundwerte erweitert oder neue geschaffen werden, um die erforderlichen technischen, sozialen und kulturellen Spezifika des Netzes und die daraus resultierende Veränderungen in die internationalen Menschrechtserklärungen, die regionalen und nationalen Verfassungen aufzunehmen und ihnen möglichst hohe Gültigkeit und Nachdrücklichkeit zu verschaffen.
2. Auch für die Rechte des geistigen Eigentums und der Urheber, für Patent- und Kopierschutz sollten möglichst weltweite Regelungen und Abkommen angestrebt werden. Der unlängst gescheiterte Vorstoß (ACTA, vgl. Abschn. 6.6) belegt den weiterhin bestehenden Bedarf für weniger inkompetent eingebrachte Vorlagen.
3. Der Schutz der persönlichen Daten kann nicht nur als statisches Präventions- und Abwehrgesetz gefasst werden, sondern muss jüngere Entwicklungen auch im Bewusstsein der User einbeziehen, damit er überhaupt befolgt wird. Bei

ihnen lässt sich eine verbreitete „Kultur des Teilens" beobachten. Deshalb sollen künftig im Datenschutz auch ein „Recht auf Vergessen" sowie ein „Recht auf Datenmitnahme", um das Entstehen konkurrierender Internetangebote zu fördern, einbezogen werden, wie sie die gegenwärtig diskutierte neue Datenschutzrichtlinie der EU impliziert.

4. Der geltende Jugendmedienschutz-Staatsvertrag (JMStV) wird einem zeitgemäßen Jugendmedienschutz im Informationszeitalter kaum mehr gerecht. Marktbeschränkungen und Sendezeitreglungen sind an traditionelle Medien-Distributionen geknüpft, die das Netz längst überwunden hat, und zeugen auch von einem überholten Nutzungsverhalten und Nutzerbild. Doch für einen zeitgemäßen Jugendmedienschutz engagieren sich keine politischen Kräfte und Initiativen.

5. Hinsichtlich der Netzneutralität scheut sich der deutsche Gesetzgeber, Anforderungen zu fixieren, die den Zugang zu Inhalten und Anwendungen diskriminierungsfrei sicherstellen. Dadurch ist bislang auch kein Ausgleich zwischen den Ansprüchen internationaler Telekommunikationskonzernen, den Interessen von Rundfunkanbietern, Telefonfirmen und der zivilgesellschaftlichen Netzgemeinden zu erreichen.

6. Für die wachsende gewerbliche, politische wie private Nutzung des Netzes und den schnellen Zugriff auf Internetdienste bedarf es des zügigen und konsequenten Ausbaus einer möglichst angemessenen und flächendeckenden Breitbandversorgung mit Glasfaserkabel. Die Bundesregierung hat dazu ambitionierte Ziele formuliert, deren Realisierung, also Finanzierung und Bau, sie allerdings den Telekommunikationsunternehmen aufbürden will, so dass die geplante Versorgung in der vorgesehenen Zeit nicht mehr erreicht werden kann.

7. Die politisch zwischen Bund, Ländern und Kommunen aufgeteilten Kompetenzen in der Medien- und Netzpolitik verhindern deren strategische Ausrichtung und Wahrnehmung in allen, hier genannten Handlungsfeldern. Die besonderen Ansätze der EU intervenieren zusätzlich in diese Konzepte, zumal die EU im Datenschutz, Urheberrecht und Netzausbau übergeordnete Kompetenz reklamiert. So entscheiden vielfach die Märkte und involvierten Unternehmen, so dass demokratische Willensbildung und Kontrolle gerade bei der für alle Sektoren wichtigen Netzpolitik vielfach ausgehebelt sind. In Summe weist dies darauf hin, dass Internet Governance zunehmend weniger Sache und Kompetenz der gewählten und legitimierten Instanzen in Land, Bund und Europa sind, sondern oftmals – künftig wohl kaum weniger – unauffällig und unkontrolliert von den Märkten und den maßgeblichen wirtschaftlichen Kräften vollzogen werden.

Literatur

Assange, Julian/Apfelbaum, Jacob/Müller-Maguhn, Andy/Zimmermann, Jérémie (2013): Cypher-Punks. Unsere Freiheit und die Zukunft des Internets. Frankfurt/New York
Bandamuth, Ravi Kumar Jain (2010): Internet Governance: A Rising Concern. In: Ders. (Hrsg.): Internet Governance. An Introduction. Hyderabad (India), S. 3–14
Batnasan, Nomuundar (2010): Rechtsprobleme des grenzüberschreitenden Datenaustausches im Konzern. München
Beck, Ulrich (1986): Risikogesellschaft. Auf dem Weg in eine andere Moderne. Frankfurt/M.
Beck, Ulrich (1997): Was ist Globalisierung? Frankfurt/M.
Beck, Ulrich (2007): Weltrisikogesellschaft. Auf der Suche nach der verlorenen Sicherheit. Frankfurt/M.
Beckedahl, Markus/Lüke, Falk (2012): Die digitale Gesellschaft. Netzpolitik, Bürgerrechte und die Machtfrage. München
Behrens, Maria (Hrsg.): Globalisierung als politische Herausforderung. Global Governance zwischen Utopie und Realität. Wiesbaden
Behrens, Maria (Hrsg.) (2005): Globalisierung als politische Herausforderung. Global Governance zwischen Utopie und Realität. Wiesbaden
Behrens, Christoph (2013): Muster und Maschinen. Weltweit registrieren Millionen Überwachungskameras das Verhalten von Bürgern. Weil das viele Bildmaterial nicht mehr von Menschen zu bewältigen ist, sollen nun Softwareprogramme verdächtige Szenen erkennen. Ein Milliardenmarkt tut sich auf. In: Süddeutsche Zeitung, Nr. 58, 9./10. März 2013, S. 24
Bellut, Thomas (Hrsg.) (2012): Fakten und Positionen aus Wissenschaft und Praxis. München
Bendrath, Ralf/Mueller, Milton L. (2011): The end of the net as we know it? Deep packet inspection and internet governance, New Media & Society. 13,7, S. 1142–1160
Bentele, Günter/Brosius, Hans-Bernd/Jarren, Ottfried (Hrsg.) (2003): Öffentliche Kommuni-kation. Handbuch Kommunikations- und Medienwissenschaft. Wiesbaden
Benz, Arthur/Lütz, Susanne/Schimanek, Uwe/Simonis, Georg (Hrsg.) (2007): Handbuch Governance, Theoretische Grundlagen und empirische Anwendungsfelder. Wiesbaden
Bergsdorf, Wolfgang (1980): Die vierte Gewalt. Einführung in die politische Massenkommunikation. Mainz
Bethge, Philip u. a. (2011): Die fanatischen Vier. Web-Kampf um die Zukunft. Wer beherrscht das Internet? In: Der Spiegel, Nr. 49, 5. Dezember 2011, S. 70–81

Betz, Joachim (2005): Zivilgesellschaft in Entwicklungsländern, in: Ders. und Wolfgang Hein (Hrsg.): Neues Jahrbuch Dritte Welt: Zivilgesellschaft in Entwicklungsländern, Wiesbaden, S. 7–34

Bleicher, Joan Kristin (2009): Poetik des Internets. Münster und Berlin

Bleicher, Joan Kristin (2010): Internet. Konstanz

Bolz, Norbert (2001): Weltkommunikation. München

Bolzen, Stefanie (2012): EU droht Google. Suchmaschine manipuliert Ergebnisse der Konkurrenz. Stellt sie das nicht bald ein, könnten Milliardenstrafen aus Brüssel folgen. In: Die Welt, 22. Mai 2012, S. 11

Bonfadelli, Heinz (1994): Die Wissenskluft-Perspektive. Massenmedien und gesellschaftliche Information. Konstanz

Bonfadelli, Heinz (2002): Die Wissenskluft-Perspektive. Theoretische Perspektive, methodische Umsetzung, empirischer Ertrag. In: Schenk, Michael (Hrsg.): Medienwirkungsforschung. 2. Aufl. Tübingen, S. 568–604

Bonfadelli, Heinz (2004): Medienwirkungsforschung I: Grundlagen. 3. Aufl. Konstanz

Branahl, Udo (2009): Medienrecht. Eine Einführung. 6., überarb. und aktual. Aufl. Wiesbaden

Brand, Alexander (2012): Medien – Diskurs – Weltpolitik. Wie Massenmedien die internationale Politik beeinflussen. Bielefeld

Brand, Ulrich u. a. (2000): Global Governance. Alternative zur neoliberalen Globalisierung? Münster

Breuer, Dieter (1990): Geschichte der literarischen Zensur. Heidelberg

Bull, Hans P. (2011): Informationelle Selbstbestimmung – Vision oder Illusion?: Datenschutz im Spannungsverhältnis von Freiheit und Sicherheit. 2. Aufl. Tübingen

Bundesministerium für Wirtschaft und Technologie (2007): Fragen zur Anbieterhaftung im Telemediengesetz (TMG), Berlin

Bundesministerium für Wirtschaft und Technologie (2009): Innovationspolitik, Informationsgesellschaft, Telekommunikation. 12. Faktenbericht 2009, Berlin

Bundesministerium für Wirtschaft und Technologie (2012): Monitoring zu ausgewählten Eckdaten der Kultur- und Kreativwirtschaft 2010. Berlin

Bundesverband Informationswirtschaft, Telekommunikation und neue Medien e.V. (BITKOM), o.J.: Standpunkte. Vertrauen in die digitale Wirtschaft – Verbraucherpolitik im 21. Jahrhundert, Berlin

Bundesverband Musikindustrie e.V. (2011): Studie zur Digitalen Content-Nutzung (DCN-Studie) 2011. Berlin

Busch, Andreas (2012): Die Regulierung transatlantischer Datenströme: zwischen Diktat und Blockade. In: Ders. und Jeanette Hofmann (Hrsg.): Politik und die Regulierung von Information, PVS Sonderheft 46, Baden-Baden

Castells, Manuel (2001; 2002; 2003): Das Informationszeitalter. 3 Bde, Opladen

Castells, Manuel (2005): Die Internet-Galaxie. Internet, Wirtschaft und Gesellschaft. Wiesbaden

CISCO/Global Business Network (2010): The Evolving internet. Driving Forces, uncertainties, and Four Scenarios to 2025, San Francisco

Civic Consulting (2011): Consumer market study on the functioning of e-commerce and internet marketing and selling techniques in the retail of goods, Berlin

Clarke, Richard A (2011): World Wide War: Angriff aus dem Internet. Hamburg

Commission of the European Communities (2008): Green Paper. Copyright in the Knowledge Economy. Brussels

Cukier, Kenneth Neil (2005): Who Will Control the Internet? Foreign Affairs, Nov./Dec.

Darnstädt, Thomas/Rosenbach, Marcel/Schmitz, Gregor Peter (2013): Cyberwar. Ausweitung der Kampfzone. In: DER SPIEGEL, 14/2013, S. 76–80

Deterding, Sebastian und Philipp Otto (2008): Geistiges Eigentum. Urheberrechte, Patente, Marken im deutschen Rechtssystem, www.bpb.de/gesellschaft/medien/urheberrecht/63349/geistiges-eigentum, Zugriff am 4.2.1013,

Deutscher Bundestag (Hrsg.) (2002): Globalisierung der Weltwirtschaft. Schlussbericht der Enquete-Kommission. Opladen

Deutscher Bundestag (2007): Schlussbericht der Enquete-Kommission „Kultur in Deutschland". Drucksache 16/7000

Deutscher Bundestag (2011): Dritter Zwischenbericht der Enquete-Kommission „Internet und digitale Gesellschaft". Urheberrecht, Drucksache 17/7899

Deutscher Bundestag, 17. Wahlperiode (Hrsg.) (2011a): Zwischenbericht der Enquete-Kommission „Internet und digitale Gesellschaft". Drucksache 17/5625, Berlin 19. April 2011

Deutscher Bundestag, 17. Wahlperiode (Hrsg.) (2011b): Zweiter Zwischenbericht der Enquete-Kommission „Internet und digitale Gesellschaft": Medienkompetenz. Drucksache 17/7286, Berlin 21. Oktober 2011

Deutscher Bundestag (2012): Fünfter Zwischenbericht der Enquetekommission „Internet und digitale Gesellschaft". Datenschutz, Persönlichkeitsrechte, Drucksache 17/8999

Deutscher Bundestag, 17. Wahlperiode (Hrsg.) (2012a): Vierter Zwischenbericht der Enquete-Kommission „Internet und digitale Gesellschaft": Netzneutralität. Drucksache 17/8536. Berlin 02.02. 2012

Dickfeldt, Lutz (1979): Jugendschutz als Jugendzensur. Ein Beitrag zur Geschichte und Kritik öffentlicher Bewahrpädagogik. Bensheim

Dittler, Ullrich/ Hoyer, Michael (Hrsg.) (2012): Aufwachsen in sozialen Netzwerken. Chancen und Gefahren von Netzgemeinschaften aus medienpsychologischer und medienpädagogischer Sicht. München

Dolle-Weinkauff, Bernd (1990): Comics. Geschichte einer populären Literaturform in Deutschland seit 1945. Weinheim, Basel

Donges, Partrick/Puppis, Manuel (2010): Kommunikations- und medienpolitische Perspektiven: Internet Governance. In: Schweiger, Wolfgang/Beck, Klaus (Hrsg.): Handbuch Online-Kommunikation. Wiesbaden, S. 80–104

Donges, Patrick (2007): Medienpolitik und Media Governance. In: Donges, Patrick (Hrsg.): Von der Medienpolitik zur Media Governance. Köln, S. 7–23

Donges, Patrick (Hrsg.) (2007): Von der Medienpolitik zur Media Governance. Köln

Dowe, Christoph/Märker, Alfredo (2003): Der UNO-Weltgipfel zur Wissens- und Informationsgesellschaft. Hintergründe und Themenspektrum. In: Aus Politik und Zeitgeschichte. Beilage zur Wochenzeitung „Das Parlament", B 49 – 50/2003, S. 5–12

Dreyer, Gunda/Meckel, Astrid/Kotthoff, Jost/Zeisberg, Hans-Joachim (2013): Urheberrecht: Urheberrechtsgesetz, Urheberrechtswahrnehmungsgesetz, Kunsturhebergesetz. 3., neu bearb. Aufl. Heidelberg

Dreyfus, Hubert L. (1985): Die Grenzen künstlicher Intelligenz. Was Computer nicht können. Königstein/Ts.

Dworschak, Manfred (2011): Im Netz der Späher. In: Der Spiegel, Nr. 2, 10. Januar 2011

Ebersbach, Anja/Glaser, Markus/Heigl, Richard (2008): Social Web. Konstanz

Eilders, Christiane (1997): Nachrichtenfaktoren und Rezeption. Eine empirische Analyse zur Auswahl und Verarbeitung politischer Informationen. Opladen

Eisel, Stephan (2011): Internet und Demokratie. Freiburg im Breisgau

Emmer, Martin/Wolling, Jens (2010): Online-Kommunikation und politische Öffentlichkeit. In: Schweiger, Wolfgang/Beck, Klaus (Hrsg.) (2010): Handbuch Online-Kommunikation. Wiesbaden, S. 36–58

Emmer, Martin/Voew, Gerhard/Wolling, Jens (2011): Bürger online. Die Entwicklung der politischen Online-Kommunikation in Deutschland. Konstanz

Engel, Bernhard/Mai, Lothar (2010): Mediennutzung und Lebenswelten 2010. Ergebnisse der 10. Welle der ARD/ZDF-Langzeitstudie Massenkommunikation. In: Media Perspektiven, H. 12, S. 558–571

Esser, Frank/Pfetsch, Barbara (Hrsg.) (2003): Politische Kommunikation im internationalen Vergleich: Grundlagen, Anwendungen, Perspektiven. Wiesbaden

Esser, Robert (Hrsg.) (2013): Europäisches und internationales Strafrecht. Vorschriftensammlung. 2., neu bearb. Aufl. Heidelberg u. a.

Europäische Gemeinschaften (1995): Richtlinie 95/46/EG des Europäischen Parlaments und des Rates vom 24. Oktober 1995 zum Schutz natürlicher Personen bei der Verarbeitung personenbezogener Daten und zum freien Datenverkehr. Amtsblatt der Europäischen Gemeinschaften, 23.11.1995

Europäische Kommission (2010a): Europa 2020 – Eine Strategie für intelligentes, nachhaltiges und integratives Wachstum, KOM (2010) 2020, Brüssel.

Europäische Kommission (2010b): Eine digitale Agenda für Europa. Mitteilung der Kommission an das Europäische Parlament, den Rat, den europäischen Wirtschafts- und Sozialausschuss und den Ausschuss der Regionen, Brüssel

Europäische Kommission (2012a): Vorschlag für eine Verordnung des Europäischen Parlaments und des Rates zum Schutz natürlicher Personen bei der Verarbeitung personenbezogener Daten und zum freien Datenverkehr. KOM (2012) 11 endgültig, Brüssel

Europäische Kommission (2012b): Vorschlag für eine Richtlinie des Europäischen Parlaments und des Rates zum Schutz natürlicher Personen bei der Verarbeitung personenbezogener Daten durch die Behörden zum Zwecke der Verhütung, Aufdeckung, Untersuchung oder Verfolgung von Straftaten oder der Strafvollstreckung sowie zum freien Datenverkehr. KOM (2012) 10 endgültig, Brüssel

Europäische Kommission (2012c): Bericht der Kommission an das Europäische Parlament, den Rat den europäischen Wirtschafts- und Sozialausschuss und den Ausschuss der Regionen über den Schutz personenbezogener Daten, die im Rahmen der polizeilichen und justiziellen Zusammenarbeit in Strafsachen verarbeitet werden. KOM (2012) 12 endgültig, Brüssel

European Commission (2004a): Consumer Confidence in E-Commerce: lessons learned from the e-confidence initiative, Brussels, Nov. 11

European Commission (2009a): Internet governance: The next steps, COM (2009) 277 final, Brussels

European Commission (2009b): European Commission's report on cross-border e-commerce in the EU, Brussels, March 5

European Commission (2011a): ICANN – informal background paper, Brussels

European Commission (2011b): Consumer attitudes towards cross-border trade and consumer protection. Analytical report, Brussels

European Commission (2012a): Commission Staff Working Paper. Impact Assessment Accompanying the document. Regulation of the European Parliament and of the Council on the protection of individuals with regard to the protection of personal data and on the free movement of such data, Brussels

European Commission (2012b): Proposal for a Regulation of the European Parliament and of the Council on the protection of individuals with regard to the processing of personal data and on the free movement of such data. Brussels

European Commission (2012c), Bringing e-commerce benefits to consumers, Commission Staff Working Document, Jan. 11, Brussels

European Commission (2012d): Online services, including e-commerce, in the Single Market, Commission Staff Working Document, SEC (2011) 1641 final, Jan. 11, Brussels

European Union (2009): Legal Analysis of a Single Market for the Information Society. Brussels, November

European Union (2011): Directive 2011/83/EU of the European Parliament and of the Council on consumer rights, Official Journal of the European Union, 22.11.2011

Falkner, Brian (2010): Angriff aus dem Netz: Der nächste Krieg beginnt im Cyberspace. München

Faulstich, Werner/Hickethier, Knut (Hrsg.) (2000): Öffentlichkeit im Wandel. Neue Beiträge zur Begriffsklärung. Bardowick

Fechner, Frank (2013): Medienrecht: Lehrbuch des gesamten Medienrechts unter besonderer Berücksichtigung von Presse, Rundfunk und Multimedia. 14., überarb. und erg. Aufl. Tübingen

Fischermann, Thomas/Hamann, Götz (2011): Baut ein neues Internet! Die wichtigste Infrastruktur unserer Zeit wird zur Gefahr für Wohlstand und Sicherheit. In: DIE ZEIT, Nr. 37, 21. September 2011, S. 37f

Fischermann, Thomas/Hamann, Götz (2011a): Zeitbombe Internet. Warum unsere vernetzte Welt immer störanfälliger und gefährlicher wird. Gütersloh

Flichy, Patrice (1994): Tele. Geschichte der modernen Kommunikation. Frankfurt/M. und New York

Foucault, Michel (2007): Überwachen und Strafen. Suhrkamp, Frankfurt/M.

Franck, Georg (1998; 2007): Ökonomie der Aufmerksamkeit. Ein Entwurf. München

Fuchs-Heinritz u. a. (Hrsg.) (2007): Lexikon zur Soziologie. 4. Aufl. Wiesbaden

Fuest, Benedikt/ Greive, Martin (2012): USA zwingen Apple zu mehr Datenschutz. In: Die Welt 24. Februar 2012 (http://www.welt.de/print/die_welt/wirtschaft/article13884684/USA-zwingen-Apple-zu-mehr-Datenschutz.html)

Gapski, Harald/Tekster, Thomas (Hrsg.) (2012): Informationskompetenz im Kindes- und Jugendalter. Beiträge aus Forschung und Praxis. Neue Ausgabe. München

Gaschke, Susanne (2009): Klick. Strategien gegen die digitale Verdummung. Freiburg i.B.

Gaycken, Sandro (2012): Cyberwar. Das Wettrüsten hat längst begonnen. Vom digitalen Angriff zum realen Ausnahmezustand. München

Gehring, Robert (2008): Wer will was? Die Auseinandersetzung ums Urheberrecht. Bundeszentrale für Politische Bildung, 4. Februar 2013 (www.bpb.de/gesellschaft/medien/)

Gehring, Robert (2007): Geschichte des Urheberrechts. Bundeszentrale für Politische Bildung, 4. Februar 2013 (www.bpb.de/gesellschaft/medien/Urheberrecht/63789)

Genschel, Philipp/Zangl, Bernhard (2008): Metamorphosen des Staates – vom Herrschaftsmonopolisten zum Herrschaftsmanager. In: Leviathan, 36,3, S. 430–454

Gercke, Marco/ Brunst, Phillip W. (2009): Praxishandbuch Internetstrafrecht. Stuttgart

Gerhards, Jürgen und Neidhardt, Friedhelm (1990): Strukturen und Funktionen moderner Öffentlichkeit. Fragestellungen und Ansätze. Discussion Paper, FS III 90 – 101. Wissenschaftszentrum Berlin

Gernroth, Jana (2008): Die Internet Corporation for Assigned Names and Numbers (ICANN) und die Verwaltung des Internets. Ilmenau
Giddens, Anthony (1996): Konsequenzen der Moderne. Frankfurt/M.
Gillies, James/Cailliau, Robert (2002): Die Wege des Web. Die spannende Geschichte des WWW. Heidelberg
Glenny, Misha (2012): Cybercrime. Kriminalität und Krieg im digitalen Zeitalter. München
Glogner-Pilz, Patrick (2012): Publikumsforschung: Grundlagen und Methoden. Wiesbaden
Goffman, Erving (1973): Asyle. Über die soziale Situation psychiatrischer Patienten und an-derer Insassen. Frankfurt/M.
Grassmuck, Volker (2006): Wissenskontrolle durch DRM: von Überfluss zu Mangel. In: Jeanette Hofmann (Hrsg.), Wissen und Eigentum. Geschichte, Recht und Ökonomie stoffloser Güter. Bonn, S. 164–186
Gunasekera, Gehan (2007): The "Final" Privacy Frontier? Regulating Trans-Border Data Flows, International Journal of Law and Information Technology. 17,2, S. 147–179
Habermas, Jürgen (1962/1990): Strukturwandel der Öffentlichkeit. Untersuchungen zu einer Kategorie der bürgerlichen Gesellschaft. 2., erw. Aufl. Frankfurt/M.
Habermas, Jürgen (1982): Theorie des kommunikativen Handelns. 2 Bde. Frankfurt/M.
Habermas, Jürgen (1985): Die neue Unübersichtlichkeit. Frankfurt/M.
Hain, Tony (2005): A Pragmatic Report on IPv4 Address Space Consumption, Cisco
Hamelink, Cees J. (2004): Did WSIS Achieve Anything at All? International Communication Gazette, 66, 3–4, S. 281–290
Hamm, Ingrid/Machill, Marcel (Hrsg.) (2001): Wer regiert das Internet? ICANN als Fallbeispiel in Global Internet Governance. Gütersloh
Hans-Bredow-Institut (Hrsg.) (2009): Internationales Handbuch Medien. Baden-Baden
Hargittai, Eszter (2002): Second-Level Digital Divide: Differences in People's Online Skills. First Monday, 7. Online: http://www.firstmonday.org/issues/issue7_4/hargittai (03.05.2009)
Hartmann, Frank (2006): Globale Medienkultur. Technik, Geschichte, Theorien. Wien
Hass, Berthold H./ Walsh, Gianfranco/Kilian, Thomas (Hrsg.) (2008): Web 2.0: Neue Perspektiven für Marketing und Medien. Berlin
Helmes, Günter/Köster Werner (Hrsg.) (2002): Texte zur Medientheorie. Stuttgart
Hepp, Andreas (2004): Netzwerke der Medien. Medienkulturen und Globalisierung. Wiesbaden
Hepp, Andreas/Krotz, Friedrich/Winter, Carsten (Hrsg.) (2005): Globalisierung der Medienkommunikation. Eine Einführung. Wiesbaden
Hepp, Andreas (Hrsg.) (2006): Konnektivität, Netzwerk und Fluss. Konzepte gegenwärtiger Medien-, Kommunikations- und Kulturtheorie. Wiesbaden
Hepp, Andreas (2011): Medienkultur. Die Kultur mediatisierter Welten. Wiesbaden
Hilgedorf, Eric/Valerius, Brian (2012): Computer- und Internetstrafrecht. Ein Grundriss. 2. Aufl. Berlin und Heidelberg
Hofmann, Jeanette (2005): Internet Governance: Zwischen staatlicher Autorität und privater Koordination. In: Internationale Politik und Gesellschaft (IPG). Berlin, H. 3, S. 10–29
Hofmann, Jeanette (Hrsg.) (2006): Wissen und Eigentum. Geschichte, Recht und Ökonomie stoffloser Güter. Bonn, S. 41–62
Hofmann, Jeanette und Christian Kantzenbach (2006): Einführung, in: Jeanette Hofmann (Hrsg.), Wissen und Eigentum. Geschichte, Recht und Ökonomie stoffloser Güter, Bonn; 9–20
Hofmann, Jeanette (2010): Internet Governance: A Regulativ Idea in Flux. In: Bandamuth, Ravi Kumar Jain (Hrsg.): Internet Governance. An Introduction. Hyderabad (India), S. 74–110

Hohendahl, Peter Uwe (Hrsg.) unter Mitarbeit von Berman, Russel A/Kenkel, Karen/Strum, Arthur (2000): Öffentlichkeit. Geschichte es kritischen Begriffs. Stuttgart und Weimar
Holtz-Bacha, Christina (2006): Medienpolitik für Europa. Wiesbaden
Holtz-Bacha, Christina (2011): Medienpolitik für Europa II. Der Europarat. Wiesbaden
Holznagel, Bernd/Schumacher, Pascal (2012): Nichts geht voran. Die Netzpolitik der Regierung ist ein Desaster – ob beim Urheberrecht oder beim Ausbau der Netze. In: DIE ZEIT, Nr. 22, 24. Mai 2012, S. 31
International Telecommunication Union (2008): ITU Global Cybersecurity Agenda (GCA). High-Level Experts Group (HLEG). Global Strategic Report, Geneva
International Telecommunication Union (2010): Global Cybersecurity Agenda, 2010, Geneva
International Telecommunication Union (Hrsg.) (2011): Measuring the Information Society. Geneva (http://www.itu.int/net/pressoffice/backgrounders/general/pdf/5.pdf)
International Telecommunication Union (2012): Final acts. World Conference on International Telecommunications (Dubai 2012), Geneva
Internet Society (2011): Perspectives on Policy Responses to Online Copyright Infringement. Washington, D.C.
Jäger, Thomas/Beckmann, Rasmus (Hrsg.) (2011): Handbuch Kriegstheorien. Wiesbaden
Jarren, Ottfried/Sarcinelli, Ulrich/Saxer, Ulrich (Hrsg.) (1998): Politische Kommunikation in der demokratischen Gesellschaft. Ein Handbuch. Wiesbaden
Kammerl, Rudolf/Luca, Renate/Hein, Sandra (Hrsg.) (2011): Keine Bildung ohne Medien! Neue Medien als pädagogische Herausforderung. Berlin
Kamp, Ulrich (Hrsg.) (1999): Der Offene Kanal. Erfolge und Strukturen. Bonn
Kleinsteuber, Hans J. (2011): Regulierung und Governance: Zivilgesellschaft in die Medienpolitik. In: Kleinsteuber, Hans J./Nehls, Sabine (Hrsg.): Media Governance in Europa. Regulierung – Partizipation – Mitbestimmung. Wiesbaden, S. 57–90
Kleinsteuber, Hans J. (2012): Radio. Eine Einführung. Wiesbaden
Kleinsteuber, Hans J./Nehls, Sabine (Hrsg.) (2011): Media Governance in Europa. Regulierung – Partizipation – Mitbestimmung. Wiesbaden
Kleinwächter, Wolfgang (2001): The Silent Subversive: ICANN and the New Global Governance, The Journal of Policy, Regulation and Strategy for Telecommunication, 3,4, S. 259–278
Kleinwächter, Wolfgang (2004): Beyond ICANN Vs ITU? How WSIS Tried to Enter the New Territory of Internet Governance, Gazette, 66, 3–4, S. 233–251
Kleinwächter, Wolfgang (2009): The History of Internet Governance (http://intgov.org/papers/35)
Kleinwächter, Wolfgang (2010): Internet Governance in Deutschland. Mehrparteienmissverständnis oder Aufbruch zu neuen Ufern? In: telepolis vom 10. Mai 2010
Kleinwächter, Wolfgang (2011a): Minenfeld Internet Governance. Die Streit-Agenda 2011. In: telepolis vom 29. Januar 2011
Kleinwächter, Wolfgang (2011b): 20 Jahre WWW: Prinzipienschwemme im Cyberspace. Wie Regierungen softlaw nutzen, um das Internet zu regulieren und warum eine Interdiplomatie des 21. Jahrhunderts entwickelt werden muss. In: telepolis vom 6. August 2011
Kleinwächter, Wolfgang (2011c): Eine partizipatorische Internetpolitik. Das 6. Internet Governance Forum (IGF) Ende September 2011 in Nairobi war das bislang erfolgreichste und zeigte, dass das neue Multistakeholder-Modell funktioniert. In: telepolis von 4. Oktober 2011

Kleinwächter, Wolfgang (2012a): Kalter Krieg im Cyberspace oder konstruktiver Dialog. Ausblick auf die Internetpolitik 2012. In. Telepolis vom 20. Januar 2012

Kleinwächter, Wolfgang (2012b): Universelle Prinzipien für das Internet. Wie geht es weiter mit der Internet Governance? Politik von oben oder Organisation von unten? In: telepolis vom 11. Oktober 2012

Kleinwächter, Wolfgang (2012c): Pokerpartie um die Zukunft des Internet. Halbzeit in Dubai. In: telepolis vom 9. Dezember 2012

Klumpe, Bettina (2011): 15 Jahre Onlineforschung bei ARD und ZDF. ARD/ZDF-Onlinestudie 2011. In: Media Perspektiven 7–8, 2011, S. 370–376

Knoll, Joachim H./ Stefen, Rudolf (Hrsg.) (1978): Pro und Contra Bravo. Baden-Baden

Koller, Catharina (2012): Ich messe, also bin ich. Die nächste Internet-Welle schwappt nach Deutschland über: Sensoren am Körper erfassen das Selbst. In. DIE ZEIT, Nr. 7, 9. Februar 2012, S. 19

Kommer, Helmut (1979): Früher Film und späte Folgen. Zur Geschichte der Film- und Fernseherziehung. Berlin

Kommission der Europäischen Gemeinschaften (2009): Mitteilung der Kommission an das Europäische Parlament und den Rat, 18. Juni 2009, Brüssel

Kopper, Gerd G. (Hrsg.) (1984) Marktzutritt bei Tageszeitungen – zur Sicherung von Meinungsvielfalt durch Wettbewerb. München u. a.

Koreng, Ansgar (2010): Zensur im Internet. Der verfassungsrechtliche Schutz der digitalen Massenkommunikation. Baden-Baden

Krause, Jasmin (2012): Der Guide für alle Fälle. Vergleichende Inhaltsanalyse und Evaluation von Internetratgebern für Kinder und Jugendliche. Hamburg: BA-Arbeit

Kreimeier, Klaus (2002): Die Ufa-Story. Geschichte eines Filmkonzerns. Frankfurt/M.

Kremp, Matthias (2013): Pentagon verfünffacht seine Netzstreitmacht. In: SPIEGEL-online, 28. Januar 2013 (http://www.spiegel.de/netzwelt/netzpolitik/us-cyber-command-aufruestung-um-das-fuenffache-a-879990.html)

Kretschmer, Martin et al. (2011): Copyright contracts and earnings of visual creators: A survey of 5,800 British designers, fine artists, illustrators and photographers. Bournemouth University und University of Cambridge, Bournemouth

Kretschmer, Martin/Hardwick, Philip (2007): Authors' earnings from copyright and non copyright sources: A survey of 25,000 British and German writers, Centre for Intellectual Property Policy & Management. Bournemouth

Kreutzer, Till (2006): Das Spannungsfeld zwischen Wissen und Eigentum im neuen Urheberrecht. In: Jeanette Hofmann (Hrsg.): Wissen und Eigentum. Geschichte, Recht und Ökonomie stoffloser Güter. Bonn, S. 109–140

Kreutzer, Till (2007): Zweiter Korb. Neues Recht für neue Zeiten. Bundeszentrale für Politische Bildung, 4. Februar 2013 (www.bpb.de/gesellschaft/medien/Urheberrecht/63372)

Krone, Tony (2005): High Tech Crime Brief. Australian Institute of Criminology. Canberra, Australien

Krotz, Friedrich (2009): Die Veränderung von Privatheit und Öffentlichkeit in der heutigen Gesellschaft. In: medien & erziehung (merz), 53. Jg., H. 4, S. 12–21

Kübler, Hans-Dieter (2003): Kommunikation und Medien. Eine Einführung. 2., gänzl. überarb. und erw. Aufl. Münster

Kübler, Hans-Dieter (2009): Mythos Wissensgesellschaft. Gesellschaftlicher Wandel zwischen Information, Medien und Wissen. Eine Einführung. 2., durchgesehene und erw. Aufl. Wiesbaden

Kübler, Hans-Dieter (2010): Vereinheitlichung, Diversifikation und Digitalisierung. Die deutsche Presse in den 90er Jahren. In: Faulstich, Werner (Hrsg.): Die Kultur der 90er Jahre. Kulturgeschichte des 20. Jahrhunderts. München, S. 77–102

Kübler, Hans-Dieter (2011): Interkulturelle Medienkommunikation. Eine Einführung. Wiesbaden

Kübler, Hans-Dieter (2011a): Digital natives oder digital naives? Aufgaben und Herausforderungen für die Förderung von Medienkompetenz. Beispiel: der Internetratgeber netzdurchblick. In: Kammerl, Rudolf/Luca, Renate/Hein, Sandra (Hrsg.) (2011): Keine Bildung ohne Medien! Neue Medien als pädagogische Herausforderung. Berlin, S. 109–132

Kübler, Hans-Dieter (2012): Digital immigrants, silver surfer – oder digital prudents? In: Medien & Altern, H. 1., November 2012, S. 51–63

Kübler, Hans-Dieter (2012a): Medienwandel und Medienpädagogik. Analytische und intentionale Dilemmata. In: medien + erziehung (merz), 56. Jg., Nr. 5, Okt. 2012, S. 20–27

Kückner, Christoph (2006): Jugendmedienschutz in Europa. Ein qualitativer Vergleich und eine Suche nach gemeinsamen Perspektiven am Beispiel von Deutschland, Frankreich und den Niederlanden. Bachelorarbeit an der Philosophisch-Sozialwissenschaftlichen Fakultät der Universität Augsburg. Augsburg (http://websquare.imb-uni-augsburg.de/files/Bachelorarbeit_Kückner.pdf)

Kuner, Christopher (2010a): Data Protection Law and international Jurisdiction on the Internet (Part 1), International Journal of Law and Information Technology. 18,2; S. 176–193

Kuner, Christopher (2010b): Data Protection Law and international Jurisdiction on the Internet (Part 2), International Journal of Law and Information Technology. 18,3; S. 227–247

Leggewie, Claus/Maar, Christa (Hrsg.) (1998): Internet & Politik. Von der Zuschauer- zur Beteiligungsdemokratie. Köln

Lehmann, Kai/Schetsche, Michael (Hrsg.) (2005): Die Google-Gesellschaft. Vom digitalen Wandel des Wissens. Bielefeld

Leibfried, Stephan/Zürn, Michael (2006): Von der nationalen zur postnationalen Konstellation, in: Dies. (Hrsg.): Transformation des Staates. Frankfurt/M., S. 19–65

Leibfried, Stephan/Zürn, Michael (Hrsg.) (2006): Transformationen des Staates. Frankfurt/M.

Libertus, Michael/Wisner, Jan (2011): Netzneutralität, offenes Internet und kommunikative Grundversorgung. Zum Stand der Debatte in Deutschland, Europa und USA. In: Media Perspektiven 2, S. 80–90

Löffelholz, Martin (Hrsg.): Theorien des Journalismus. Ein Handbuch. 2. vollst. überarb. u. erw. Aufl. Wiesbaden

Ludwig, Johannes (2007): Investigativer Journalismus. 2., überarb. Aufl. Konstanz

Luhmann, Niklas (1975): Die Weltgesellschaft. In: Luhmann, Niklas: Soziologische Aufklärung. Bd. 2,. Wiesbaden, S. 1–35) (= Archiv für Rechts- und Sozialphilosophie 57)

Machill, Marcel/Ahlert, Christian (2001): Wer regiert das Internet? ICANN als neue Form der Kommunikationsregierung. In: Publizistik, 46. Jg., H. 3, S. 295–316

MacSitigh, Daithi (2010): More than words: the introduction of internationalised domain names and the reform of generic top-level domains at ICANN, International Journal of Law and Information Technology, 18,3, S. 274–300

Maier, Bernhard (2010): How has the Law Attempted to Tackle the Borderless Nature of the Internet? International Journal of Law and Information Technology. 18,2, S. 142–175

Marcinkowski, Frank (1993): Publizistik als autopoetisches System. Politik und Massenmedien. Eine systemtheoretische Analyse. Opladen

Marcinkowski, Frank/Pfetsch, Barbara (Hrsg.) (2009): Politik in der Mediendemokratie. PVS – Politische Vierteljahresschrift. Sonderheft 42. Wiesbaden

Margetts, Helen Z. (2009) The Internet and Public Policy, Policy and Internet, 1,1

Marr, Mirko (2005): Internetzugang und politische Informiertheit. Zur digitalen Spaltung der Gesellschaft. Konstanz

Marr, Mirko/Zillien, Nicole (2010): Digitale Spaltung. In: Schweiger, Wolfgang/Beck, Klaus (Hrsg.) (2010): Handbuch Online-Kommunikation. Wiesbaden, S. 257–282

Mathiason, John (2009): Internet governance: the new frontier of global organizations. London

Mattelart, Armand (2003): Kleine Geschichte der Informationsgesellschaft. Berlin

Mayntz, Renate (2009): Über Governance: Institutionen und Prozesse politischer Regelung. Frankfurt/M.

McLaughlin, Lisa und Victor Pickard (2005): What is bottom-up about global internet governance? Global Media and Communication 1,3, S. 357–373

Meckel, Miriam (2001): Die Globale Agenda. Kommunikation und Globalisierung. Wiesbaden

Meckel, Miriam (2011): Next: Erinnerungen an eine Zukunft ohne uns. Reinbek bei Hamburg

Meister, André (2012): Internationale Fernmeldeunion: War das offene Internet noch nie so bedroht wie heute? Netzpolitik.Org, 22. Juni 2012 (https://netzpolitik.org/2012/internationale-fernmeldeunion-war-das-offene-internet-noch-nie-so-bedroht-wie-heute/)

Melischek, Gabriele/Seethaler, Josef/Wilke, Jürgen (Hrsg.) (2008): Medien & Kommunikationsforschung im Vergleich. Grundlagen, Gegenstandsbereiche, Verfahrensweisen. Wiesbaden

Menzel, Birgit/Wehrheim, Jan (2010): Soziologie sozialer Kontrolle. In: Kneer, Georg/Schroer, Markus (Hrsg.): Handbuch spezieller Soziologien. Wiesbaden, S. 509–524

Merten, Klaus (1990): Inszenierung von Alltag: Kommunikation, Massenkommunikation. In: Merten, Klaus, Schmidt, Siegfried J./Weischenberg, Siegfried (Hrsg.): Studienbrief I des Funkkollegs „Medien und Kommunikation". Weinheim, Basel, S. 79–108

Merten, Klaus (1994): Wirkungen von Kommunikation. In: Merten, Klaus/Schmidt, Siegfried J./Weischenberg, Siegfried (Hrsg.) (1994): Die Wirklichkeit der Medien. Eine Einführung in die Kommunikationswissenschaft. Opladen, S. 291–328

Merton, Robert K. (1985): Der Matthäus-Effekt in der Wissenschaft. In: Merton, Robert K. (Hrsg.): Entwicklung und Wandel von Forschungsinteressen. Frankfurt/M, S. 147

Messner, Dirk/Nuscheler, Franz (1996): Global Governance. Herausforderungen an die deutsche Politik an der Schwelle zum 21. Jahrhundert, Stiftung Entwicklung und Frieden, Bonn

Meyen, Michael (2004): Mediennutzung. Medienforschung, Medienfunktionen, Nutzungsmuster. 2., überarb. Aufl. Konstanz

Meyen, Michael/ Pfaff-Rüdiger, Senta (Hrsg.) (2009): Internet im Alltag. Qualitative Studien zum praktischen Sinn von Onlineangeboten. Berlin und Münster

Meyers, Reinhard (2011): Theorien der internationalen Beziehungen. In: Woyke, Wichard (Hrsg.) (2011): Handwörterbuch Internationale Politik. 12. überarb. und aktualisierte Aufl. Bonn

Michie, Donald/Johnston, Rory (1985): Der Kreative Computer. Künstliche Intelligenz und menschliches Wissen. Hamburg und Zürich

Moser, Heinz/Grell, Petra/Niesyto, Horst (Hrsg.) (2011): Medienbildung und Medienkompetenz. Beiträge zu Schlüsselbegriffe der Medienpädagogik. München

Mueller, Milton L. et al. (2007): The Internet and Global Governance: Principles and Norms for a New Regime, Global Governance, 13, S. 237–254

Mueller, Milton L. (2006): IP addressing: the next frontier of internet governance debate. School of Information Studies, Syracuse, Ms.

Mueller, Milton L. (2010): Networks and States. The Global Politics of Internet Governance. Cambridge (Mass.) und London

Müller-Graff, Peter-Christian (2002): Die Kompetenzen in der Europäischen Union, In: Werner Weidenfeld (Hrsg.), Europa Handbuch, Gütersloh; S. 374–392

Negt, Oskar/Kluge, Alexander (1972): Öffentlichkeit und Erfahrung. Zur Organisationsanalyse von bürgerlicher und proletarischer Öffentlichkeit. Frankfurt/M.

Neuberger, Christoph (2009): Internet, Journalismus und Öffentlichkeit. Analyse des Medienumbruchs. In: Neuberger, Christoph/Nuernbergk, Christian/Rischke, Melanie (Hrsg.): Journalismus im Internet: Profession – Partizipation – Technisierung. Wiesbaden, S. 19–105

Neuberger, Christoph/Quandt, Thorsten (2010): Internet-Journalismus: Vom traditionellen Gatekeeping zum partizipativen Journalismus? In: Schweiger, Wolfgang/Beck, Klaus (Hrsg.): Handbuch Online-Kommunikation. Wiesbaden, S. 59–79

Neyer, Jürgen (2004): Postnationale politische Herrschaft. Vergesellschaftung und Verrechtlichung jenseits des Staates. Baden-Baden

Norris, Paul (2001): Digital Divide: Civic Engagement, Information Poverty and the Internet in Democratic Societies. New York

O Siochrú, Sean (2004): Will the Real WSIS Please Stand Up? The Historic Encounter of the "Information Society" and the "Communication Society", Gazette, 66,3-4, S. 203–224

OECD (1980): OECD Guidelines on the Protection of Privacy and Transborder Flows of Personal Date. Paris

OECD (1999): Guidelines for Consumer Protection in the Context of Electronic Commerce, Paris

OECD (2003): OECD Guidelines for Protecting Consumers from Fraudulent and Deceptive Commercial Practices Across Borders, Paris

OECD (2006): Report on the Implementation of the 2003 OECD Guidelines for Protecting Consumers from Fraudulent and Deceptive Commercial Practices Across Borders, Paris

OECD (2007): OECD Recommendation on Cross-border Co-operation in the Enforcement of Laws Protecting Privacy. Paris

OECD (2008a): Internet Address Space. Economic Considerations in the Management of IPV4. Paris

OECD (2008b): The Future of the Internet Economy, Policy Brief, Paris, June

OECD (2008c): Shaping Policies for the Future of the Internet Economy, Paris

OECD (2010): The Evolution of News and the Internet, DSTI/ICCP/IE(2009)14/FINAL, Paris

OECD (2011a): Communications Outlook 2011, Paris

OECD (2011b): The Future of the Internet Economy. A Statistical Profile. June 2011 update, Paris

OECD (2011c): Report on the Implementation of the OECD Recommendation on Cross-border Co-operation in the Enforcement of Laws Protecting Privacy. Paris

Olsberg/SPI; KEA European Affairs & KPMG (2003): Empirical Study on the Practice of the Rating of Films Distributed in Cinemas Television DVD and Videocassettes in the

EU and EEA Member States. Prepared on behalf of the European Commission. Final Report May 2003 (http://ec.europa.eu/avpolicy/docs/library/studies/finalised/studpdf/rating_finalre p2.pdf [21.05.2008])

Orwell, Georg (1984): 1984. Roman. Übersetzt von Michael Walter. Herausgegeben und mit einem Nachwort von Herbert W. Franke. Berlin und Wien

Ostendorf, Heribert (2010): Kriminalität und Strafrecht. (Hrsg.: Bundeszentrale für Politische Bildung). Bonn

Pariser, Eli (2012): Filter Bubble. Wie wir im Internet entmündigt werden. München

Pauer, Nina (2012): LG;-). Wie wir vor lauter Kommunizieren unser Leben verpassen. Frankfurt/M.

Paul, Gerhard (2004): Bilder des Krieges – Krieg der Bilder: Die Visualisierung des modernen Krieges. München, Paderborn

Pickard, Victor (2007): Neoliberal Visions and Revisions in Global Communications Policy. From NWICO to WSIS, in: Journal of Communication Policy 312; S. 118–139

Plachta, Bodo (2006): Zensur. Stuttgart

Pohl, Martina (2007): Soziale Ungleichheit im digitalen Zeitalter. Eine Analyse der Internetnutzung in Deutschland. Berlin

Pörksen, Bernhard/Detel, Hanne (2012): Der entfesselte Skandal. Das Ende der Kontrolle im digitalen Zeitalter. Köln

Puppis, Manuel (2007): Einführung in die Medienpolitik. Konstanz

Raboy, Marc (2004): The World Summit on the Information Society and Its Legacy for Global Governance, Gazette, 66, 3-4; S. 225–232

Ravi Kumar Jain (Hrsg.): Internet Governance. An Introduction. Hyderabad (India), S. 74–110

Rehbinder, Manfred (2010): Urheberrecht. Ein Studienbuch. München

Reinicke, Wolfgang H.(1998): Global Public Policy. Governing without Government? Washington, D.C.

Reporter ohne Grenzen (2012): OG-Bericht "Feinde des Internets" 2012 (http://www.reporter-ohne-grenzen.de/presse/pressemitteilungen/meldung-im-detail/artikel/rog-bericht-feinde-des-internets-2012/)

Riehm, Ulrich/Krings, Bettina-Johanna (2006): Abschied vom „Internet für alle"? Der „blinde Fleck" in der Diskussion zur digitalen Spaltung. In: Medien & Kommunikationswissenschaft, 54. Jg. H. 1, S. 75–94

Rittberger, Volker u. a. (2010): Grundzüge der Weltpolitik. Theorie und Empirie des Weltre-gierens. Wiesbaden

Rogall-Grothe, Cornelia (2012): Ein neues Datenschutzrecht für Europa. In: Zeitschrift für Rechtspolitik, 7; S. 193–196

Rogers, Everett M. (1983): Diffusion of Innovations. 3. Aufl. New York, London

Röhle, Theo (2010): Der Google-Komplex. Über Macht im Zeitalter des Internets. Bielefeld

Rösch, Eike/Demmler, Kathrin/Jäcklein-Kreis, Elisabeth/Albers-Heinemann, Tobias (Hrsg.) (2012): Medienpädagogik Praxis Handbuch: Grundlagen, Anregungen und Konzepte für aktive Medienarbeit. München

Rosenbach, Marcel/Schmundt, Hilmar (2011): Das perfekte Verbrechen. In: DER SPIEGEL Nr. 27 vom 4. Juli 2011, S. 28–38

Ross, Edward A. (1986): Social Control. In: American Journal of Sociology, 1. Jg., H. 5, S. 513 ff

Ruß-Mohl, Stephan (2009): Kreative Zerstörung. Niedergang und Neuerfindung des Zeitungsjournalismus in den USA. Konstanz

Rueda-Sabater, Enrique u. a. (2009): A Fresh look at Global Governance: Exploring Objective
Ruhrmann, Georg/Woelke, Jens/Maier, Michaela/Diehlmann, Nicole (2003): Der Wert der Nachricht im deutschen Fernsehen. Ein Modell zur Validierung von Nachrichtenfaktoren. Opladen
Russell, Stuart J./Norvig, Peter (2012): Künstliche Intelligenz: ein moderner Ansatz. 3., aktualisierte Aufl. München
Sarcinelli, Ulrich (2011): Politische Kommunikation in Deutschland. Medien und Politikvermittlung im demokratischen System. 3., erw. und überarb. Aufl. Wiesbaden
Sarcinelli, Ulrich (Hrsg.) (1998): Politikvermittlung und Demokratie in der Mediengesellschaft. Bonn
Saxer, Ulrich (2012): Mediengesellschaft: eine kommunikationssoziologische Perspektive. Wiesbaden
Schell, Fred (1999): Aktive Medienarbeit mit Jugendlichen. Theorie und Praxis. 3. Aufl. München
Schenk, Michael (2007): Medienwirkungsforschung. 3. vollst. überarb. Aufl. Tübingen
Schibrowski, Eduard (2010): Web 3.0: das Ende von Google. Ms. Universität Konstanz
Schicha, Christian/Brosda, Carsten (Hrsg.) (2010): Handbuch Medienethik. Wiesbaden
Schiller, Herbert I. (1996): Information Inequality. The Deepening Social Crisis in America. New York
Schimank, Uwe (2000): Handeln und Strukturen. Einführung in die strukturtheoretische Soziologie. Weinheim u. a.
Schiphorst, Bernd/Hege, Hans/Wagner, Christoph (2012): Wo ist der Netz-Minister? Deutschland braucht dringend eine moderne Medienpolitik. In: DIE ZEIT, Nr. 3, 12. Januar 2012, S. 27
Schirrmacher, Frank (2013): Ego: das Spiel des Lebens. München
Schmidt, Jan-Henrik/Weichert, Thilo (Hrsg.) (2012): Datenschutz. Grundlagen, Entwicklungen und Kontroversen. Bonn
Schneckener, Ulrich (Hrsg.) (2006): Fragile Staatlichkeit. „States at Risk" zwischen Stabilität und Scheitern. Baden-Baden
Scholte, Jan Aart (2000): Globalization. A critical introduction, Macmillan: Basingstoke
Scholz, Stefan (2004): Internet-Politik in Deutschland. Vom Mythos der Unregulierbarkeit. Münster.
Schrape, Jan-Felix (2010): Neue Demokratie im Netz? Eine Kritik an den Visionen der Informationsgesellschaft, Bielefeld
Schröder, Micheal (Hrsg.) (2012): Die Web-Revolution. Das Internet verändert Politik und Medien. München
Schulz, Jürgen (2000): Grundzüge der Medien- und Kommunikationsgeschichte. Von den Anfängen bis ins 20. Jahrhundert. Köln u. a.
Schulz, Winfried (1976): Die Konstruktion von Realität in den Nachrichtenmedien. Analyse der aktuellen Berichterstattung. Freiburg
Schulz, Winfried (2008): Politische Kommunikation. Theoretische Ansätze und Ergebnisse empirischer Forschung. 2., vollst. überarb. und erw. Aufl. Wiesbaden
Schuppert, Gunnar Folke (2011): Alles Governance oder was? Baden-Baden
Schuppert, Gunnar Folke (Hrsg.) (2006): Governance-Forschung: Vergewisserung über Stand und Entwicklungslinien. 2. Aufl. Baden-Baden
Schweiger, Wolfgang/Beck, Klaus (Hrsg.) (2010): Handbuch Online-Kommunikation. Wiesbaden

Schweiger, Wolfgang (2010): Informationsnutzung online: Informationssuche, Selektion, Rezeption und Usability von Online-Medien. In: Ders./Beck, Klaus (Hrsg.): Handbuch Online-Kommunikation. Wiesbaden, S. 184–210

Sennett, Richard (1983): Verfall und Ende des öffentlichen Lebens. Die Tyrannei der Intimität. Frankfurt/M.

Seufert, Wolfgang/Gundlach, Hardy (2012): Medienregulierung in Deutschland. Ziele, Konzepte, Maßnahmen. Lehr- und Handbuch. Baden-Baden

Shadlen, Kenneth C. (2007): Intellectual Property, Trade and Development: Can Foes Be Friends? Global Governance 13,2, S. 171–177

Singelnstein, Tobias /Stolle, Peer (2008): Die Sicherheitsgesellschaft. Soziale Kontrolle im 21. Jahrhundert. 2. Aufl., Wiesbaden

Staab, Joachim Friedrich (1990): Nachrichtenwert-Theorie: formale Struktur und empirischer Gehalt, Freiburg und München

Stegbauer, Christian (Hrsg.) (2021): Ungleichheit. Medien- und kommunikationssoziologische Perspektiven. Wiesbaden

Stegherr, Marc/Liesem, Kerstin (2010): Die Medien in Osteuropa. Mediensysteme im Transformationsprozess. Wiesbaden

Steinschaden, Jakob (2012): Digitaler Frühling. Wer das Netz hat, hat die Macht? Wien

Steinweg, Reiner (Red.) (1984): Medienmacht im Nord-Süd-Konflikt. Die Neue Internationale Informationsordnung. Frankfurt/M.

Stöcker, Christian (2011): Nerd Attack! Eine Geschichte der digitalen Welt vom C64 bis zu Twitter und Facebook. München

Stöcker, Christian (2012): Governance des digitalen Raumes. In: Aus Politik und Zeitgeschichte, 62,7, S. 9–14

Sturm, Roland (2002): Die Forschungs- und Technologiepolitik der Europäischen Union, In: Werner Weidenfeld (Hrsg.): Europa Handbuch, Gütersloh, S. 490–502

Symantec: Viele Datenlecks auf Verlust von PCs und Datenträger zurückzuführen (Heise On-line, 14. April 2009)

Tenscher, Jens/Viehrig, Henrike (2010): Politische Kommunikation in internationalen Beziehungen. Zugänge und Perspektiven. In: Dies. (Hrsg.): Politische Kommunikation in den internationalen Beziehungen. 2. Aufl. Münster, S. 7–34

Tharoor, Shasi (2003): Der Cyber-Gipfel. Eine Chance zur Ausweitung der Informationsgesellschaft. In: Aus Politik und Zeitgeschichte. Beilage zur Wochenzeitung „Das Parlament", B 49 – 50/2003, S. 3–4

The European Consumer Centres' Network (2012): The European Online Marketplace. Consumer complaints 2011-2011, Brussels

Thiele, Martina (Hrsg.) (2009): Medien – Krieg – Geschlecht: Affirmationen und Irritationen sozialer Ordnungen. Wiesbaden

Thomaß, Barbara (Hrsg.) (2007): Mediensysteme im internationalen Vergleich. Konstanz

Tichenor, Philipp J./Donohue, George A./Olien, Clarice N. (1970): Mass Media Flow and Differential Groth in Knowledge. In: Public Opinion Quarterly, Vol. 34 (1970), S. 159–170

Troy, Irene und Raymund Werle (2012): Wissen handelbar gemacht? Politik und Patente, in: Andreas Busch/Jeanette Hofmann (Hrsg.), Politik und die Regulierung von Information. In: Politische Vierteljahresschrift, Sonderheft 46, Baden-Baden; S. 152–189

Ulrich, Anne (2012): Umkämpfte Glaubwürdigkeit: visuelle Strategien des Fernsehjournalismus im Irakkrieg 2003. Berlin

UNESCO (2005): Towards Knowledge Societies, Paris
UNESCO-Kommissionen der Bundesrepublik Deutschland, Österreichs und der Schweiz (Hrsg.) (1981): Viele Stimmen – eine Welt. Kommunikation und Gesellschaft heute und morgen. Bericht der Internationalen Kommission zum Studium der Kommunikationsprobleme unter dem Vorsitz von Sean MacBride an die UNESCO. Konstanz
United Nations (2010): Continuation of the Internet Governance Forum, General Assembly, 65th session, Agenda item 17, New York
United Nations (2011): Enhanced cooperation on public policy issues pertaining to the Internet, A/66/77-E/2011/103, New York
Van Keersbergen, Kees und Frans van Warden, 2004: ‚Governance' as a bridge between disciplines: Cross-disciplinary inspiration regarding shifts in governance and problems of governability, accountability and legitimacy. In: *European Journal of Political Research*, 43,2, 143–171
Van Eimeren, Birgit/Frees, Beate (2012): 76 Prozent der Deutschen online – neue Nutzungssituation durch mobile Endgeräte. Ergebnisse der ARD/ZDF-Onlinestudie. In: Media Perspektiven, H. 7–8, S. 362–379
Varwick, Johannes (2011): Globalisierung. In: Woyke, Wichard (Hrsg.): Handwörterbuch Internationale Politik. Bonn, S. 176–186
Villasenor, John (2011): Recording Everything: Digital Storage as an Enabler of Authoritarian Governments, Center for Technology Innovation at Brookings. Washington, D.C.
Vise, David A./Malseed, Mark (2006): Die Google-Story. Hamburg
Viswanath, K./Finnegan, John (1996): The Knowledge Gap Hypothesis: Twenty-Five Years later. In: Burleson, Brant/Kunkel, Adrianne (Hrsg.): Communication Yearbook 19. London, New Dehli, S. 187–227
Von Gottberg, Joachim (2011): Subjektive Erwartungen mit konkreten Rechtsfolgen. Den Begriff „Jugendschutz" versteht jeder, aber meistens anders. In: tv diskurs, 15. Jg., 2011, S. 16–23
Von Gottberg, Joachim (Hrsg.) (2011): Streitpunkt Jugendschutz. Verschärfen oder abschaffen? In: tv diskurs, 15. Jg., 2011, H. 1
Weissensteiner, Eike/Leiner, Dominik (2011): Facebook in der Wissenschaft. Forschung zu sozialen Onlinenetzwerken. In: Medien & Kommunikationswissenschaft, 59. Jg., H. 4, S.526–545
Wendelin, Manuel (2011): Medialisierung der Öffentlichkeit. Kontinuität und Wandel einer normativen Kategorie der Moderne. Köln
Wendelin, Manuel/Löblich, Maria (2013): Netzpolitik-Aktivismus in Deutschland. Deutungen, Erwartungen und Konstellationen zivilgesellschaftlicher Akteure. In: Medien & Kommunikationswissenschaft, 61. Jg., H. 1, S. 58–75
Wernert, Manfred (2011): Internetkriminalität. Grundlagenwissen, erste Maßnahmen und polizeiliche Ermittlungen. Stuttgart
Wessler, Harmut/Brüggemann, Michael (2012): Transnationale Kommunikation. Eine Einführung. Wiesbaden
Wetzel, Hubert (2012): Ein neues Kapitel der Kriegsgeschichte. In: Süddeutsche Zeitung Nr. 139, 19. Juni 2012, S. 13
Wilke, Jürgen (Hrsg.) (1993): Agenturen im Nachrichtenmarkt. Köln u. a.
Wilke, Jürgen (Hrsg.) (2000): Von der Agentur zur Redaktion. Wie Nachrichten gemacht, bewertet und verwendet werden. Köln u. a,
Wirth, Werner (1997): Von der Information zum Wissen. Die Rolle der Rezeption für die Entstehung von Wissensunterscheiden. Opladen

Wischermann, Ulla/Thomas, Tanja (Hrsg.) (2008): Medien – Diversität – Ungleichheit. Zur medialen Konstruktion sozialer Differenz. Wiesbaden

Wolling, Jens/Will, Andreas/Schumann, Christina (Hrsg.) (2011): Medieninnovationen. Wie Medienentwicklungen die Kommunikation in der Gesellschaft verändern. Konstanz

Working Group on Internet Governance (2005): Report form the Working Group on Internet Governance, Doc. WSIS-I/PC-3/DOC/5-E, 3 August

World Intellectual Property Organization (2002): Intellectual Property on the Internet: A Survey of Issues. Geneva

World Intellectual Property Organization (2010): Trademarks and the Internet, Standing Committee on the Law of Trademarks, industrial designs and Geographical Indications. SCT/24/4, Geneva

World Intellectual Property Organization (2011): The Uniform Domain Name Dispute Resolution policy and WIPO. Paris, August

World Intellectual Property Organization (o.J.): The Impact of the Internet on Intellectual Property Law. 17. February 2012 (www.wipo.int/copyright/en/ecommerce/ip_survey/chap3.html)

Wu, Tim (2012): Der Master Switch. Aufstieg und Niedergang der Medienimperien. Heidelberg

Zelger, Christian (1999): Zensur im Internet. Eine Argumentationsanalyse auf Grundlage des Naturrechts und der Menschenrechte. Berlin

Zeviar-Geese, Gabriole (1997-98): The State of the Law on Cyberjurisdiction and Cybercrime on the Internet. In: Gonzaga Journal of International Law. Gonzaga University. Band 1.1997-1998

Zillien, Nicole (2008): Auf der anderen Seite. Zu den Ursachen der Internet-Nichtnutzung. In: Medien & Kommunikationswissenschaft, 56. Jg., H.2, S. 209-226

Zillien, Nicole (2009): Digitale Ungleichheit. Neue Technologien und alte Ungleichheiten in der Informations- und Wissensgesellschaft. 2. Aufl. Wiesbaden

Zimmer, Jochen (2004/2005): Die Entwicklung des Internets in globaler Perspektive. In: Hans-Bredow-Institut für Medienforschung an der Universität Hamburg (Hrsg.): Internationales Handbuch Medien 2004/2005. Baden-Baden, S. 168-179

Zürn, Michael (1998): Regieren jenseits des Nationalstaates. Frankfurt/M.

Zürn, Michael und Peter Mayer (2010): Teilprojekt B4 – Abschlussbericht. Regulation und Legitimation im Internet, SFB 597, „Staatlichkeit im Wandel", Universität Bremen

The manufacturer's authorised representative in the EU is Springer Nature Customer Service Centre GmbH, Europaplatz 3, 69115 Heidelberg, Germany. If you have any concerns regarding our products, please contact ProductSafety@springernature.com

Printed and bound by CPI Group (UK) Ltd, Croydon, CR0 4YY

23/03/2026

02076675-0006